普通高等教育"十一五"国家级规划教材

普通高等院校新闻与传播学精品规划教材

现代新闻评论

第四版

赵振宇　著

武汉大学出版社

图书在版编目(CIP)数据

现代新闻评论／赵振宇著. -- 4 版. -- 武汉：武汉大学出版社，2024.9.
普通高等院校新闻与传播学精品规划教材. -- ISBN 978-7-307-24468-9

Ⅰ.G210

中国国家版本馆 CIP 数据核字第 2024UC1205 号

责任编辑:韩秋婷　　　　责任校对:鄢春梅　　　　版式设计:马　佳

出版发行: **武汉大学出版社**　　(430072　武昌　珞珈山)

(电子邮箱：cbs22@whu.edu.cn　网址：www.wdp.com.cn)

印刷:武汉中远印务有限公司

开本:787×1092　　1/16　　印张:17.5　　字数:415 千字　　插页:3

版次:2005 年 2 月第 1 版　　　2009 年 11 月第 2 版

　　　2017 年 8 月第 3 版　　　2024 年 9 月第 4 版

　　　2024 年 9 月第 4 版第 1 次印刷

ISBN 978-7-307-24468-9　　　定价:55.00 元

作者简介

赵振宇，华中科技大学新闻与信息传播学院二级教授、博士生导师，国务院政府特殊津贴专家、马克思主义理论研究与建设工程重点教材《新闻评论》首席专家、中国故事创意传播研究院智库专家。曾任华中科技大学新闻评论研究中心主任、武汉市人民政府参事、《长江日报》评论理论部主任、《文化报》总编辑。在报社工作期间，有多篇作品获中国新闻奖，湖北好新闻一等奖、特别奖。组织的策划报道，受到中宣部表扬，有些被总结后在全国推广。

2001年调入大学后成立华中科技大学新闻评论团，开办新闻评论方向班，成立评论研究中心，为媒体筹建新闻评论部，实施"评论记者"工作机制，均为全国首创。先后荣获华中科技大学教学名师、华中学者、"宝钢教育奖"优秀教师奖等。撰写的《现代新闻评论》和《新闻报道策划》入选全国普通高等教育"十一五"国家级规划教材；讲授的"社会进程中的公民表达"入选教育部视频精品公开课；主持的《新闻评论人才培养创新体系的构建与实施》获教育部颁发的国家级教学成果二等奖。

自1984年起，开始研究奖励问题，在国内首先提出"建立中国特色奖励学"，先后出版《奖励的科学与艺术》等5部专著。20世纪90年代开始研究程序理论，受到中央高层领导肯定，2005年主持完成国家社会科学基金政治学项目，出版《程序的监督与监督的程序》。2014年主持完成国家社会科学基金新闻传播学重点项目，出版《应对突发事件：舆论引导系统论》。

2019年11月出版的《讲好真话》，入选湖北省委宣传部与华中科技大学和中南财经政法大学新闻传播学科共建项目，并获批湖北省社会公益出版专项资金奖励项目。

教学之余，还应邀在国内外大学、媒体、企事业单位作政治学、管理学和新闻传播学专题讲座。

目 录

第一章
新闻评论的时代特征

党的十三大报告提出"重大情况让人民知道，重大问题经人民讨论"，民主政治迈步向前，也日益朝着"重大情况向人民报告，重大问题由人民决定"演进。① 保障公民讲真话的权利，能增益于社会秩序的维护，它是国家民主政治进步的表现，它是行政决策科学化的首要前提，它对提升民族的公民素养也大有裨益。在以习近平同志为核心的党中央坚强领导下，中国特色社会主义事业取得了辉煌成就，中国特色社会主义进入新时代。在中国特色社会主义进入新时代之际，我们面对的是百年未有之大变局。面对新形势的发展变化，作为反映和报道它的新闻传播实践和教学、研究工作也在与时俱进，日益繁荣。新闻评论是运用概念、判断、推理和论证来说明、解读新闻事实和现象的学问，自然需要关注和研究这一形势。随着我国政治经济的发展、互联网新媒体技术的推进，新闻评论也发生了较大的改变。尤其是网络作为政治参与手段进入百姓生活后，新闻评论呈现出新的特点，呈现出新闻评论平台及形式多元化、新闻评论样式小型化、新闻评论表现形式融合化等特点。

在政治民主化、经济全球化和信息网络化的新形势下，新闻评论也形成了自己的时代特征和发展走势，了解这一现状对于我们正确认识和发挥新闻评论的作用是十分有益的。

一、重视评论成为媒体自觉

目前的中国，正处于信息大爆炸的时代。传统媒体与新媒体异彩纷呈、交相辉映，尤其是微博等社交媒体的强势崛起，令我们置身于一个万花筒似的信息世界。在这样人手一个麦克风、多元信息以惊涛拍岸之势冲击人们的视听觉与头脑的时代，传统主流媒体在设置议程、引领舆论、塑造核心价值方面，面临前所未有的巨大挑战。

开放的时代，必然会出现多元的信息与观点，这是社会进步的表征。然而，信息的流荡、观点的芜杂，亦会在社会上造成价值观、是非观的摇摆。此时，主流媒体必须站出来，以权威性、理性、建设性的意见与观点，为迷惘的时代指明前进的方向。为此，我们调查了国内 36 份报纸评论版的发刊词。这些发刊词凝聚着编辑多年来对新闻评论的思考，

---

① 赵振宇. 切实保障公民的知情权和决定权——关于修改"重大情况让人民知道，重大问题经人民讨论"两句话的思考[J]. 西南民族大学学报，2006(1).

充溢着对新闻评论的热爱之情，从中也可以发现新世纪新闻评论的媒体特色和发展规律。①

此次调查研究的 36 份报纸分布在全国各地，具体情况如表 1-1 所示。

表 1-1 36 份报纸评论版创办情况列表

	报纸名称	评论版创办时间	评论版名称	出版地
1	深圳特区报	1998.9	群言	广东
2	中国青年报	1999.11	青年话题	北京
3	工人日报	2000.11	新闻评论	北京
4	北京青年报②	2000.11（2002 年停办）	每周评论	北京
		2006.1	每日评论	
5	南方周末	2001.7	视点	广东
6	广州日报	2001.9	追说新闻	广东
7	南方都市报	2002.3	时评	广东
8	羊城晚报	2002.9	七日时评	广东
9	齐鲁晚报	2002.12	新闻评论	山东
10	新快报	2003.1	新快评论	广东
11	燕赵都市报	2003.7	时评	河北
12	京华时报	2003.11	声音	北京
13	新京报	2003.11	社论	北京
		2008.5	评论周刊	
14	重庆晨报	2004.1	时评	重庆
15	重庆日报	2004.2	时评	重庆
16	潇湘晨报	2004.4	湘江评论	湖南
17	武汉晚报	2004.11	声音	湖北
		2006.9	说吧	
18	成都晚报	2006.3	锦江评论	四川
19	新民晚报	2006.4	来信来论	上海
20	燕赵晚报	2006.7	燕赵时评	河北

① 杨娟，赵振宇. 新世纪中国新闻评论的发展与变化研究——以 36 份报纸评论版发刊词为例[J]. 新闻大学，2015(4).

② 2006 年"每周评论"改为"每日评论"重新开办。故在统计中视为同一评论版。

续表

	报纸名称	评论版创办时间	评论版名称	出版地
21	嘉兴日报	2007.3	嘉兴评论	浙江
22	华西都市报	2007.4	观点	陕西
23	长江日报	2008.3	长江评论	湖北
24	上海商报	2008.7	评论	上海
25	楚天都市报	2009.1	时评	湖北
26	华商报	2009.2	评论周刊	四川
27	华商晨报	2009.2	华商论见	四川
28	湖南日报	2011.1	每周评论	湖南
29	福建日报	2011.1	评说	福建
30	泉州晚报	2011.9	评论	福建
31	楚天金报	2011.11	今日评点	湖北
32	人民日报	2013.1	评论	北京
33	湖北日报	2013.1	时评	湖北
34	甘肃日报	2013.6	评论	甘肃
35	绍兴日报	2013.6	评论	浙江
36	青海日报	2015.1	江源评论	青海

　　根据这 36 份报纸创办评论版的时间及各年份，可以制成评论版创办趋势图，这反映了 21 世纪初新闻评论的发展走势。如图 1-1 所示。

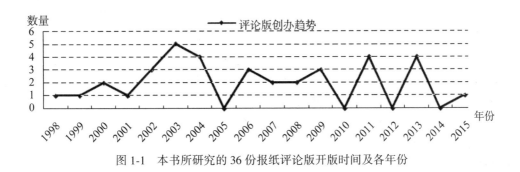

图 1-1　本书所研究的 36 份报纸评论版开版时间及各年份

　　从图 1-1 中可以看出我国评论版发展的如下规律：

　　第一个评论版创办高峰期在 2002—2004 年，开版数量剧增。从开版地点来看，最初在广东、北京两地兴起，带动上海等其他地区相继创办评论版。虽然位于广东的《深圳特区报》最先于 1998 年 9 月 4 日推出评论版"群言"，北京的《中国青年报》也于 1999 年 11 月 1 日创办评论版"青年话题"，但并没有得到迅速广泛的响应。在《南方周末》2001 年 7

月 12 日创办"视点"版，《南方都市报》2002 年 3 月 4 日创办"时评"版之后，掀起了创办评论版的热潮：《南方日报》于 2002 年 8 月 6 日改版，增加"观点"专版，《羊城晚报》2002 年 9 月 16 日起每周一推出"七日时评"评论版，《新快报》于 2003 年 1 月 20 日推出"新快评论"版……一时间，热闹非凡。

第二个评论版创办高潮出现在 2011—2013 年，尤以 2011 年和 2013 年最为突出，这次主要是由各级党报掀起的评论版创办热潮。一直以来，省级党报虽然有重视评论的传统，无奈版面都比较紧张，开设评论版殊非易事。2011 年，《福建日报》开设评论版。2013 年 1 月 4 日，《人民日报》历史上第一块新闻评论版问世，标志着评论版走上"普及"的轨道，《湖北日报》《甘肃日报》等省级党报纷纷整合评论资源，推出评论版。

新闻评论一直受到媒体的重视，特别是报纸更把它誉为"灵魂"和"旗帜"。虽然在报纸改版中一度出现部分报纸取消或减少新闻评论的现象，但是，大多数报纸还是以不同的方式加强了对评论的重视。这种重视不仅表现在纸媒方面，同时也表现在其他更为广泛的广播、电视、网络和新媒体方面。

《人民日报》一直以它的社论和评论员文章的权威性著称，在全国新闻媒体中处于领先的地位。它的"今日谈""人民论坛"等专栏先后多次获得中国新闻名专栏奖。除此之外，还开办了"人民时评"等有影响力的评论专栏。除了上述评论专栏外，在其经济版、社会版、法制版、军事版、国际版、体育版、文化版等众多版面上还有不少的专业评论。如文化版的"新语"，国际版的"大千絮语""国际论坛"等栏目都刊载了大量的评论文章。

《人民日报》评论版着力打造干部论政的平台、学者争鸣的空间和大众舆论的广场，在交流、交融、交锋中谋求最大公约数。2013 年 1 月 4 日，《人民日报》评论版首期刊出头条评论《改革，回应人民的强烈期待——深化改革方法论之一》，并触及异地高考、"黄灯困境"等热点话题，文笔犀利，思想性和启迪性强，中央电视台等媒体予以摘播。

"新华时评"专栏是新华社着力打造的首个时事新闻评论专栏，由新华社国内部于 2001 年 2 月创办。专栏创办以来，以其评说热点新闻、准确阐释中央精神、敢为民众利益鼓与呼的特色，成为受媒体和受众欢迎的新华社权威评论栏目。"新华时评"专栏的宗旨是，及时跟进重要新闻事件，紧紧抓住中央工作的重点、实际工作的难点、群众关心的热点问题，运用新华社社评、新华社评论员文章、新华社特约评论员文章、新华社记者署名评论等形式，本着"缘事而发、寓理于事、目光四射、扣人心弦、反应敏捷、针对性强"和"生动犀利、深入浅出、平等交流、以理服人"的原则，对新闻事实深度剖析，解疑释惑，弘扬正气，针砭时弊，以维护人民利益，推动实际工作。全国多家报纸连续刊用"新华时评"稿件。

早在 1993 年，中央电视台就在全国最先组建"新闻评论部"，推出了《焦点访谈》《新闻调查》等一批至今都有影响力的评论节目。2011 年 8 月 1 日起，新闻频道《新闻 1+1》节目全新改版。节目在形态上改为由主持人承担评论员职能，对新闻热点展开个性化的评论与报道；在报道风格上，新版栏目强调"丰富的信息量""明快的报道节奏"与"鲜明的主题性"的融合；在关注题材上，栏目进一步强化对热点新闻的跟进，依托各地应急报道点资源，第一时间采访新闻当事人，突出热点新闻的即时延展性。改版后的首期节目是《红十字会：为了 100% 的信任》，最明显的变化就是白岩松的身份由新闻观察员变为评论员，直接承担评论员的职能，对热点事件进行点评与报道。节目播出后，众多媒体在显著位置进行了报道，并给予了好评。中国红十字会会长也表示，该节目剖析理性、客观，并且不回避问题，体现了央视媒体的责任感与舆论导向功能。

2010 年，《光明日报》逐步完成改版扩版，确立了差异化竞争策略，回到了"知识分子的精神家园"和"权威的思想理论文化传播平台"的正确定位。改版后的《光明日报》关注社会生活的热点问题，而且善于在报道中体现出理性、建设性。《光明日报》的"评论·观点"专版，从样态来看，不失大气雍容，符合人们对大报、主流媒体的潜在期许。从形式上看，评论栏目丰富而多样："文化评析"继承了《光明日报》一以贯之的知识精英传统，关切国家文化、思想、文明的赓续与上升，成为此版的一个特色；"光明时评"合时而著，犀利点评当下国家大事；"光明论坛"久负盛名，在新的平台上更是显出勃勃的生命力；"时事图说"小栏目别致生动，诙谐中见锋芒，更有一番韵味。从内容上看，《光明日报》评论锐利而不失审慎、激情而不失冷静，勇于和善于触碰社会热点，以温和的建设性独树一帜。从表达上看，其文往往短小精悍，文风清新隽永，回味悠长。从写作主体上看，不仅有本报评论员文章，还有政府官员，以及各个方面的社会人士的来稿，体现了"开门办评论"的旨趣，在党报的历史上，这其实是不多见的。

《中国青年报》一直重视新闻评论，该报不仅刊发大量本报评论员文章，还开辟了不少发表评论文章的专版和专栏。如受到广大读者喜爱的"青年话题"专版，2012 年1—6 月共发表各种评论文章 508 篇。"青年话题"于 1999 年 11 月 1 日创办，是一个受到广泛好评的名牌专栏。"青年话题"谈论的话题相当广泛，政治、经济、文化均有涉及，既有社会各界的"热点"，也有其他媒体未曾察觉或虽有察觉却未曾敢言的"冰点"。作为国内报业中较早出现的言论版，"青年话题"带动了"时评"这一新的评论写作方式的兴起与繁荣；它所秉承的"公民发言"的办刊理念，被受众和业界广泛认可。时至今日，这一理念依然是该版坚持的方向。

党的十九大向世界宣告，中国特色社会主义进入新时代，我国社会主要矛盾已经转化为人民日益增长的美好生活需要和不平衡不充分的发展之间的矛盾。面对新时代，人们不仅对物质文化生活提出新的更高的要求，美好生活的内容和层次更加广泛，而且在民主政治等方面的要求也日益增长和提高。为了更好地完成新形势下的新任务，党的十九大报告指出，要"高度重视传播手段建设和创新，提高新闻舆论传播力、引导力、影响力、公信力"[1]。党的二十大报告进一步指出："加强全媒体传播体系建设，塑造主流舆论新格局。健全网络综合治理体系，推动形成良好网络生态。""加快构建中国话语和中国叙事体系，讲好中国故事、传播好中国声音，展现可信、可爱、可敬的中国形象。"[2]

---

[1]　习近平. 决胜全面建成小康社会 夺取新时代中国特色社会主义伟大胜利——在中国共产党第十九次全国代表大会上的报告[M]. 北京：人民出版社，2017：42.

[2]　习近平. 高举中国特色社会主义伟大旗帜 为全面建设社会主义现代化国家而团结奋斗——在中国共产党第二十次全国代表大会上的报告[M]. 北京：人民出版社，2022：44.

新闻评论需要在生产方式和生产内容上改革和创新。坚持正确的舆论导向，展现新闻评论的特殊魅力。中央和地方媒体发挥各自的聪明才智，结合自身媒体的实际需要，推出了符合社会规律和新闻规律的评论生产新举措，举办了多层次、多角度的研讨会议、评论大赛，出版了大量适应社会需要的评论著作，让新闻评论这面灵魂之旗更具精神魅力，更好地发挥它的积极引导功能。

2018年7月20日至8月17日，中宣部组织了"大江奔流——来自长江经济带的报道"主题采访活动。《人民日报》评论部高度重视，选派4名评论员接力参与，坚持一天一篇评论的发稿频率。"写好评论需要到现场去"，在报社领导的理念倡导下，《人民日报》评论版开设"现场评论·我在长江"专栏，评论员深入一线，在采访中体悟，在体悟中思考。截至2018年8月20日，《人民日报》评论员在"现场评论·我在长江"专栏中刊发29篇评论，在"人民日报评论"微信公众号开设"评论君的'长江号'"专栏，每天一篇新媒体评论稿件，在采访活动期间从未间断，采访到哪就写到哪、发到哪，以最快速度把最新发现推送给读者。公众账号发表32篇评论，并推送H5产品《快看！我把我印在了长江上》。

随后，他们又推出了"现场评论·我在进博会""现场评论·党建引领治理"专题；2019年1月，推出了"现场评论·我与河长面对面"和不加副题的"现场评论"。近年来，《人民日报》根据不同主题推出"现场评论"，派出驻站记者深入当地新闻一线，写出有现场感的评论，受到读者点赞。如2023年5月25日"现场评论"刊发《调查研究要到基层最困难的地方》。该评论指出，"让发展道路更通畅，尤应察实情、出实招、务实功，扫清'拦路虎'、移除'绊脚石'"，该文由人民日报社西藏分社记者申琳撰写。

人民网观点频道于2000年4月创立，历经近20年的建设，已成为互联网舆论引导的排头兵。旗下"人民网评"是互联网著名原创品牌栏目，被誉为"网上第一评"。2017年以来，人民网在"人民网评"的基础上开创出"三评"系列。对于互联网行业的发展趋势、企业的商业模式和产品，以连续发布三篇文章的方式，从宏观政府政策管理、中观行业生态观察、微观产品设计逻辑等层面出发，结合政策、企业、网友各方反馈，在充分咨询调研政府、学界、商界不同观点意见的基础上，对一系列的网络热点进行独家深刻、中立客观的评论。

2018年，人民网发布《三评直播答题》《三评新经济》等多篇系列评论。其中，7月2日至4日的《三评浮夸文风》被海内外1700多家媒体同步转载、跟进评论。在新的形势下，人民网立足全局，进一步提供舆论引导，打造"大网评"概念。其创办"地方领导留言板"这一栏目，成为党政机关和领导干部了解群众、贴近群众、为群众排忧解难的新途径，成为发扬人民民主、接受人民监督的新渠道。在过去12年的时间里，该栏目帮全国各地的老百姓联系上他们的省委书记、省长或者市委书记、市长，解决了很多的实际问题。

《光明日报》于2016年推出时政短评栏目"光明谈"，位于《光明日报》头版，每篇300字，每日推出，年均刊发评论300余篇，以观点鲜明、语言干练、具有人文态度为特征。2021年年初，《光明日报》将该栏目拓展为全媒体栏目，稿件一律"先端后报"，在客户端集纳专题，与光明日报微博进行"光明微评"话题联动，与光明时评视频号同步策划选题，在稿件后附二维码以方便报纸读者延伸阅读。除形式创新之外，该栏目要求以文眼观时政，从人文视野看时政新闻，以强化《光明日报》观点立报、观点立端的理念。

二、时效性增强、形式多样

新闻评论区别于其他文字评论的最大特征就在于新闻评论依赖于新近发生的事件、现象和问题，在这里时效性是十分重要的。徐宝璜先生曾在其所著的《新闻学》一书中提出：社论须以当日或昨日本报所登之新闻为材料而讨论之，此理甚明。在报界更有"看完大样写社论"的说法，意思就是强调评论的时效性。

西方媒体对时评包括社论的重视由来已久。早在 1908 年，美国报业巨头普利策就在其制定的《编辑纲领》中规定，社论版的内容应包括：①社论，数量在一篇或两篇，甚至三篇；②专栏；③读者投书；④书评或其他；⑤政治性漫画。现在，《泰晤士报》《纽约时报》《华盛顿邮报》《洛杉矶时报》等欧美报纸中都有新闻评论版面和专栏。日发行量达到 1400 万份、号称"世界第一"的日本《读卖新闻》也一直重视时评。在该报的头版上，有一个刊载多年的评论栏目"编辑手记"。该栏目的文章短小，大多是针对当日或前几天的新闻由头的评说。①

对于中国的时评发展，有学者做过研究：1896 年 8 月 9 日上海创刊的《时务报》，带来了中国第一次"时评热"；20 世纪 40 年代，以《大公报》"星期社评"为代表，第二次"时评热"形成；2002 年，中国加入世界贸易组织后，中国媒体掀起了第三次"时评热"。②

现代社会，网络媒体迅速发展，人们获取信息的渠道越来越通畅，越来越快捷。当一个新闻事件发生后，人们对此的认识和评价是不一样的。谁能在众多意见中提出新见或真知灼见，谁就能在众多的媒体中显示自己的力量；谁能在众说纷纭、莫衷一是的议论中阐明真理、廓清大义，谁就能起到引导舆论的作用。这对一家主流媒体来说显得尤为重要，特别是在突发事件爆发后显得尤为重要。正因如此，现在不少的媒体都开辟了"今日时评""新闻时评""时评"一类的评论专栏或专版，强调评论的时效性。2020 年 6 月 11 日，在连续 50 多天无新增本地确诊新冠感染病例后，北京出现新的本地确诊病例，犹如一声炸雷响起，北京随即进入非常时期和"战时状态"。面对这次疫情，新华社发表 12 篇多种题材的评论，包括 4 篇"新华微评"、3 篇"新华时评"、2 篇"半月谈"评论、2 篇新华每日电讯评论员文章、1 篇《评"新"而论》音频评论，在重大突发事件中及时研判形势，发挥了举旗定向的作用。

2020 年 6 月 15 日"新华时评"发布了《疫情防控要非常精细》，该评论认为，疫情反弹说明新冠病毒无孔不入，防控难度极大，因此必须坚持贯彻落实中央关于疫情防控常态化的部署，采取慎之又慎的精细措施，把各项防控工作落在实处。评论从"流行病学调查和病毒溯源要更加精细""常态化防控的各项工作要更加精细""保供给稳物价工作要更加精

细"三个方面对精细化疫情防控工作起到了警示作用。①

这 12 篇评论的标题简洁有力，主旨一目了然。评论没有停留在防疫事件本身，而是能够发散到事件的周围，提出了冷静而独特的看法。正是由于新闻评论的及时跟进，发挥了特殊的舆论导向功能。

再如中国新闻奖获奖评论作品《谎言——美国最新一轮阴谋论的源头》，就是中国在国际舆论场上对美国造谣的反击。若不作回应，不光国际公众会被误导，国内民心亦会动摇。这篇评论首先反驳美方阴谋论操作，其次从中国实际出发探讨中国抗疫经验，强调人民力量，最后呼吁美方实事求是，是对牢守舆论阵地的生动体现。由于评论写得有力量，发得及时，对于向世界揭露疫情中美国阴谋论的源头起到了积极的作用，真正发挥了新闻评论"澄清谬误、明辨是非、联结中外、沟通世界"的功效。

新华社"新华时评"作为一个评论栏目，在全国众多的评论栏目中，是一个后起之秀。但是，该栏目自 2001 年开办以来，已有多篇作品获中国新闻奖，该栏目也获得中国新闻名专栏奖。2022 年 8 月 2 日，美国反华政客佩洛西不顾中方强烈反对和严正交涉，执意窜访中国台湾地区。新华网 8 月 6 日发布时评《逆历史大势而动，无异于螳臂当车》，评论严正表明了中国人民捍卫国家主权和领土完整的决心和意志，并彰显了中国有反制外部势力干涉的强大能力。该评论不仅提供了理性的分析和判断，而且给大家提供了有利于认识深化的事实材料。"新华时评"努力将"不为人知"的事实和"不为人识"的判断融为一体，是值得称道的。

2021 年 2 月 4 日《新华每日电讯》刊载记者梁建强撰写的《扫码之后还要登记，有必要吗？》：

> 记者在走访中发现，一些地方不仅要扫健康码，还须在纸上手写个人信息作为登记内容，这"二次登记"，到底起什么作用，真有必要吗？疫情防控，须臾不能放松；防控手段，还需更加有效精准。失真、存疑且可能潜藏一定风险的"二次登记"，亟待及时进行纠偏。对于低风险地区，"绿码通行"之外，是否可以减少或者取消"二次登记"？对于中高风险地区，如果在特定场所确有"二次登记"必要，是否应着力加强核验，或是以信息化手段推动线上填报？反之，形式主义驱动下的"二次登记"，虽费时费力，但注定难有实效。

该文刊登后，转载众多。在新华社客户端上，稿件点击量迅速突破百万，人民日报客户端、澎湃新闻、上游新闻、工人日报客户端、南方+客户端等 150 余家媒体转载或刊登，稿件还登上当日的新闻"热点榜"，引发热议。

该文发出当天的国务院联防联控机制新闻发布会上，发言人介绍了人民群众就地过年的服务保障有关情况。国家卫生健康委新闻发言人在发布会中强调：我们再次重申，精准

---

① 新华时评 疫情防控要非常精细［EB/OL］.［2020-06-16］. http://k.sina.com.cn/article_1784473 157_6a5ce64502 001wd89.html.

防控、科学防控至关重要，对返乡群众的"乱加码"就是"乱作为"，就是懒政。发言人说的"既要落实好疫情防控的相关措施，又尽可能为人民群众减少影响"的理念，与评论中的呼吁高度契合。

正是由于新闻评论的及时性，在引导公众舆论等方面发挥了强大功能。此文在当年中央新闻单位践行"四力"交流活动中获最佳评论一等奖，且该文作者应邀在《中国记者》2021 年第 5 期以"采访手记"形式撰写《践行"四力"聚焦真问题 追问防疫中的形式主义》一文，介绍了这篇评论的写作过程和相关思考。

在所调查的 36 份报纸评论版发刊词中，可以看到各媒体对于新闻评论时效性的重视。我国第一个评论版——《深圳特区报》的"群言"版发刊词宣称，"关注最新发生的政治、经济、社会事件"。《南方都市报》评论版在 2002 年开版和 2003 年扩版时，都提出点评要"及时"。《羊城晚报》评论版在 2004 年扩版时，强调"时事评论希望做到两个'新'字，一个是新闻的'新'，即时效性；另一个是观点的'新'"。

这种对时效性的重视和追求，相应地表现在对"时评"这种文体的偏好上。在这些发刊词中，"时评"一词出现 65 次，还有 6 个评论版名为"时评"。这种在新时代新语境中媒体的文体偏好，实质上反映了时代对新闻评论时效性的要求。新闻评论的属性之一就是时效性强，而时评是其中对时效性要求最高的文体。

时代选择了"时评"，评论版应运而生，促进和推动了时评的兴盛。

自然，凡事都不是一律的，对新闻评论的时效性来说也是如此。有的新闻事实反映的问题比较明确，而且写作者又能很好地把握问题的实质，这样的评论当然宜快。但是，有的新闻事实在报道后还不是很明了，或该事件还涉及许多我们一时无法弄清的问题，或写作者还不能准确地把握事物的本质，就不宜迅速配发评论；有的新闻在报道后还需要观察各方面的动态、听取各方面的意见，这样的报道也不宜及时配发评论。

例如 2020 年 4 月"养女"韩某某状告某公司高管鲍某某性侵。发生在社会名人身上的事件有一定的新闻价值，媒体可以客观报道某人状告鲍某某如何。但该事件涉及隐私，在司法机关作出判决之前，媒体不可以对事实的有与无、是与非明确表态，因为这是违规的"媒体审判"。然而，《南风窗》把韩某某状告的内容作为既定事实加以报道，它发布的文章《涉嫌性侵未成年女儿三年，揭开这位总裁父亲的"画皮"》点燃了公众情绪，鲍某某成为"板上钉钉"的坏人，即刻就遭到了网民的一致攻击。20 天后，"红嘴乌鸦"发表文章《"弱者"的谎言与新闻专业主义的溃败——评〈南风窗〉与〈财新〉对鲍某涉嫌性侵案的报道》，点明了问题的要害。2020 年 9 月 17 日，最高人民检察院发布通告：现有证据不能证实鲍某某的行为构成性侵犯罪；两人不符合法定收养条件，不存在收养关系；韩某某与鲍某某见面时已年满 18 岁，不属于法律特殊保护的未成年人。

根据现实生活中我们常遇到的情况，一般来说，新闻评论讲究及时性是不错的，凡是能做到的尽量争取做到；同时，新闻评论还需要讲究时宜性，即把握新闻评论发表时间上的度，这是一个"该不该发，该何时发"的问题，写作者和组织者都要因时因地因问题制宜。

注重内容表达创新，按新闻规律生产评论，是新时代评论发展的一个重要特征。进入新时代，面对新形势，我们的新闻评论该怎么办？《人民日报》原副总编辑卢新宁曾发表过这样的意见：“不管媒体形态怎么变、舆论格局怎样变，原创仍是社会最宝贵的资源，思想仍然是媒体最重要的品质，理性仍然是时代最需要的力量。”①党报评论仍然握有这个时代不可或缺的优质资源。党报评论握指成拳，就一定能用手中的金话筒，在舆论场中众筹起我们更大的“存在感”，成为舆论场的“中流砥柱”“定海神针”。笔者认为，这就是主流媒体、党报评论应该把握的基本原则和方向。

新闻评论是民主意识、科学精神、独立品格和宽容胸怀的完整统一。在当下，加强舆论监督、针砭时弊仍是新闻媒体的一项重要任务。2018 年 10 月 11 日《法制日报》发表的《有人捅破这层纸，就该深查下去!》，对崔永元举报偷逃税款的演艺人员及其他有关方面人员一事发表评论，引起较大舆论反响。之后，税务部门依法处理演艺人员偷逃税案，响应了包括这篇评论在内的舆论诉求。2018 年 11 月 20 日，《中国妇女报》在同一个版面发表两篇评论——《推进性别平等是全社会的共同责任》《男女彼此成就才是最好的安排》，针对俞敏洪在 2018 年学习力大会上关于“女性堕落致国家堕落”的一段话发表评论。当天俞敏洪到全国妇联机关，向广大女同胞道歉，传统媒体评论的议程设置和舆论引导能力可见一斑。

有些话题，地方媒体不敢做，做不好，但是中央媒体做了，做得好，能给地方媒体树立一个学习的榜样。2017 年 12 月 19 日《人民日报》在“党的建设”一版上发表一篇小评论《宣讲应当入脑入心》，批评了有的地方在宣讲十九大报告中存在的“枯燥乏味，讲了那么多却不容易记住”“听着不过瘾、不解渴”的问题，并指出，要多讲故事多举实例，把“陈情”与“说理”有机结合，才能达到“听着提神”的宣传效果。唯有如此，才能让十九大精神入脑入心、引起共鸣。2018 年 1 月 31 日在一版“今日谈”中发表了笔者撰写的《让群众评议真正落地》一文：

> 现实中，为何有的干部“不怕群众不满意，就怕领导不注意”？除了权力观、政绩观出了问题，一个重要原因，就是群众评价没能转化为影响干部去留升降的硬杠杆。在这个意义上，要让“群众意见”得到实质性的尊重，既要树立以人民为中心的观念，也有必要进一步用好群众的评议结果。

像这样的评论，在全国地方报里面很难看到。

2017 年 12 月，习近平总书记对新华社《形式主义、官僚主义新表现值得警惕》文章中反映的“不怕群众不满意，就怕领导不注意”等新表现作出指示，强调纠正“四风”不能止步，作风建设永远在路上。习近平总书记特别提醒，要坚决防止以形式主义反对形式主义。纠正“四风”，根本上是为了密切党与群众的血肉联系，必须顺应群众期待，成果最终由老百姓来评判。老百姓看作风建设，主要不是看开了多少会、讲了多少话、发了多少

---

① 卢新宁：我们这一代党报人，都是历史的见证人[EB/OL]. [2016-11-17]. http://opinion.people. com.cn/GB/nl/2016/1117/c1003-28877065.html.

文件，而是看解决了什么问题。有没有变化，老百姓体会最深。① 进入新时代，面对新形势，我们新闻界、新闻评论界的同仁们，也应认认真真、不折不扣地贯彻落实习近平总书记重要讲话精神，动真格，出实招，比学习、比行动，看谁在"短、实、新"上做得更好，在"假、长、空"上反对得更坚决。我们既讲政治站位，又讲新闻规律，为繁荣中国的新闻事业、新闻评论，为加快实现"中国梦"作出更为扎实有效的工作。②

在这里，需要特别提及的是新闻评论的论题与民众的联系越来越密切了。长期以来，新闻评论都是作为媒体的灵魂和旗帜出现，发挥着引导舆论的作用。对此，领导机关和媒体自身都是十分重视的。但是，对于广大民众而言，在很多情况下对于媒体上的评论却是有一种高高在上、敬而远之的感觉，很难达到入耳入眼入心的效果。现在，不少媒体特别是一些专版、专栏评论，除了继续发挥传达精神、部署工作的作用外，更多地关注广大民众关心的话题，更好地发挥释疑解惑、安抚民心的作用。如一些企业以稳定收入和职业发展为筹码，逾越法律的红线，以企业文化为由迫使员工长时间加班，导致员工身心健康受损，网络社区"996.icu"（即工作"996"、生病 ICU）项目引发热议。《工人日报》据此发表了一篇《别把超时加班美化为"拼搏和敬业"》③，密切关注了劳动关系领域的新问题。一些企业将"996 工作制"常态化，赋予其"敬业""奋斗"色彩，令员工敢怒不敢言，舆论界对此一直有质疑的声音。而该评论直面社会热点，站在劳动者的立场上，及时发声，入情入理地论述了"加班文化"对员工身心健康、企业发展造成的严重负面影响，坚定维护广大劳动者权益，充分发挥了新闻评论引领公众澄清模糊认识、凝聚社会共识的作用，体现了媒体为构建和谐劳动关系的责任担当。

随着思想的交流，信息的沟通，人们对复杂多变的社会有着不同的看法和认识，这是十分正常的事。多年来，我们的舆论宣传大多采取"一面宣传法"，即只按照领导机关和宣传者的旨意进行新闻报道和宣传，受众接收的信息大多是一面的意见，受众不知道或很少知道另一面意见和其他意见。这种方法对于现代社会的受众来说显然是不行了。人们需要知道外面的世界，需要了解各种不同的意见，需要通过相互比较来作出抉择。新闻评论指向的多元化正好适应了民众的这种需求。

新闻评论指向的多元化，不仅包括指向不同的对象和内容，还包括对同一事件同一现象同一问题有不同的评论。

为满足人们发表不同意见的需求，不少媒体还专辟了"'正方'与'反方'""不同观点""不敢苟同""有此一说""相关评论"等栏目。

1980 年，联合国教科文组织国际交流问题委员会在一份报告中指出："负责管理交流工具的人应该鼓励他们的读者、听众和观众在信息传播中发挥更加积极的作用，办法是拨

---

① 朱基钗. 习近平总书记@全体党员，纠正"四风"不能止步［EB/OL］.［2017-12-12］. http://china.chinadaily.com.cn/2017-12/12/content_35282359.htm.

② 赵振宇. 新闻评论：新时代的新气象和新思考［J］. 新闻战线，2019(3).

③ 郑莉. 别把超时加班美化为"拼搏和敬业"［EB/OL］.［2019-04-11］. http://opinion.people.com.cn/n1/2019/0411/c1003-31024150.html.

出更多的报纸篇幅和更多的广播时间，供公众或有组织的社会集团的个别成员发表意见和看法。"①新闻评论指向的多元化，是我们时代发展进步的一个象征，各种媒体要根据自身的特点各有侧重，争取做得更好。与此同时，我们也必须注意，这种指向的多元化必须有利于社会的稳定，有利于配合党和政府的中心工作。人们的思想越是解放、活跃，我们的编辑在处理稿件时就越要谨慎从事，该发则发，该舍则舍，一切从全局出发，一切从有利于社会发展出发。

一定的内容需要一定的形式与之相适应，新闻评论也是如此。长期以来我们的新闻评论大体上形成了这样一些形式，如社论、本报评论员文章、本报编辑部文章、编者按、编后、短评和专栏评论等。随着时代的发展，中国新闻评论的形式越来越多，越来越丰富，评论形式的多样化从一定程度上反映了我国新闻评论事业的发展。

从新闻评论的时效性来看，现在不少媒体推出了"时评""今日社评"等栏目。这些栏目的文章，大多是对最近几日发生的新闻事实进行评论，有的还是与当日见报的新闻相联系，是对当日新闻事件的深入评论。有的还随着新闻事件的继续，刊发系列评论。这类评论时效性强，与新闻报道同时刊发，有助于提高新闻报道的影响力，也能更好地吸引广大受众的注意力。

从新闻评论的内容指向来看，除了歌颂类和批评类稿件外，还有不少稿件是建设性评论、研究性评论、争鸣式评论等。评论的内容除了涉及经济建设外，还涉及政治社会、文化教育、体育卫生、国防军事、世界外交等。特别是国防军事评论原来一直是中央新闻单位的"专利"，现在不少地方媒体也开辟了这样的专栏，刊发普通受众的自由来稿，满足了受众的需求。

从图文配合的形式来看，现在的评论特别是报纸的评论版，更关注摄影和漫画与评论的配合，形成相得益彰的结合优势。如《新民晚报》《羊城晚报》《北京晚报》《南方日报》等报纸评论专版都有配评论刊发的漫画和单独发表的漫画。漫画本身就是富有哲理的表现形式，不论是配发或单发的漫画都能引人思考，给人启迪。《检察日报》的《法治评论》周刊还在版面上安排了一个"老姚观相"的漫画专栏。该专栏以主持人"老姚"的名义观察社会众相，用幽默的语言、生动的画面揭示大千社会的问题，令人在畅快过后深深思考。在一个评论专版里，这样的安排是十分有效的。除此之外，《齐鲁晚报》《深圳商报》《楚天都市报》等媒体运用新闻摄影这一形式，推出了诸如"看图说话""看图说理"和"望图生议"等栏目。这类专栏的摄影照片，都是新闻事件的图像反映，它们以清晰的画面和具体的事实作为评论的基础，能帮助受众更深刻地认识和理解作者要表达的意见和思想。

从评论专版的栏目设置来看，栏目多、话题多，图文并茂，长短搭配。在评论专版中，一般来说，头条为主打评论，刊发社评、本报评论员文章等；若有热门话题，则约请有关方面的专家或作者各抒己见，使大众形成更广泛更全面的认识。为了吸引更多的受众参与，不少媒体除开辟"专家论坛"和"专家视点"外，还辟有"百姓说话""大众话题""读者发言"和"你说我说"等栏目。这些栏目作者层次各异，话题众多，文字短小，具有生活

---

① 胡正荣. 传播学总论[M]. 北京：北京广播学院出版社，1997：289.

气息，很受读者欢迎。为了增大信息量，不少媒体还开设了"新闻快评""圈点新闻""传媒观点"等栏目，由本版编辑负责编辑和撰写短评。

通过对 36 家报纸评论版的发刊词调查，可以看出现在的评论氛围更加宽容，评论取向趋于多元和开放。这从"不同""多元""宽容"这些词语的使用频率可以看出来。在这 36 篇发刊词中，"不同"出现了 11 次，"多元"出现了 8 次，"宽容"出现了 8 次。

对"不同"的肯定，1999 年首次振聋发聩地出现在《中国青年报》"青年话题"发刊词中："'不同'的价值在于，它不仅包含着思想解放和论争的正当秩序，包含着新闻媒介求新求异的运作规律和读者求新求异的阅读规律，更重要的意义是：思想进步可能就孕育在'不同'之中，而相同只能使我们停在原地。"这则发刊词标题为《倾听》，将自己放在一个倾听者的角度，尊重并谦虚地聆听不同意见和观点。这对于之前惯用一元思维进行取舍的评论界来说，可谓是一种颠覆。

倾听"不同"，可能带来思想界的激荡。正如《新京报》评论版发刊词所说："只有一种声音、一个主张的世界是危险的。……宽容异见是社会成熟的标志。"

对"不同"的尊重，也是对"多元"的尊重，是宽容的一种体现。《燕赵都市报》评论版发刊词的标题是《零度 情怀 宽容 建设》，对于宽容，该报有更深的感触："宽容，以温和态度容纳不同群体不同意见。审视时代，任何人都承认，我们正处在告别一元，进入多元的阶段。不同的价值观都应得到同等的尊重，不同的声音都应得到平等的表达。好与不好、消或长，只有在碰撞和深入之中才能彰显其意义。"

从这些表述可以看出，新世纪的新闻评论具有全新的品格——独立、尊重、宽容。各个评论版对"不同"的鼓励，促使新闻评论成为独立思考、勇敢发声的结晶，赋予新闻评论以独立品格。评论版对"多元""宽容"的追求，意味着拒绝"一言堂"，反对一元价值观，告别非黑即白、非左即右的简单粗暴判断；意味着对不同意见、对人们表达权利的真正尊重，意味着更具包容精神，这些都赋予新世纪新闻评论以宽容品格。

在追求"和而不同"的文化交往中，坚持"各美其美，美人之美，美美与共，天下大同"的原则是十分重要的。"各美其美"是指，承认文化皆有其美，而且应该保持各自的独特性；"美人之美"是指，承认别人的文化也有优点，并能欣赏和接受这种优点；"美美与共"是指，大家共有共荣，并不以消灭对方为目的，唯其如此，方能实现"天下大同"。①

在新闻评论中，既有尖锐的批评，也有热情的讴歌，更有理性的研究和建议。赖有宽容才能促使社会和谐、可持续发展，这是新闻评论的根本目的。

三、媒体融合，促使评论生产之变

进入移动互联时代，我国网民规模、网民的阅读习惯等发生了重大改变，门户网站也越来越成为移动互联时代的"传统媒体"。微博上"意见领袖"即"大 V"群体的活跃度明显下降，并出现向微信公众号迁移的现象。随着微信公众号影响力的扩大，"自媒体人"正

---

① 赵振宇. 新闻评论通论［M］. 北京：清华大学出版社，2014：16.

逐渐取代微博"大V"并被赋予新的民间舆论场话语权。①

在这样的背景之下,国内新闻评论界也发生了一些重要而深刻的变化,包括评论布局从微博向微信及客户端的延伸、评论员个人微信公众号的开设、传统媒体评论版面及评论队伍的调整等。2015年1—2月,来自中山大学的陈敏带领学术团队通过电话、邮件、微信、QQ等方式,访谈了国内17家主要纸媒及网站评论部的负责人及评论员,梳理新闻评论生产过程中发生的变化,把握新闻评论未来的发展趋势。②

微博式微、微信崛起,是移动互联网平台的一个重要变化。在这样的背景下,传统媒体评论部在新媒体平台上的布局也发生了变化。首先,不少媒体评论部放弃或减少了微博账号的运营,而将更多的人力投入微信公众号的运营。由于利用新媒体文本的不受限性,微信公众号评论可以突破纸媒有限的版面空间,极大地增加了新闻评论的内容。例如,《新京报》在报纸上设有"社论·来信""时事评论"两个板块,而其微信公众号"新京报评论"将板块细分,设有"京酿馆",还有喜马拉雅专栏"听新京报",兼顾新闻评论的时效性、深入性、专业性与政治性。其次,打破"专业评论"传统,面向社会征稿,扩大评论主体。"新京报评论"启动平台开放计划,面向社会进行有偿征稿,鼓励更专业、多元的见解,有利于调动读者对于新闻事件思考的积极性,为新闻事件提供更加多元化的分析视角。

微博方面,除了《北京青年报》《东方早报》《长江日报》《重庆日报》《海峡导报》《河南商报》《燕赵都市报》7家从未专门开设过评论部微博账号的媒体外,另有8家曾开设微博的评论部,都在2014年前后停止更新。只有2家媒体评论部仍坚持运作该部门的微博账号,分别是"新京报评论",至今已发布微博近2万条,有近35.9万粉丝,据了解,新京报评论部仍安排一个专职编辑负责微博账号维护;另有"凤凰网评论",至今已发布微博近6000条,粉丝超过25.1万。

微信方面,在接受访谈的媒体评论部中,有10家媒体开设了11种新闻评论类微信号,没有开设微信公众号的媒体有5家,分别是《东方早报》《长江日报》《重庆日报》《羊城晚报》《燕赵都市报》,主要原因都是人手不够,其中《重庆日报》表示准备投入人力开始做。而《新快报》虽已开设微信公众号,但久不更新,基本处于闲置状态。此外,《华商报》早前开设过微信公众号"华商评论",但由于多种原因停止更新,直到2015年1月28日,《华商报》深度评论部的微信公众号"深度评论"再度上线,主推独家深度报道和评论作品。《海峡导报》则因为报社本身没有评论部,只在"知厦论坛"微信公众号中推出该报

① 李未柠. 中国开始进入互联网"新常态"——2014中国网络舆论生态环境分析报告[EB/OL]. [2014-12-25]. http://news.163.com/14/1225/20/AEBBSCD200014JB5_all.html.

② 陈敏. 媒体融合背景下中国新闻评论之变——以17家媒体评论人访谈为基础的研究[J]. 新闻记者, 2015(5). 接受访谈的媒体评论部的评论员如下,《北京青年报》的张天蔚、《东方早报》的沈彬、《长江日报》的刘林德、《重庆日报》的单士兵、凤凰网的高明勇、《海峡导报》的庄华毅、《河南商报》的王攀、《华商报》的曹旭刚、《晶报》的赵周贤、《南方都市报》的苏少鑫、《南方日报》的周虎城、《人民日报》的李浩燃、《新华每日电讯》的易艳刚、《新京报》的王彦飞、《新快报》的张凯阳、《燕赵都市报》的陈方、《羊城晚报》的张齐。

评论。

评论员开设个人评论类微信公众号方面，在接受采访的 17 家媒体评论部中，《北京青年报》《长江日报》《东方早报》《南方日报》《华商报》《海峡导报》6 家媒体没有评论员开设个人微信公众号，其他 11 家媒体都有，其中《南方都市报》最多，评论员开设的个人微信公众号有 5 个；另有 2 家媒体的评论员开设了非评论类的个人微信公众号。

在多家媒体评论部表示人手不够导致部门的微信公众号无法开办的情况下，评论员个人的微信公众号却相对较为活跃。这说明，部门开设微信公众号之难的背后远不仅是"人手不够"问题，而是有着其他复杂的原因：很多媒体机构本身就不鼓励评论部开设微信公众号；多数媒体没有建立起有关微信公众号运营的明确的奖惩制度，导致开设及运营的动力不足。和传统评论版的编辑不同，微信公众号的运营要在选稿、写稿之外，考虑使用新媒体平台的话语。对评论员个人而言，他们更愿意通过个人微信公众号发表言论，这样灵活度更高，也更有利于个人品牌的塑造。不过，相比个人评论类微信公众号，机构评论类微信公众号也有其自身优势，如文章品质较为稳定，资源相对充裕，发布周期有保证等。在言论主体极大丰富、多元，自媒体兴起的情况下，媒体机构通过评论发声仍有其意义所在，媒体评论部应认识到这一问题，并思考如何让机构声音、机构立场影响更多的受众。

自媒体人大量涌现，评论主体和评论标准日益多元化。通过访谈可以看出：首先，开设时间越早的微信公众号，在影响力方面越有优势，因为它们在其他微信公众号未出现之前，已积累一定的影响力，并在后续运营中相对稳定地保持了这种影响力，典型代表有"团结湖参考""旧闻评论"。

其次，微信公众号进一步抹平了个人运营和机构运营的差别，所有微信公众号都是平等地被"折叠"在微信用户的"订阅号"里，并按推送的先后顺序呈现，不像微博平台为机构用户提供认证或推广等服务。而且对很多网友来说，他们并不在意公众号背后是个人运营还是团队运作，他们更看重的是微信公众号提供的内容、观点。

再次，新媒体平台上，有关新闻评论的定义进一步模糊，很多文章并不能称为严格意义上的新闻评论，它们的言论尺度更大，个人色彩更为鲜明，更擅长使用图片、视频、漫画等手段增强说服效果。

最后，受访的评论员在推荐微信公众号时，主要提及的几个因素是：观点的深度、观点的稀缺性、表达的时效性、传播的便捷性，以及表达风格等。

纸媒空间受限，自媒体言论勃兴。新媒体时代，对评论的需求不是少了反而是多了，但现在纸媒的评论很难适应网络传播的要求。无论是议题设置，还是话语尺度，都受到太多限制。在这样的环境之下，很多评论员认为纸媒已经很难吸引到高水平的评论文章，纸媒在告别评论，评论在告别批评。

与纸媒评论空间收紧、版面萧条的情况形成鲜明对比的是自媒体言论的勃兴，很多评论员注意到了过去一年发生的这一变化。自媒体言论的勃兴也在多个方面对整个新闻评论界产生了深刻的影响。比如，在表达效率和言论尺度方面，新媒体从整体上冲击了传统媒体评论,新媒体中的中央媒体又对地方媒体形成进一步的冲击。

当然,自媒体言论在尺度方面相对于传统媒体较为宽松并不意味着它是失控的。有评论员注意到了相关的管理措施正在向新媒体平台延伸,自媒体不能像一匹脱缰的野马,不受任何约束。需要在新媒体和传统媒体之间,在新媒体形态之下的评论和管理之间取得一种平衡。

未来对中国新闻评论的研究,可在进一步分析传统媒体评论部和评论员转型的基础上,增加对有影响力的自媒体的访谈,思考新媒体环境下评论主体、话语表达、言论尺度等方面发生的变化,这些变化如何共同作用于舆论的形成,以及深入研究言论表达与线上社会动员、线下网民行动之间的关系。

新闻评论不同于消息、通讯等,其作为既有"事实判断"又有"价值判断"的新闻体裁,在言论空间中起到意见交互、舆论引导的重要作用,因此对新闻评论进行融合式改革势在必行。纵观我国近些年来媒体产品的内容和形式创新,大多集中在新闻资讯方面,如在短视频新闻资讯领域,有《新京报》"我们"视频、"梨视频"等,目前已趋于成熟。而在新闻评论方面,虽然有"人民微评"这样颇受欢迎的微评形式,也有短视频评论的新突破,但仍然没有形成融合时代评论的常态形式,目前的新闻评论仍然以报纸上的新闻评论为主。因此,要提升新闻评论的舆论引导能力,必须坚定媒介融合策略,加快融合改革,创作"融评"新形式。①

"融评"指的是在媒体融合过程中出现的新型融媒体评论产品。在文字方面,目前国内"融评"的主要表现形式为"微评",比如《人民日报》官方微博的"人民微评",以"转发+评论"的方式,在微博规定的 140 字内对当天热点事件进行点评。这一类"快评""锐评""微评"在推出之后常收到良好反响。在音频方面,主要是在移动端的 App 平台中出现的一些电台评论节目和作品,例如蜻蜓 FM 上,网红军事评论家张召忠的《局座时评》栏目。在视频方面的融媒体评论主要有短视频评论,比如用快板说新闻的《两会"石"评》、《新京报》旗下的"陈迪说"栏目,还有专门为了适应手机竖屏的视频评论等。此外,新技术的应用也是"融评"的一大亮点,比如《光明日报》新媒体栏目《小明说两会》就运用了人工智能技术,主播"小明"是 AI 虚拟人物,能够在输入文字稿后自动播报,生成视频评论节目。②现阶段的"融评"在选题上多为贴近民生的社会新闻。

在媒体融合的现实背景下,新闻评论生产的观念也发生了转变:从传者中心到传受互动。③ 在传统媒体时代,由于人们获得信息的渠道单一,大众媒体成为主要的观念表达的介质。在技术上的单向度所带来的以传者为中心的新闻评论逻辑中,普通民众的参与度比较低,缺少话语权,处于被动接受的状态。新媒体的发展,使得新闻评论的生产与传播发生了根本性的变革。评论生产的主体开始扩展,普通民众可以利用便捷的

---

① 陈婷婷."融评":媒体融合时代新闻评论发展新形态[J].青年记者,2020(8).
② 陈婷婷."融评":媒体融合时代新闻评论发展新形态[J].青年记者,2020(8).
③ 孙志鹏.新型与主流:全媒体背景下的新闻评论[J].青年记者,2019(16).

技术发表自己的观点。原来单一的观点开始在互动中变得多元和多维，这种传受的互动使得新型的新闻评论模式开始盛行。因此，对于新闻评论而言，怎样在新时期把主流的价值观传播给受众，得到受众的认可，通过新闻评论引导舆论、启迪社会，成为现实而又重要的问题。

　　新闻评论在引导舆论以及强化新闻宣传核心影响力方面具有重要作用。在融媒体环境下，新闻评论的形式、内容更加丰富多元，观点传达也更加迅速精确，在互联网时代可以很好地起到引导舆论、宣传主流价值观的作用。首先，要兼顾思考的深刻性与评论的时效性。评论人要结合时事发掘有意义的观察视角，保持清醒独立的思考，下笔既要落脚到实质性的问题上，又要看到事物背后存在的逻辑和规律。其次，要提升用户审美水平，重视把关职能。最后，要及时关注用户跟帖和反馈。用户跟帖是网络媒体特有的评论形式，使新闻评论逐渐具有社交化的互动特征，传受双方需要通过多回合的互动交流，达到引导舆论的目的。

　　习近平总书记指出，主流媒体要"及时提供更多真实客观、观点鲜明的信息内容，牢牢掌握舆论场主动权和主导权"①。因此，在媒体融合的语境下，树立"主流"维度显得非常迫切。② 新闻评论也需面向主流人群，传播主流价值观。李良荣教授认为当前媒体的主流受众就是中等收入群体或中间阶层。③ 对新闻评论而言，主流人群概念的转变，也必然推动新闻评论的改革，从议题到关注点都要满足主流人群的需要。面对日渐庞大的中产阶级和中间阶层，满足主流人群的生活和工作需要的观点和评论，才是真正的"主流评论"。要传播主流价值观。一方面，传统媒体的新闻评论需要结合新媒体技术，运用广大民众喜闻乐见的手段，传递满足他们需要的价值观；另一方面，新媒体在进行新闻评论的过程中应该树立责任感和伦理意识，摒弃"噱头"，传递有价值的观点。只有传递主流价值观的新闻评论，其观点才会为主流人群所认可，不至于被"边缘化"和"非主流化"。

　　2015年，首届党报评论融合发展论坛在北京举行。论坛致力于推进党报评论务实合作，在融合发展中做优做强党报评论，让党报评论的声音更加响亮，更加深入人心。该论坛至今已成功举办5届，成为全国党报评论工作交流的品牌活动。④

　　2023年9月25日，由人民日报社召集、人民日报社评论部指导、安徽日报报业集团主办的2023党报评论融合发展论坛在安徽省合肥市举行。围绕"为巩固壮大主流思想舆论贡献评论力量"这一主题，来自中央单位、中央媒体、30余家省级党报和学界新媒体平台的代表齐聚一堂，共商党报评论融合发展之计。论坛上，与会嘉宾结合当前舆论场特点与媒体融合态势，围绕"如何扩大主流价值影响力版图""如何把握全媒体时代新趋势"等主题进行了广泛深入的讨论。同时，还举办了"好评新时代"党报评论融媒体精品分享活动，由来自《北京日报》《解放日报》《安徽日报》《四川日报》《陕西日报》等省级党报的代表

　　① 习近平. 习近平谈治国理政(第三卷)[M]. 北京：外文出版社，2020：319.
　　② 孙志鹏. 新型与主流：全媒体背景下的新闻评论[J]. 青年记者，2019(16).
　　③ 李良荣，袁鸣徽. 锻造中国新型主流媒体[J]. 新闻大学，2018(5).
　　④ 李浩燃. 二〇二三党报评论融合发展论坛举行[N]. 人民日报，2023-09-26.

展示评论作品，分享创作体会。

与时俱进的媒体发展趋势为媒体融合提供了便利的条件，也加速了媒体融合的成果显现。借助媒体融合的力量，拓宽网络新闻评论之路，我们需要积极应对新形势要求，寻求发展机遇，发出时代的声音与经济社会高速发展的强音，从而汇集各方意见和智慧，表达共同愿望诉求，营造良好舆论氛围。

第二章
新闻评论的定义、属性及作用

一、新闻评论定义

时代不断发展，推动着新闻评论的实践和研究。

什么是新闻评论？它是我们学习新闻报道后遇到的又一个课题。如同什么是新闻、什么是报道一样，它也是一个仁者见仁、智者见智的话题。为了说清楚"评论"是什么，我们有必要对"新闻"作一番新的探究。

根据科技进步和媒体发展的情况，本书认为，新闻是对正在、新近发生或发现的有价值事实及意义的信息传播。它通过报纸、广播、电视、互联网和新兴媒体，运用对事实过程的描述和对该事实性质判断、价值意义的评论（含深度报道），让大众更深切地感受和领悟该事实。此定义中，前一句是对新闻的性质判断，后一句是对其外延的描述。

随着网络等新兴媒体的出现，承载新闻的主体出现变化，因此传统以报纸等媒体为主体的新闻定义便自然而然地退出历史的舞台。但是媒体的发展带来的不仅仅是传播手段的变化，更带来传播方式和传播理念的变化。在传统的新闻传播过程中，由于媒体有限，新闻的数量较少，相对来说，承担信息梳理功能的文体并不多见。但是现在，由于信息量的骤增，人们对信息的选择出现较大的困难，因此，评论和深度报道在新闻中的份额便极大地增加了。将"运用对事实过程的描述"和"对该事实性质判断、价值意义的评论"包含在新闻的定义之内，不仅有利于新闻操作，更有利于受众对新闻的理解，因为它能"让大众更深切地感受和领悟该事实"。消息与评论（含深度报道）两种新闻体裁的并驾齐驱已是多年新闻操作的事实。

目前媒体的实践表明，人们对评论的需求达到了空前的高度，从理论上为新闻评论正名具有重要意义，它能提高受众的信息接收效率，从而增强新闻的影响力。新闻在传播的过程中有两种信息，一是传播事实信息，二是传播观点信息，两者合一才是新闻真正完整的含义。人们接收信息，不仅需要及时了解该事实的发生过程，而且想知道该事实发生的性质和意义。随着信息传播越来越广泛和及时，一般来说，在短时间里掌握某一事实并不是什么困难的事情。但是，如何评判这一事实，这一事实的性质、意义如何，如同天底下没有两片相同的树叶一样，必定是因人而异、千姿百态、千差万别的。而且，人们通过对这些"不一样的树叶"的识别，不仅可提高自己的观念意识和主动参与、表达意识，同时也有利于帮助人们更深切地感知和认识该事实。同时，一家媒体评论水平的高低，是人们鉴别或偏爱某一媒体的重要标准。媒体的评论水准如何，已成为人们选择或购买某一媒介的重要因素。正因如此,当下不少媒体重视和加强新闻评论,推出了大量的评论专栏、专版和专刊,不仅吸引了大批精英人士加盟,而且大众评论、公民评论的趋势已日渐高涨。媒体的竞争,从某种意义上说,是思想的竞争。要想在竞争中处于领先地位,必须精心打造评论,扩大评论队伍,提高评论素质,扩充评论版面或节目时长,改革评论生产方式等,这已经成为媒体新一轮改革和发展的重要内容。我们完全有理由相信,随着对新闻定义的全面认识,在新的时期,中国的新闻业界和学界都会有新的亮点和增长点。

时代是在发展的,特别当网络媒体迅速发展之后,我们是否可对新闻评论作一番新的定义("定义"实为不定之义,称作"表述"可能更准确):所谓新闻评论,是传者借用大众传播工具或载体,对正在、新近发生或发现的有价值的新闻事实、问题、现象直接表达自己意愿的一种有理性有思想有知识的论说形式。新闻评论在报纸、广播、电视和网络等媒体上有不同的表现方式,或文字,或声音,或音像结合,或图文并茂,在新闻传播中发挥着重要作用。

在这个定义中,有以下几个词需要解读。

"正在"——说的是我们需要评论的事实以运动的方式在进行或持续,它是一个事实的过程和延续,而不是它的终结。以前的评论都是在事实发生过后再予以评论,现在由于传播工具的更新和传播渠道的畅通,好多评论是评论员(或称评论记者)在现场与报道一道完成的。如广播评论、电视评论、网络评论等就有这样的特性。

"发生或发现"——发生,说的是原来没有的东西现在有了;而发现,则是经过研究、探索和挖掘,看到或找到前人没有看到的事物或规律。由于新闻定义的拓展,新闻评论也由之扩大:新闻评论的对象不仅仅是某一件具体的事件,也可能是一类事实所反映的问题,还可能是经过探索和挖掘发现的新的潜藏的问题。

除此之外,提出这样的定义还基于如下考虑:

第一,如今的新闻评论大多是借助于大众传媒来实现的,这里的作者不仅仅是写作者,更是一位传播者(传者)。传者与写作者是有很大区别的。作为一位现代传播者,不可能"两耳不闻天下事,一心只读圣贤书",在家"闭门造车",而是需要"眼观四面,耳听八方",学习和接收广博的知识与信息,同时还需要掌握和了解大众传播的一般规律。只有这样,生产出来的产品才能做到"适销对路"。这和旧时的文人已经截然不同了。本定义中特别提到"借用大众传播工具",这是因为,人们随时随地都可以发表意见,但这些私下议论不是我们新闻学研究的对象,只有那些在大众传媒上公开发表的意见(通过一定的文字、声音、音像等信息符号表现)才算得上是我们所研究的新闻评论。这是当今传媒时代的新要求。

第二,新闻评论是一种传者意愿的直接表达,或是代表传媒单位,或是代表传者个人,他的所文所言所行,都是一种有形意见的表达:反对什么、批评什么、赞成什么、表扬什么,都是主观反映于客观的一种直接的真实的思想表达。它比消息报道更深刻、更理性,因而也能更好地揭示事物的本质和属性,从而更能打动人、说服人和给人以启迪。这是新闻评论的本质属性使然。

第三,新闻评论必须依赖于正在、新近发生或发现的事实、问题或现象,它有别于小说家的创作和理论家的演绎。新近发生或发现的事实、问题和现象是第一性的，新闻评论是第二性的，后者是对前者的一种思想反映。新闻评论的生产不同于文学艺术的创作，它不能夸大或缩小事实，更不能杜撰事实，丁是丁，卯是卯，在新闻评论依赖的事实上来不得半点虚假。同时，它也不是理论家纯粹的逻辑演绎和推理，仅仅研究和传播一种理论。新闻评论需要有理论作支撑，但是，它必须反映事实、反映时代，以活生生的社会生活为依托，具有强烈的时代性和针对性。这是新闻评论有别于文学创作和理论研究的根本所在。

第四，新闻评论是一种说理的传播知识的表现形式，在现代传媒发展的形势下，它的表现形式也日趋丰富多彩、生动活泼了。新闻评论早先是从报纸上的政论文开始的，所以很多的教科书把新闻评论称作"政论文"，它是一种文字的书面表达形式。一般来说，这种认识是不错的。但是，时代发生了变化，现代科学技术的发展，已经使新闻评论走出了报纸的版面空间。广播里有它的声音，电视里有它的音像，网络里更是有众多的网民发议论、跟帖子、画漫画，新闻评论已经成为一种传者和受众相互交流思想、传播知识、沟通有无的论说形式了。这种形式上的变化，对从事新闻评论事业的工作者和工作部门来说，提出了更多更高的要求。我们应该在内容和形式、设备和技术上作相应的调整，以适应形势发展的需要。这是时代对新闻评论发展提出的要求。

第五，新闻评论要有作者深入独到的见解和观点。当下，新闻评论之所以越来越受到媒体和大众的重视，就在于评论不仅有敏锐的观察力和对事物的理解力，更有独家的或有新意的见解。新闻评论的发展越来越要求人们特别是职业评论者更注重深入采访，在采访中发现问题、提出问题，从而更好地发现选题和阐释论题。这是广大受众的希望，更是媒体差异化竞争的必需。

二、新闻评论属性

由于对新闻评论的定义不同，因而对新闻评论的属性理解也就不同。

范荣康认为："新闻评论是一种具有新闻性、政治性和群众性等显著特征的评论文章。……离开了新闻性、政治性和群众性，都不成其为新闻评论。"[1]

秦圭、胡文龙认为："新闻评论的主要特点为：鲜明的政治性、强烈的新闻性、广泛的群众性和严格的科学性。"[2]

于宁、李德民认为：新闻评论"应该有这样四个特点，即：鲜明的党性、较强的时间性、明显的指导性、广泛的群众性"[3]。

邵华泽认为："党报的新闻评论，究竟有些什么特征？……我想有这么五条。第一条是导向正确，第二条是有的放矢，第三条是讲究科学，第四条是平等待人，第五条是简短

①　范荣康. 新闻评论学[M]. 北京：人民日报出版社，1988：5.

②　秦圭，胡文龙. 新闻评论学[M]. 北京：中国人民大学出版社，1987：8-15.

③　于宁，李德民. 怎样写新闻评论[M]. 北京：中国新闻出版社，1988：10-20.

生动。"①

吴庚振认为:"新闻评论的主要特点可以概括为四个方面:新闻性、政治性、群众性和指导性。"②

丁法章在他的著作里将新闻评论的属性归纳为三点,即论题的新闻性、论理的思想性和论说的公众性。③

看看上面关于新闻评论属性的种种说法,我们可以发现,因受时代的影响,自身工作的传媒的限制,以及各自不同的看法和认识,产生差异是很自然的事。所谓新闻评论的属性,实际上就是要找出它与其他新闻形式在本质属性上的区别或需要特别强调的地方。这种属性要从新闻评论一般的广泛的表现形式(如报纸、广播、电视、网络等)来讲,而不能只讲刊登在党委机关报上的社论或评论员文章的属性;这种属性要从新闻评论论题的广泛性(如政治、经济、社会、生活、文化、体育等)来讲,而不能只举带有强烈政治色彩的评论员文章。

综上所述,从新闻评论涉及的政治、经济、社会、文化、教育、生活、国内、国外等广泛内容上看,从新闻评论传播的报纸、广播、电视和网络等媒体的多种形式上看,笔者认为,新闻评论的属性大致有以下几点,即新闻评论依赖事实的新闻性,新闻评论传播的时效性,新闻评论论说的理论性,新闻评论内涵的思想性和新闻评论传播知识的有益性。

1. 新闻评论依赖事实的新闻性

新闻评论,顾名思义,就是评论文章中所涉及的事实具有新闻性,这也是区别文学创作和理论研究的根本属性。

2022年12月,随着奥密克戎病毒致病性的减弱、疫苗接种的普及、防控经验的积累,我国疫情防控面临新形势新任务。12月26日,国家卫生健康委员会发布公告,经国务院批准,自2023年1月8日起,解除对新型冠状病毒感染采取的《中华人民共和国传染病防治法》规定的甲类传染病预防、控制措施;新型冠状病毒感染不再纳入《中华人民共和国国境卫生检疫法》规定的检疫传染病管理。12月27日,国务院联防联控机制举行新闻发布会,介绍新冠病毒感染实施"乙类乙管"措施有关情况。对此,有评论文章表示:

> 从"乙类甲管"到"乙类乙管",一字之差,变的是不断调适疫情防控和经济社会发展的动态逻辑,不变的是确保防控措施调整转段平稳有序的整体要求。调整之后,工作举措在传染源发现方面、传染源管理方面、社会面防控方面和国境卫生检疫方面都有所不同。譬如,"乙类乙管"后,对入境人员不再实施闭环转运、集中隔离等措施,来华人员按海关要求填写健康申明卡,申报正常且海关口岸常规检疫无异常的人员可直接进入社会面——物资畅通是贸易的关键要素,新冠病毒感染实施"乙类乙管"后,对构建双循环新发展格局也将有立竿见影的推动作用。

① 邵华泽. 新闻评论探讨[M]. 北京:人民日报出版社,1993:4.
② 吴庚振. 新闻评论学通论[M]. 保定:河北大学出版社,2001:22.
③ 丁法章. 新闻评论教程[M]. 上海:复旦大学出版社,2002:28.

还有评论说：

> 当然，相较于之前"乙类甲管"的严厉，"乙类乙管"在某种程度上确有"放松""放开"，但却不能"放飞"。释放情绪可以理解，但放飞自我，乃至不管不顾，则未免走向另一个极端。
>
> 即便"乙类乙管"，仍需强化个人防护，提升诊疗服务，呵护好大家的健康。特别是老年人和有基础病的群体，更不能掉以轻心。此外，在农村等医疗资源较为缺乏的地区，依然是当下疫情防控的重中之重。①

关于"乙类乙管"的评论还有很多。这一新闻事件在社会上引起了轩然大波，促成一场有关社会各个方面的大讨论。评论的参与所依赖的事实是国家卫生健康委员会解除对新型冠状病毒感染采取的《中华人民共和国传染病防治法》规定的甲类传染病预防、控制措施，没有这样有代表性的事实发生，就不可能有各种各样的评论文章。先有事实，后有评论，这是新闻评论的根本属性所决定的。

新闻评论所选用的事实除了要有新闻性，还要有典型性和代表性，只有这样才有针对性，才有说服力。选择有典型意义的新闻事实作评论，是写好一篇评论文章不可少的基本前提。

不论是正在、新近发生的事实还是新近发现的事实，我们在确定选题时都要从读者市场的需求来判断。一般来说，有以下几个方面的因素可以考虑：(1)受到这一事件影响的人数。不论是自然事件还是社会事件，都会或多或少地影响一部分人或大多数人。那么，我们在选择评论的事件时，涉及的人越多，越是评论者首先考虑的选题。如火灾、水灾在一个城市来说，会涉及不少人，若选择这样的话题做文章，就会受到读者的欢迎。(2)关心这一事件的人数。有些事件影响的人数可能并不多，但由于事件的恶劣性或特殊性，人们关心的很多，这样的事件也应予以考虑。如恶性车祸事故，多胞胎平安降临人间等。(3)和大众利害关系的密切程度。生死存亡是这种关系的最高表现，其他涉及人们生活、享受和发展的事件也是人们普遍关心的。如环境污染问题，售假打假问题，吸毒贩毒问题，以及社会治安问题等。这些问题与人民群众的生活、利益关系密切，是评论的好选题。(4)促进社会进步的作用。新闻评论作为一种社会舆论它总要对社会的发展和进步起到一定的积极作用。这种作用越大，它的价值就越大，这种评论就越有意义。对于那些预示着一种社会方向，代表着一种时代进步趋势的事物，新闻评论应予以关注。(5)最后，在决定某一事实是否予以评论时，还必须考虑它的宣传效果。这是我们的新闻传媒性质所决定的。

这里讲的大多是新闻工作的一般规律，凡是新闻人都不能例外，做新闻评论也该遵守

---

① 龙之朱. "乙类乙管"付诸实施，重启火热的生活[EB/OL]. [2023-01-08]. https://weibo.com/164411 4654/MnkiY8BZb.

这一规律。

2. 新闻评论传播的时效性

所谓新闻评论传播的时效性，包含以下两方面意思：

一是新闻事实与新闻评论生产（写作或制作）之间的时间最短，也就是说，当新闻事实出现后，评论者要在最短的时间里完成评论生产。大千世界，社会现象纷纭复杂、变化多端，其中有很多事件、现象和问题是可以和需要评论的。但是，只有那些最近发生或发现的事实才是新闻评论需要写作的对象。只要是条件允许，新闻评论都要追求这种最快的新闻事实。

二是新闻评论生产与传播之间的时间最短，也就是说，评论者写出（或制作）的作品能够在最短的时间里传播出去。随着信息传播速度的加快，现在不少的著作能在十天或一周内抢印出来成为畅销书。新闻传媒更需要在时效性上大做文章，如不少的报纸都开辟了"新闻热线"等直接与读者联系的栏目，尽快将新闻发布出去；广播、电视更是开辟了现场直播等节目，将正在发生的事实告知大众。

2022年6月10日凌晨，唐山市路北区某烧烤店发生一起寻衅滋事、暴力殴打他人案件，造成恶劣影响，引发广泛关注。此事在网络上引发网友热议。随后的几周内，针对唐山打人事件网络上展开了一场持久的大讨论，随着事件真相、当事人采访的不断曝出，评论者也在每天的第一时间根据已知事实发表自己的观点，以便让读者及时了解事情的真相和把握事情的发展趋势。

> 唐山烧烤店打人狂徒激起全网公愤，他们的恶行触碰法治社会底线，挑战保障妇女权益的国家意志，不严惩不足以平民愤，不严惩不足以抚伤痕，不严惩不足以护尊严，不严惩不足以儆效尤，不严惩不足以树法威。对于此类严重侵犯妇女权益的恶性案件，只能而且必须零容忍。人民群众的获得感、幸福感、安全感，安全感是基础，是底线。我们期待执法机关继续以雷霆之势，尽快将这帮无法无天的狂徒缉拿归案，依法严惩。①

> 尽管事件的前因后果仍然有待警方调查，但在众目睽睽之下，几位身强力壮的男性公然殴打女性，毫无疑问违反法律。从视频画面看，这起事件中为首的男子疑似骚扰白衣女子，在遭到女子反抗的情况下实施暴力。骚扰、凌辱女性已经严重触犯法律，未能得逞还要暴力相向，无论如何也不能容忍。

> 以强凌弱、以多欺少，这起事件很快引起众多网民关注。很多人不愿意相信：在公众法治意识不断健全的当下，还会有如此恶劣的侵犯行为发生。这起事件在社交网络上迅速传播，说明其不仅触碰了法律底线，也触碰了社会安全感的底线。很多人担心，当自己遭到陌生人的侵害时，当自己依法行使自己的防卫权利时，能不能得到正

① 打人狂徒，触碰底线；依法严惩，以儆效尤［EB/OL］.［2022-06-14］. https://www.workercn.cn/c/2022-06-14/6978531.shtml.

义的救济。①

　　唐山这起群殴女子事件，令人震惊，不仅挑战了法律，还挑战了社会秩序，挑战了大众的安全感。被打女子仍在医院治疗，病床上的她们需要一个公道，全社会需要一个交代。尽快依法办理，让施暴者付出沉重代价，人们拭目以待！②

　　从各大媒体的报道中可以看出，每当事件发展到一定阶段，评论工作者都会在第一时间发表言论。所以，正是有很多即时发表的评论，才使得很多事件的呈现更加全面充实，引发对热点事件的思考。

　　3. 新闻评论论说的理论性

　　曾任《人民日报》总编辑、社长的邓拓先生说："社论是表明报纸的政治面貌的旗帜。"③后来，人们将其扩展为"新闻评论是新闻传媒的灵魂和旗帜"，足以说明评论的重要地位和作用。特别是在目前改革开放的形势下，媒体尤其是党委机关报、电台、电视台通过有效的新闻评论，阐述党的方针、政策，帮助人们把分散的、个别人的议论，转化为系统的、集中的、科学的意见；把人们创造的改革形式上升到理性的高度去认识、执行和推广，从而形成一种能联系和调动全体人民奋发向上的社会舆论，为人们的改革实践提供科学的理论指导，创造良好的社会环境。只有这样才能真正地动员群众、团结群众，扫清一切阻碍人们前进的思路障碍，提高人们对改革的心理承受力和投身改革的自觉性、积极性，将改革顺利地推向前进。

　　我们说新闻评论很重要，并不完全是因为它代表传媒的立场和态度。不可否认，这些评论中一部分是代表传媒，甚至是部门、地区、国家的立场和态度的，但是，也有不少评论只是作者个人的意见（当然是得到传媒认可的）。新闻评论很重要，其根本原因在于它是根据现实中的问题，运用一定的理论知识，采取论理、分析的方法来反映作者的有形意见（即通过对事实的分析、说明、论证，揭示事物的本质，直接表达作者的思想观点，提出希望、意见和要求），达到明辨是非、释疑解惑、相互交流、为受众服务之目的。而消息报道，则是依靠事实，运用感性、叙述的方法，来反映作者的无形意见（即思想观点包含在事实的叙述之中）。相比之下，新闻评论的理论性和深刻性要强于一般的消息报道。

　　新闻评论告知大众的，有的是改造社会的具体方法，但更多的是一种理念，一种思维，一种思想，一种观念。比如，发展社会主义市场经济，我们还在探索之中；所面对的世界金融危机，以前没有碰到过；如何有效地扩大内需，也是一个全新的课题。怎样解决

---

　　① 查清唐山打人事件，决不向恶势力妥协［EB/OL］.［2022-06-11］. http://news.cnr.cn/native/gd/20220611/t20220611_525859964.shtml.

　　② 人民日报评唐山群殴女子事件：令人震惊！挑战了大众的安全感！［EB/OL］.［2022-06-10］. https://www.sohu.com/a/556045507_162522? editor=%E9%82%B1%E8%89%B3%E8%8E%89%20UN653.

　　③ 丁法章. 当代新闻评论教程［M］. 上海：复旦大学出版社，2012：268.

这些问题,教科书上找不到答案,其他国家也无现成的经验可资借鉴。要解决这些问题,只能在科学理论的指导下,发扬创新精神,结合中国的实际,结合本地的实际努力探索。在探索中创新,在创新中探索,在这个不断努力的运动之中成熟起来,成长起来。

新闻评论为人们提供鉴别是非、善恶、美丑的思想准则,激发人们追求高尚的理想和情操,既影响现实生活中人们的行为和整个社会的风尚,又会以潜移默化的方式提高整个民族的思想道德素质。它可以使人的精神充实,视野开阔,情操净化,进入新的境界。新闻评论主要靠理性的力量、真理的力量。一种理论要能说服人,必须讲出道理,使人信服,它不像法制和行政命令那样强迫人们接受。为了说服人,就要使理论符合实际,使理论自身更加科学、更加完善。

党的二十大报告把发展全过程人民民主确定为中国式现代化本质要求的一项重要内容,强调全过程人民民主是社会主义民主政治的本质属性,对"发展全过程人民民主,保障人民当家作主"作出全面部署,提出明确要求。这对于新时代新征程更好发挥我国社会主义政治制度优势、全面建设社会主义现代化国家、全面推进中华民族伟大复兴具有十分重要的意义。但是,要真正理解全过程人民民主,还需要对这些理论序作出更加具体的解释。《求是》评论员发表《中国式现代化要求发展全过程人民民主》①,对全过程人民民主作了详细的阐述:

> 全过程人民民主是最广泛的民主。全过程人民民主是全链条、全方位、全覆盖的民主,人民既充分享有民主选举权利,又充分享有民主协商、民主决策、民主管理、民主监督权利;既参与国家事务管理,又参与经济文化事业和社会事务管理;既参与国家发展顶层设计的意见建议征询,又参与地方公共事务治理;既通过党委、人大、政府、政协、监察机关、司法机关等渠道表达意愿,又通过人民团体、企事业单位、基层群众性自治组织、社会组织以及其他组织等渠道表达诉求。
>
> 全过程人民民主是最真实的民主。全过程人民民主不仅有完整的制度程序,而且有完整的参与实践,真正做到了人民当家作主。一方面,已经形成全面、广泛、有机衔接的人民当家作主制度体系,已经构成多样、畅通、有序的民主渠道,能够确保人民有序政治参与。另一方面,人民的意愿和呼声,经过民主决策程序顺利成为党和国家的方针政策,进而通过政权体系顺利转化为实现人民意愿的具体实践,能够确保人民真正当家作主。
>
> 全过程人民民主是最管用的民主。民主不是装饰品,不是用来做摆设的,而是要用来解决人民需要解决的问题的。全过程人民民主既发扬民主,又正确集中,能够把党的主张、国家意志、人民意愿紧密融合在一起,实现各方面在共同思想、共同利益、共同目标基础上的团结一致,使党、国家和人民成为目标相同、利益一致、相互交融、同心同向的整体,具有极大耦合力,有利于集中力量办大事,能够有效促进社

---

① 中国式现代化要求发展全过程人民民主[EB/OL].[2022-11-18]. https://www.miit.gov.cn/ztzl/rdzt/xxgcddesdjs/xxcl/art/2022/art_fd5f2a0bf24242798b9f5fbed1869b53.html.

会生产力解放和发展，促进现代化建设各项事业，促进人民生活质量和水平不断提高。

新闻评论论说的理论性包括两方面内容，一是它的论说要有科学性，即符合历史唯物主义和辩证唯物主义的观点，在论述时遵守论说的一般规律；二是它的论说要有理论根据，而这种理论也是经过历史的检验，是科学的。对此，范荣康先生深有体会："努力用历史唯物主义的观点来分析各种纷繁复杂的社会现象，从中得出必要的结论，而决不允许对所要评论的问题作主观、唯心、随心所欲的分析。这也是中国共产党党报的性质所决定的。我们党以马克思列宁主义、毛泽东思想作为自己的行动指南。马克思列宁主义、毛泽东思想要求我们用历史唯物主义的观点来分析问题、解答问题。这样的分析，才是科学的分析。这样的解答，才是有力的解答。"①新闻评论说的理论，不仅包括革命导师、经典著作里的科学理论，同时也包括经过人类社会的实践检验被认为是正确的自然科学理论、社会科学理论和人类思维科学理论。新闻评论论说的理论性，不仅是对党报新闻评论的要求，对其他的新闻评论也该有这样的要求。

4. 新闻评论内涵的思想性

我们常说新闻评论是媒介的灵魂。所谓灵魂，就是思想，是在一篇文章、一块版面、一个媒体中处于主导地位、起决定性作用的东西。一篇新闻评论，哪怕它的新闻性、时效性很强，也很有文采，但是，内容空洞无物，没有思想或思想观念错误，干瘪无味，也是没有益处甚至是有害的。新闻工作者时常想抓一些有深度的报道。什么叫有深度，说白了就是有思想、有见地，能够一语中的，技高一筹。评论的力量不在于它在版面上的位置高低或篇幅大小，而在于它字里行间所渗透出的思想性和思想的深刻性。

坚持正确导向，提高新闻传播力，是当下媒体关注和研究的重要课题。《人民日报》发表的一篇评论较好地阐明了这一内容。该评论先引用了一段：马克思的名言："人们要求新东西——形式和内容都新。"从而说明：在舆论生态、媒体格局深刻变化的形势下，要从媒体竞争中突围，在舆论引导中制胜，空洞说教、生硬灌输不行，追求猎奇、编造故事不行，刻意迎合、取悦受众不行，庸俗媚俗、极端表达也不行。创新理念、内容、体裁、形式、方法、手段、业态、体制和机制，才能提高媒体对受众的"黏度"。

该评论接着讲了一个故事：一位盲人站在路边，身前放块牌子，写着："自幼失明，沿街乞讨"。过往行人很多，却没人在他面前驻足。一位诗人路过此地，在牌子上加了一句话："春天来了，可我却看不见"。结果，过路之人纷纷解囊。是打动人心的文字，触动了人们心里最柔软的地方，让人们不由地伸出援手。

该评论通过导师的名言和通俗故事，表达了作者的思想，这就是：自说自话、不讲方式，传播效果就会大打折扣。作为新闻舆论工作者，不赢得认同不足以引领导向、成风化人，非表达创新不足以争取认同、凝聚共识。只有不断增强受众意识，春风化雨、引人入

---

① 范荣康. 新闻评论学[M]. 北京：人民日报出版社，1988：96.

胜,才能让我们的文字打动人心、深入人心。①

这篇评论是根据 2016 年 2 月 19 日习近平总书记调研中央三大媒体后在主持舆论工作座谈会上发表的重要讲话撰写的。习近平总书记重要讲话的内容很多,涉及的问题也不少,用一篇千字评论是无法完全涵盖的。作者选择了一个小切口,运用大家都能感知和接受的名言和故事,在此基础上再论述提高传播力的重要性和如何有效提高传播力,从而达到学习和贯彻中央新闻舆论工作会议精神之目的。

2016 年 3 月 3 日,全国政协新闻发言人王国庆在接受媒体专访时表示:"越是敏感问题,越要想办法说清楚。"3 月 4 日,《长江日报》发表本报评论员文章《直面敏感问题需要内在自信》。面对敏感问题,为什么会躲躲闪闪,遮遮掩掩,或者干脆就不让说,谁说跟谁急,关键在于说话者不自信:

> 把敏感问题说清楚,需要内在自信,情动于衷而形于外就是理直气壮。改革开放以来,我国经过了一个观念更新、体制变革、对外开放的长期过程,国家步入法治轨道。政务公开、信息透明,成为我国基本的政治原则。除法律规定外,党和政府不想对外隐瞒什么,有了这样的底气,我们可以理直气壮。
>
> 不回避敏感问题的最高境界,是心中没有敏感问题。只要我们心中还有某种敏感问题意识,就会有问题来困扰我们,我们就会在潜意识里担心可能的负面影响,担心谈论它对我们切身利益的影响。敏感问题是一种心理包袱,现在是我们彻底脱敏的时候了。
>
> 把所谓敏感问题说清楚还有一个前提,就是熟悉情况。……有了调查,就有了发言权,也有了说的分寸感。
>
> 把敏感问题说清楚,其中自然就有是非对错判断,有明确的主张,而且可以以理服人。对于对的东西,当然要理直气壮地坚持;对于负面消极的东西,也要理直气壮地批评。

敏感问题的存在在我们国家是一个客观现实。正因为如此,所以在全国两会期间时常会被记者们提起,有时也会受到有些人的不解甚至非议。这篇评论敢于就此发表意见,说明写作者对于敏感问题想明白了,想清楚了,写作者本身就有一种内在的自信!评论从敏感问题的产生以及对待敏感问题的处理态度,指出了问题的实质在于人的不自信。而要解决这一问题,当然只有从树立自信开始。接着,评论从为什么要自信,能否自信,如何自信,怎样调查研究回答民众和记者的提出的敏感问题等入手,层层递进,逐步深入,表现出评论者的思想智慧!这就是评论的力量,这就是评论中内涵思想的力量。

5. 新闻评论传播知识的有益性

新闻评论以理论以思想凸显它的属性,这是它有别于消息和通讯报道的根本所在。与此同时,在当今信息传播迅猛发展的时代,新闻传播还有责任和义务在自己的工作中传播

---

① 李斌. 创新表达也是传播力[N]. 人民日报,2016-02-24.

知识、传播有益的知识。这是时代对新闻评论提出的新要求。

2022 年，中华人民共和国人力资源和社会保障部发布的《关于进一步做好职称评审工作的通知》要求，合理设置论文和科研成果要求，卫生、工程、艺术、中小学教师等实践性强的职称系列不将论文作为职称评审的主要评价指标等。

多家报纸对此发刊登相关评论。其中，《新京报》发表快评《评职称不再看论文，给中小学教师切实"减负"》①。对于人社部发布的通知，评论作者更多的是对新变化进行解读，而这可以使民众对于这一通知文本更加了解，这时的新闻评论就应该侧重于在民众还未足够深入了解的情况下为其作解读和分析，以达到一种传播有益知识的作用。

> 现实生活中，受论文的限制而无法评职称的中小学教师不在少数，有的教师辛辛苦苦教了大半辈子的书，职称依然停留于中级教师这一档。究其原因，很多就是由于评高级职称必须"有论文"这一"硬杠杠"，而导致不少教师对高级职称"望尘莫及"。
>
> 客观而言，并不是教师不会撰写论文，而是很多教师整天在学校里，忙着备课、上课、批改作业、辅导学生等，将更多的时间花在了教学实践与学生成绩的提高上。
>
> 尤其是近几年来，受疫情的影响，很多教师除了正常备课外，还要花费很多时间制作网课课件。如此繁忙之下，教师能够安心撰写论文的时间恐怕并不多。
>
> 从现实情况看，没有论文或不会撰写论文的教师，也不一定就是"差教师"。以笔者曾经的一线教学经验看，那些没有论文或不会撰写论文的教师，教育教学水平和质量并不比那些论文几十篇的教师差，甚至很多没有"手持"论文的教师，反倒是学校的教学骨干和业务标兵。

在对现实生活中"评职称看论文"的现象进行批判后，评论作者还解读了该政策得到一片叫好的原因，一针见血地点出了衡量"好教师"的最高标准。

> 一方面，"评职称不再看论文"，打破了教师评职称"唯论文"的壁垒，让更多教师不再被论文"所困"，也是一种减负；另一方面，"评职称不再看论文"，也让更多教师有充裕的时间，潜心教育教学，静心教书育人。无论于教师也好，于学生也罢，这都是一种"双赢"。
>
> 当然，"评职称不再看论文"，并不等于教师不需要撰写论文。对于一名优秀的教师来说，在保证课堂教学水平的前提下，把自己平时好的教育教学经验和成果，通过论文的方式分享，既能不断提升自己的教育教学水平，又能让其他教师也从中获取"真经"，又何乐而不为？
>
> 由此，我们也期待人社部关于"评职称不再看论文"的通知，能尽快尽早地"落地"，并在各地各学校得以"落实"，让广大教师潜心教育教学，静心教书育人。

---

① 叶金福. 评职称不再看论文，给中小学教师切实"减负"[EB/OL]. [2022-12-22]. http://www.ctdsb.net/c1715_202212/1606854.html.

这篇评论文章在给读者阐述自己的论点的同时,对评职称不再看论文的通知进行了详细的解读和分析,为民众提供了需要的知识和信息。

当今时代是一个信息骤增的时代,各种信息、知识扑面而来。这是一种机遇,同时也是一种挑战。新闻传媒有责任有义务将一些现代的或过去的,自然的或社会的,人类的或思维的知识信息有选择地传播给大众。

科技的发展日新月异,面向普通受众的最新人工智能(AI)交互产品 ChatGPT(聊天机器人程序)近来备受关注,ChatGPT 到底是什么?它对人类社会有多大影响?我们应该如何应对?对此,光明时评发表了这样一篇评论:

> 在某种意义上,ChatGPT 越来越像一个"真实的人"。理论上,只要算力足够强大,ChatGPT 与人类的互动越多,它就将"成长"越快。虽然大型语言模型无法像人类一样思考,但基于模型算法得出的答案,在传播理论的助推下,越来越具有迷惑性,也越来越真实。这意味着 ChatGPT 能够形成具备一定逻辑的"思考"结果,而基于这一能力,已经有很多人开始通过 ChatGPT 取巧逃避本应需要人类大脑思考而进行的工作。

面对 ChatGPT 人类作何反应呢?

> 让人工智能不断进化演变,最终能够像人类一样思考,本是这一科研领域的终极目标。只要时间足够长,人工智能必然能够发展具备科幻电影里所描绘的能力。但正如科幻电影里的人工智能总会超出人类控制一样,当前基于大数据学习和给定模型下的人工智能始终存在着近乎无解的"黑箱"弊端——人们无法理解算法背后的各种逻辑,以及在这些逻辑下运行程序将会对人造成的影响。

那么,ChatGPT 的未来走向如何?评论对此进行了说明:

> 虽然 ChatGPT 的出现并不令人意外,但还是让人类社会有点措手不及。可以预见的是,"真实的人"群体只会在未来社会中越来越多地出现,充当各种各样的角色。也因此,每每有更为先进的人工智能产品面世,人们都会想要从伦理、法律等多重角度审视。宏观层面对人工智能发展进行必要约束,已经在人类社会取得共识。这正说明,能够始终保持独立冷静思考的人类,最终将会把控住人工智能乃至科技发展的方向。基于这份清醒,人工智能的不断迭代发展就有望保持平衡,算法"黑箱"也最终有望破解。①

---

① ChatGPT 会影响到人类社会吗[EB/OL].[2023-01-31].https://www.thepaper.cn/newsDetail_forward_21748233.

2023 年年初，ChatGPT 在科技圈引起了火热的讨论，它如一场脑力劳动领域的工业革命迅速席卷了互联网，引发了巨大的社会争议。对此，光明评论刊登评论对此作出解释和说明，将深奥的科技问题以平实易懂的文字呈现给社会大众，起到了传播知识、答疑解惑的作用。

在目前知识骤增的时代，在新闻评论中运用知识时，一定要慎重，不可将那些已被实践检验是错误的东西误传给大家，也不要将道听途说、未经认可的东西论说给大家。知识的力量是巨大的，这一巨大的力量是有方向的。新闻评论一定要选择那些有益于大众、有益于社会、有益于长远的知识作为自己的论据，精心选择，有效使用，同时加强自身的知识修养。这是时代对新闻评论的新要求。

三、新闻评论作用

党的十八大以来，中央主要媒体阐释党中央重大决策和工作部署，反映人民伟大实践和精神风貌，唱响了主旋律，传播了正能量，有力地激发了全党全国各族人民为实现中华民族伟大复兴的中国梦而团结奋斗的强大力量。2016 年 2 月 19 日习近平总书记在北京主持召开党的新闻舆论工作座谈会时强调，新形势下党的新闻工作的职责和使命是：高举旗帜、引领导向，围绕中心、服务大局，团结人民、鼓舞士气，成风化人、凝心聚力，澄清谬误、明辨是非，联接中外、沟通世界。

我们说新闻评论重要，是因为它能够引导社会舆论，促进社会进步，对民众、对社会起到安定团结的积极作用。一般来说，新闻评论有着以下四点作用。

1. 配合中心工作，阐释文件讲话精神

新闻评论特别是一些党报机关报和一些重要媒体的新闻评论，要时刻传达上级领导的指示和意见，领会党政机关的思想和政策，这对于贯彻落实中央的精神，指导本地区的工作是有好处的。

2022 年，习近平总书记在党的二十大报告中要求全党必须牢记"五个必由之路"，强调"这是我们在长期实践中得出的至关紧要的规律性认识，必须倍加珍惜、始终坚持，咬定青山不放松，引领和保障中国特色社会主义巍巍巨轮乘风破浪、行稳致远"①。11 月 3日《人民日报》发表评论员文章《倍加珍惜始终坚持"五个必由之路"——论学习贯彻党的二十大精神》。② 评论解释道：实践充分表明"坚持党的全面领导是坚持和发展中国特色社会主义的必由之路"，"中国特色社会主义是实现中华民族伟大复兴的必由之路"，"团结奋斗是中国人民创造历史伟业的必由之路"，"贯彻新发展理念是新时代我国发展壮大的必由之路"，"全面从严治党是党永葆生机活力、走好新的赶考之路的必由之路"。接着，评论阐释了坚持"五个必由之路"的重要性、历史及现实意义。最后，评论写道："走过百

---

① 习近平. 习近平著作选读(第一卷)[M]. 北京：人民出版社，2023：57.
② 倍加珍惜始终坚持"五个必由之路"——论学习贯彻党的二十大精神. [EB/OL].［2022-11-03］. http://www.jssjw.gov.cn/art/2022/11/3/art_4916_157477.html.

年奋斗历程,中国共产党又踏上了新的赶考之路。新征程是充满光荣和梦想的远征,无论风云如何变幻,无论挑战如何严峻,全党同志务必不忘初心、牢记使命,务必谦虚谨慎、艰苦奋斗,务必敢于斗争、善于斗争,坚定不移做好自己的事情,以咬定青山不放松的执着奋力实现既定目标。"该评论对坚持"五个必由之路"思想进行了详细的阐释,全面贯彻了中央精神。

2022 年 8 月 1 日,《人民日报》发表社论《为实现中华民族伟大复兴提供更为坚强的战略支撑——庆祝中国人民解放军建军九十五周年》①,宣传阐释习近平总书记多次强调的"中国梦强军梦"——建设一支听党指挥、能打胜仗、作风优良的人民军队。评论写道:

> 今天,我们比历史上任何时期都更接近中华民族伟大复兴的目标,比历史上任何时期都更需要建设一支强大的人民军队。再过 5 年,我们将迎来中国人民解放军建军一百周年。把新时代强军事业不断推向前进,必须全面贯彻习近平强军思想,贯彻新时代军事战略方针,贯彻国防和军队现代化新"三步走"战略安排,坚持走中国特色强军之路。毫不动摇坚持党对人民军队绝对领导的根本原则和制度,全面推进政治建军、改革强军、科技强军、人才强军、依法治军,始终聚焦备战打仗,锻造召之即来、来之能战、战之必胜的精兵劲旅,锻造具有铁一般信仰、铁一般信念、铁一般纪律、铁一般担当的过硬部队,建设同我国国际地位相称、同国家安全和发展利益相适应的巩固国防和强大人民军队,人民军队就一定能履行好党和人民赋予的新时代使命任务。

文章最后总结:

> 我们的事业是伟大的,我们的任务是艰巨的,我们的发展前景是无比光明的。再接再厉、锐意进取、埋头苦干,以实际行动迎接党的二十大胜利召开,奋力实现建军一百年奋斗目标,不断书写强国强军更为辉煌的篇章,不断创造无愧于历史和时代的新的光辉业绩!

这篇评论在建军 95 周年发布,弘扬"强军梦"的主旋律,释放正能量,宣传和巩固了党的路线方针政策和党中央决策部署。

中央在部署各项工作外,有时还发布一些文件和规定,通过组织全民学习来提高整个民族的思想道德和科学文化素质。为了让这些文件精神更好地贯彻落实,新闻传媒有时也需要撰写评论进行阐释。

每年全国和各地举行的两会,大多需要配发一些评论。还有中央和各地召开的各种重要会议,作出的重要决定,颁布的重要法律、法令,以及重要的节日、假日、纪念日等,

---

① 为实现中华民族伟大复兴提供更为坚强的战略支撑——庆祝中国人民解放军建军九十五周年[EB/OL].[2022-07-31]. https://www.ccdi.gov.cn/yaowenn/202207/t20220731_208460.html.

都需要根据不同的要求和不同的规格撰写不同的评论。

一般来说，媒体的评论可分为两大类，一是指定题目评论，二是自选题目评论。用于宣传鼓动、配合中心工作的评论大多属于指定性评论。这一类评论在媒体中特别是党委机关报和担负着传达领导机关精神的媒体中显得尤为重要。这是因为党报作为舆论宣传的主阵地，担负着传达党的路线方针政策和工作部署的任务。对大政方针尤为关注的党的各级干部和工作骨干群，构成了党报的基本读者群。党委机关报的言论之长，就在于其舆论导向的先声性、主导性和权威性。做好指定题目，唱响主旋律，是显现党报言论优势的首要一环。说是"指定"，其实也只是指定某一个大的方面的选题，具体题目是什么，如何做，还必须深入研究。在此，还必须充分发挥评论者的主观能动性。要吃透"两头"，准确、全面地把握上头的精神，同时熟悉下情，了解群众的思想状况，选择最佳的结合点，做到有的放矢。指定性评论是媒体的一项常见和重要的组成部分，只要用心下气力，将上级领导的意图与民众的需求结合起来，就一定可以写出受到领导肯定、广大民众欢迎的好评论。

2. 研究社会问题，释疑解惑服务大众

我们的社会处在一个改革开放的发展进程之中。在这个进程中，我们的人民会遇到一些从前未曾遇到过的事情，他们有许许多多不明白不清楚的疑惑需要有人解决；发展的社会中有许许多多的问题摆在我们面前需要研究，只有探索解决这些问题我们的社会才能更快地进步。新闻评论对此负有不可推卸的责任。

在2022年8月国家统计局公布的宏观数据中，7月份，全国城镇调查失业率为5.4%，比上月下降0.1个百分点。然而，16～24岁、25～59岁人口调查失业率分别为19.9%、4.3%。其中，青年调查失业率（16～24岁人口调查失业率）创下近4个月新高，就业数据的"一减一增"令人喜忧参半。于是有人写了一篇评论，对全国就业形势进行了分析。该评论指出："综合研判看，这背后既有总量和结构的矛盾，也有周期性与季节性等多重因素交织叠加的原因。一方面，青年调查失业率这一指标本身带有较强的周期性，而7月份正值毕业季，大量年轻人进入就业市场求职，推高了青年群体的失业率。同时，今年青年就业总量较大，仅高校毕业生就达到1076万人，比去年增加167万人，创历史新高。另一方面，受疫情冲击，一些地方、行业市场主体遇到暂时性困难，吸纳就业能力有所下降，部分企业出现减招缩招现象。此外，就业结构性矛盾持续显现，部分领域人才供需脱节、人岗匹配度不高等问题，仍需进一步加以解决。"随后，作者提出了解决问题的办法。"要强化稳岗拓岗，进一步扩大'就业池'""要强化创业就业，进一步增强'就业力'"，并指出"当前，我国经济运行正处于决定全年趋势的关键节点，在中央明确提出'疫情要防住、经济要稳住、发展要安全'的要求下，稳就业被摆在了更加突出的位置。当务之急，要抓住二季度以来经济企稳回升的窗口期，千方百计稳住就业，齐抓共管扩大就业，发挥好经济恢复增长对就业的拉动作用"。①

---

① 顾阳. 就业数据"一减一增"，怎么看？［EB/OL］.［2022-08-19］. https://m.thepaper.cn/baijiahao_19523904.

2014年2月，人民网舆情监测室发布《2013年中国互联网舆情分析报告》，第一次对有关网络"意见领袖"进行了成规模调查。调查发现，在近年一些突发事件和公共议题上，网络"意见领袖"的影响力常常超过媒体和政府在微博中的传播力。平时大约有300名全国性的"意见领袖"影响着互联网的议程设置。在这个颇有影响力的特殊群体中，往往具有文科背景、高学历、男性、中年人、阅历丰富、高收入等共同特征。然而，据《2022年中国互联网舆情分析报告》统计，近半年内，300名"意见人士"的社交媒体账号只有39%还在正常发布或转发信息，30.8%的账号一年内没有发布或转发信息，30.2%的账号被注销而无法查看。在正常发布或转发信息的账号中，约48%的账号继续关注时政或意识形态话题，52%的账号仅发布日常生活或其本专业信息。人民网舆情监测室分析，舆论场上反体制的违法言论清理得比较彻底，过去对政府指手画脚的"公知"群体基本退场；而某些对改革开放持否定态度的左翼"大V"，在社交媒体上时有偏激惊人言论，经常挑起争议。

年轻的"Z世代"网民开始进入网络舆论场，并逐渐成为热点事件舆论声量的主力之一。数据显示，截至2022年6月，10～29岁网民占中国网民的30.5%，规模为3.2亿。[①]随着国力的强盛，他们有强烈的参与热情，民族自豪感在新时代成长起来的年轻群体中全面回归。青年群体是网络舆论的主力军，也是互联网舆论场的建构主体与网络议题的重要参与者。他们是具有活跃度的群体，作为接受过高等教育的青年，他们具有一定的批判意识，有表达诉求的意愿，但容易被一些社交媒体的虚假信息带偏，可能会带着盲从和冲动发表一些消极的、非理性的甚至是极端的言论，从而造成恶劣的社会影响。《人民日报》的评论写道：

> 引导网民积极参与、理性表达。建设良好网络舆论生态，既要依靠主力军主阵地打好"阵地战"，也要深入社交平台、移动应用程序等各种生态子系统中，依靠广大网民打好"特种战"。只有当网民能理性看待网上舆论时，他们才会自觉维护网络空间的清朗，成为网络舆论生态建设的强大力量。比如，针对网上"高级黑"刘胡兰、狼牙山五壮士等历史虚无主义言论，广大网民义愤填膺，用自己多种多样的方式表达正义感、传递正能量。有什么样的网络，就有什么样的青少年；有什么样的青少年，就有什么样的未来。现在的大学生、中学生等"网生代"，对于网络可谓无人不会、无人不用。要切实教育和引导好我们的下一代，做到青少年在哪里、工作重点就在哪里。[②]

评论指出，要以更大力度推进新时代网络舆论生态建设，加强对青少年的教育和引

———————————

① 第50次《中国互联网络发展状况统计报告》发布[EB/OL].[2022-09-01]. https://m.gmw.cn/baijia/2022/09/01/35993643.html.

② 新时代呼唤构建良好网络舆论生态——深入学习贯彻习近平同志"4·19"重要讲话精神[EB/OL].[2018-04-19]. https://www.cac.gov.cn/2018-04/19/c_1122705185.htm? from=groupmessage.

导，提高他们明辨是非的能力，从而使其在网络舆论场上发挥积极正向作用。

研究社会问题，释疑解惑服务大众，是新闻评论的一项重要任务。选择哪些问题作为新闻评论的选题才能有利于社会的发展和进步，这是很重要的。否则，问题不仅没有解决，反而会引起人们心里的震荡，引起社会的不安定。这是新闻评论的写作者和组织者所要注意的。社会现象纷纭复杂，社会问题千奇百怪，哪些问题需要讨论，哪些问题可以讨论，哪些问题经过讨论有望解决，对于这一切，撰稿人和策划人都应有所掌握。如果只选择那些看起来有新意，登出来有读者，但就是无法或较难解决的问题做文章，于我们的社会和人民是不利的。吊起了群众的胃口，又不能满足，时间长了便会失去群众，有时候还会影响社会的安定和谐，这对于我们的传媒事业也是不利的。

在问题的选择中，还要注意领导和群众之间的关系。一般来说，人民群众希望解决的问题也是各级领导机关希望解决的。选择这样的问题做文章，就可能受到两方面的欢迎。如果只选择一方面关注的话题做文章，在阐述时又没有顾及另一方面的实际，就有可能造成另一方面的不满。虽然我们常说要以人民群众答应不答应、赞成不赞成、满意不满意作为我们的处事原则，但是，在实际工作中情况却复杂得多，从事新闻评论写作和编辑工作的同志们需要加以注意。选择那些领导和群众都关心，且经过舆论宣传有可能较快解决的问题做评论，这是上策；尽量避免在领导和群众的矛盾中选题做文章，以免引起不必要的对立和加剧矛盾；同时也要避免因选题不妥而引起一部分人对另一部分人的不满，引起不必要的社会麻烦。

3. 促进社会进步，舆论监督针砭时弊

新闻评论作为一种舆论监督的工具，它以理论的深刻、意见的直接、态度的鲜明比消息报道更能有效地发挥对社会腐败、落后、陈旧、保守东西的批评和鞭笞。它是我们实行社会监督的一个重要传播形式。

中小学学科竞赛因与孩子升学挂钩，受到不少家长的追捧，部分家长希望通过竞赛来"打造"孩子的特长，并展示育儿成就，导致他们容易成为被违规竞赛、"山寨竞赛"收割的"韭菜"。违规竞赛不仅扰乱了教育教学秩序，破坏了教育生态，更加剧了教育"抢跑"思维，同时还加重了学生和家长的负担，而且隐藏诈骗风险，可能侵害群众利益。当前，社会上出现的违规竞赛活动普遍存在收费高昂、管理混乱、质量低下、兜售奖项、牟取暴利等严重问题。2018 年以来，教育部持续规范面向中小学生的全国性竞赛活动，连续 4 年公布通过审核的竞赛清单，取消了学前教育阶段各类竞赛和义务教育阶段学科类竞赛，大幅削减了竞赛数量。然而一些不在清单范围内的竞赛仍在违规悄然进行，尤其中小学学科违观竞赛现象屡禁不止。针对这一社会不良风气，有人写了评论文章，文中写道：

　　按理来说，一张竞赛"白名单"在手，只要两相对照，就知合规与否，那么就算违规竞赛名字再怎么搞山寨打擦边球，也都难逃家长的火眼金睛。现实中，不排除一部分家长确实没有"火眼金睛"，难辨竞赛真伪；也不排除，还有一部分家长属"明知故犯"——就算是违规竞赛，竞赛成绩作为提高孩子素质与能力区分度的依据也聊胜于无。虽然官方明示，竞赛及竞赛产生的结果均不作为中小学招生入学的依据，但在一些所谓优质学校的招生中,以竞赛成绩作为判断学生能力的路径依赖依旧存在。虽然这种选择是"不留痕"的,但其招生偏好依旧被视作是对各类竞赛的背书。只有人才评价观念转向更加多元和包容,或许孩子们"军备竞赛"的赛道也才会进一步放宽。也唯有如此,规范学科竞赛及各种热(如编程热等),才不会是一场无休止的"猫捉老鼠"游戏。①

不是所有的新闻评论都有舆论监督的作用。新闻评论是否发挥舆论监督作用,与评论所针对的新闻事实有关,也与作者的态度、倾向有关。但毫无疑问,在很多情况下新闻评论是可以发挥舆论监督作用的,新闻评论的舆论监督作用是对新闻报道的舆论监督作用的一种深化。

新闻评论以理论的深刻、意见的直接、态度的鲜明,能比新闻报道更有效地发挥对社会腐败、落后、陈旧、保守等事物的批评作用。新闻评论是媒体以及民众实行社会监督的一种重要方式。

时代在发展,民众的权利意识不断觉醒,法治观念逐渐增强。民众对权力部门的政策、规定越来越关注,越来越敏感,会对其中妨害民众正当权益、不符合法律规定之处及时提出尖锐的批评,新闻媒体的从业人员更应如此。应当说,这是社会发展进步的大趋势。

新闻媒体承担着尊重新闻事实和维护正义的神圣职责。媒体监督,是指报纸、刊物、广播、电视等大众传媒对各种违法违纪行为所进行的揭露、报道、评论或抨击。党的十八报告指出:"加强党内监督、民主监督、法律监督、舆论监督,让人民监督权力,让权力在阳光下运行。"媒体监督,由于其自身所特有的开放性与广泛性,为我国的监督体系注入了新的活力,在促进公平公正、遏制腐败等方面发挥了积极作用。新闻的舆论监督功能主要体现在对政治民主的监督、对领导机关提高办事效率的监督、对以权谋私为主要特征的不正之风的监督等方面。

2020 年,《人民日报》的"红船观澜"栏目发文《基层典型不欢迎"扎堆调研"》,指出"扎堆调研一般在出典型经验的地方问题比较突出"②。许多地方长期疲于接待、汇报、应酬,不堪重负,尤其是"扎堆式"调研,更是招架不住。虽然出典型经验的乡镇、村庄成绩斐然,但成功入选"扎堆调研"的点位,就沦为上级指导检查的"盆景"。为了迎接干部们,"明星乡村"需要精心准备亮点材料、工作展板、PPT 等,花去了基层干部大量时间和精力,基层干部本身就人手不足,对此也是有苦难言。

2023 年 3 月 25 日,红网发表《少些增加基层负担的"扎堆调研"》,对"扎堆调研"的乱象再次进行批判。对如何减少"扎根调研"的现象进行分析并提出了对策:

---

① 违规学科竞赛为何顶风也要上 [EB/OL].[2022-11-09]. https://guancha.gmw.cn/2022-11/09/content_36149183.htm.

② 基层典型不欢迎"扎堆调研"[EB/OL].[2020-05-19]. http://www.lydjw.gov.cn/zzgz.php? newsid = 8146.

如何既能交流经验，又能减轻基层负担，是一项重要的课题。需要加强对调研的科学统筹，合理规划调研，或者合并集中调研，减少调研频率等，尽量避免在同一时间集中调研；被调研地要启动预约制，不断增强安排的自主性和灵活性，还可以通过录制视频、印发材料等形式，对先进经验进行总结推广。同时，上级在关心关爱基层的同时，既要挖掘和提炼先进典型，更要将目光聚焦在落后地区和薄弱环节，在强弱项、补短板上狠下功夫。只有考虑基层的实际困难，多一些基层减压的举措，多一些基层帮扶和支持的法子，让更多的基层干部从频繁地被调研中解放出来，集中精力创新发展。①

我们相信，随着我国政治文明建设步伐的加快，新闻评论中关于针砭时弊、促进社会进步的文章将会越来越多，涉及的面将会越来越广，论述的问题将会越来越深刻。

4. 增强参与意识，推进社会前进步伐

发展社会主义民主政治，建设社会主义政治文明，是全面建成小康社会的重要目标。在这个建设过程中，最根本的是要把坚持党的领导、人民当家作主和依法治国有机统一起来。党的领导是人民当家作主和依法治国的根本保证，人民当家作主是社会主义民主政治的本质要求，依法治国是党领导人民治理国家的基本方略。共产党执政就是领导和支持人民当家作主，最广泛地动员和组织人民群众依法管理国家和社会事务，管理经济和文化事业，维护和实现人民群众的根本利益。利用新闻媒体发表自己的有形意见，是扩大公民有序的政治参与，保证人民依法实行民主管理和民主监督的重要形式。现在，不少的媒体除了开辟社论、本报评论员、本报编辑部文章等栏目外，大多开辟了群众广泛参与的评论栏目。这些栏目的开设，使群众有机会对发生在自己身边的事，或自己经历的事，或自己接触的事进行评论，发表意见。这对于提高公民的参与意识是大有好处的。

1980年1月2日，群众参与性的栏目"今日谈"在《人民日报》头版问世，至今已经走过40多个春秋。40多年来，"今日谈"以其"短、新、快、实"的特点一直历久不衰，深受广大人民群众的喜爱。作为一个资格很老的新闻评论栏目，"今日谈"成功的最大原因就在于它的群众性，全国人民的积极参与是其永葆活力的源泉。由于《人民日报》面对的是全国人民，再加上社会生活的丰富多彩，这就决定了"今日谈"选材的广泛性。大到国家大事，小到个人见闻，只要有价值都可以被人民群众拿来议论。

"今日谈"不仅代表人民说话，还组织人民自己说话。从工人、农民、战士、基层干部，到专家、学者、领导干部，纷纷在"今日谈"里各抒己见。"今日谈"是真正的"群言堂"，在这里不分老幼尊卑，大家可以平等地交流思想看法，这正是它最大的魅力所在。随着社会的发展，人们的需求日益多元，观点日益多样，老百姓希望党报能表达他们的心声，代表他们说话，而不是遇到尖锐的问题就轻描淡写，如社会普遍关注的房价问题、养老问题、政府官员不作为的问题，等等。"今日谈"就是一片绿地，人们可以直言不讳，

---

① 胡喜庆. 少些增加基层负担的"扎堆调研"[EB/OL]. [2023-03-25]. https://hlj.rednet.cn/content/646747/69/12499821.html.

敢于揭痛戳伤、较真碰硬，真正触及灵魂，因此，这块"绿地"始终拥有深厚的土壤，释放出旺盛的生命力。2015年，"今日谈"相继推出"抓作风不放松""'实起来'难在哪"等专栏征稿活动，要求作者更好地结合当前的实际问题，撰写一事一议的小评论。2016年又组织策划了一组"春节文明七日谈"的系列评论：《每一个公民都是"中国名片"》《让"文明列车"更欢畅》《"文明提醒"可以更多些》《做"文明旅游"志愿者》《文明也需"日拱一卒"》《让"文明"带来快乐》《最是"细处"见文明》。这组评论从春节人们遇到的小事论起，紧紧围绕"文明"这个主题展开，提醒春节中的人们时时处处注意文明举止，在一点一滴的小事中提高文明素养。

"今日谈"的文章从小处着手，以小见大，或者是小题小作，或者是大题小作。这些小事发生在群众的身边，具有真实性和接近性，又平易近人，很容易打动读者的心。而这种小事又不同于信手拈来的鸡毛蒜皮的小事，而是站在全局的高度、时代的高度，从纷纭的大千世界和瞬息万变的事物中撷取、最能引起读者兴趣、便于挑起话题或者宜于论证论点的事例。它将有限的篇幅和笔墨集中于一小点上，力图在要害处展开议论。因此微观上每篇"今日谈"都有自己的内容和角度。"或为褒扬，或为针砭；或为倡导，或为劝勉；或为解惑，或为释疑；或为当头棒喝，或为灌顶醍醐，均能言人之所欲言，而且立论精当，居高声远，每每不同凡响"。① 从宏观上看，选材上的多小事、切入上的多角度，汇总起来，却又增强了"今日谈"总体上的分析问题、认识事物的全面性与视野的广阔性。例如2021年2月19日，杨柳风发表《带上温暖 继续拼搏》，在春节后的返程之际给离乡人带来一些温暖和慰藉，平易近人，打动了读者。2022年北京冬奥会之际，孙明霞发表《因热爱而坚持 因梦想而坚定》，赞扬中国队运动员徐梦桃坚持、执着追梦的精神。"今日谈"主要收录读者自发的感想和对生活的体悟，给广大读者提供了一条参与新闻评论的道路。

2013年1月4日，《人民日报》推出了该报历史上第一个评论版。该版发表的《致读者》中写道：

> 《人民日报》历史上第一块新闻评论版，与您见面了。自今日起，每周一至周五的工作日，我们将在这里，与您一起倾听、评述、思考。
>
> 这是一个千帆竞发的多元社会，也是一个百舸争流的观点时代。创办新闻评论版，既是为了回应期待、服务读者、方便阅读，也是为了更好地传递党心民意、建构理性思想、凝聚社会共识。
>
> 我们还将努力把评论版打造成干部论政的平台、学者争鸣的空间、群众议言的广场，在交流、交融乃至交锋中，传递"中国好声音"，谋求最大公约数，推进社会前进的步伐。

新闻传播的实践告诉我们，当舆论主体以一种批评的眼光指向舆论客体时，舆论便呈现出监督的态势。

---

① 张璀，宁耕. 谈"今日谈"和群众性[J]. 新闻与写作，2003(1).

新闻媒体不仅通过新闻报道反映社会舆论，而且还刊登社会各界的来信、来论、杂文、漫画、微博等直接表现社会舆论。此外，新闻媒体还通过社评、评论他人评论等方式发表自己的观点，发出自己的声音，形成独立的舆论个体。新闻评论把新闻事实信息转化为观点信息，直接告知受众事情的真相、本质，以便受众在存在诸多不确定因素的环境中做出正确的判断、采取合理的行动，从而吸引广大受众的关注，提升媒体的影响力。新闻媒介正是凭借其强大的影响力和独特的社会地位，代表舆论主体即社会公众，并作为一个独立的舆论个体，"对社会生活中存在的有违于党和人民利益以及社会规范的思想和言行"进行舆论监督。由此可见，新闻评论是媒体实行舆论监督的一个重要手段。①

媒体的发展，从某种程度上也加快着我们国家民主政治的进程。政治体制改革的一项重要任务，就是要扩大公民的有序政治参与，尊重和保障人民充分发表意见的权利。媒体开设新闻评论版面和栏目，为公民的这种参与提供了方便。随着网络媒体的迅速发展，随着我国加入世界贸易组织与各国人民的交往增多，人们看问题的视野将会越来越广阔，人们思考问题的角度将会越来越丰富，人们发表意见的趋向将会越来越多样，人们认识问题的层次将会越来越深刻。这一切都将有力地推动我们的社会进步，同时，也对新闻传媒开设新闻评论栏目提出了新的更高的要求：既要满足人民群众参政议政的需要，同时又能要正确予以引导，使公民在有序参与的轨道上充分行使自己的权利。这是一项积极而慎重的工作，需要有关方面相互配合，相互促进，同心协力，把这件好事做好。

---

① 刘家林，廖媛. 新闻评论在公共决策中的作用——以《南方都市报》番禺垃圾焚烧事件评论为例[J]. 新闻爱好者，2012(4).

第三章
论点、论据、论证

　　评论是一个运用概念、判断和推理的论证过程。所谓概念，反映的是客观事物的一般的本质的特征。人们在认识过程中，把所感觉到的事物的共同特点抽象出来，加以概括，这便形成了概念。比如说桌子，它是一种家具，上有平面，下有支柱，可在上面存放东西或做事情。"桌子"是一个概念，凡是符合这个概念的东西我们都可以称为桌子，如饭桌、茶桌、书桌等。在使用概念时，我们要将此概念的内涵和外延搞清楚，否则就会闹笑话。所谓判断，是肯定或否定某种事物的存在，或指明它是否具有某种属性的思维过程。如我们常说的"改革开放是中国可持续发展的必由之路"，"腐败岂能有理"，等等。一篇评论总要对所论之事发表意见，是赞成还是反对，是表扬还是批评，哪怕是研究类和建议类评论也有自己的意见，这就是判断。一篇评论不能什么都说，什么意见都不能确定，那是不行的。肯定或否定某种事物的存在，构成事实判断，如"GDP 是国力的体现"；指明某种事物具有某种属性，则构成价值判断，如"实践是检验真理的唯一标准"。所谓推理，它是由一个或多个已知的判断(前提)推出新的判断(结论)的过程。在推理过程中，必须要求前提的真实和推理形式的正确。概念、判断和推理都是思维的基本形式，其运用的好坏，关系到一篇评论文章的正确与否和水准高下，我们需要在理论上和实践中不断学习和提高自己的这种思维能力。如前面讲的"改革开放是中国可持续发展的必由之路"，这是一个总论点，首先要明确"改革开放"这个概念，接着用一个肯定判断"是"连接后面的结论"中国可持续发展的必由之路"。为了说明这个总论点，文章可分成几个小论点进行论述。而"腐败岂能有理"则是一个否定判断，说什么不是什么。为此，也必须搞清楚什么是"腐败"这个概念，接着就从"腐败没有道理"的几个方面进行论述，最后得出结论。

　　一般来说，写评论要把握好以下几个基本要素，这就是新闻评论的论点、论据和论证。论点是提出观点，表明评论者的看法和观点。论据是为了说明自己的看法和观点而进行的举证。论证是将论点与举证相联系，使其得以成立的一个论述过程和方法。下面我们逐一进行介绍。

一、论　　点

　　所谓论点，即一篇新闻评论的中心观点和思想。它表明作者对所要评论的客观对象的一种立场、观点、态度和主张。它表达了作者的是非观、价值观和创造观。

　　胡乔木在《人人要学会写新闻》中说："最有力量的意见乃是一种无形的意见——从文

字上看去，说话的人只是客观地朴素地叙述他所见所闻的事实（而每个叙述总是根据着一定的观点的），这样，人们就觉得只是从他那里接受事实，而不是从他那里接受意见了。"[1]有了新闻报道，为什么还要写新闻评论呢？就是因为报道是一种无形意见的表达，受众不能或还很难把握它的本质。而新闻评论是一种有形意见的表达（直接通过文字和语言表达意见），它明确直白地反映了作者对该事物或现象的赞成或者反对，褒赏或者批评的态度，通过评论中的语言可以给受众一种明确的信息传送。

新闻评论反映了作者对该事物或现象的认识的角度和重视的程度。世界上的事情是复杂的，复杂的事情不都是仅凭是非判断，赞成或者反对、褒赏或者批评就能解决问题的。不同的事物或现象需要我们运用不同的价值标准来衡量、来分析。只有这样才能正确地反映客观世界，也只有这样才能发挥新闻评论有效的引导作用。

新闻评论反映了作者对该事物或现象所提出的一种意见和建议。一篇评论是否有新意，就是要看文章中是否有创造性的思想和智慧。一般来说，新闻事物是一律的，这是它的客观规律性所决定的。但是，如何描述它，特别是如何评论它，却有着千差万别。人们常说，不怕不识货，就怕货比货。新闻评论也是这样，判断一篇评论文章是否为上乘佳作，一个重要因素就是看它是否闪烁着创造性的思想火花。它的观点、意见或建议是否为大众所没有考虑的，或考虑得没有那么新颖、深刻、独到的。

一般来说，论点有两种，即总论点与分论点。总论点，可以称作中心论点或基本论点，也就是我们通常所说的文章的主题。我们常说的一事一议的评论，是一种小评论，因而只有一个总论点，没有分论点，论述或举例时不需要太多的事例和理论。

对于社论、评论员文章和一些大的选题评论，由于论述的内容比较多，如果把想法都写进评论中，不按照一定逻辑，会使文章充满思想的碎片，缺乏条理。为了更好地阐明总论点，往往需要从几个方面（横向）或层层深入地（纵向）来论述，提出一些证明、补充或者发挥，这样就有了多个方面的论点。

总论点的从属论点，也叫作分论点或子论点。它们都是派生于总论点并为阐明总论点服务的。可以说，总论点是纲，分论点就是目；总论点统率分论点，分论点说明总论点。

一篇评论，一般只有一个总论点。下面我们来分析一下新华社 2021 年 12 月 7 日发表的国际时评《美国"外交抵制"冬奥会行径注定失败》。

（第一段）美国白宫新闻秘书普萨基当地时间 6 日表示美国政府将对 2022 年北京冬奥会进行所谓"外交抵制"，这种将体育运动政治化的荒唐行径，严重违背奥林匹克精神，损害各国运动员利益和国际奥林匹克事业，也是对全体中国人民的严重冒犯，美方此举必将遭受新的失败。

（第二段）冬奥会不是政治作秀和搞政治操弄的舞台，奥运会本身也不是外交活动，美国政客在没有受到邀请的情况下，声称"外交抵制"北京冬奥会，完全是自作多情。所谓抵制行径也是赤裸裸的政治挑衅，是美国一些政治势力用以打压中国的诸

① 董书华，陈绚. 胡乔木写的社论"人人要学会写新闻"[J]. 新闻前哨，2013（1）.

多手段之一。用所谓"人权"为借口对北京冬奥会进行所谓"抵制",只会让中国人民和全世界人民更加看清美政客的虚伪面目。

(第三段) 奥林匹克精神不容政治化操弄亵渎。《奥林匹克宪章》指出,奥林匹克精神是"以友谊、团结和公平竞技精神相互理解"。这种崇高神圣的精神倡导人们在公平的体育比赛中沟通交流,从而达到情感交汇与心灵贴近。秉持这一精神的奥运会,是人类团结和友谊的象征,早已成为各民族文化交融互鉴的有益平台。如今,全球面临诸多考验,国际奥委会今年更新沿用百年的奥林匹克格言,在"更快、更高、更强"之后,加上"更团结",反映出人们期待世界少一些纷争、多一些友爱的愿望。所谓"外交抵制"冬奥会,是对奥林匹克宪章精神的严重玷污。

(第四段) 成功举办北京冬奥会是众望所归,人心所向。北京冬奥会是全球期待的盛会,是各国运动员公平竞技的舞台,也是冬季运动爱好者的热切期盼。各国运动员热切期待来华参赛,其中包括数量众多的美国运动员。"这将是一次难忘的和美妙的经历""中国不会辜负全世界的期待"……各国运动员纷纷表达共同心愿,表示已做好准备在北京冬奥会上勇创佳绩。

(第五段) 国际奥委会和俄罗斯、法国、瑞士等多国纷纷表达对北京冬奥会的祝福和支持。国际奥委会表示,相信北京冬奥会将向世界展现抗击疫情的榜样力量,推动世界冰雪运动发展,为奥林匹克运动发展做出重要贡献。

(第六段) 所谓"外交抵制"冬奥会终将被证明是一个笑话。无论美国少数政客抵制或不抵制,都不会影响一届简约、安全、精彩的冬奥会在中国北京如期顺利举办。

(第七段) 历史上曾多次发生以种种政治借口干扰奥运会的情况。针对个别政客"出于政治目的而利用和滥用体育"的坏苗头,国际奥委会主席巴赫去年曾疾呼,要警惕"在某些人的心中,过去的幽灵正在罪恶地抬头"。将奥林匹克运动政治化的做法,也一再遭到国际社会广泛反对。

(第八段) 奉劝美国的那些政客们端正态度,不要逆潮流而动,立即停止四处搞破坏,立即停止做严重违背奥林匹克精神、损害各国运动员利益和国际奥林匹克事业的事。

这篇评论是针对美国政府对2022年北京冬奥会进行所谓"外交抵制"这种严重违背奥林匹克精神的荒唐行径而发表的。它通过评论表达了对个别美国政客"出于政治目的而利用和滥用体育"的谴责和愤慨,同时也表达了对2022年北京冬奥会圆满举办的信心:"外交抵制"冬奥会行径主动失败。这篇评论的主题即总论点是:美国"外交抵制"冬奥会行径注定失败。

为了将总论点阐述清楚,文章的第一段首先指出了美国政府对2022年北京冬奥会进行"外交抵制"的事实,同时也定义了该案件的性质:严重违背奥林匹克精神,损害各国运动员利益和国际奥林匹克事业,也是对全体中国人民的严重冒犯。随即提出本文的总论点:美方此举必将遭受新的失败。

第二段是一个过渡段,它没有直接说明美方此举为什么必将遭受失败,而是先给美方荒诞的"外交抵制"行径定性：没有收到邀请就声称"外交抵制"是自作多情，是赤裸裸的政治挑衅，是打压中国的诸多手段之一。

后面的第三、四、五、六、七段从不同的方面对总论点进行论述，从历史和现实的原因论证总论点，说明美国"外交抵制"行径为何注定失败。

第四段强调"奥林匹克精神不容政治化操弄亵渎"，美国对中国举办 2022 冬奥会进行抵制，违背了世界团结和友爱的愿望，玷污了崇高神圣的奥林匹克精神，因此注定失败。

第五、六段表明成功举办北京冬奥会是众望所归、人心所向，各国的运动员都热切期盼来华参赛；国际奥委会及多国都表达了对北京冬奥会的祝福和支持，少数美国政客的抵制行为完全是自说自话，显得无比幼稚可笑，因此美国"外交抵制"冬奥会行径注定失败。

第七段是对上述基于现实的论证进行总结：无论美国少数政客抵制或不抵制，都不会影响一届简约、安全、精彩的冬奥会在中国北京如期顺利举办，这呼应了总论点。

第八段从历史角度对总论点进行论证：以往的历史表明，将奥林匹克运动政治化的做法，一再遭到国际社会广泛反对，因此美国的"外交抵制"注定失败。

一篇评论有总论点和分论点。分论点之间，有的是平行的关系，即各个分论点的地位是一样的，它们共同构成总论点的方方面面。有的则是递进关系，即一个分论点被证明了，才能进入第二个分论点，一层层分析下去，最后才能得出结论。

但有时在一篇评论里，对有关的几个问题，会分别提出论点加以论述。它们之间各有相对的独立性，这样的文章就不只有一个总论点。如毛泽东的名篇《关心群众生活，注意工作方法》就讲了两个方面的问题，一是群众的生活问题，二是领导的工作方法问题。如果将这篇文章改成两篇单独的评论，则可以写成《关心群众生活，调动群众积极性》和《注意工作方法，改进领导作风》，也可以改成其他的内容。

如果现在要写《关心群众生活，调动群众积极性》这篇评论，就会涉及当前群众生活中存在的一些问题，它们是怎样发生的，如何解决的，解决了这些问题就能调动大家的积极性，有利于我们开展工作。关心群众生活是各级领导机关和领导干部时时刻刻不可忘记的事情，现在为什么要写这篇评论呢？可能是元旦、春节快要到了，或是遇到什么天灾人祸，或是饮食卫生方面出了什么事故、问题，等等。从关心群众生活的大前提出发，结合本地区出现的有关问题进行评论，这样一篇评论就可以做到有的放矢，卓有成效。

《注意工作方法，改进领导作风》也是可以单独成篇的。工作方法是领导作风的一个方面，在这篇评论中也是一个论点。现在为什么要写这篇文章呢，自然也是由于本地区出现了什么新的情况和问题，或中央提出了什么新的要求或新的决定。这一类的评论只要结合实际，也是可以常做常新的。

那么，能不能将上面两篇评论或者说将两个论点融到一篇文章里面，变成一个论点的两个部分呢？这样写也是可行的。如果这样考虑，则可将评论的标题改为《提高领导者素质》或《值得领导者思考的几个问题》，等等。这么一改，这篇评论的论点就变成如何提高领导者素质的问题了。在这个总论点下面，可以涉及许许多多与领导者素质有关的问题，这些问题就是总论点下面的分论点。

一般来说，一篇评论需要确定一个论点，如果论点很大，里面可以由几个分论点组成。但作为一篇小评论，则只需要有一个论点，而且论述时举例说明也不要有太多的事例和理论，这就是我们常说的一事一议的评论。

为了全面贯彻落实党的二十大精神，中共中央办公厅印发了《关于在全党大兴调查研究的工作方案》(新华社北京 2023 年 3 月 19 日电)，并发出通知，在全党大兴调查研究，作为在全党开展的主题教育的重要内容，推动全面建设社会主义现代化国家开好局起好步。调查研究正在各地深入开展，但同时有一个问题需要注意：对于有些基层典型，出现了"调研扎堆"。典型是做得好的地方，成绩突出、经验不少，地方政府偏爱推荐，上级也乐意前往。久而久之，这样的地方就成了热门调研点，难免引发"扎堆调研"，看的人心情大好，问题却也容易被掩盖。当然，做得好的好地方要看，这有利于总结经验、及时推广，但是，还有一些相对较差的地方和单位怎么办？2023 年 5 月 24 日《长江日报》在一版"长江评论"专栏中推出评论员刘功虎的评论《好的差的都要看》：

> 但是相对差的地方，"尤其要去看"。这些地方目前可能不中看，问题矛盾集中，群众反映强烈，工作打不开局面。问题导向原则下，它们更应列为调研的重点。干部调研不是一般化当伯乐、找亮点、树典型，总结经验固然重要，但找出短板、破解难题更是调查研究的目的所在。
>
> 调查研究"好的差的都要看"，越是差的、问题多的地方，越要投入时间精力调研。消除调研死角，才能消除治理盲区，破解发展不平衡问题。即便是做得好的地方，也有自己的"门面"与"后院"，不同点位也可能存在相对不同的"好与差"，因此"好的差的都要看"要成为干部调研的一个原则。
>
> 多看差地方，帮助其改进、发展、提高，更多"差的"就会变成"好的"——这也是辩证法。锦上添花、报喜不报忧，不是调研的目的与追求；全面、准确、真实掌握情况，破解难题、促进发展，才是调研的全部真谛。

中央强调各级党委和政府要多做调查研究，有一些地方的调查研究却是"嫌贫爱富"，喜欢扎堆去看"好的典型"。本文针对这一习焉不察的现实问题发声，提出鲜明的观点——"好的差的都要看"。此文发表后，被不少主流网站转载，认为评论"于平常中见力道"，发现和表达都见功力。

论点是一篇文章的灵魂，它统率着整篇文章的结构、布局、论理和文字，它决定着一篇评论的生命力，事关重大。一篇好评论，首先要求论点正确。只有论点正确的文章才可能发表，发表了才可能取得好的社会效果。评论员是社会中人，他也会受到社会方方面面的影响，也会因自己与评论对象的某种关系而产生特殊的喜怒哀乐，这些都是正常的。问题在于，作为大众传媒特别是党报党刊等主流媒体上的评论文章，就不能只从个人一己私利出发，只倾诉自己的意愿，而不管这些态度和看法与整个社会的主旋律合不合拍。一篇评论文章要做到论点正确，就要求它必须符合时代的要求，符合大众的要求，符合长远利益的要求。对于不同的媒体，还有不同的具体要求。其次，论点还必须有新意。新闻评论是对新闻事实的一种判断，一种解读，一种阐释，它是对基本事实的一种延伸。如果新闻报道说得很清楚了，而新闻评论却没有什么新意，谁还来读这样的评论文章呢？一篇好的新闻评论一定是能从大家司空见惯的事实中挖掘出大家不曾想到或想到了说不出来或会说但说不好的观点或意见。论点正确，又有新意，再加上其他方面的配合，就可以成为一篇好的评论文章。

二、论　据

所谓论据，是评论文章中使论点得以成立和促其深入的相关材料。一篇评论的观点为什么是正确的，为什么能说服人，一定要有相关的材料来说明它，没有这些真实有力的材料，这篇评论文章的论点就可能是人为杜撰的或经不起别人批驳的。

一篇评论文章的论点，是人们的主观世界对客观事实的反映和判断。评论作者为什么会作出这样的判断而不作出那样的判断，产生这样的命题而不产生那样的命题呢？重要前提就是作者掌握了一些基本事实和理论。这些事实和理论就是一篇评论的论据。没有无论据的论点，论点一经产生，它就必须以一定论据为前提。同时，论点也不是孤立的，它一经提出，就要能很好地说服人。一篇评论文章要说服人、引导人，特别是把那些持不同意见或反对意见者拉到自己一边，没有充分的事实和理论，也是不能奏效的。

论据一般来说包括两类，一类是事实论据，另一类是理论论据。

(一) 事实论据

人们常说"事实胜于雄辩"，这说明事实在论说中的作用。这种作用表现在事实中所蕴藏的道理是十分深刻的，只要这样的事实一出现，就毋须饶舌者再去花费功夫了。比如说知识改变命运，在这里不用详细地从理论上论述知识的作用，只要举上十个八个因为知识而改变命运的实例，就足以使这个命题成立。再比如说吸烟有损健康，只要指出得肺癌者大多有吸烟史，这个道理就很容易使人明白。

现实中的事实有很多，作为新闻评论论据的事实选择是有讲究的：

第一，这个事实要与本论题相关。天下的事实有很多，但是，一篇评论要选择哪一个事实作为论据呢？作为论据的事实，必须与评论的论点有很直接的联系。也就是说，这个事实对于证明评论作者的论点要有很强的说服力。要达此目的，就需要在众多的事实中进行挑选，选出一个最典型、最具说服力的事实，而且这个事实能够很好地说明论点。

第二，事实必须真实。新闻评论不同于文学创作。文学创作，可以虚构，可以想象，可以张冠李戴，可以无事生非，只要能吸引人就行。但是，新闻评论不行。新闻评论要评论的事实必须真实，新闻评论用以论证的证据也必须真实。时常会遇到这样的情况：有的评论用的事例看起来很典型也很生动，具有较强的说服力，但是，事后发现，这个事例是假的，是评论作者自己虚构的。或许这篇评论的观点是正确的，但就因为用了一个虚假的事实导致整篇文章被否定。想想看，连文章中的事例都是假的，有谁还会相信你的观点呢？所以，评论作者在选择事实做论据时，必须审慎，找出事实来源，认真甄别核实，不可麻痹大意。

第三，事实必须新鲜。为了说明一个观点，评论者可以举出许许多多的事例，而且这些事例也都是典型的、真实的，但是，它们都太陈旧了，这样的事例也不要用。新闻评论讲究一个新字，不仅要求新闻评论的事实和观点有新意，而且也要求新闻评论中选用的事例有新意。我们都知道事物是不断发展的，用以前的事例来说明现在新近发生的问题，必然少了一些说服力。如果一个本来论点不错的评论，却用了大家都知道的陈旧事例，尽管它也能说明问题，但是会让人觉得少了一些新意。一篇好的新闻评论需要作者新鲜、新活的观点，也需要作者用新近的事实去证明自己的观点，这样才能说明作者的观点在现阶段是站得住脚的。所以，新闻评论在选择事实论据时，尽量选择那些既能说明主题又是新近发生的事实。

当然，我们也不能排斥另一种事实，那就是在历史上曾经产生过重大和重要影响的历史事件，它虽然过去久远，但今天重提仍然具有启示作用，这样的事例也是十分宝贵的。

2021年12月26日，北京广播电视台播出了一则《如此"满意"失民意，"人民至上"怎落地?!》的广播评论。① 这则评论的背景是：党的十八大以来，习近平总书记反复指出要坚持"人民至上"。党的十九届六中全会审议通过了《中共中央关于党的百年奋斗重大成就和历史经验的决议》，把"坚持人民至上"作为党的百年奋斗第二条宝贵经验。

但在现实生活中，还是有一些部门没有准确把握"人民至上"的科学内涵，存在"官本位"的思想，以至于实际工作跑偏走样，引起人民群众的反感和不满。坚持人民至上、坚持以人民为中心一直是政府工作中常抓不懈的宗旨，然而实际执法中还是存在不少形式主义、官僚主义，背离了"人民至上"的工作作风。为此，记者调查新近发生的多起民生事件，对官僚主义进行深入剖析和批驳：

> 不管是东直门街道办事处建设违法建筑，还是新潮嘉园小区安装外挂管道接通市政天然气，最终的结果都是政府部门所做的工作和人民群众的意愿背道而驰，政府部门没有真正把工作做到人民群众的心坎里。在国家行政学院教授竹立家看来，这种现象出现的根源在于一些政府部门以人民群众为中心的中心点发生了偏移，没有坚持人民至上，这是典型的官僚主义：

> 满意不满意，关键看民意。习近平总书记指出，我们要坚持人民至上，只要是人民群众欢迎、咧嘴笑的事，再难也要干到底；只要是人民群众不高兴、撇嘴的事，就坚决不要干！政府部门绝不能自说自话，认为自己满意人民群众就一定满意；也绝不能用自己的满意，强行让人民群众满意。政府部门干工作要接地气、听民意，要和人民群众坐到一条板凳上，要始终把人民群众的呼声当作指南针，想问题、作决策、抓工作要坚持从群众中来、到群众中去。政府部门要坚持一切为了群众、一切相信群众、一切依靠群众，为群众办实事、为人民谋利益。只有这样，政府部门才能创造出经得起实践、人民和历史检验的政绩，"人民至上"这个重大命题才能真正落地。嘴

① 如此"满意"失民意，"人民至上"怎落地?! [EB/OL].[2022-11-01]. http://www.xinhuanet.com/zgjx/2022-11/01/c_1310667789_z.htm.

上说着让人民群众满意，不管人民群众是否真正满意的作风可以休矣！

官僚主义、形式主义是个老话题。这则广播评论调查了最新的、鲜活的事实——涉及违法建筑问题、小区安装外挂管道接通市政天然气问题，向官僚主义亮剑，为基层百姓呐喊。评论播出后，引起多方高度关注，还获得了中国新闻奖二等奖。

(二)理论论据

新闻评论要说服人，除了事实外还需要有理论的论据作支撑。这些理论论据大体可以包括以下内容：

第一，马克思主义的基本原理、党和政府的方针政策和领袖人物的思想和言论，等等。

马克思主义是科学的世界观和方法论，它通过大量的事实材料和严密的逻辑论证，阐明了自然界、人类社会和思维发展的普遍规律。它以辩证唯物主义和历史唯物主义、政治经济学、科学社会主义宏大的科学体系提示了人类社会的发展规律，是指导我们工作、学习和生活的科学指南。

党和政府的方针政策是一个时期整个国家或一个地方的行动准则，它对于整个国家或一个地方来说关系重大。它在思想上提示人们，在行动上指导人们，它给人们以远景的展望。一般来说，一个国家或一个地方的方针政策都是经过一定的程序，经过反复研究推敲而定的，具有一定的科学性和权威性。

领袖人物，不论是国家的还是各个部门或各地的，他们大多是从群众中来，得到群众的认可和拥戴，具有一定的思想素质、理论素质、技术素质和领导才干的。他们在一个国家或一个地方或一个单位或一个方面具有很高或一定的权威性。他们的言谈举止有时也向人们传递信息。国家领导人的言论可以明确体现出国家下一步的发展方向与战略，能够帮助国民解读政策，分析其在实践中的运用情况。

名人名言，指的是一些在各个方面取得巨大成就的大家，他们所提出来的具有深刻含义并且精炼的话语，简洁且十分有力。比如，鲁迅说："希望本是无所谓有，无所谓无的。这正如地上的路，其实地上本没有路，走的人多了，也变成了路。"列夫·托尔斯泰说："一切利己的生活，都是非理性的，动物的生活"。这些都可以作为有力的理论论据。

一般来说，上面的这些内容都可以作为新闻评论的理论论据来使用。但是，要注意，在引用这些理论论据时，一定要全面正确地领会这些理论精神。不可断章取义，片面理解，也不可机械照搬，不顾本篇评论所涉及的事物和问题。同时要注意，任何理论都是随着一定的时间和空间而发展和变化的。我们在引用一些理论作为评论论据时，要注意它的时代性和国际性。

扫黑题材电视剧《狂飙》，成为近年国产剧里程碑之作，开播以来持续引爆舆论话题，其故事情节、人物塑造、主题表达均达到了很高的水准，它的热播也彰显了观众希望正义之剑不断披荆斩棘的愿望。就此，2023年1月31日"九派时评"发表评论员肖畅写的评论——《〈狂飙〉：不想着教育观众，才可能是优秀的主旋律》。

电视剧《狂飙》火了。这是一部扫黑除恶大剧，也是兔年首部"爆款"剧。要说这部剧重启了"全民追剧时代"，一点也不过分。有媒体的一句评语很精到：这部剧"聚合现实主义与主流价值"。这句话，讲到了《狂飙》的厉害之处，其实也指出了当今影视剧较为欠缺的两个方面。

首先说现实主义。现实主义是指关心现实，确切说是人民普遍关心的现实，埋藏在人心中而并非人人都有能力进行艺术表达的现实；而不是贩卖焦虑所放大的"现实"，不是艺术圈孤芳自赏的"现实"，也不是因电影大奖而迎合中国社会认知偏见的"现实"。

该评论中说道：

每个角色都仿佛高度浓缩了你我的人生与情感，创作者们以"读心术"般的笔触将剧中人物与观众勾连起来，让大家共同进入到故事中一个个惊心动魄的细节之中，进入时代巨变之中同时能寻找到自己的清晰位置。

再说说主流价值。主流价值体现于一个社会，是我们共同为之努力的奋斗目标，体现于思想之中，是大多数人所信奉和尊崇的价值观。主流价值不是异口同声的，正如一个社会之中，在共同的目标和价值认同之下，人们会有纷繁芜杂的声音与情感，有不同的意见和矛盾；主流价值绝不是先声夺人的，它是在充分的对话、交流、协商之中而愈益清晰起来的。

《狂飙》所聚合的主流价值，正是与观众高度共情的。这样的共情，既是与一身理想主义和正义感的安欣共情，甚至也是与曾被欺负、伤害而最终"黑化"并走向不归路的反派高启强的"共情"。这样的"共情"，是有充分思想与情感带入的共情，它使那暴风骤雨般的正邪较量，润物细无声般地进入你我的人生跌宕起伏之中。

作者认为，人民中心的执政理念下，向黑恶势力发起一轮轮凌厉攻势，"扫"出清风正气，"扫"出朗朗乾坤，这正是主流价值。

评论最后写道：

一直以来，主旋律影视创作总丢不掉一股浓浓的说教气，故事内容往往成为一种理念的载体，而人物角色往往成为一种价值的工具。我们看到太多影视剧是那么急不可耐地教育观众，模式化的人物、打了鸡血的口号、先反转再煽情的套路，将观众假想为无脑小白，但何曾想过观众比我们的许多文艺创作者聪明得多。

……

不想着教育观众，才可能是优秀的主旋律。事实上，"主旋律"也不是一种既定的类型或者创作方法，只要深入烟火日常的生活，深入社会大众内心世界而努力与大众共情，就可以成为优秀的主旋律。

该评论聚焦《狂飙》的创作内核，从理论的角度作了深入探讨。评论围绕该剧如何"聚合现实主义与主流价值"，认真分析了当今影视剧较为欠缺的两个方面，一个是现实主义方面的误区，即现实主义是指关心现实，确切地说是人民普遍关心的现实，而不是"贩卖"焦虑者所放大的"现实"；另一个是主流价值方面，即主流价值是大多数人所信奉和"尊崇"的价值观，但不是异口同声的，更不是先声夺人的。写这样的评论是需要学习和把握一定的理论知识的。

第二，科学的定义、规律、公理和常识。

这些定义、规律、公理和常识，既包括社会科学领域也包括自然科学领域。如关于物质是一种客观实在，它不依赖于人的感觉，但可以为人的感觉所感知，即可以被人所认识的定义；关于意识的起源、本质和作用的定义；关于自由是对必然的认识和对客观世界的改造的定义；社会实践与社会理论相互制约、相互促进的规律；社会需要与内在逻辑辩证统一的规律以及常规性发展与革命发展相互交替的规律；在自然科学领域里，关于大地环境、自然气候、生物防治等方面的定义、规律和常识等，如物理学中的万有引力规律，化学中的分解与合成，数学中的平面两点间直线距离最短，等等。

不论是社会科学还是自然科学领域的理论论据，都是以一定的历史条件和一定的活动空间为适用范围的。离开了一定的时间和空间，这些定义、规律和常识就可能要作一些修改和调整。完全一成不变的东西是不存在的。

2020年10月中旬，针对"最美护士"于鑫慧的一系列质疑发酵后，涉及单位纷纷回应表态，一时成为舆论热点。《河南日报》评论员薛世君根据事件进展，结合网络舆论态势，紧跟热点，及时发声，写了评论《"最美护士"不一定是"完美护士"》（2020年10月19日）并率先在河南日报客户端发布，随后刊发在《河南日报》要闻版。

　　追踪这起舆论事件的种种，笔者所要说的是一种把人与事推向极端化的现象——说一个人好的时候，连毛孔都是魅力四射的，待其"翻车"的时候，又从头到脚一无是处。还是这个人，还是那些事，态度陡转、评价两极，非白即黑，非善即恶。

　　"95后"女护士于鑫慧偷偷瞒着家人，辞去医院护士工作支援武汉，开展志愿服务56天的新闻感动全国时，"最美援鄂护士"等赞美之词纷至沓来。等到她"翻车"时，护士身份造假、婚恋丑闻等纷纷被扒，"人渣""瞎了眼"等指责不一而足，连她赶赴武汉的支援抗疫举动，也被质疑有着某种"目的性"。从天使到魔鬼，不过须臾之间，且被捧为"天使"时白璧无瑕，被指为"魔鬼"时体无完肤。

　　网络社会中似乎有这样一种"极化传统"，因人废事、因事废人、因私废公。捧的时候，捧到九天云霄，打上完人的标签，捧上道德的神坛，必须360度无死角高大上、伟光正，不能有哪怕一点瑕疵；踩的时候，踹到无间地狱，恨不得踏上一万只脚，视其浑身上下每一个毛孔都透着渣、恶、坏，即使这之前或之后他的言行是正确的、有益的，也可能被指责为别有用心，被一概否定。事实上，一个好人，是不是注定时时刻刻都会正确无比？一个渣男，是不是终其一生都做不出一件正能量的事情？

这篇评论从具体新闻事件出发阐述观点，而又不局限于新闻事实，由点及面、由浅入深，从个案到现象，深入剖析新闻事件背后的社会问题，探究表面现象背后的深层原因，观点客观、理性而富有辩证意味。

第三，被实践证明是正确的理论。

实践是检验真理的唯一标准。人们在长期的社会生产生活实践中，经过反复的实践，有很多东西被检验后证明是正确的，是有利于社会和人类的。这些理论也可以作为评论的论据来使用。如大自然的春夏秋冬带来的四季变化，白天黑夜周而复始的有规律活动，人们生老病死的肌体变化，社会发展中的矛盾冲突，人际关系中的伦理道德，等等。所有这一些都是人们在长期的社会实践中感受到体验到领悟到的，一经指出，人们就会接受，不需要有人去作专门的说明。中国的社会主义现代化建设经历了 40 多年的改革开放历程，其间也创造和诞生了许多可以作为真理的科学理论。我们在写作这方面的评论时，就可运用这些理论作为自己的理论依据。这样既有说服力，又具有时代特征，使受众感到亲切。

理论依据是一篇评论文章立得起来、引人入胜的重要因素，在选择和运用时要审慎注意。首先要正确，只有正确的理论才能保证整篇文章的论点不出问题，同时，也才能使整篇文章的论点更加深入。其次要全面。理论是对客观现实的概括和总结。不论是哪种理论，它总是针对某一个或某一类事件、现象、问题而作出的。写评论文章选择论据时，一定要注意该理论的运用条件，避免片面性。那样的话，越是运用理论，危害性越大。最后，要精心选择与本论点结合最紧密的理论依据。一篇评论可以运用多个理论依据，但只有选择与本论点关系最紧、说理最深刻的理论，才能最好地发挥评论的效果。

2023 年 7 月 12 日，《人民日报》发表评论文章——《文化主体性的最有力体现》。作者提出，"两个结合"（把马克思主义基本原理同中国具体实际相结合、同中华优秀传统文化相结合）理论的重大意义之一，就是深刻巩固了文化主体性，有了文化主体性，就有了文化意义上坚定的自我，中国共产党就有了引领时代的强大文化力量，中华民族和中国人民就有了国家认同的坚实文化基础。

如何理解"两个结合"的重大意义，作者提出了一个命题，这就是，"两个结合"是文化主体性最有力的体现，只有不断巩固文化主体性才能具有对自身文化的高度认同，从中华民族世世代代形成和积累的优秀传统文化中汲取营养和智慧。

第一部分是案例引入，引出下文对"两个结合"及文化主体性的论述。

> 在浙江台州葭沚老街，体验纸伞制作、制茶、翻簧竹雕、彩石镶嵌等技艺成为热门文旅项目，众多游客慕名而来。将米粒大的陶泥放到微型拉坯机上，用指尖捏出花瓶的形状，再用竹签、镊子精雕细琢，景德镇陶艺师傅王文化创作微型陶艺作品的视频走红海外，累计播放量超过 1 亿。《只此青绿》以《千里江山图》为蓝本，用舞蹈"绘"名画，让观众沉浸在中华文化特有的意韵中。今天，文化创造与文化自信相互激荡，让中华优秀传统文化在新时代焕发出独特魅力，展现出蓬勃生机。

通过该案例，论证文化创造与文化自信可以相互激荡，从而让中华优秀传统文化在新时代焕发出独特魅力，展现出蓬勃生机，引出下文，并提出论点"两个结合"的重大意义就是巩固了文化主体性。

> 文化贯通过去、现在与未来。在文化传承发展座谈会上，习近平总书记深入阐释"两个结合"的重大意义，深刻指出"'结合'巩固了文化主体性，创立新时代中国特色社会主义思想就是这一文化主体性的最有力体现"。有了文化主体性，就有了文化意义上坚定的自我，中国共产党就有了引领时代的强大文化力量，中华民族和中国人民就有了国家认同的坚实文化基础。坚持以习近平新时代中国特色社会主义思想为指导，不断巩固文化主体性，独立自主走自己的路、信心百倍建设中华民族现代文明，我们意气风发、豪情满怀。

第二部分是古今贯通，论证"两个结合"如何巩固了文化主体性。

> 中华文明的主体性植根于源远流长的文化沃土。朱熹园里，习近平总书记感慨"我们要特别重视挖掘中华五千年文明中的精华"；在岳麓书院，习近平总书记凝望"实事求是"匾额，指出"一定要把真理本土化"；考察"一馆一院"后，习近平总书记强调"只有立足波澜壮阔的中华五千多年文明史，才能真正理解中国道路的历史必然、文化内涵与独特优势"……习近平总书记以护文明之火种、传永续之文脉的崇高使命感，全方位、多角度阐释中华文化的独特创造、价值理念、突出特性，展示了对待中华优秀传统文化的科学态度。党的十八大以来，以习近平同志为核心的党中央以对文化在历史进步中的地位作用的深刻认识，以对文化的精神特质和历史传承的正确把握，以对文化复兴和文明进步的不懈追求，开辟了马克思主义基本原理同中华优秀传统文化相结合的新境界。创立习近平新时代中国特色社会主义思想就是文化主体性的最有力体现。这一重要思想坚定历史自信、文化自信，坚持古为今用、推陈出新，把马克思主义思想精髓同中华优秀传统文化精华贯通起来、同人民群众日用而不觉的共同价值观念融通起来，无愧为中华优秀传统文化在新的历史条件下创造性转化、创新性发展的优秀典范，无愧为中华文化和中国精神的时代精华，无愧为当代中国马克思主义、二十一世纪马克思主义。
>
> ……

"两个结合"揭示了我们党坚持和发展马克思主义的内在规律，为继续推进马克思主义中国化时代化提供了科学方法论。作者指出，该理论有利于巩固和保持文化主体性，"保持文化主体性"是对"两个结合"理论的深入阐释和深刻理解。这些论据不是简单的原文照搬，而是用作者自己理解的话去表达、去说明，更具有时代气息，更显生动活泼，更具有现实说服力。

事实论据和理论论据都是新闻评论中不可缺少的论据材料，在使用时要注意处理好两者关系。不能因为"事实胜于雄辩"，在论述时就大量罗列一些事实。简单的事实堆积，不仅是新闻报道中的败笔，更是新闻评论中的大忌。既然是评论，说理的成分自然要多一些，不然就成消息和通讯了；同时，也要注意，不能因为是评论文章就大量引用经典著作和领导人的讲话，以为这样就能显出理论水平，这同样是错误的。评论既然是说理的形式，在一篇文章里就不能只是抄别人的话(尽管这些话可能是正确的)而少了自己的意见和论述，那样不就成了领导人的语录摘抄了么？这些都是我们要注意的。选择新颖真实典型的事例，引用深刻、富有启迪的理论，相得益彰，配以精辟的论证，就可能成为一篇好文章。

如何在评论中列举论据，也是一个不断学习实践的过程。澎湃新闻主笔、首席评论员沈彬，在长期的评论实践中总结了评论论据表达的三个技巧，可供初学者借鉴。

其一，集中表达浓缩的论据。评论的篇幅一般只有1000多字，经常要用简短的文字把几千字的新闻报道内容讲明白，从中生发议论。这就需要我们掌握压缩信息的技巧，把最精彩的新闻内容、最清晰的逻辑线索呈现在评论当中，从而吸引读者的注意力。要用最小的篇幅，让受众快速了解到新闻的关键信息。

其二，表达和论据高度结合。因为评论表达的精练性，需要做到表达和论据的统一、结合，不能论据写一行，论点再写一行，要做到论据里藏观点，观点是论据的水到渠成，使论据和论点无法分割，浑然天成，否则文字会显得累赘、臃肿。

以《"代扣黑洞"不是消费纠纷，是刑事犯罪》①这篇社论为例。

> 澎湃新闻近日连续深入报道了"代扣黑洞"。原来，随着电子支付的崛起，代收有了水电气费、保险费、理财产品等众多应用场景。但是，你开通了代扣之后，你的银行账户还是你的吗？个别第三方代收却成了吞噬财产的"黑洞"，成为套路贷、赌资的"白手套"。
>
> 首先，一些小品牌的第三方支付，并不像大家默认的那样的专业、安全，甚至有"内鬼"在搞内外勾结。据相关判决，目前"伪商户"找黄牛开通一个代扣渠道，只需要付二三十万元。找到"内鬼"，一家骗子公司就能摇身一变，成为能堂而皇之扣你的银行卡里的钱的"委托方"。……
>
> 其次，对利用第三方扣款的网络诈骗，很多人甚至职能部门还是将之视为"消费纠纷"。
>
> 有人下载一个借款App，输入银行卡号等信息后，被要求输入"验证身份"的短信验证码，结果收到的是扣款验证码，钱就没有了。

四段文字高度概括之前澎湃新闻有关"代扣黑洞"多篇系列报道的内容。以"你开通了代扣之后，你的银行账户还是你的吗？"一句引出了第三方扣款的乱象。然后，用"找到'内鬼'，一家骗子公司就能摇身一变，成为能堂而皇之扣你的银行卡里的钱的'委托方'"

---

① "代扣黑洞"不是消费纠纷，是刑事犯罪[EB/OL].[2020-04-01]. http://www.thepaper.cn/newsDetail_forward_6789983.

这么一句话高度概括一整篇报道里介绍的骗子公司诈骗模式，让读者一下子就抓住了问题的本质，而不是陷入报道的具体细节当中。

> 明晃晃的网络诈骗，因为有第三方支付参与，就穿上合法的外衣，司法机关一时不便认定是消费纠纷，还是刑事犯罪。明明是网络诈骗，却让消费者先自证"自己没授权过"，如果不能自证，那么就可能降级成为一场消费纠纷。甚至发生过这样的咄咄怪事，一名羁押期间的嫌犯，其被警方扣押的工商银行卡中 16.9 万元余额，居然被以网银代扣的方式盗刷，警察为这名嫌犯"出头"维权，将代扣犯罪团伙一举拿下。

这段评论既是摆论据、陈述事实，也是在亮观点、做推理，做到观点和论据的统一输出，避免"两张皮"的尴尬，点明了"代扣乱象"实则是穿上合法外衣的刑事犯罪。这篇社论发表之后引发了广泛反响，特别是得到金融、公安部门的积极回馈。相对于澎湃新闻之前多篇系列报道，反而是这一篇评论因为言简意赅、逻辑清晰，得到了更广泛的传播，形成了更大的影响力。

其三，反刍专业新闻。一些专业新闻门槛比较高，公众理解比较困难，会显得曲高和寡，这时候就需要作者自己在充分"反刍"之后，用更容易解读的方式展现给读者，把"厚新闻"读薄，把"深新闻"读浅，把复杂的道理讲得直白。这需要评论员本身对复杂的议题有深入的了解，只有做到深入浅出、游刃有余，才能把题目讲得透彻明白。

如《不结婚也可以生，被严重误读了》①一文，其背景是，2023 年 1 月，新版《四川省生育登记服务管理办法》取消了对登记对象是否结婚的限制条件，结果一些网民将之解读成鼓励出轨、鼓励非婚生子女。这个话题比较专业，很多人很难理解非婚生子女的法律权利和相关处境，容易被带歪节奏，产生抵触情绪。

这里需要把什么是"非婚生子女"及"黑户"问题、我国对"非婚生子女"的法律政策等内容讲明白。在评论中，我对专业的新闻做了反刍、拆解，有的放矢地提出：非婚生≠"小三"，"芳丁们"有权享受生育服务，便于公众理解。

> 产生非婚生子女的情形有很多，不等于"小三"。有的可能是男女恋人已经分手了，而女方因为岁数较大，可能没有再生育的机会，希望能给自己留个孩子。有的可能是怀孕之后，男友意外身亡了，女方希望留下孩子。有的则可能是女方想要一个孩子，但"不想结婚"。有的也确属于婚外情范围。
>
> 非婚生育有着复杂的原因，不应该将之窄化、污名化。从生育保险权利义务对等，以及保障女性基本健康权的角度，也应该摒弃之前计划生育时代的惯性，不能把结婚作为享受生育登记、服务、津贴的前置条件。

---

① 不结婚也可以生，被严重误读了[EB/OL].[2023-01-31]. http://www.thepaper.cn/newsDetail_forward_21743037.

网友在后面跟评的时候表示，之前就没有想到未婚生子女的外延是那么广泛，只想到了"小三"什么的，是作者通过对于专业新闻的反刍，拓宽了读者的视野。然后评论又进一步解释，如果不给予非婚生子女合法的地位将会造成什么样的严重后果：

> 非婚生子女得不到合法地位，会引发严重的社会问题，这些人易沦为边缘人，犯罪率畸高，而且也明显违背"人生而平等"的基本理念。之后，在"有罪结合下之无罪的果实"理论的影响下，各国开始立法改善非婚生子女的法律地位。

接着，文章又列举了 1919 年德国《魏玛宪法》、1926 年英国《准正法》、1973 年美国《统一父母身份法案》的相关条文，指出我国于 1950 年就在《中华人民共和国婚姻法》中为非婚生子女平权，强调不得歧视、伤害非婚生子女，远远走在美国、法国等西方国家前头，成为新中国人权事业中浓墨重彩的一笔。[1]

三、论　　证

所谓论证，就是揭示论点与论据之间逻辑关系的过程，论证的好坏是保证论点能否成立和说服人的重要环节。论证的作用好比厨师的功能，一次家庭宴会，有好的主题（或是为老人祝寿，或为小孩庆生，或为新人贺喜，或为朋友聚会），也具备精心挑选的食材（根据不同的主题有不同的食材挑选与搭配），这个时候就需要厨师来烹饪。厨师水平不同，做出的菜肴味道自然就不一样了。在这里，厨师的烹饪水平直接影响到宴会的质量。论证的作用也是如此，它要将一篇评论的论点和论据有机地结合起来，用论据提供的事实或理论说明文章的中心观点，使受众看得明白，并且觉得回味无穷。

论证的过程，既是将文章的材料、文字巧妙地结合的过程，同时也是一个逻辑思维的过程。在新闻评论的写作中，论点、论据和论证是一个完整的统一体，相互依赖，相互作用，彼此不可分割。如果说论点是一篇评论文章灵魂的话，那么，论据就是一篇文章的肌肉，而论证就好比是肌体的血液和骨骼。因为有了骨骼和血液，肌体才有生命，有生命的肌体才能体现灵魂。灵魂离开了肌肉和血液、骨骼也就不复存在，同样，血液、骨骼离开了肌体，没有灵魂的支配，它也不能发挥作用。在新闻评论的写作实践中，我们常会发现这样的情况：有的评论的论点很好，论据也不错，但就是因为论证不到位，而使论点显得不那么有力量，论据的使用也未显出它应有的生命力。有时候，论据差一点，但论证很有力，结果也能说服人。由此可见，论证在一篇评论中的作用是十分重要的。

新闻评论的三要素是一个整体。当然，有的新闻评论很简单，只包括一个主题、一个观点、一个事实，并且这个事实简单而又能很好地说明观点，此时就不需要展开全面的论述了。这类的小评论，如果是人们所关心的、与人民群众的利益密切相关的，受众还是比较欢迎的。

---

① 南方周末. 南周评论写作课[M]. 北京：人民日报出版社，2022.

下面引用一篇第 30 届中国新闻奖评论获奖作品《止暴制乱，香港需要穿云破雾再出发》①，简单说明新闻评论三要素及其之间的关系。

(第一段) 香港特区第六届区议会选举 24 日举行。这次选举是修例风波以来第一场全港性选举活动。过去 5 个多月中，乱港暴力分子与外部势力遥相呼应，不断制造、升级暴力活动，造成香港社会政治氛围对立、社会情绪撕裂、经济民生发展受挫。爱国爱港候选人举行的竞选活动经常受到滋扰及冲击，多区候选人的办公室被人故意破坏及纵火，更有候选人遭到暴力袭击而受伤。暴徒及其幕后的反中乱港政客通过持续制造"黑色恐怖""寒蝉效应"，凭借不公平的选举过程收割政治利益。即便选举当日，仍有乱港分子对爱国爱港候选人进行滋扰，这凸显出止暴制乱、恢复秩序仍是当前最紧迫的任务。

(第二段) 为保证区议会当日选举免于暴力，特区政府、香港警队、爱国爱港阵营付出了巨大的、艰辛的努力。可以说，选举当日未发生大规模、恶劣暴力活动，选举总体安全、有序、平稳，这是香港各界努力的结果，反映了香港人心思安、人心思定。

(第三段) 但需要指出的是，目前的平稳仍然是不牢固的。为香港不被暴力所吞噬，为避免香港进一步沉沦，香港社会各界需要协力尽快跨过暴力和混乱的泥淖，尽快回到法治和理性的轨道上重新出发。

(第四段) 日前，习近平主席在巴西利亚出席金砖国家领导人第十一次会晤时，就当前香港局势发表了重要讲话，为香港止暴制乱、恢复秩序指明了方向、提供了遵循，发出了中央政府对香港止暴制乱工作的最强音。所有爱国爱港者要按照讲话精神，进一步发挥中流砥柱作用，团结广大香港市民，凝聚更多正能量，坚定支持行政长官带领香港特别行政区政府依法施政，坚定支持香港警方严正执法，坚定支持香港司法机构依法惩治暴力犯罪分子，与反中乱港分子的暴力行径继续作斗争，以建设者的姿态创造香港更好明天。

(第五段) 香港已历经 5 个多月的风波，尽管满目疮痍，但香港的优势和条件仍让我们对明天保有信心。香港是全世界最自由经济体之一，国际金融中心的地位没有受到根本冲击，国际创科中心的建设正在有序推进，香港科研和专业人才的水平和规模也有口皆碑。更重要的是香港背后是祖国，在"一带一路"和粤港澳大湾区建设的新时代重要机遇下，香港可充分发挥自身所长，在服务国家的同时获得自身充分发展。

(第六段) 需要提醒的是，如果想让香港优势得以充分继续发挥，香港民众特别是年轻人要有更广阔的视野、更长远的目标，切实增强国家和民族认同感。香港社会更需认真思考在"一国两制"下如何正确认识香港与内地的关系，在宪制秩序的基础

---

① 止暴制乱，香港需要穿云破雾再出发 [EB/OL]. [2019-11-26]. http://www.locpg.gov.cn/jsdt/2019-11/26/c_1210370549.htm.

上让两者成为情感与命运的永远共同体。切忌被别有用心的势力所误导，在无止境的混乱中越陷越深，让香港未来主人翁变成呼啸街头"失去的一代"。

(第七段)香港的未来，应从历史维度加以观照。是继续在动荡的悬崖边徘徊，还是迈开触底反弹的复兴步伐，一切有赖于广大香港市民能否按照"一国两制"方针为香港找到正确的前进方向。狮子山下的奋斗精神并非只是故纸堆里的陈设，在前所未有的乱局之后，重拾艰难年代的气魄，穿云破雾，以智慧和勇气迎难而上，才是香港人应有的姿态与选择。

(第八段)失去的时光需要追回，稳定和发展的主流民意也应充分展现在阳光之下。香港社会各界需在发展的旗帜下凝神聚力共谋未来。我们相信，只要全港市民理清思路、端正方向，"东方之珠"蒙上的尘埃终将拭去。

这是一篇针对"反中乱港"分子及香港未来形势的对外独家评论文章，由新华社刊登，具有权威性，受到中央宣传领导部门和相关主管部门高度肯定。它的论点是：坚定"一国两制"信心，坚定止暴制乱的决心，才是香港人应有的姿态和选择。这篇评论是围绕2019年下半年起的香港"修例风波"，这是一场"反中乱港"分子与反华势力相勾结的港版"颜色革命"，斗争空前激烈。受多重不利因素影响，爱国爱港力量在2019年11月底举行的香港区议会选举中遇挫。新华社准确把握中央精神，在选举结果公布当天播发评论，表明对香港形势的看法，指明香港未来走向，客观、理性、明确地回答了人们的疑问。

该评论发表后，传播效果、社会效果显著，它在错综复杂的舆论斗争中第一时间抢到第一发言权、定义权，及时准确发出中央权威声音，评论从多方剖析，逻辑严密，有效地影响了港澳台及海外舆论，在涉港舆论斗争中发挥了关键、重要的作用。

这篇对外为主的评论被超过120家媒体采用，客户端浏览量达1.19亿次，特别是被香港《信报》、《经济日报》、香港电台、有线电视报、星岛环球网、苹果日报网、香港01App、香港中评社、港人讲地App等香港媒体以及台湾的《中国时报》等转载，有海外媒体还对之进行了解读、评论。这篇评论也获得了2020年第30届中国新闻奖二等奖。

我们常说"题好一半文"，说的是题目选择好了，就等于做好了一半文章，强调的是要选择一个好主题，做一个好标题。那另一半呢？就要靠论证来发挥作用了。在评论写作实践中，经常会出现这样的情况，有的评论主题不错，材料也还行，但是因为论证不到位，有的甚至出现逻辑错误，使一个好主题浪费掉了，这是很可惜的。那么，为什么会出现论证不到位的情况呢？除了对论点、论据的把握不到位外，很重要一点就是论证时对理论的阐述不透彻。

《人民日报》曾发表过一篇《理论之美在透彻》的评论①，作者在文中写道：

> 透彻之于理论的要义，在看透、想透、说透。
> 看透，就是洞彻客观对象及其关系。

---

① 张首映. 理论之美在透彻[N]. 人民日报，2013-06-05.

宋代张载曾言:"须透彻所从来,乃不眩惑。"看透了,澄明了,自然"不眩惑"。看不透,"眩惑"中,贸然为论,倚重本本主义,纸上来、纸上去,容易"假、长、空";看不透,即使"假、长、空",也解决不了"不眩惑"的问题。自己"昏昏",岂能"使人昭昭"。

想透,就是想明白、想得深、想得远。

何谓想透?毛泽东在《改造我们的学习》中给出明确答案,就是有的放矢,合规律合目的;从实际情况出发,"从其中引出其固有的而不是臆造的规律性,即找出周围事变的内部联系,作为我们行动的向导"。毛泽东对马列主义与中国革命关系是想透了的,认为两者必须结合,结合最好,结合有利于马列主义在中国的传播与对中国革命和建设的指导,有利于克服教条主义和经验主义,有利于中国共产党夺取胜利。这么想透了,形成了当时中国的马列主义即毛泽东思想,解决当时困扰党内的教条主义和经验主义问题,赢得政权,取得新中国一个又一个成功。

说透,就是说清楚,说明白,让人一听就茅塞顿开,一看就豁然开朗,从茫然或知其然到以为然、深以为然。关于计划同市场的关系,这个20世纪最大难题之一,邓小平是看透、想透、说透了的。"计划多一点还是市场多一点,不是社会主义与资本主义的本质区别。计划经济不等于社会主义,资本主义也有计划;市场经济不等于资本主义,社会主义也有市场。计划和市场都是经济手段。社会主义的本质,是解放生产力,发展生产力,消灭剥削,消除两极分化,最终达到共同富裕。"社会主义的本质与计划和市场作为手段的关系,他彻底地说清楚、道明白了,为破解这个世纪难题画上圆满句号。

看透是根本,想透是树干,说透是枝叶。理论达到透彻境界,深刻、精辟、新意跟着就到,准确、鲜明、生动随之而来,如同常青树,根深蒂固,枝繁叶茂,四季清爽,历久弥新。

在新闻评论写作中,论点、论据和论证是一个完整的统一体,相互依赖,相互作用,彼此不可分割。论点是灵魂,提供思想、观点和方向;论据是肌肉,它的存在使得论点丰富、正确、充实;论证是血液和骨骼,只有它才能使肌肉充实。有了血液和骨骼,肌体才有生命,有生命的肌体才能体现灵魂。灵魂离开肌体、血液和骨骼不可能存在,血液和骨骼离开肌体,没有灵魂的支配,也不可能发挥它的作用。这三个基本要素根据不同的主题有不同的运用方式,需要写作者在实践中学习和掌握。

第四章
新闻评论选题

一、新闻评论的选题及价值

新闻评论的选题，指的是新闻评论要评说和论述的对象，它可以是我们生活中的事物和现象，也可以是我们需要研究和解决的事件和问题。通俗地说，它是新闻评论要涉及的领域或范围，即一篇评论要论及什么方面的问题或对象。天下的事多得很，世上的问题复杂得很，一篇评论不能什么事情、什么问题都涉及，那是不可能，也是做不好的。所以，我们在开始写作前，必须先考虑选题，也就是说做哪一方面的文章。

选题的内容是多方面的，从学科领域上分有政治、经济、文化、军事、体育、外交等；从研究领域上看有党的建设、依法治国、经济发展、"三农"问题、军事强国、科技革命、反对腐败、深化改革等；从地域上分有中国的外国的，有本省的外省的，有本市的外市的，有北方的南方的，有东边的西边的，等等；从人群上分有年纪大的有年纪小的，有男士有女士，有年轻力壮者，有老弱病残者，等等。每一领域有许许多多的评论对象，也就是说有许许多多的选题。一个评论者，只有确定了选题，才可能最终确定写作的题目，有了题目才可能有的放矢，做出好文章来。我们常说"题好一半文"，这里有两层意思，一是说标题好，二是说选题好，也就是说选择了某一方面的内容进行评论。比如说，在高考改革成为社会关注热点之时，复旦大学、上海交通大学两所大学自主招生，这被许多媒体称为大胆创新的"破冰之举"。这条新闻引起了广大的考生以及他们的家长的注意。如果用这个由头作为选题，无疑可以吸引大部分人的眼光。因为复旦大学、上海交通大学的举动让考生以及他们的家长找到了高考之外的另一条进入高等学府的道路，它给许多考生带来了希望。但选题"复旦大学、上海交通大学两所大学自主招生"确定后，这还只是一个大致的评说范围，并不是说写它就可以写出好的文章。同样的选题，由于人们思考的角度不同，可以做出不同角度的评论文章。由此可见，选题和标题是不同的。选题是从更大范围和领域里确定评论要论述的对象，而标题则是在更具体更直接的事物或问题上确定写作的内容。有了好的选题，才可能写出好文章，但要注意确定具体的文章内容和标题；没有好选题，很难产生好的标题和文章，尽管有的文章看起来有文采很精美，但没有针对性，没有吸引力，不可能是一篇好评论。

如何确定一个选题，这里有一个价值取向问题，也是选题的价值前提。

所谓选题的价值前提，说的是我们确定一个选题的意义、目的或目标是什么，也就是我们通常说的这个选题该不该做、值不值得做的问题。该不该做，讲的是是与非的问题，是一个原则问题，它决定我们在一个选题面前是动手还是不动手的问题。而值不值得做，是一个意义大小或投入多少的问题。这个选题可以做，那么怎么做呢，是按社论要求去写，还是只发一个短评，这里有一个价值取向问题。

价值取向一般来说有两种，一种是新闻价值，另一种是社会价值。

所谓新闻价值，讲的是新闻评论中可能给人们的信息量的大小，它包括评论的观点、理论、思想和知识等。一篇评论给人们的信息量大，它的价值就大，反之就小。信息量大的选题我们就应该重视它，花大气力去做，把它做好；信息量小的选题，就要考虑是否要写评论文章，花多大的气力去做它。这里说的是新闻评论选题必须遵循新闻规律。

所谓社会价值，讲的是新闻评论发表后对社会的影响力和震撼力，也就是我们常说的社会效果。评论是一种有形意见的表达，提倡什么，反对什么，歌颂什么，批评什么，想说点什么，文章一发表就会对社会产生影响或表达自己的意愿。一篇评论文章发表了，社会上根本没有人理睬它，很难说它有什么影响力，自然也算不上什么好文章。但是，如果一篇评论文章发表了，引起了社会的过度震荡和人们的强烈不安，对解决问题和敦促政府工作没有好处，这样的评论也很难说是好文章，有的还很可能是不好的文章。评论文章为什么如此重要，需要从社会价值的角度来认识它，这对于一切从事新闻评论写作的人来说都是一件重要的事。这里讲的是新闻评论选题必须遵循事物发展的规律。

从事新闻评论的生产，也是一种脑力和体力劳动的投入。是劳动投入，就要考虑投入和产出的关系，也就是效率问题。评论生产也要讲效率，讲效率就要处理好新闻价值和社会价值的关系。一般来说，我们要选择既有新闻价值，又有社会价值的选题做文章；有新闻价值但社会效果不好，这样的选题不宜做；有社会价值但新闻价值很小，这样的选题也最好不做；如果新闻价值和社会价值发生了矛盾，必须以社会价值作为选题的标准，特别是党委机关报、电台、电视台的新闻频道和主流媒体。如果因不慎发表了这样的评论，在条件许可的情况下，应对前期发表的效果欠佳的评论采取补救措施。

二、评论选题的来源

新闻评论是人们的主观世界对客观存在的一种反映，它是人们的大脑对客观对象思考的结果，它是一种主观行为。但是，这种主观意识是不能脱离客观实际的，是不能脱离我们活生生的客观现实的。那么，我们的评论选题从何而来呢？

人民网于 1997 年 1 月 1 日正式上线，起初是作为《人民日报》以新闻为主的大型网络信息交互平台，借助《人民日报》的资源优势，人民网逐渐发展成为国际互联网上最大的综合性网络媒体之一。被誉为"网上第一评"的"人民时评"是人民网于 2001 年 3 月 21 日推出的网络时事评论，一直以来是人民网与《人民日报》共享的栏目。2011 年 5 月起，人民网进行了新一轮的改版，在人民网观点频道推出专属于自己的网络评论专栏"人民网评"。对 2022 年 7 月 22 日到 12 月 30 日"人民网评"所刊登的 181 篇评论文章进行分析，可以看到它的选题情况如下：首先，"人民网评"的评论选题的范围较广，在内容上以政治题材为主，体现了人民网作为党和国家的"喉舌"，宣传党和国家的政策和主张，积极引导社会舆论的重要作用；其次为社会民生题材，体现了人民网"权威、权力，源自人民"的理念。

《中国青年报》的"冰点时评"1999 年 11 月 1 日由"冰点"版移至"青年话题"专版。它的选题主要集中在以下几方面：

一是政府执政。"冰点时评"对政府在制定、执行政策中出现的问题表现出极大的关注，对政策的合理性与合法性、吏治水平、政府职能转变等问题有经常性的探讨，涉及面广，包括违法行政、地方保护主义、形式主义、贪污腐败等。二是社会生活，涉及人们日常生活中遇到的一些现象问题，尤其是青少年问题为主。三是法制治安。这主要涉及一些立法和司法的问题，尤其是司法正义问题，具体包括执法机关的效能、执法人员的素质、执法程序的公正等。四是反腐倡廉。这类选题主要涉及干部们的腐败问题，倡导干部们提高自身的素质等。

媒体的新闻评论作为公共领域参与者的一个重要发声平台，它可以传递党和政府的声音，也可以表达自己，或传递民众的声音，促进所有参与者的沟通与表达。随着市场化媒体的大力发展，越来越多的媒体探寻在不触碰政治红线的前提下尽最大努力发出自己的声音、展示自己个性，聚焦公共问题、讨论公共政策，展现现代公共精神，赢得了受众的关注与信任。媒体的新闻评论，尤其是社论，是其个性与特色的最好表达、是公共精神的最好展示。《南方都市报》社论的宗旨是"不陈腐，不八股，不空洞，不自我议论国家大事，绝非策论颂词，诉求启蒙公民，拒绝说教布道，像公民那样去关心，像公民那样去发言"，这样的诉求和理念，是《南方都市报》的价值所在，是对公共精神的坚守。

政府权力监督、土地改革、养老制度改革、食品卫生安全、交通、住房、户籍、教育、就业、慈善事业、社会公平、社会信用体系建设、言论自由等问题都在《南方都市报》社论的议题范围之内。不管是收入分配、土地政策等宏观问题，还是休假安排、车检、小区物业等微观问题，都没有重要不重要之分，都是牵涉民众切身利益的重要话题，具有公共性。

《新闻1+1》是中央电视台开办的一档电视新闻评论节目。与传统纸媒的新闻评论相比，《新闻1+1》对地方政府和广告商的依赖更小，对社会问题揭露评论监督的力度更大，它的选题更有舆论监督的特点。

通过对 2023 年 1 月 2 日至 5 月 12 日共 89 期《新闻1+1》选题的研究分析，该节目舆论监督选题可归为五大类：

①涉及社会问题，着重分析并寻求问题的解决办法。此类选题是为社会中存在的问题提出解决办法，为决策层提供一种思路。此类选题体现节目舆论监督作用及社会调解功能。

②涉及国家重大事项、制度改革、政策变动等内容的分析引导。此类选题主要是通过对国家发生的有重大影响的新闻公开报道并进行解读，引导正确的舆论方向，为公众提供一种指向作用。

③涉及社会中存在的乱象、权力异化腐败行为进行揭露批评。此类选题以新闻调查加评论的形式，探究事件背后的制度漏洞，抨击制度中存在的弊端，遏制背后的腐败，对相

关职能部门问责，促进民主和法治的建设。

④涉及社会热点、突发事件，进行深入的分析，帮助公众了解真相。此类选题涉及与人民切身利益相关的社会热点、突发事件，是百姓最关注的话题，也极易造成谣言泛滥、社会恐慌、社会动乱。对问题的深入解读体现了舆论监督对社会发展的作用。

⑤涉及在世界范围内有较大影响的国际问题。此类选题涉及国际问题，视野更广。选题帮助公众了解与我国国家利益息息相关的国际事务，帮助公众准确把握新形势下国际新变化新趋势。不熟视无睹，不主观武断，不盲目跟风，在看待国际事务上更科学。

不同的媒体，在评论选题上有所不同。一般来说，新闻评论可以从以下几方面来规划选题：

(一) 从上级精神中选题

能够体现上级精神的有中央和地方经常召开的各种党的会议、政府的会议、工作会议，颁布的各种法律、法令、条文和文件，还有许多领导人的讲话，等等。一个地方，一个国家，时常要召开这样那样的会议，颁布这样那样的文件，这些文件体现了管理者对这个地方或国家的思想、理念和方法。作为一家地方或中央媒体，有责任将这种领导意见宣传和落实下去。只有这样，才能有效地促进地方和国家的管理，提高领导和管理成效。

从上级精神中选题，首先是要深刻学习和领会中央的文件。"以其昏昏，使人昭昭"是不行的。只有自己把中央的精神学习领会了，并找出自己特别有体会和认识的话题做文章，才可能写出好评论。

2023年3月，中共中央办公厅印发了《关于在全党大兴调查研究的工作方案》，并发出通知，要求各地区各部门结合实际认真贯彻落实。深刻阐明新时代新征程在全党大兴调查研究之风的重要意义、方法步骤、工作要求。3月30日，光明网发表了宋圭武撰写的时评《全面扎实推进调查研究工作》。

该评论首先指出：调查研究是我们党的传家宝，是做好各项工作的基本功。调查研究是我们党的传家宝，是做好各项工作的基本功。接着，从重视调查研究工作的重要性和如何搞好调查研究两方面展开论述。"重视调查研究是坚持以人民为中心的政治立场的深刻体现"，"是我们党的优良传统和重要优势"，"是坚持马克思主义认识论的重要体现"。搞好调查研究"务求满足'深、实、细、准、效'五个方面的要求"，"还需要我们特别注意预防各种形式主义和官僚主义等问题"。最后强调，"新形势下，调查研究工作对于我们解决实践中遇到的难题起着至关重要的作用。其中，年轻干部应更加重视调研工作"。该评论的发表有利于年轻干部更好地领悟调查研究工作的意义，更加全面扎实开展调查研究工作。

其次，从上级文件和领导人讲话中选题，要结合宣传对象的实际情况，选择他们熟悉的话题。从上级精神中选题自然不能离开上级的文件和讲话，否则就成了"假传圣旨"和"贩卖私货"，那是不允许的。但是，上级的文件、讲话往往很长，也有很多重要的内容，我们不可能面面俱到，也不可能写很长很长的系列评论。目前有一种状况，大凡中央或地方召开了重要会议，报纸都要刊发系列评论，以示重视。有时，一个版面上同时刊登几个系列的评论，让读者抓不住要领。对这些会议要作具体分析，不可一概而论。评论该长则长，该短则短，不是什么会议都要刊发系列评论的。应找出要点，突出重点，单篇突破，选择其中一句话、一个标题、一个观点、一个提法做文章。关键在于写作者对此要有深刻的理解，并要紧密结合人民群众的实际，这样才能做到有的放矢。

2023 年 3 月 10 日，人民网观点频道发表了一篇《竭尽全力办好人民满意的教育》的评论。该评论所依据的是 3 月 5 日下午习近平总书记参加十四届全国人大一次会议江苏代表团审议时殷切关怀、谆谆嘱托教育事业的讲话。结合习近平总书记的讲话内容，作者总结，坚持以人民为中心发展教育，就是要办好人民满意的教育。更高质量、更公平的教育，将使每一个学子都享有人生出彩的机会。广大青年学子要将自身理想与奋斗融入党和国家事业中，为全面建设社会主义现代化国家、实现中华民族伟大复兴提供不竭人才保障。

(二) 从社会实践中选题

社会实践是丰富多彩、千变万化的。在社会实践中有很多新的事物、新的经验需要发现、需要总结，有很多新的问题、新的矛盾需要解决，有很多新的疑点、新的困惑需要阐释，这些都是新闻评论选题产生之处。

近年来，应用软件产业发展迅猛，不仅为广大消费者提供了丰富多彩的互联网应用，而且便利了人民群众的生产生活。与此同时，手机中预置应用软件过多且无法卸载等新情况，也令人不胜其烦。这些预置应用软件大多功能比较弱，占用内存空间，容易导致手机运行减慢，消耗待机时间，其中有一些还强行推送广告、窃取个人信息，不仅影响用户使用体验，更潜藏着侵害用户权益的风险。2023 年 2 月 7 日，人民网时评栏目发表了韩鑫《让手机应用软件更清爽》的评论。作者首先阐述了预置软件潜在的危害性，接着从政府出台相关规定、移动智能终端的厂商行业自律两方面对如何使移动智能终端使用环境更加清朗作出论述。

从社会实践中选题，要注意两点。一是选题反映的问题具有典型性和紧迫性。社会实践中的问题很多，不能什么事情都发评论，而只能选择那些反映一般性情况，而且比较严重或影响面比较广泛的问题做文章。这样才能起到有的放矢、举一反三，发一篇而促全局的作用。二是选题阐述的道理要有正确性和指导性。事件是典型的，问题是严重的，这就要求我们在分析和阐述这些问题时运用正确的理论予以说明。加强理论修养，特别是加强对新学科、新知识、新观念的学习，对于一个评论工作者来说是尤为重要的。

(三) 从新闻报道中选题

新闻评论很重要的一项任务，就是要对已经或正在发生的新闻事实进行论说，而新闻报道恰恰提供了一种途径。纵观我们的新闻评论文章，有很多就是从新闻报道中选题的。

2023 年 3 月 1 日，一则"211 文科男硕士吐槽招聘会均薪 5000"的话题登上网络热搜榜。该视频由上海某"211"高校研三学生拍摄，在视频中，他描述自己参加的招聘会现场挤满了"乌泱泱的人群"，其中一些知名国企和外企的招聘，岗位为服务生、接线员等，工资在 2500~5000 元不等。多家主流媒体和自媒体对此事进行了报道。

2023 年 3 月 6 日，《中国教育报》随即发表了一篇评论《树立正确观念　增强就业竞争力》①，评论认为，大学生应树立正确的就业观，并从就业期望、职业选择和职业发展等方面综合应对就业竞争。

评论写道：

> 在当前环境下，大学生就业面临着诸多困难。一是本科和研究生招生、毕业人数屡创新高，劳动力市场人才供给充分；二是经济下滑、人口老龄化等因素导致就业市场紧缩，需求不足；三是我国高等教育与市场衔接不够紧密，导致大学生所学与市场所需存在一定的脱节现象；四是大学生就业时存在信息不对称等现象，给找工作带来不便。这些因素使得大学生就业存在挑战，在起薪和就业环境等方面难以与自身的期望相一致。

该评论对大学生目前面临的就业困境进行剖析，鼓励大学生保持乐观和积极的心态，根据自己的兴趣、特长和能力，选择适合自己的职业发展方向，不盲目跟风，更不要只凭起薪等选择工作，给大学生群体就业增长了信心。

新闻工作者的职责不仅在于描述事实，还要学会对其中需要深刻挖掘内涵的报道进行评论。新闻媒体的报道是很多的，自然不是每篇都需要评论的。只有选择那些事件重大，或能够引起人们广泛关注，或不为人们所重视但反映的问题却很严重的报道进行评论。

选择这一类的评论写作，首先，要把握好事实的准确性。只有那些客观、准确反映事实的报道，才能成为我们进行评论的素材。现在媒体发展迅速，各家媒体都在寻找自己的独家新闻，这是一件好事情。但是，其中也难免会出现一些虚假报道和失实报道。如果报道是虚假的或失实的，那么，我们为此而做的评论即使写得再好，也是白忙活的。

其次，要注意新闻评论的时效性。既然是新闻评论，就应该在新闻事实发生后，及时予以评论，以帮助人们更快更好地认识和分辨事实。这是新闻评论区别于其他评论的一个重要特征。

最后，要注意新闻报道与新闻评论写作的区别，不要将二者混为一谈。新闻报道是讲清事实的，新闻评论是提示事实的，二者既有联系，又有区别。从新闻报道中选题，说的是我们评论的依据是新闻报道，我们的论述是在此基础上展开和深入的。但是，新闻评论绝不能将新闻事实再重复一遍或重新进行排列或组合，没有自己的观点，没有深入的论述，这样的文章是不能称为评论的。

(四) 从自己亲历的事件中选题

人们在社会实践中，会经历许许多多令人鼓舞、令人难忘和令人深思的事情。回顾这

---

① 肖纲领. 树立正确观念　增强就业竞争力 [EB/OL]. [2023-03-06]. http://m.jyb.cn/rmtzgjyb/202303/t20230306_2111008919_wap.html.

些事实，将其中的道理说明白，对自己是一种提升，对大家对社会也是一种帮助。

时下，各地经常会举办一些经验交流会、典型报告会、理论研讨会和决策咨询会等会议。大凡这样的会议，有关方面的领导是十分重视的：主席台上有他们的身影，会议日程上有他们的致词，与代表合影的照片上有他们的形象。一般来说，会议的举办者和与会者对此大多是欢迎的。一个会议受到领导重视总是好事情，这样好的经验可以推广，困难的问题可以得到解决，创新的理论能够传播，科学的知识能够普及。有领导参加的会议，连新闻单位都会重视报道，给予好的版面和好的时间刊播。

笔者应邀参加一个关于和谐社会与媒介责任的学术研讨会。在大会上发言时无意中发现，台下前排的座位席上整整齐齐地摆着一些参加大会领导人的台签，却没有见到他们的身影。于是，笔者就此发表了一点感慨，问了一句："前排就座的领导哪去了?"结果引起与会代表的一阵共鸣。会后笔者就此写了一篇评论《前排就座的领导哪去了》。① 评论写道：

> 会议既然如此重要，作为一个地方的主要领导者和有关方面的负责人自始至终参加会议，认真听取专家的建议和与会代表的意见，我以为是十分必要的。现在好了，会议的主持者请来了有关方面的专家、学者和成功人士相聚一堂，相互研讨，相互切磋。作为一个领导者，参加这样的会议，听听大家的发言，参与代表们的讨论，不论是对提高自身的理论学术修养，还是对掌握一个地方或一个方面的舆情动态来说，都是大有好处的。领导者参加一些会议，不仅仅是一种形式，一种姿态，更重要的在于，这样的会议往往能为领导者提供一个紧张有效的学习和掌握民情实情的好机会。既然如此，我们的各位领导同志，有什么理由只出席开幕式与代表合影后就离会了呢？我不解。
>
> ......

评论的最后还说了一下关于会议的新闻报道问题：

> 大凡这样的会议，我们看到的报道都是某某领导参加了大会。一般来说，这样写是不错的。但是，根据严格的新闻的真实原则来要求，这样写是不够的。领导者参加了会议，这是事实。但是，领导者是全程参加了会议呢，还是只参加了开幕式；领导者是只参加了上午的大会，还是又参加了小组的讨论会；会议上专家们讲了什么，领导者参加讨论又讲了什么，等等，所有这一切都应有个清清楚楚明明白白的交代。对于参加会议报道的记者来说，也有一个积极学习和善于学习的问题。有的记者只是跟着领导人跑，领导们走了，记者们也就没有了身影。关于会议的内容，除了领导人的名单和领导人强调的重要性外，就没有什么新的内容了。为什么呢，因为记者们也没有自始至终参加这些很重要的会议——自然他们也是很忙。

① 赵振宇. 前排就座的领导哪去了[N]. 解放日报，2005-08-29.

这里讲的是一些很重要的会议。对于那些只需要领导者上台剪剪彩、照照相的会议不在此评论之列。

从自己亲历的事件中选题，写起来有真实感和亲切感，这类评论不是"大套路"，而是独此一家的特色产品，写得好更容易引起人们的关注。但是，在写作时也该注意：独此一家的新闻事实不可虚构造假和违背事物发展规律；不能借机发泄自己的私愤；由此发表的评论要从社会发展的大局出发，总要给人有所启迪和帮助。

(五) 从探讨争鸣中选题

社会现象纷繁复杂，变化多端。人们因生活经历、职业位置、文化素养和思想观念的不同，常常会对同一件事情有不同的意见和看法，这完全是正常的现象。随着科学技术的发展和民主政治的完善，议论纷纷、众说纷纭的气氛将越来越浓，这是一件好事情。由此产生一些新闻评论的选题也就是十分正常的事情了。

2022年5月19日，"专家不建议年轻人掏空六个钱包凑首付""专家称买房比租房划算""专家称今年6到10月是购房好时机"，这三个与买房有关的话题同时上了热搜，随后，"建议专家不要建议"冲到热搜第一。

再如5月24日，"专家建议：不要多用空气炸锅"上了热搜，随后"建议专家不要建议"再次上榜，还有媒体设置议题"年轻人为什么反感专家建议"。

网友们的态度明确：说得不好，下次别说了！专家到底惹谁了？工人日报客户端2022年5月26日刊发评论《"建议专家不要建议"，是希望专家好好说话》，指出：

> 尽管在第二个新闻中，有网友出来澄清说专家没有这样建议；涉事专家表示，没有接受过相关媒体采访。但这些声音几乎都被淹没在"建议专家不要建议"的汹涌舆情中。
>
> 首先有必要明确，当人们排斥一些专家的言论时，针对的往往只是专家这个群体中的少数人，而少数人是不能代表这个群体的整体素养和形象的，也就是不能一竿子打翻一船专家。
>
> 最近，"建议专家不要建议"的话题两度冲上热搜。专家到底惹谁了？首先有必要明确，当人们排斥一些专家的言论时，针对的往往只是专家这个群体中的少数人，也就是不能一竿子打翻一船专家。那么，那些被建议"不要建议"的专家，到底出了什么问题？
>
> 其一，有些专家建议的含金量偏低，多是"正确的废话"。
>
> 其二，有些专家建议不接地气、不食人间烟火。
>
> 其三，有些专家建议可能是拿人钱财、替人说话。"建议专家不要建议"，一方面表达了人们对一些专家建议的不满意、不服气，对其能力和水平的质疑；另一方面反映了人们对专业、科学、严谨的高质量专家建议的渴盼，对专家建议有指导性、权威性，能够真正为人们解疑释惑、指点迷津的期待。

该评论抓住"专家建议"这个不时引发网络舆情的热点话题，在众说纷纭的舆论场，心平气和地摆事实、讲道理，以理性、客观、严谨的剖析，赢得广大网友认同与共鸣，起到了化解困惑、缓解焦虑、弥合对立的舆论引导作用。文章顺应媒体融合发展趋势，既坚守新闻评论的思想性、建设性和现实针对性，又契合移动传播的特点和规律，通俗好读又深刻厚重，充分体现了主流媒体的责任担当和专业水准。

文章坚守客观、理性的立场，既充分肯定了赢得良好声誉的专家的做法，又批评了有媒体故意断章取义、让专家"背锅"的情况，对"专家建议"问题的分析超出了简单的谁是谁非的层面，自始至终站在公众利益与社会利益的高度与立场。此文在各媒体同题评论中刊发得较早，其中观点多次被其他媒体集纳和引用，在全网引发极大关注。

长期以来，人们形成了这么一种认识，以为凡是报纸特别是党报上刊发的言论都是代表一级党组织或政府的，是绝对正确、不可动摇的。实际上，哪有一成不变的东西呢？即便是党的文件和决定，经过一定时间的实践如果发现了问题也是可以讨论或修改的。2003年11月11日创办的《新京报》，不仅重视新闻评论，专门辟出专版刊发社论和读者评论，还特设"社论批评"专栏，欢迎读者在此栏目对该报所发表的社论文章提出批评、质疑、补充、反对等意见。可以说，《新京报》此举开了新闻界广纳群言的先河。《新京报》的同仁不仅将自己的评论放在了广大读者面前任人评说，这对提高评论员多方面素质是大有好处的；同时，此举也能更好地吸引受众对该报的关心和支持，扩大读者的购买量。真是一举数得的聪明行动。

从探索争鸣中选题需要注意以下几点：

第一，要有新闻的敏锐性。随时注意发生在我们身边的事实和言论，培养和训练自己独立思考的能力和品格。遇事要有自己的主见，不要跟风随大流。只有这样才能写出具有独见和新意的评论来。

第二，要有较为深厚的理论功底，善于从细微处发现问题，明辨问题。探索和争鸣不是一件容易的事情，它需要胆量和勇气，但它更需要深厚的理论知识。你要探索一个新问题，你要和别人讨论或反驳别人的观点，需要将这个新问题和人家的观点所涉及的相关理论搞清楚。没有理论作后盾，这种评论是站不住、立不稳，也是没有力量的。

第三，要有宽厚大度的气量和修养。特别是和别人探讨争鸣，即使发现对方的评论有错误，自己写反驳文章，也要讲究方式方法，不可颐指气使，不可盛气凌人，不可把话讲绝对了。要留有余地，友好探讨，平等交流，哪怕是别人错了，可以写文章予以批评，但一定要尊重对方的人格。这是为人的基本准则，是评论者须臾不可忘却的。

（六）从历史事件中选取选题

历史上总是有许多著名的事件，而这些事件往往能够成为评论的选题。

2021年是中国共产党成立100周年，走到100年的风雨峥嵘，值得歌颂纪念。《求是》在2021年7月2日发表了社论《没有共产党就没有中国人民的幸福生活》①。评论

---

① 《求是》社论. 没有共产党就没有中国人民的幸福生活［EB/OL］.［2021-07-02］. http://opinion.people.com.cn/n1/2021/0702/c1003-32147134.html.

写道：

> 在数千年历史长河中，中国人民辛勤劳作、自强不息，不懈追求"小康"生活。但在封建制度下，这只是一个镜花水月的空想。鸦片战争以后，由于西方列强的入侵，中国更是陷入内忧外患的黑暗境地，面临亡国灭种的深刻危机，国家积贫积弱、人民饥寒交迫，"中国人民的贫困和不自由的程度，是世界所少见的"。
>
> 为了"救民于水火、解民于倒悬"，无数仁人志士不屈不挠、前仆后继，多少轰轰烈烈，多少慷慨悲歌，但依然未能改变江山飘摇、神州陆沉、民不聊生的悲惨命运。莽莽神州，已倒之狂澜待挽；茫茫华夏，中流之砥柱伊谁？
>
> 在历史的大浪淘沙中，中国人民选择了用马克思主义科学真理武装起来的中国共产党。

评论以时间为顺序，细数中国共产党 100 年峥嵘岁月留存下的感人事迹和撼人精神。从嘉兴红船里中国共产党的诞生、带领中国人民推翻"三座大山"的新民主主义革命、改革开放，到如今中国共产党为人民谋幸福、为民族谋复兴的第一个百年征程，进入了关键的攻坚和冲刺阶段。最后，文章展望未来，中国共产党团结带领中国人民又踏上了实现第二个百年奋斗目标新的赶考之路。这就是从历史事件中选取的选题。评论围绕实现中华民族伟大复兴，从历史和现实、理论和实践、国际和国内的结合上，大跨度地回顾了 100 年来中国共产党在民族危难之际力挽狂澜，团结带领人民，使中华民族迎来从站起来、富起来到强起来伟大飞跃的历史进程。高屋建瓴，政治性强，视野开阔，历史感厚重，以深刻的论述、严谨的逻辑、鲜明的对比、生动的故事，有力回答了中国共产党为什么能、中国特色社会主义为什么好、马克思主义为什么行。由此，该文获得第 32 届中国新闻奖的一等奖。

从历史事件中选题，有时也因自身媒体的性质和规模而定，对于重大节日，不一定要写成鸿篇大论，也可以小取胜。下面是笔者任《文化报》总编辑时写的一篇标题评论。

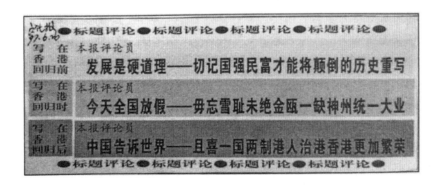

1997 年 7 月 1 日，香港回归举国欢庆，各媒体都为这个值得纪念的日子浓妆艳抹，评论自然少不了。作为一张地方文化类的周报，不论从时间和分量上都不足以与中央和地

方的各大媒体比拼。于是，我们赶在 7 月 1 日前的 6 月 26 日(正常出版日期)出版时写了一组三篇署名"本报评论员"的标题评论：①写在香港回归前：发展是硬道理——切记国强民富才能将颠倒的历史重写；②写在香港回归时：今天全国放假——毋忘国耻未绝金瓯一缺神州统一大业；③写在香港回归后——且喜一国两制港人治港香港更加繁荣。这组富有创意的标题评论分别选择在个不同的时间节点(回归前、回归时和回归后)，表达我们对这一历史事件的纪念。该文获年度武汉好新闻奖，《新闻出版报》予以介绍。

三、评论选题的基本原则

2016 年 2 月 19 日，习近平总书记在党的新闻舆论工作座谈会上指出，要"引导广大新闻舆论工作者做党的政策主张的传播者、时代风云的记录者、社会进步的推动者、公平正义的守望者。"[①]"要提高业务能力，勤学习、多锻炼，努力成为全媒型、专家型人才。要转作风改文风，俯下身、沉下心，察实情、说实话、动真情，努力推出有思想、有温度、有品质的作品。"[②]这既是对新闻工作者的整体要求，同时也应成为新闻评论选题的指导思想。

新闻评论是对发生在我们身边有价值事实或现象发表的意见和看法，它是一种主观的有形意见的表达，它是人们主观能动性的一种反映。在选题的实践中，要遵循贴近实际、贴近生活和贴近群众的基本原则。

(一)贴近实际，与时俱进，促进社会协调发展

所谓贴近实际，就是立足于社会主义初级阶段这个最大的实际，始终坚持解放思想、实事求是，与时俱进，紧跟时代步伐，适应现阶段经济、政治、文化发展的实际状况和要求，适应不断发展变化的客观现实，反映改革开放和现代化建设的实际，坚持把发展作为第一要务，更好地为党和国家的中心工作服务，为大局服务。把回答和解决实践提出的巨大课题作为我们新闻评论选题的一个重要方面，使新闻评论更加具体实在、扎实深入。

要贴近实际，必须先认识我们面临的形势。当前，我国已经进入落实"全面建成小康社会、全面深化改革、全面依法治国、全面从严治党"即"四个全面"战略布局的新时期。国际局势正在发生深刻变化，世界多极化和经济全球化的趋势在曲折中发展，科技进步日新月异，综合国力竞争日趋激烈。我国的国民经济持续快速健康发展，改革开放取得了丰硕成果，社会主义民主政治和精神文明建设成效显著，国防和军队建设迈出新步伐，人民生活总体上达到小康水平，祖国统一大业取得新进展，对外工作开创新局面，党的建设全面加强，等等。与此同时，我们还必须清醒地看到，我们工作中还有不少困难和问题。农民和城镇部分居民收入增长缓慢，失业人员增多，有些群众的生活还很困难；收入分配关系尚未理顺；市场经济秩序有待继续整顿和规范；有些地方社会治安状况不好；一些党员

---

① 习近平．习近平谈治国理政(第二卷)[M]．北京：外文出版社，2017：332.
② 习近平．习近平谈治国理政(第二卷)[M]．北京：外文出版社，2017：333-334.

领导干部的形式主义、官僚主义作风和弄虚作假、铺张浪费行为相当严重，有些腐败现象仍然突出；党的领导方式和执政方式与新形势新任务的要求还不完全适应，有的党组织软弱涣散，等等。

这就是我们整个国家面临的形势。作为一家地方媒体，评论工作需要宏观把握国家发展趋势，了解经济社会生活各领域的深刻变动，知晓民众关注的热点和难点，只有这样，写出的评论作品才能跟得上国家发展的大势，跟得上时代的节拍，扣准民众的心理。也只有这样，评论作品才能接上地气，与现实发生紧密的联系，从而促进社会的协调发展。

《深圳特区报》在评论领域一直注重本地性，特别是在社会关注、市民关切的话题上及时介入发表评论，让评论和实际贴得很紧。从网络点击量、转载量来看，这类紧贴实际的评论拥有较高的阅读量，为扩大媒体影响力加分。

例如，《深圳特区报》2020年3月29日一版刊发评论员邓辉林写的评论《煮绿豆汤的日子快到了》。文章写道：

> 随着复工复产的热度提升，深圳的天气也热起来了。3月份以来，深圳当日最高气温为25℃及以上的天数超过一半，22日、23日市内局部地区最高气温突破30℃。在大太阳底下，地表温度更是明显高于气温，因此建筑工地上的施工工人需要顶着高温作业。
>
> 笔者在个别工地看到，有的施工工人正确佩戴了口罩，但也有人将口罩拉到下巴部位，有的虽然用口罩遮住了嘴却没有遮住鼻子。平心而论，在天气较热的情况下，由于人出汗多、散热多，戴着口罩在工地上劳动肯定会有不便，也多少会加重不舒适的感觉。对于天气较热条件下的施工工人，相关管理规定有必要进一步细化、明确；同时，相关服务也需要跟上。
>
> 对于建筑工地施工工人，还要根据天气条件做好服务。随着气温渐渐升高，煮绿豆汤的日子也快到了。在目前深圳的天气下，喝绿豆汤对户外建筑工地的施工工人来说也是一件很爽的事。当气温进一步升高时，有关部门督促施工单位落实防暑降温责任，才能更好地保障和支持复工复产。

这篇评论是该报实践"评论记者工作机制"的成果。作者到了施工现场，敏锐地观察到大热天工地工人戴着口罩施工的现象，并介绍其他地区解决这个问题的做法，由此提出合理化的建议。评论贴近实际、贴近生活、贴近群众，有街谈巷议的亲切感而无高谈阔论的疏离感，给人留下深刻的印象。

要贴近实际，必须从实际出发，研究和解决实际中的问题。认识形势的目的，在于帮助人们更好地把握自己，从自己身边的事物和现象入手，研究它、解决它。新闻评论不是包治百病的，不可能要求一篇评论就能解决许多问题。但是，我们写作评论，发表评论，如果不从自己身边的实际出发，不关心我们周围时时处处发生的问题和矛盾，哪怕文章写得再漂亮，理论讲得再深刻，也是无济于事的。自然，这样的评论也是不受群众欢迎的。

评论要获得群众的欢迎，第一，必须坚持马克思主义的认识论，实事求是，讲真话，讲实话，不讲空话，不讲套话，反对一切形式主义的繁文缛节。一篇评论不要求多，只要能讲清一个问题，能对解决一个问题提供一种思路一个方法，就是有益处的，它就可能受到人们的欢迎。第二，必须从大局出发，指导整体。特别是地方媒体，搞报道、写评论，都要从全国的整体利益出发，甚至还要着眼于国际形势的大背景。第三，必须从受众的需要和接受能力出发，促进社会的安定团结、可持续发展。我们的报道对象是我们写作评论的最大实际。他们需要什么，有什么疑虑，接受能力怎样，这些都是评论选题的重要前提。只有考虑和满足了受众的要求，评论才可能做到有的放矢，才可能更好地为受众服务。

(二)贴近生活，服务生活，引导受众积极向上

所谓贴近生活，就是深入火热的现实生活，深入社会经济、政治、文化生活和人民群众的日常生活，反映客观现实，把握社会主流，解决具体矛盾，更好地融入生活、服务生活、引导生活。要把我们的评论视点对准火热的生活，关注朴素平凡的生活细节，聚焦丰富多彩的生活场景，从现实生活的生动事例中剖析深刻的道理，展示未来生活的美好前景，给人民以鼓舞。

我们的生活是丰富多彩，千变万化的，人们的生活需求也是多种多样的。我们的新闻报道应该反映这种现实，新闻评论也该对这些内容发表评论。

新闻评论是一种意见的表达，自然要强调它的指导性，这是完全正确的。但是，新闻评论与媒体上的其他内容一起构成了一种特殊的精神产品，它的有用性决定了它的指导效果。人们只有喜爱它、接受它，媒介的导向功能才能发挥出来。所以，在考虑新闻评论选题时，在注重导向价值的同时，千万不要忘了它的服务价值。而衡量服务价值大小的唯一标准就是人民满意不满意，高兴不高兴。只有人民满意了高兴了，媒介的服务价值才能最大地体现出来，同时媒介的导向价值也才能最终地表现出来。即使是个人署名的评论，也要考虑宣传正能量。

新闻评论的服务性可以从思想观念、方针政策、科学知识、生活消费等方面考虑。我们的评论只有为读者考虑得越广泛、越仔细、越体贴，它的价值才越高，这样的评论才越会受到读者的欢迎。在考虑新闻评论的服务价值时须处理好以下几个方面的关系：广泛性与特殊性关系、通俗性与高雅性关系、权威性与多样性关系、现实性与超前性关系、批评性与建设性关系，等等。现在，不少读者对报纸上的信息有了自己的选择和理解，他们已经不满足于报纸上提供的一家之言，还需要多方面的相似或相反的信息比较。"百花齐放，百家争鸣"，是繁荣社会科学文化事业的基本方针，也是新闻评论应掌握的一条基本原则。特别是在人们的衣食住行、吃喝玩乐、卫生保健等生活服务上，更不必搞"一言堂"，在坚持主旋律的前提下，提倡多样化，以满足不同人群、不同层次、不同方面的需要，获取服务功能的最佳效应。

新闻评论要反映活生生的现实，为达此目的，第一，必须真实地反映生活，从中国和本省、本市、本地的具体情况出发。只有这样，新闻评论才能更好地反映人们的实际生活，这样的道理人们才能更容易接受。第二，必须提倡积极向上的生活方式。随着我们与

外界交流的扩大，人们接收的外部信息也越来越多，好坏参半、良莠不分的情况时有发生。新闻评论应选择那些反映人们良好精神状态，提倡积极向上生活的内容做文章，这是我们新闻评论工作者的职责。第三，普及科学知识，满足人们日益增长的新需求。时代的发展，科学技术的进步，为人们提供了一个更加广泛的学习空间。新闻评论应运用新知识、新思想、新方法去反映和阐释我们周围的一切，给人们以新的满足。

（三）贴近群众，反映群众，代表群众的根本利益

所谓贴近群众，就是深深扎根于群众之中，想群众之所想，急群众之所急，办群众之所盼，充分体现群众意愿，满足群众需求。新闻评论要把握群众脉搏，说群众想说而说不出的话，讲群众能懂的而又喜欢听的话。以群众满意不满意、高兴不高兴、赞成不赞成、答应不答应作为我们新闻评论选题的出发点和落脚点。

新闻媒体的受众是广大群众中的一部分，特别是各级党报和面向大众的报纸及媒体，在考虑新闻评论选题时，必须时刻把握群众的脉搏，了解群众的喜怒哀乐，知晓群众的酸甜苦辣。作为一个评论员，只有知道群众在想什么，为什么这么想，才可能选择群众欢迎的选题做文章，这样的文章发表了，群众才爱看。

群众的利益是多方面的。既有个别的，也有普遍的，既有眼前的，也有长远的，既有局部的，也有整体的，既有正当的，也有不那么正当或虽然正当但由于种种原因现在还实现不了的利益，等等。贴近群众，反映群众，就是要选择那些反映代表群众根本利益的问题做文章，对于那些虽然正确但一时还解决不了的问题也能讲清道理说明原因，这样的评论越多，群众越欢迎。人上一百，形形色色，他们都有自己的利益和需求。新闻媒体不是福利机构，不可能什么事情都能帮助他们解决；但是，新闻评论是一种说理顺气的形式和途径，我们应该学会掌握它，让它更好地发挥引导和疏通功能，更好地体现它的服务价值。

新闻评论要贴近群众，反映群众，代表群众的根本利益，为实现这一目的，须注意以下几点：第一，必须深入群众，调查研究，掌握实情。当记者的，不深入采访，不可能写出好报道；当评论员，不调查研究，不到选题产生的地方跑一跑、问一问，不真切地了解实际情况，也不可能产生好选题，也不可能写出好评论来。第二，在调研和确定选题时，要处理好民众与政府、下级与上级、地方与中央、眼前与长远的关系，既反映群众的呼声，又促进社会的稳定和发展。这是我们新闻评论工作者的职责。第三，加强与受众的互动和沟通，逐渐形成一种平等交流的良性模式。新闻评论要传达中央的精神，要对群众进行引导，但是，这种传播和引导只有在一种相互信赖、相互理解的基础上才可能实现。不论是哪一级的党报和传媒机构，都要时刻把受众放在心里，运用一定的形式，创造一种融洽的气氛，吸引更多的受众参与进来。只有当我们的受众都关心你，都帮你出谋划策时，我们的传媒才有更多的说服力，也才有自己的权威性。新闻评论应在这方面做得更好一些。

四、评论选题的标准

评论选题是决定一篇评论文章好坏的关键，怎样才能产生一个好的选题呢？除了上面介绍的选题来源和选题原则外，在实际操作时，还应考虑以下几点：

(一) 富有新意，出奇制胜

对于新闻报道的事实进行评论可能是很多的，但是，若只是泛泛而谈、一般化，是不可能写出好文章、打动受众的。那么，我们在确定选题时，必须审视这个选题是否有新意，是否能做到对于人所欲言而不敢言和不善言的，我们不仅说了，而且掷地有声，读有韵味，促人深思。这就要求我们写作者有新的视角、新的方法、新的理论、新的知识、新的例证、新的文字和新的标题，等等。我们常说的新闻评论要"敢放第一枪"，这第一枪，不仅要求快，更重要的是要有思想，要有新意。

(二) 立论正确，有的放矢

新闻评论要有新意是不错的。但是，有新意的东西不一定都是正确的，都是能指导实际的。而新闻评论的重要任务首先就是要立论正确，只有这样才能有的放矢。所谓立论正确，既包括宏观的，也包括微观的，既包括理论的，也包括观点的，既包括新闻事实，也包括社会现象，既包括出发点，也包括结论或结果，总之，一切用来为评论服务的材料，评论的一切组成部分，都必须是正确的，是经得起历史的检验的。新闻评论不同于事实报道，一篇消息错了，影响的只是一件事；而一篇评论错了，影响的却是一个面。所以，我们在追求新闻评论选题的新意时，千万不可掉以轻心，把握住它的正确方向是选题的重要一环。

(三) 论理深刻，指导一般

评论是说理的一种表现形式。一篇文章，它不讲道理，或道理讲得不深刻，就不是评论文章或不是一篇好的评论文章。一篇评论文章论理是否深刻，包含很多环节，有立意、推理、论述，自然还有它的评论技巧问题。但是，一篇好评论，论理是否深刻，在很多情况下是由它的选题决定的。一个大家都明白的事情，要选择做评论，哪怕写作者的本事再大，也很难做出佳肴。所以，在选题时，一定要选择那些蕴含十分丰富的道理而又能深入阐述的选题做文章，就可能出新意。也只有在这种情况下，新闻评论才可能去指导一般。即便是个人评论，也要尽力发出一家之言，或给大众某种启示和精神的享受。

(四) 宏观把握，超前预测

我们常说，大将军运筹于帷幄之中，决胜于千里之外，常能打大仗，打胜仗。秘诀何在，就在于他们经过长期战斗实践，又通过科学总结，能够在变化莫测的事态中把握宏观大局，在时间的一维性中超前预测。

日本上智大学武市英雄教授在《新闻的现代涵义》(上智大学《传播研究》第 6 号)一文中，呼吁人们注意新闻的"先见性"。他说："迄今为止，我们对于新闻的看法过于拘泥于单发消息，将类似交通事故、火灾这样突发性、一过性报道作为新闻，而忽略了日常性。像公害和城市问题，平时它们悄悄逼近，一发现，往往为时已晚。现在需要对那些潜在的、尚未表面化的问题及早予以注意。不要等待新闻的到来，而要考虑以什么为新闻。当代社会要求记者具备提前获取新闻的主动精神。"他还说："对那些数年以后可能成为大问题的潜在性题目，尽早接近，同受众共同思考，这种预见性姿态今后对记者来说是不可缺少的。"武市英雄教授的意见，不仅有利于我们认识和把握好新闻的报道，也有利于我们把握好新闻评论的选题。

第五章
新闻评论立意

一、立　意

　　所谓立意，是作者对所评论的对象，包括人物、事件、现象及问题提出自己的看法，表达自己的意见，确定评论的主要思想，它是评论的灵魂。宋代大文豪苏轼对于"意"有过很精辟的论述："天下之事，散在经、子、史中，不可徒使，必得一物以摄之，然后为己用，所谓一物者，意是也。不得钱，不可以取物，不得意，不可以用事，此作文之要也。"这里讲的是意在一般作文中的作用，在新闻评论的写作中也是如此。在新闻评论的写作中，我们经常会发现这种情况，虽然大家都对某种现象进行了评论，但有的文章读起来有深度、有韵味，使人豁然开朗、过目不忘；而有的文章，讲的道理是对的，论述也不错，但就是没有什么新意，也没有深度，引不起人们的注意和记忆。我们说，一篇评论文章，高低优劣，除了评论对象的特殊性外，很重要的一个环节就是它评论的角度和深度。这个角度和深度就是我们要讲述的立意。

　　那么，立意与选题是什么关系呢？

　　选题讲的是文章涉及哪一个方面的内容，它是决定评论文章好坏的一个关键。但是，同是一个选题，也会因写作者有不同的视角和论述方法，而结果是有差别的。同一个选题可以有不同的立意，这种不同立意，可以从纵向和横向两个方面给人们以启示：有的可能产生高低优劣差别，有的则能帮助人们扩大视野，从不同的角度看问题，都是好事情。

　　关于"996"工作制的第一次大型讨论源于 2019 年 3 月份，一个名为"996ICU"（即工作"996"，生病进 ICU）的项目在网络上建立并传开。大量"996"工作者揭露"996ICU"互联网公司，在一周之内，华为、阿里巴巴、蚂蚁金服、京东、58 同城、苏宁、拼多多、大疆等上榜。随后，不少知名商业人士参与话题，将"996"定性为奋斗精神，戴上"福报"光环，用"996"加班文化给员工"打鸡血"，将不眠不休的工作状态解读为"对美好生活的追求"。但是"996"所代表的超常工作时间制，近年来在舆论场反复发酵并引发很大争议。

　　针对"996 工作制"等劳动者权益受到侵害等问题，众多媒体发表了自己的评论，如《工人日报》评论《别把超时加班美化为"拼搏和敬业"》，《人民日报》评论员文章《强制加班不应成为企业文化》，"光明网"评论员文章《996 违法，更违背公平分配》，"界面新闻"文章《关于996，我们对幸福是不是有些误解？》，"中青评论"文章《生死"996"》，《光明日报》评论文章《观两会：畸形的 996 不是"奋斗"应有的姿势》，《中国日报》"国报微评"评论《执法严起来，才能更好维护法律尊严》，《新京报》评论《勤奋劳动，不等于"自愿被

996"》、"澎湃新闻"社论《996工作制：别把违法叫狼性》……

2019年1月"澎湃新闻"发表社论《996工作制：别把违法叫狼性》。这篇社论，从"要警惕把狼性、996当成企业裁员不赔偿的话术，成为侵害劳动者权益的舆论工具"处立意，将矛头直指部分CEO。

> 公司年会各有各的奇葩，继新东方吐槽事件之后，一家叫有赞的互联网公司也火了，公司竟然在年会上宣布实行"996工作制"，即从早9点工作到晚9点，一周工作六天。
>
> 面对舆论的质疑，有赞公司CEO白鸦硬怼："这绝对是好事"，"有些小伙伴实在没法做到跟我们一样enjoy，他需要的其实是换个更适合他的环境，而不是被强留在有赞。"
>
> 就像网友说的：第一次有人把违法说得这么清新脱俗。八小时工作制是《劳动法》的强制规定，也是一百多年来全球劳动者不断抗争取得的成果，堪称是人类文明进步的重要标杆。
>
> 法律的规定，文明的标志，在一些CEO们眼中成了落后、安逸、偷懒的代名词，这是将法律污名化，将劳动者的正当权利污名化。这不是互联网公司标榜的狼性文化，不是什么奋斗精神，而是对劳动者赤裸裸的压榨。

郑莉的《别把超时加班美化为"拼搏和敬业"》①以"996ICU"项目引发的热议现象出发，并将立意延伸至批判"企业美化超时加班"，揭露了企业倡导"拼搏和敬业"的企业文化背后对劳动者的压榨和胁迫，并分析了该做法的危害，倡导优化和改善工作节奏、运转模式以及管理方法，助推高质量发展。

> 随着我国劳动法律制度的不断完善，保护劳动者权益的制度体系和社会氛围已经形成，侵犯劳动者休息权的行为不再明目张胆，但是有的超时加班却披上了"温情的面纱"——企业用加班文化将员工捆绑在岗位上，要求员工付出更多工作时间和劳动力，以此期许提高企业的KPI（关键绩效指标）；员工忍耐着适应加班文化，以此换取稳定的收入和职业的发展。将超时加班美化为"拼搏和敬业"的企业文化，这是用温情的姿态，变相强迫劳动者加班。这不仅阻碍了企业的可持续发展，更可能损害高质量发展的耐力。因为劳动者的健康是国家发展的基石。过度延长工作时间，会导致一系列恶果，包括健康受损、生育率下降、心理疾病，甚至过劳死。
>
> 高质量发展是一场耐力赛。劳动者的身心健康不仅是这场"耐力赛"的推动力，也应是衡量高质量发展的重要指标之一。秉持以人为本的原则，关注和维护劳动者的身心健康，这才是创造价值和利润的正确路径。
>
> "五一"国际劳动节即将来临，这个节日正是为争取8小时工作制而来。今天，

---

① 郑莉. 别把超时加班美化为"拼搏和敬业"[N]. 工人日报，2019-04-01.

应该撩开"996加班文化"的温情面纱了。高质量发展，需要的是更合理的工作节奏、更高效的运转模式、更科学的管理方法，需要企业承担起维护劳动者权益的法律责任，需要全社会对"8小时工作制"意义的认可。

相较于前两篇从"996""加班"等关键词入手的评论，李勤余的《从996到车主维权：拿什么保障我们的个人权益》①则从"996"出发，基于法治的角度将立意发散到了"个人权益的维护"。

或许，那些一心想要通过"996"发财致富的人，仍然有话要说。但别忘了，社会达尔文主义中的强弱之势，始终是相对的。发生在女车主和陕西西安"利之星"奔驰4S店之间的维权事件，就是个最生动的例子。从最早"女车主坐在奔驰车引擎盖上哭诉"的一则视频，到曝光"被迫交纳金融服务费"的一段录音，事件的曲折走向、厂商和经销商的"闪转腾挪"，无不折射出个体维权之难。

法治的意义还在于，如何让国家、社会处于正确的运行轨道之中。马云、刘强东们眼中只有自家企业之利益，却忽视了社会整体利益。当职场人在办公桌上超负荷地埋头苦干时，被牺牲掉的是健康的体魄、正常的家庭生活。随之而来的一系列社会问题，包括但不限于员工的"过劳死"，不婚族的增加，二胎政策落实难，职场性别歧视的增加……到头来，获益的是某一家企业，受害的却是整个社会。

上面几篇评论都是关于"996"事件的。但是，每篇评论的角度都不相同，有的从批判不良企业家入手，有的从维护职工权益着眼，有的则从法治论述，各有所长。由于立意不同，文章各有侧重，引人思考的问题和角度也不尽相同。正是有了这些不同，才激发人们对相同问题的多种思考，不论从哪方面来说，这些评论都是有好处的。

二、立意的要求

立意是评论的灵魂，是表现一篇评论文章优劣高下的关键所在。需注意以下几个方面的问题。

（一）立意务必正确

评论是表达一种意见、一种观念、一种思想、一种方法的，它传达给受众的一定是一种正确的信息，否则就有导向之误了。这是从事新闻评论写作者必须时时提防的。立意要正确，需要切合实际，要以实事求是的科学态度，对事物作出客观、中肯的评价，避免主观性、随意性。

① 李勤余.从996到车主维权：拿什么保障我们的个人权益[EB/OL].[2019-04-16]. http://finance.sina.com.cn/china/2019-04-16/doc-ihvhiewr6387614.shtml.

2017 年 11 月 8 日《新京报》发表记者节社论《唯有真相不可辜负》①。评论写道：

今天，中国第 18 个记者节。

说荣光或自矜，说慰勉或太轻。在这个记者节，无法被回避的一个问题是——"那么多记者都去哪儿了"。

这个问题或者说现象，在今年给我们的印象尤其深刻。

以往遇到突发事件，记者们总会蜂拥赶到现场。但现在，事情正在起变化。在一些突发事件现场，很多记者有个明显的感受：以往那种媒体云集的景象，已经俱往矣。

记者缺席，则真相缺位。

新闻在，记者应该在；记者在，真相就会在，这本是正常的情形。可现实却是，一些传统媒体或者关门，或者业务线大幅压缩，很多记者流失、转行，事实和真相仍然等待挖掘，但——记者已经不够用了。

如今的舆论场景已是，在诸多公共事件中，情绪太多，事实太少；在不少舆情传播中，动辄出现讹传与反转；在时下的舆论空间里，有太多主观先行、立场站队下的对撕互怼。话语与话语碰撞，情绪与情绪纠缠，真正的真相又是什么，答案来得并不及时或澄明。

也因如此，记者以在场姿态和客观立场还原的真相，仍是最大的信息刚需。

无论技术如何进步，信息传播环境如何改变，真正的新闻永远有其价值，真正的新闻专业主义愈发重要，真正的记者也永远被社会所需要。

无论社会如何变化，TA 们总有一份在奔跑中坚守的笃定，一份在混沌中不畏浮云的澄明，一份在躁动中自持的初心。

在一个伟大的时代，人们追求美好，向往阳光。身为记者，既需要记录这个时代的温暖与成长、进步与变革，也需要不忘责任使命，探寻真相，鞭挞丑恶，为弱者发声，守卫正义与公平。

新时代、新媒体、新传播环境，是挑战，也是巨大的机遇。我们既希望社会为媒体和记者创造一个更好的发展环境，也希望所有这个行业的同仁在创新中坚守，在改变中突破。

没有一场雾霾能够遮蔽冬阳，也没有一阵风能够永寄凛冽。

文章指出了评论界应有的态度，也体现了正确的立意。

互联网带来了言论更加自由和开放的环境，但是并非所有人都能正确地使用这一技术。有部分网民甚至是在某一领域有话语权的知名人士在社交媒体等平台大肆抹黑、丑化我国英雄形象，歪曲、否定英雄烈士的事迹和精神，这污染了我国的舆论环境，损害了国家尊严，伤害了民族感情，造成了恶劣的社会影响。2018 年，我国通过了《中华人民共和

───────────

① 唯有真相不可辜负[N]. 新京报，2017-11-08.

国英雄烈士保护法》，旨在通过法律的手段保护英雄烈士，维护社会公共利益，惩处不法分子。2021 年 10 月 6 日，曾在多家颇具影响力的媒体担任过主编和副主编等职务的罗昌平，在微博上发布文章，侮辱在长津湖战役中牺牲的中国人民志愿军"冰雕连"英烈，侵害了英雄烈士的名誉、荣誉，造成了恶劣的社会影响。2022 年 5 月 5 日，罗昌平被判处有期徒刑 7 个月，并在新浪网、《法治日报》和《解放日报》上公开赔礼道歉。随即，中国军网在 2022 年 5 月 7 日发布评论《侮辱英烈者，情不能恕，法不能容》，指出：

> 英雄是我们中华民族历史长河中最闪亮的坐标，而罗昌平之流却在网络上传播谣言，极尽侮辱、抹黑之能事。"欲要亡其国，必先灭其史"，他们将制造谣言包装成"还原历史"，将质疑英烈美化为"寻找真相"，将否定历史粉饰作"独立思考"，试图混淆视听、迷惑公众、散布历史虚无主义。他们自诩为网上"意见领袖"，实则是用心险恶、非蠢即坏的跳梁小丑！

我们的言论是开放的、多元的，但是，这并不意味人们所说的一切都是正确的，作为写作者要注意；媒体也要坚守职责，选择那些正确的言论发表。同时也告诉我们对于那些不正确的言论，应该勇于和善于发表意见，提出批评。这样才有利于言论向着正确和有益的方向发展，这也正是我们鼓励人们畅所欲言、各抒己见的目的所在。

（二）立意力求全面

为了保证立意的正确性，在论述时，我们还须注意它的全面性。世界上的事是很复杂的，当我们看到它好的一面的时候，不可忘却它可能有不足的一面；当我们论述它的危害性的时候，也要考虑到它可能有利的一面；事物发展的偶然性中，是否还有它的必然性；评论涉及运动的一般性时，是否还有它的特殊性；当我们论及特殊人群问题时，是否考虑到它与一般人群的关系；当我们论及长远发展时，是否考虑到眼前的利益，等等。类似这样的问题，在我们写作评论时都不可掉以轻心。一篇评论，不可能时时处处、方方面面都照顾到，即使都照顾到也未必是一篇好文章。但是，在可能的情况下，写作者务必在考虑问题时做到全面，只有全面才可能保证评论的立意正确。

《人民日报》原副总编辑于宁先生在总结评论写作时说，要努力做到"八个统一"：一是坚持一致性与发挥创造性相统一；二是传达中央精神与表达群众心声相统一；三是下面讲与反面想相统一；四是坚持重点论与防止一点论相统一；五是适当重复与力求出新相统一；六是以理服人与平等待人相统一；七是严谨准确与生动活泼相统一；八是做好一篇文章与做好一组文章相统一。

所谓立意力求全面，讲的是在一篇评论文章的论述中，要兼顾各方面的利益，要讲清各方面的道理，要协调各方面的关系，要将辩证统一的思想融入整篇文章之中。立意力求全面就要力避片面，避免偏激的思想和言论。把具体事件放入它所处的"时空"去考虑，横向纵向都要思考到位，只有定位准了，才能够保证评论立意的正确。在对数字材料进行处理理时特别要注意全面性，考虑到相对数与绝对数。

浙江嘉兴日报社组建的新闻评论部在招聘期间，一改"四问""五问"的惯例，实行"四不问"：不问学历高低，不问学科背景，不问年龄大小，不问性别。

根据这一新闻事实，笔者写了一篇评论《人才招聘"四不问"》①，对该报的创新意识表示称赞。评论引用了新闻报道中的统计材料：

> 如此"四不问"，让人有耳目一新之感，引起了人们的浓厚兴趣，来自全国各地的500多人踊跃应聘。他们中既有60岁以上的老者，也有即将毕业的大学生，既有从事新闻评论多年的行家里手，也有其他学科背景的人才，有大量男士报名，也有不少女士应聘。经过初选，邀请国内同行专家面试，最终招聘了一位主任和四位评论记者，其中博士生1人、硕士生2人、本科生2人；年龄最大者39岁，最小者23岁；男士3人，女士2人。对未入选者，报社一一给他们寄发了感谢信并汇报了招聘详情。

评论接着论述：

> 《嘉兴日报》的"四不问"，就是"不拘一格降人才"。说是不问，实际上还要问，只不过和通常意义上的问不一样，区别在于他们问的不是虚而是实，即真才实学。说是"不拘一格"，其实也有"格"。但这个"格"不是那些对实际工作毫无用处的"格"，而是实事求是的"格"。
>
> 学历、学位、年龄和工作经验，当然重要，有了这些条件有助于把工作做好；但没有这些条件，是否就不能把工作做好呢？不一定。事实上，在实践中成长起来的、没有高学历、高学位的人才很多，而从名校出来的高学历者，其中也不乏平庸之辈。惟学历是举、惟文凭是举、惟经验是举，都不是真正意义上的选贤任能。按照现在一些部门、一些高校流行的用人原则，比尔·盖茨当不了工程师，鲁迅、郭沫若当不了语文老师，柏杨当不了媒体评论员。这些僵化、教条的用人原则，不知让多少英才俊杰失去了用武之地，这不仅是他们个人的厄运，更是国家的损失。

最后，评论从科学人才观的角度说道：

> 科学人才观是科学发展观的体现。这种人才观认为：具有一定的知识和技能，能够进行创造性劳动，为社会作出贡献的就是人才。它同那种惟学历是举、惟文凭是举、惟经历是举、惟性别是举的人才观是根本不同的。我们选拔人才，不是为了装潢门面，不是为了以统计表上有多少博士、硕士来显示领导重视人才、选拔人才的政绩，而是为了干事，为了推进我们的事业。只要有一技之长，只要是能把事情办好，就应该给他们以合适的岗位，这样才能聚集人才，充分发挥人才的作用，扎扎实实推

---

① 赵振宇. 人才招聘"四不问"[N]. 人民日报, 2007-06-18.

进我们的事业。

笔者参与了《嘉兴日报》组建新闻评论部的全程工作，提出并实施了"四不问"的招聘原则。说是不问学历高低，不问学科背景，不问年龄大小，不问性别，但是，在每一个不问的背后，都有一个相对的要求，这就是对时政、社会、民生有细致的观察；有新闻敏锐性；具备较好的知识结构，挚爱新闻事业；能克服困难、奔赴新闻一线，完成采访报道和评论写作任务；善于协作，具有团队精神。我们不能因为有了"四不问"，就什么人都可以应聘成为报社的评论记者，那样恰恰犯了片面性的错误。在实际工作中要注意它的全面性，在评论写作中也该如此。

立意力求全面，不仅表现在一篇文章中，有时也可以通过版面多篇文章的安排达到这个目的。《中国青年报》的"青年话题"专版是一个受广大读者欢迎的言论阵地，来稿也很多。在处理这些来稿时他们遵循这样的原则：第一，观点应客观、公正、不偏激；第二，所提出的看法不能和常识、理性相冲突，经得起其他读者的质询和批驳；第三，由于我国媒体一直遵循着党性原则，因此发表的任何意见看法，都不能背离国家意志和主流意识形态。所提看法应有利于解决问题而不是与之相反，将问题搞乱搞砸。①

2022年6月10日，各大社交媒体平台上流传一条短片，内容为河北省唐山市机场路一家烧烤店内男子酒后搭讪一女子，伸手摸白衣女生，女生将其手臂推了回去，双方发生争吵，男子开始殴打白衣女子，同行的两名女子上前帮助白衣女子，后多人对同行的三名女子进行了数分钟的殴打。视频一经发布，在国内迅速引发讨论，舆论热点瞬间被引爆。无数网友站出来为被打女子发声，要求官方给出说法，有网友深挖唐山打人事件背后的线索，有网友要求严查施暴者背后的恶势力和保护伞，有网友则站在女性的角度分析女性群体受到的各种不公平和暴力对待。

中央纪委国家监委网站发布评论《严惩恶势力 严查保护伞》②，从扫黑打伞的视角切入写道：

> 对恶势力必须重拳出击、严惩不贷，对背后的腐败和"保护伞"更要查深查透、除恶务尽，依规依纪依法严肃查处。案例表明，黑恶势力之所以能够坐大成势、危害一方，一个重要原因在于一些党员干部和公职人员利欲熏心、知法犯法，利用自身职权和职务影响为违法犯罪活动站台撑腰、提供庇护。陈某志等涉嫌恶势力组织十年间实施多起违法犯罪行为，反映出一些党员干部和公职人员为其提供"保护伞"。纪检监察机关对背后的腐败和"保护伞"问题深挖彻查，就是要铲除恶势力赖以生存的土壤，防止卷土重来、死灰复燃。同时，也向社会释放强烈信号，谁敢包庇放纵黑恶势力，谁就必然受到纪法严惩。

---

① 何颖. 一个理性化的交流平台[J]. 新闻与写作，2003(12).
② 严惩恶势力 严查保护伞 [EB/OL].[2022-08-30]. https://www.ccdi.gov.cn/yaowenn/202208/t20220830_214472.html.

　　治政之要首在安民。唐山某烧烤店打人事件再次警示我们，扫黑打伞是一场持久战，必须深刻认识黑恶势力顽瘴痼疾的复杂性、反复性，任何时候都不能有松松劲、歇歇脚的想法。始终保持高压态势，坚持把扫黑除恶同基层"拍蝇"结合起来，把"打伞破网"同政法队伍教育整顿结合起来，既抓涉黑组织也抓后面的"保护伞"，深入推进扫黑除恶、"打伞破网"常态化、机制化。扫黑打伞，还要查改同步、标本兼治，以典型个案推动解决普遍性深层次问题。案发地的相关部门要举一反三、引以为鉴，深入查摆问题、研究整改措施、健全制度规范，注重抓早抓小、开展源头治理。

《每日经济新闻》则顺应公众最关注的一点——受害女子的近况，发表了评论文章《公布打人事件受害女子近况宜早不宜迟》①：

　　唐山打人事件已经过去多日，可是到现在还是没有任何关于受伤女孩的进一步消息，也没有看到任何关于其他三个女孩的消息，她们的情况究竟如何？这一直是公众与舆论关注的焦点，人们期盼四位女子中的伤者能够得到有效治疗，有关伤情能公之于众，期待女子从当事者的角度还原事件始末，推动案情调查及后续处理。

　　然而，截至目前，公众和媒体所能获取的相关信息极其有限。媒体在收治上述受伤女子的华北理工大学附属医院采访时，该院宣传统战部与党政办公室工作人员均表示，目前伤者的住院情况，属于患者个人隐私，不方便向外界透露。其党政办公室一名工作人员还表示"会有相关通报"。

　　医院这一说法显然难以成立。这是一起典型的公共事件，涉及四名女子无辜受害，也由此引发了社会各界对于事件背后多重命题的讨论，包括涉嫌暴力殴打及逃逸者何以在公开场合如此肆无忌惮欺辱女性？其中多人前科累累仍敢如此妄为，是否涉及更深层次的扫黑除恶问题？四名女子的遭遇让更多人感同身受，大家希望能对此案一查到底，并推动治安及社会治理体系除弊革新，还社会以长久安宁。

　　也因此，四名当事女子的近况不应成谜。一方面，即使当事四女子因伤情或其他因素无法发声，医院及有关部门也需将相关信息及时公开，抚慰对此事关注的各方，保持信息公开透明；另一方面，如果当地在掌握信息的情况下长时间沉默，公众的信息诉求不会就此消失，而某些人则可能瞄准这一真空期并加以利用，通过散播不实信息获取流量，最近网上有关四女子的非官方信息不断出现，甚至出现所谓有女子已经逝世的传言，这无疑是消费大众的行为，也损害了当事女子的名誉权，对此已经有多个账户被封。

　　对待同一件事情，站在不同的视角，看到的侧重点不同，就会有不同的看法。媒体通过发表各种意见，让思想进行碰撞，让更多的受众学会从不同的角度看待问题，从中得到

　　①　毕舸. 公布打人事件受害女子近况宜早不宜迟［EB/OL］.［2022-06-19］. http://www.nbd.com.cn/articles/2022-06-19/2329251.html.

知识,扩大视野,受到启迪。从整体上说,这样的处理方式,有利于全面反映社会大众的意见,也有利于协调各方面的利益和认识关系,促进社会的和谐,使人们更加全面客观地看待事物。

(三)立意追求深刻

所谓深刻,就是要揭示事物表象与本质之间的关系,揭示事物运动过程中的发展、变化的规律性,使读者能从评论中感悟出一些深刻的道理。评论的深刻是评论文章有别于其他文体的本质所在,也是评价一篇文章水平高低的重要标准。

下面我们来看一篇获得第32届中国新闻奖一等奖的评论。

<h3 style="text-align:center">到处人脸识别,有必要吗?①</h3>

两会召开,恰逢上海遭遇局部疫情考验。连日来,上海防疫中的一个"手势"广受舆论称赞:公开发布的流行病学调查报告,"只提地点不提人",既通过大数据方式实现了精准锁定,又避免那些与防疫无关的个人信息公之于众。

此前,有意无意间过度释放的个人隐私信息,已经让不少患者蒙受社会舆论的"二次伤害"。上海此举之所以获赞,一方面在于其展现了一种对个人权益的"精度"和"温度",更深的层面,则是因为把握住了一条重要的边界——流调信息披露须以"必要关联"和"最小侵害"为原则,而是否公布相关信息、公布到怎样的程度,就看其是否有足够必要的公共意义。

人代会开幕首日,市委书记李强在回应代表关于数据保护的讨论时就明确表示,围绕数据收集、保护、流通和交易立法是当务之急。上海要积极探索,形成突破。这几天,又有不少代表委员不无忧虑地谈及"人脸识别"技术大量使用带来的副作用。这本身是数字时代一项颇具革命性的新技术,但其带来的生物信息和隐私泄露风险已然存在,并在社会生活中产生过严重后果。

这未必是技术本身的错,却一定在技术使用和场景开发等方面出了错。此时就亟待必要的制度约束和法治规范,也正是尽快划定边界——哪些领域、哪些主体可以使用这样的技术,用到怎样的程度,又有哪些领域、哪些主体、哪些时候坚决不行。

"人脸识别"到了普遍推开的时候了吗?市面上比比皆是的那些强制要求采集人脸信息的场景,真的都有必要这么做吗?它合乎公共利益吗?来自两会上的这些疑问,不该被轻轻放过。

而这些疑问,针对的也不只是一个人脸识别。就如一位代表在专题审议中说的,转型也好、技术使用也好,终究要以"人"为本位,从人的需求出发,不能搞成"技术的秀场"——单纯的"秀",甚至以妨害社会利益为代价的"秀",并不是转型的本意,

---

① 朱珉迕. 到处人脸识别,有必要吗? [EB/OL]. [2022-11-01]. https://www.shobserver.com/staticsg/res/html/web/newsDetail.html? id=335397&sid=67.

只会走到反面去。

人脸识别技术，已经被广泛运用。技术的普及为生活、工作等领域带来了便捷性，在技术飞速发展的同时，技术所带来的制度、伦理、法规等问题也需要重视。文章从相关讨论展开，抓住新技术发展过程中的衍生问题，探讨如何遏制"负的外部性"，真正以人为本，促进新兴技术健康有序发展。文章结合大量现实案例，剖析了"发展"和"边界"的关系，指出画边界是为了更好地支撑技术发展、推动数字化转型。这是舆论场上较早针对这类技术提出的反思和批评，传递出热潮中的清醒冷静。同时，文章语气相对平和，论述娓娓道来，体现党报评论理性、建设性的特点，也突出了立意的深刻。

立意的深刻要以新闻的敏锐和浓厚的理论知识为前提，同时还要对事物有一定把握和胆略，这些都是需要我们在实践中学习和提高的。

(四) 立意需要新颖

求新创新是新闻工作的普遍原则。这一原则不仅要求新闻报道求新创新，对于新闻评论来说，也要求如此。一篇好的新闻评论，它要求观念新、角度新、概念新和论述新。只有立意新颖的文章，才能打动人、吸引人，只有这样才可能说服人。

"形式主义"一直以来是公众关注的话题，并且公众对于形式主义的态度也多呈负面，如今一眼就能识别的形式主义越来越少，而近来一种新型形式主义正悄然出现，它们多以精致、细节为外衣，如广西南宁一农贸市场为整治菜品摆放问题，执法人员通过拉线的方式检验摆放的菜品是否整齐一致，新鲜的带鱼也需要剪齐；有学校要求学生"浪费一粒米做一道选择题"；有管理者要求"卫生间内苍蝇不得多于三只"，该类事件层出不穷。针对这一问题，2020 年 10 月 12 日《新华日报》发表文章《警惕"精致的形式主义"》①，这篇文章并没有从传统意义上的"形式主义"入手，而是提出了有关形式主义的新问题。文章指出：

> 这样一些新闻，让人看了如鲠在喉、不吐不快：抓餐饮浪费，一些店家则推出"称体重点餐"举措、出台"'N'个人只能点'N-2'个菜"的规定；抓农贸市场精细化管理，个别执法人员便拉着直线检查摊位上菜品是否摆放整齐，甚至连鲜带鱼也要一刀剪齐；抓环境卫生，有管理者要求"一平方米内的烟蒂不得多于两个""厕所内的苍蝇不得多于 3 只"，或把地面灰尘扫起来过秤"以克论净"。如此规定，看起来挺严格、挺精细，可稍作探究，有几个不是流于形式摆摆样子？
>
> 形式主义已经成为人人喊打的过街老鼠，那种"开会摆鲜花、迎宾铺红毯"、一眼就能看出来的形式主义少了，打着"精细管理""绣花功夫"的幌子、跟手机拍照一样用"美颜"功能修饰过的形式主义却多了。习近平总书记强调，要摸清形式主义、

---

① 刘庆传，颜云霞. 警惕"精致形式主义"[N]. 新华日报，2020-10-12. 获第 31 届中国新闻奖一等奖。

官僚主义在不同时期、不同地区、不同部门的不同表现，紧密联系具体实际，既解决老问题，也察觉新问题；既解决显性问题，也解决隐性问题；既解决表层次问题，也解决深层次问题。而"精致的形式主义"就是形式主义的变种，是需要认真解决的新问题。

以上两段话指出了近来各种新型形式主义的现象，并将这种现象总结为"精致的形式主义"，下文接着描述了"精致的形式主义"的表现和特点。

相比于那些典型的形式主义表现，"精致的形式主义"有些新特点：用"美颜"进行精心包装，似乎很"新鲜"，乍一看"不违和"，但通常"不经看"；往往打着"精细管理""绣花功夫"的幌子，如果不琢磨，还真让人以为是作风细致。应该说，"精致的形式主义"也下了功夫，可功夫却没下在"啃硬骨头"抓落实上，而是下在了搞形式创新、做表面文章、摆"花架子"工程上。说到底，"精致的形式主义"依然是只重形式不重内容、只重过程不重结果、只看表面热闹不看实际效果的典型，是中看不中用的"绣花枕头"。

文章以对"精致的形式主义"的否定态度收尾并提出了建议。

一株带刺的毒草，人们容易"识"而远之；一株带毒的鲜花，却容易让人中招上当。显性的形式主义人们一眼就能看穿，隐性的形式主义却常常迷惑人们的眼睛。要看到，形式主义越"美颜"、越"精致"，就越难以识别，浪费的人力物力往往越多，危害性也越大。这提醒我们，对"精致的形式主义"，任何时候都要擦亮眼睛、保持警惕、坚决反对。

新闻评论要求出新，表现是多方面的，但是，能够发现新问题、提出新举措却是最为重要的。社会科学是以研究社会为己任的，它的一切努力就在于能够发现新的问题，提出新的解决思路和方法。新闻评论作为一种干预生活、干预社会的形式，它应发挥自己的特有功能以促进社会进步。上面那篇评论的最大成功就在于它提出了"形式主义"现象中出现的"新问题"。

2019年12月16日，《中国教育报》的一篇评论《让爱国主义成为每一个青少年的精神依靠》①，就是具有新闻敏感性、立意新颖的一篇佳作。

在迷失方向甚至是人生失速的时刻，青少年要依靠什么，才能重新在人生路途的一个个岔路口，作出正确选择？

历史的回答是爱国主义。我们要用爱国主义的"代码"筑牢青少年的"底层操作系

① 张树伟. 让爱国主义成为每一个青少年的精神依靠[N]. 中国教育报, 2019-12-16.

统"。

爱国主义是中华民族精神的核心，体现了我们对自己的家园、民族和文化的归属感、认同感、尊严感与荣誉感。因此，要让青少年在人生的紧要处有精神的依靠，就要用爱国主义修筑好青少年人生航向的灯塔。让他们知道来处，知道归程，在失去方向感的时候有坚定的依靠。

而要打牢爱国主义的基础，就要了解历史。了解历史的一个根本目的，是让青少年有身在历史和创造历史的位置感和价值感。我们要让青少年知道，在漫长的历史进程中，他们是紧扣在文化链条中的一环。有研究者曾用社会"原子化"来描述某些当代人的孤立与疏离状态。有些人像原子一样，和他人、公共世界脱了节。这种孤立的伤害是巨大的，那些孤立的"原子人"尤其需要来自社群的归属感，甚至为了获得这种归属感而去打破自己原来认可的社会规则与秩序。因此，我们需要寻找到一种方式，来重新清洁他们被蒙蔽的眼睛，激活他们与家国的内在情感，帮他们找到位置感和价值感。

文章从新的视角探讨了爱国主义的实践过程，以"为什么有的青少年会迷失方向？"这一核心问题为出发点，深入挖掘了个别青少年迷失方向的缘由，提出爱国主义的继承和弘扬需要营造一个相对完备的、稳定的文化生态。相比其他笼统谈论爱国主义的评论，紧跟时代步伐，选题精准，角度新颖。

2022年3月21日13时许，一架载着132名人员的波音737-800型客机，在从昆明飞往广州的途中急剧下降，管制员在多次呼叫机组后未得到任何回复，14点23分飞机雷达信号消失，后经核实，飞机在广西壮族自治区梧州市藤县境内坠毁，并引发山火。让全国人民获悉飞机失事最新消息、安抚人民焦灼情绪也成为媒体各界与政府的工作重点之一。然而，网络上却充斥着各种不实传言。在事故发生后，有部分人借机蹭流量，传播虚假言论和视频，甚至假冒专业人士发表意见、打广告，严重污染了舆论环境。3月22日人民网发布快评《灾难面前，莫为了流量丧失良知》①，该评论指出：

东航客机坠毁事件，举世关注。机上132人生死未卜，更是让人揪心。昨晚就有网友感慨："今天是世界睡眠日，但今晚又是多少人的无眠夜。"

接着，该评论指出了事故发生后各种蹭流量的行为：

然而，事故一发生就有人蹭流量，有人假借"专业人士"之名不负责任地乱喷，有人拿出陈旧视频煞有介事地乱扯，还有人丧心病狂地借此打广告……目前，网络上有很多解读文章，试图分析该起事故发生的原因，并借机关联炒作。除了各种分析文

---

① 灾难面前，莫为了流量丧失良知[EB/OL].[2022-03-22]. http://js.people.com.cn/n2/2022/0322/c360299-35186200.html.

章，视频平台上还出现了各种飞机坠机的视频，但很多视频最终被认定是虚假的。

该评论连续抛出三个问题：

> 如此轻佻，令人惊愕，请问这些人的道德素养在哪里？悲悯之心在哪里？人性底线在哪里？

接着该评论提出了呼吁：

> 针对蹭流量，发布不实信息等问题，微博、抖音、B站等平台都发布公告，严肃处理各种不当言论，并提醒广大用户，在平台发布相关信息、内容要遵守真实、客观原则，不借助热点事件蹭热、玩梗。

该评论接着写道：

> 基于以往状况，每有热点事件发生，必有各路网红出没。为了流量，他们无所不用其极，千方百计潜入现场，处心积虑打探消息，乃至不顾一切地消费灾难，这样的网红是可怕的，也是可恶的。
>
> 其实，缺乏敬畏，乱蹭流量，哪怕有了流量，这种流量也是有害、有毒的流量；哪怕涨了人气、提升了知名度，也会被"反噬"。原因很简单，乱蹭热度，只能蹭一鼻子灰，乃至蹭得身败名裂。
>
> 空难是谁也不愿意看到的悲剧，会对遇难者家属产生严重的心理创伤，而在所有类别的新闻中，有关空难的新闻总是"最严肃的"。我们必须抵制那些猎奇的乃至娱乐的"猜想"与"创作"，或许最需要的就是保持耐心，等待权威调查结果。
>
> 当前，救援工作仍在争分夺秒进行。奉劝蹭流量者，少一些畸形利益驱动，多一些明事理、知分寸、懂人性，灾难和悲剧面前，请守住人性底线，莫要消费灾难，不要为了那点流量就把良知拍卖掉，否则将被世人唾弃。

每当有灾难发生，总会有消费灾难的现象出现，这不仅仅对受害者家属造成了二次伤害，更对信息环境造成了污染，误导了公众，对事故调查造成了阻碍。上述评论以小见大，批判了蹭流量者为了流量不择手段消费灾难的行为，并呼吁大家守住人性底线，不要消费灾难。

从事新闻评论写作只有重视调查研究，只有关注社会现实，才可能不断地提出新思想，写出新作品来。《南京日报》的刘根生同志，是一位长期从事新闻评论写作和教学的优秀评论员，对此，他有着深刻的体会。他认为，第一，新思想是集思广益的产物。议论是代表编辑部发言的，是党报的声音。党报的言论与纯个人创作不同，离不开集思广益。其要点一是"议"，二是"集"。议者，集体讨论；集者，融会贯通、加工提炼。只有"议"

到位，"集"到点子上，才会有引人共鸣的新思想。第二，新思想是调查研究的产物。如今不少地方报的大言论，威信似乎不高，为什么？主要就是因为远离实际。人家伸着耳朵要听的，偏偏不说；你拼着老命宣传的，人家往往又不爱听。再往深里究，还是调查研究不够。总是"坐在家里定盘子，关起门来想点子"，自然很难说到点子上。没有调查研究，不仅无法出新思想，还带来了坏文风；通篇是大话、套话、官话，居高临下，面孔死板，弄得读者歪眉斜眼，好不气闷。新思想不会从天上掉下来。只能从实际中来，从调查研究中来。第三，新思想是反复提炼的产物。古人言：凡作文发意，第一番来者，陈言也，扫去不用；第二番来者，正言也，停止不用；第三番来者，精言也，方可用之。古人讲的"精言"，实际上就是新思想。从"扫去不用"到"停止不用"，再到"方可用之"的过程，就是"炼意"的过程。不经过这番"苦炼"，新思想是难以产生的。① 刘根生的此番心得体会是真切的，也是有利于我们新闻评论写作者的。

"防治网络暴力"是互联网时代下的重要课题，有关网络暴力的评论与研究也颇多。如何打击网络暴力这一现象，不仅仅与法律相关，更与平台相连。2022 年 3 月 3 日，"澎湃新闻"发表社论《打击网暴，需要法律长牙、平台担责》②，该评论写道：

> 在网络快速发展和网民体量增大的背景下，应对网络暴力的脚步也应该跟上，这已经不仅是法律问题，也是不容回避的社会问题。回过头来看，李东生代表的建议颇有启发性。
>
> 比如，人们往往是从结果来笼统判断某种言论是不是网络暴力——是否对当事人造成了困扰甚至人身伤害，但到底什么样的言论或行为是确凿的网络暴力，是人身攻击、仇恨言论还是虚假信息？目前在法律上还没有十分清晰的界定。这是很多疑似网络暴力事件最后得不到法律规制的根源。
>
> 再比如，针对网络暴力的追责难度大、维权成本高，被害者遭受的伤害之大与施暴人付出的成本之低不成比例。从司法实践看，网络暴力多适用名誉损害的自诉案件，案件审理往往要经历较长时间。而相对于网络上山呼海啸一般的恶言相向，这种追责的覆盖面是比较狭窄的、效率是缓慢且滞后的。如何加大对施暴者的惩戒，形成更有效的震慑，需要从立法、司法层面作出更多探索。

紧接着，该评论指出互联网平台在防治网络暴力过程中扮演的重要角色以及存在的问题：

> 另外，互联网平台作为网络暴力发生的主阵地，责任重大，必须为预防和处置网络暴力提供到位的保护机制。就在今天，新浪微博开启"一键防护"功能内测，用户

---

① 刘根生. 新思想也是新闻[J]. 新闻广场，2002(1).

② 打击网暴，需要法律长牙、平台担责[EB/OL].[2022-03-03]. https://m.thepaper.cn/newsDetail_forward_16939696.

可以屏蔽未关注人的转发、评论及私信内容。这一功能的推出，与寻亲男孩刘学州事件有直接关系。痛定思痛、完善管理是必须的，但我们也应反思：为什么平台查缺补漏不能早点、快点，而一定要等到悲剧发生之后？其他相关互联网平台如何及时作出补救和防范？

这篇评论最大的价值在于从法律和平台两个视角探讨网络暴力的治理，打破了以往从单一视角出发谈论网络暴力的格局。

立意求新还可以从文件、讲话的个别字句中发现问题，展开评论。2022年10月，党的二十大召开。在总结过去五年的工作时，二十大报告用一段"特别是"谈到了新冠疫情，指出："特别是面对突如其来的新冠肺炎疫情，我们坚持人民至上、生命至上，坚持外防输入、内防反弹，坚持动态清零不动摇，开展抗击疫情人民战争、总体战、阻击战，最大限度保护了人民生命安全和身体健康，统筹疫情防控和经济社会发展取得重大积极成果。"《长江日报》评论员鲁珊注意到在党的纲领性文献中，用"特别是"开头、以百字篇幅来谈一件事，并不多见。而这样的"特别"，对武汉人民来说，有着尤为特殊的感受。于是，她写了一篇评论《读一段"特别是"，感受刻骨铭心》，刊载于2022年10月27日的《长江日报》：

新冠肺炎疫情是百年来最严重的传染病大流行，也是首次在高度城镇化、高度信息化的时代突如其来。"坚持人民至上、生命至上"，写入党的二十大报告的这十个字，在武汉人民眼里，就是一个个亲身经历、亲眼目睹的真实故事，就是夜以继日为了生命不惜一切代价的努力和奔赴。

总书记公开披露过一次自己"夜不能寐"的经历，就是武汉遭遇前所未有的新冠肺炎疫情时。总书记亲赴武汉，深情赞颂英雄的城市、英雄的人民，细致关心到了武汉人爱吃活鱼。习近平总书记在给武汉社区工作者回信时说："我从武汉回来后，一直牵挂着武汉广大干部群众。"今年6月，总书记时隔两年再赴武汉，诚恳地说："宁可暂时影响一点经济发展，也不能让人民群众生命安全和身体健康受到伤害，尤其是要保护好老人，孩子。"

经历新冠肺炎疫情大战大考，如今再读党的二十大报告，学习贯彻党的二十大精神，我们更能深刻体悟过去5年何以"极不寻常、极不平凡"，更能深刻体悟"两个确立"的决定性意义，中国制度无可比拟的优势，团结奋斗具有的强大力量。

立意求新，不仅表现在突然发生的单个事件中，有时也可以在常年出现的宣传主题中展示。"新年献词"就是一个看似"老生常谈"的话题，但是，只要有心用心，也可以让人耳目一新。《楚天都市报》2023年1月1日刊发的新年献词《相信"相信"的力量》就是这样一篇好评论。

评论员屈旌介绍了她撰写此文的过程和想法：

2023 年新年将至的时候，按照一般的惯例，根据报社的要求，由我来撰写新年献词。……2022 年事实上是非常艰难的一年，如果以太过慷慨激昂的基调去书写，是不太合时宜的。而且，《楚天都市报》作为市场类媒体，从创办以来新年献词就一直坚持温暖、平实、质朴的风格。所以通过梳理一年的大事，与编辑部领导讨论后，决定以"相信"为主题行文。献词中直面眼前无可避免的危机、未知、困难和变化，鼓励大家去相信恒常的规律，坚韧的自我，身边的彼此，可期的未来，以过去一年的大事件为例证，阐明"'相信'是自食其力的安全感，是不断向好的源动力，是我们身为地球 80 亿人之一的责任与依靠"这一观点，鼓舞广大读者和朋友们去相信"相信"的力量。

这篇新年献词发出后，赢得了众多读者的评论和点赞，在新年之际带给很多人的鼓励和共鸣，也被不少行业媒体收录到媒体新年献词典例之中。献词开头写道：

时间是最客观的记叙者，留下印记，呈现意义，于每个人而言，有不同，亦有共通。

这一年，你有多少回忆与感触？与多少人共通？或许是朋友圈热传的视频，或许是热搜榜沸腾的话题，或欣喜，或骄傲，或伤感，或迷惘。

有人在滂沱大雨中哭到力竭，有人陪娃上网课气到"心梗"，有人为梅西终于圆梦世界杯而狂喜，有人因东航事故现场的 3 分钟默哀而泪崩。身边有猝不及防的失落，世界亦有危机四伏的硝烟。

很多次的"一秒崩溃"，拼成了"人生实苦"的粗粝面貌。但一万次崩溃之后，总有一万零一次的重建，让人满怀期待地许愿："好想爱这个世界啊！"

因为我们深知，天空不止有灰暗，一年绝不会虚度。时间洪流中，总有一些情境、一些话语、一些精神，留下闪光的路标，指引方向，留存希望，让我们在眼眶酸痛时坚信：别哭，前面一定有路。

接着，评论从以下四个方面展开论述：危机让人躁动，也让人更相信恒常的规律；未知让人惶恐，也让人更相信坚韧的自我；困难让人彷徨，也让人更相信身边的彼此；变化让人不安，也让人更相信可期的未来。

献词最后写道：

新旧交替的当下，一定还有不少人，内心有沮丧，眼前有迷雾，但只要有一瞬，就勇敢地去相信，定能跨越昨天，奔赴明日，与 2022 年郑重挥别，与 2023 年欣然相逢！

所有熟悉和陌生的人啊，愿我们都能无畏无悔地去相信，相信努力永远不被辜负，相信梦想终究照亮现实。

相信不啻微芒，终能造炬成阳。

> 相信心之所向,必是行之所往。
> 相信无数的可能,相信"相信"的力量!

评论写作是一个实践的过程,同时也是一个不断思考提升的过程。屈旌在论文中谈道:

> 一直觉得,写评论其实是一件有趣的事,评论的写作中有很多兴奋点需要自己去发掘,也有很多内在逻辑需要自己去构造,就像盖房子一样,一步步清晰地搭建,展开,最终通往中心论点。这其实完全可以,也应该作为日常思考和写作的一种思维方式,对于每一件事情,去分析它最值得注意和讨论的点在哪里,从哪里突破,如何展开,这种理性的思维能力,无论是用于新闻工作,还是用于其他工作,甚至是在日常生活中,都是有助于我们更为正确和有序地认识世界。
> 而让评论成为一种思维方式,最重要的核心还是在于,要对世界保持新鲜感,对生活抱有热情,有探究的欲望和讲道理的耐心。长期保持旺盛的表达欲是困难的,但是如果从事了评论这一行业,就必须觉得无穷的人们,无尽的远方,都与我们有关。①

三、立意的过程

立意的过程,是一个不断思考的过程,是一个反复比较的过程,是一个否定之否定的螺旋式上升的过程。

新闻评论是一种有形意见的表达,它是通过一定的概念、判断和推理而完成的。一般来说,新闻评论是建立在一定的新闻事实基础上的,先有事实,后有对这种事实的判断和评论。在评论的立意中,一般要经过以下几个阶段:

(一) 由感性认识上升到理性认识

人们的思维都是由对一定的具体的事物和过程的接触从而形成一定的感觉、体验和认识的。新闻评论的立意,一般来说也是离不开新闻事实的。但是,新闻评论与新闻报道不同:新闻报道是用白描的方式记录发生在我们眼前的事实,给人们以重温历史的感觉,从而来揭示报道的主题;而新闻评论,它是将蕴藏在事实中间的道理、本质和规律直接明白地告诉给大家;新闻报道传递的是事实信息,新闻评论传递的是观念信息。一篇好的新闻评论,首先必须掌握所评论的事实,其次是对掌握的事实进行理性的分析和推理。评论写作是需要感情的,但是,这里需要更多的是对已经掌握的感性材料的判断、分析和推理。我们只有完成了这种由感性到理性的转变才可能产生好的立意,也才可能写出有见地的新

---

① 屈旌. 让评论成为一种思维方式[J]. 新闻前哨,2023(5).

闻评论来。对于初学者来说，学习写作的新闻体裁，首先是评论，而不是消息和通讯。所写成的文章一定要是理性思考的产物，是讲道理的文章，这才是符合我们定义的新闻评论。

(二) 由个别事实到一般概念

新闻报道是对具体事实的记载和描述，在文章中离不开时间、地点、人物、过程、原因和结果等，这就是我们通常所说的新闻的几个要素。新闻报道离开了这些基本要素，就可能出现虚假新闻和失实报道。这是新闻工作者的大忌。一般来说，新闻报道是对某一个具体事实的描述或对一些具体事实描述的综合。这些都是对新闻报道的一般要求。新闻评论离不开新闻事实，这是它赖以生存的前提。但是，新闻评论不是对某一个具体事实的总结和评点，它需要在对一个或一些具体事实的高度概括后，提炼出对这一类事物的判断和推理。新闻评论的立意，要以事实为基础，同时又要跳出对具体事实的依赖。从个别到一般，从具体到抽象，透过现象看本质，这是评论立意的真谛。在立意过程中，要注意把握两点，一是不能就事说事，继续重复事实的具体情节和细节，没有从本质和规律上给人们更深刻的道理；二是不能完全离开事实，所进行的推理与本事实毫无关系是不行的。新闻评论离不开事实，但又不能仅仅谈及某一具体事实，一定要从该项事实出发，引申出令人思考、发人深省的道理来。

(三) 由隐性蕴藏到显性公开

新闻报道也能反映思想，但是，这种思想是蕴藏在具体的事实描述之中；新闻评论作为一种有形意见的表达，它是将要说的道理直接表达出来。我们在报道中，经常可以读到这样的话：某某事情太令人激动或者太令人气愤了，简直无法用语言来表达！写消息通讯时或许可以这样说(严格地说，媒体也不宜使用和提倡这种表述，它会影响人们表达的思想性和独特性)，但写评论就不行了。新闻评论必须将作者要说的话，要表达的思想、观念和意见完整而有条理地阐述清楚。如果一篇评论要让读者去揣摩去猜测(有时还可能产生歧义)，这就不是一篇好评论。据此，可以检查一下评论的立意：这个结论是否反映所举之例，条理是否清楚，论述是否合乎逻辑，再加上是否有新意有文采，答案如果是肯定的，这就是一篇好评论了。

第六章
新闻评论论证

论点、论据和论证是一个整体，环环相扣，论证是这个系统中的重要一环，它是通过论据说明论点的一个过程。在这个过程中，通过事与理的结合、具体与抽象的结合、典型与一般的结合、立论与驳论的结合，表达作者的思想、观点和意见。一篇评论，不仅要有好的选题和立意，还要求评论者将其有机地联系起来，用概念、判断、推理和论证的方式将蕴含其中的道理讲清楚、说明白，触动受众，引导受众，给受众留下深刻的印象，以达到评论之目的。

一、论证中的两个误区

新闻评论是"摆事实"和"讲道理"，这如同人的两条腿，缺一不可。我们在论证中选取的论据也包括两大方面：事实论据和理论论据。然而不少评论的初学者往往不会使用这两个论据，从而陷入论证的两个误区。

(一) 对事实把握不准，致使论证无力

新闻评论时常是要用事实说话的，一个好的事实确实能胜过一打真理的作用，所谓"事实胜于雄辩"就是这个道理。事实在新闻评论的论证中是十分重要的，既是由头又是论据，有时甚至是一个必不可少的一个环节。中央电视台的《焦点访谈》就是"用事实说话"，新闻频道的《央视论坛》则是"透过现象说本质"，《新闻1+1》的宗旨是"同样的新闻给人不一样的解读"，在这里都少不了事实。

论证中有关事实论据运用中存在的主要问题有事实论据的选择上和应用上出错。

在事实论据的选择上，恰当是最重要的要求。恰当是什么含义呢？说的是选择的事实在这里最有力量，最有说服力。事实是为论证服务的，也就是说，我们所选取的事实论据，要成为观点的有力助手，这就要求评论者心里有数，知道选择什么样的事实可以"为我所用"，而不是"牵强附会"。我们说"事实胜于雄辩"，这里的事实都是为论证服务的，都是经过精心挑选的。评论者不能只凭"嘴上功夫"，想到哪说到哪；相反，评论讲究的就是精当。事实不能不用，没有事实作为论据的文章不是好文章，但事实也不能用得太多，尤其不能不恰当地选用。事实论据选择不恰当不仅不会使文章添色，反而会对文章的说服力产生负面影响，让读者一头雾水，不知所云。

在新闻评论的写作中，对事实把握不准主要表现在以下两个方面：一是大量罗列事实。为了说明论证的观点，作者不仅列举大量的事例，在引用时，又不厌其烦地详细介绍

事实的过程。在结尾处用上一句"综上所述"，文章的结论就出来了。这样的文章，事实或许是清楚的，情感也是丰富的，但就是没有说理的成分。在论证时，一定要将蕴藏在事实中的道理点出来、说清楚，只有这样，才能起到事实"胜于"雄辩的作用。这样的事实是经过认真挑选的，事实中蕴含着深刻的道理，经过作者的论述，比单纯的逻辑演绎的效果要好要大。而不是只将事实一摆，道理就自然而然地明白了。或许作者自己是明白的，但受众并不明白。如果简单地罗列事实就能说清道理，还需要论证干什么呢？

二是杂乱无章。在论证中，事实与事实之间也是有联系的，先用什么事实，后用什么事实，这也是有讲究的。不分时间的先后，不讲事实之间的逻辑联系随意列举，这就是"杂乱无章"，只能表示作者思维的混乱，于评论的论证是没有好处的。

如何正确认识和选择事实，怎样搜集事实呢，怎样确定事实之间的联系和相互依存性呢？列宁同志的这段话对我们是有帮助的："在社会现象方面没有比胡乱抽出一些个别事实和玩弄实例更站不住脚的方法了。罗列一般例子是毫不费劲的，但这是没有任何意义的或者完全起相反的作用，因为在具体的历史情况下，一切事情都有它个别的情况。如果从事实的全部总和、从事实的联系去掌握事实，那么，事实不仅是'胜于雄辩的东西'，而且是证据确凿的东西。如果不是从全部总和、不是从联系中去掌握事实，而是片断的和随便挑出来的，那末事实就只能是一种儿戏，或者甚至连儿戏也不如。"①

我们所撰写的新闻评论，一定要从新闻事实出发，这是评论的基础；如果事实不真实、不典型、不能为评论服务，这样的事实是不能作为评论论据的。

(二)对理论认识不清，讲不明白道理

评论是以说理为其特征的。既然要说理，就少不了运用一些社会科学和自然科学方面的理论知识，包括引用一些理论家、领导人和经典著作的讲话或文章，这是需要的。但是，所有这一切都是为我所用，为论述所用。

在现实的评论写作中，对理论认识不清主要表现在以下两个方面：一个是频繁引用经典，失去了自己的主张。有人在评论的论述过程中，为了证明自己观点的正确和有力量，常常引用一些革命导师、领袖人物、权威人士的讲话或文章。一些初学者，以为写评论就要引经据典，好像谁引用得多，谁的评论就有说服力似的。这就犯了"频引经典"的毛病，结果是，一篇评论文章，除了大量引用别人的语录和文章外，完全没有自己的东西。这种别人的语录和文章的摘抄堆积能算新闻评论么？我们引用理论论据不是为了"拉大旗，作虎皮"，装潢门面，故作声势，去吓唬人，而是为了更好地展开论证、说明观点。

另一个更大的毛病还表现在，很多初学者在引用他人文章时，有时并不了解被引用文章的历史背景及其真正含义，只从字面上领会，就加以运用，有的评论写作者不了解所引用的段落在原文中的完整意思，曲解了原作者的思想，犯了"断章取义"的错误。理论论据在评论论证中的运用展示了作者的理论素养和评论素质，其作用是十分重大的；但由于断章取义，歪曲和错误地理解了原文和原作者的本义，就有可能使整篇评论发生偏差或背

① 列宁全集(第23卷)[M]．北京：人民出版社，1958：279．

道而驰，这是初学者特别要谨慎对待的。

在评论的论述过程中，选择有权威性、有代表性的理论和观点作论据，是有说服力的。但是，有评论初学者往往盲目迷信、崇拜权威，将权威的意见放到不恰当的位置，从而影响论述的力量。有的初学者在选取理论论据的过程中，绞尽脑汁地运用学术理论，想引用名人名言，不管这个理论是否与自己论证的观点契合，都想扯来用一用。他们似乎认为大量运用学术语言，摆摆学术高深的架子就可以使人刮目相看。有些人在评论写作过程中往往不能摆脱这样的模式：用成篇大段的理论往想要论证的观点上套，先介绍某理论，再写上"根据这个理论，我们应该……"，最后作一个总结。这种对于权威理论囫囵吞枣的迷信，不仅不会使文章增加深度，反而会造成评论论点的不清晰，评论语言的晦涩难懂，评论格式的僵化死板，不会受到读者欢迎。

在评论写作中，引用的讲话或文章或许都是不错的，在历史上或许也都起到过一些革命的和积极的作用。但是，历史是发展的变化的，不同地方的情况也有不同。那种永恒的一成不变的真理和放之四海皆准的真理是不存在的。在新闻评论的论证中当然可以引用一些经典著作和文章，用得好，还能深化自己的评论，起到画龙点睛的作用。典故在评论中用得好不仅能提神，还能普及知识、传播文化。但是，凡事不能一律化，篇篇评论都用典。要根据文章的需要和自己的表达风格，来决定是否用典和如何用典。大量生搬硬套地引经据典是新闻评论论证中的一个大忌。

上述两个毛病，一是对事实在论证中的作用理解有误，二是对理论运用的认识有偏差。要进行评论写作，或要写出一篇好的新闻评论来，必须克服认识上的片面性，走出上述两个误区。这就要求评论者，一是下笔前做到"胸有成竹"，心中有数，这样有利于克服事实论据引用上的繁冗混乱；二是加强人文社会科学理论的学习，吃透理论，这样才能做到深入浅出，克服频引经典、摆学术架子的毛病。说到底，评论初学者还是应该多读、多写、多想，只有这样才能克服论证上的误区，写出成熟的评论。

二、用好事实论据

物质是在一定的时间和空间中运行的，我们所感受到的一切都离不开活生生的事实，事实是我们赖以生存的基础。我们的思想、观念和意见，所有一切概念的东西，抽象的东西，都离不开事实。典型的具有说服力的事实是新闻评论论证中常用的材料。

如第 32 届中国新闻奖作品《见证三湘儿女矢志不渝的奋斗——"矮寨不矮、时代标高"系列评论之一》，为了论证三湘儿女矢志不渝的奋斗，作者列举了矮寨大桥的具体实例：

> 矮与高，见证科技腾飞。矮寨大桥建在矮寨，代表着桥梁工艺的一个巅峰。它创下"四个世界第一"：世界上跨度最大的峡谷桥梁工程、世界首创"塔-梁分离式悬索桥"新结构、世界首创"轨索滑移法"架设加劲梁新工艺、世界首创碳纤维材料岩锚体系。习近平总书记 2013 年考察湖南时赞誉它为"中国的圆月亮"，NBC 推荐它为"十

大非去不可的世界新地标"，中国公路学会评选它为"中国十大最美桥梁"。矮寨大桥当之无愧是中国走向世界的一张时代名片，彰显着勇创一流的民族志气。

贫与富，重构发展节拍。一桥飞架，天堑变通途。桥通以前，人被封印在贫困里；桥通以后，黄金茶、酒鬼酒、猕猴桃走出苗寨，走向全国、走向世界，看矮寨、住凤凰、游湘西，全域旅游打通"经脉"。"养在深闺"的各种资源得以在大山内外自由流动，发展新机、文明新风、思想新芽更是破土萌发、生机勃勃。难以想象，湘西自古被称为蛮烟瘴雨之地，早期史迹渺茫无稽。如今，这里有全球最大氮化锰生产基地、富硒猕猴桃基地，有全国最大微细球形铝粉生产基地、椪柑和百合种植基地，有全省最大茶叶基地。因交通设施"先天不足"而延缓的发展步伐，由此实现加速。

……

作者认为：

"'虎踞龙盘今胜昔，天翻地覆慨而慷。'从贫困落后到全面小康，从百废待兴到百业兴旺，从内陆封闭到创新开放，从温饱不足到人民幸福，犹如长虹横卧的矮寨大桥，仍旧在每日的晨霞夕辉中，为三湘儿女矢志不渝的奋斗作证。"

人们接收的信息大体上有两类，一类是事实信息，另一类是理论信息或观念信息。一般来说，事实信息容易理解和接受，特别是那些新颖的前所未闻或很少知道的事实信息，能够满足人们的求知欲望，从而引导人们接受理论信息。自然，事实的选择也不是一件容易和随便的事，需要把握以下几个方面的问题。

(一)怎样选择事实作论据

新闻事实是新闻评论之"本"，如何选择新闻事实关乎评论论证的深度和广度。

1. 事实要真实

新闻是对正在、新近发生的事实的报导，如果没有事实或事实是假的，那么，这个新闻报道也就是不真实的了。写新闻评论也是一样，如果评论所列举的事实是不存在的或是虚假的，那么，这个评论怎么能经得起检验呢？

"手提馒头和矿泉水，走在北京大学的校园内"，这是 2021 年爆火的一则采访视频的片段，视频中的主人公是北京大学数学学神——韦东奕。在采访视频爆火后，网友们发现韦东奕是一名数学天才，他连续两年以满分的成绩获得了第 49 届、第 50 届国际数学奥林匹克竞赛的金牌，在高二被保送至北京大学，随后参与北大"本博连读特别计划"，2019 年博士毕业后留校任教，在 28 岁时，担任北京大学助理教授一职，网友们称呼他为"韦神"。此后，有关韦东奕的各种视频在网络上广泛传播，获得了大量的点赞、评论、转发，也有众多媒体报道这位人物。

但是，在韦东奕走红之后，一则关于"韦东奕一个人搞定了六个博士生花费四个多月时间都无法攻克的难题，并拒绝报酬"的消息传开，"韦神"再次登上微博热搜榜第一，此外也有媒体报道哈佛大学免考英语、破格邀请韦东奕入学，该报道也获得了一定的关注度。韦东奕似乎被"神化"了。

但是，《南风窗》做了一篇关于韦东奕的人物专访，将这些信息逐一证伪，《"韦神"发声：别信热搜》①中写道：

> 一条假新闻上了热搜，韦东奕也感到很无奈。"上热搜"这事也不是韦东奕先发现的，他很少上网，这事还是别人告诉他才知道的，他没去看，也不在乎，因此不会给他的工作和生活带来什么影响。
>
> 早前，有媒体报道说，哈佛大学免考英语、破格邀他入学。对此，韦东奕告诉《南风窗》："网上有些消息是假的。关于哈佛那个，可能有些人这么认为，但没有明确这么说过，哈佛没找过我。"

在人人都是麦克风的时代，大家都可能成为传播的主体，加之传播工具的快捷便利，更可以使一条消息在短时间内以几何级扩散。"北大韦神"迅速走红的背后，客观上助长了谣言的传播。新闻评论当然要对一些有悖社会的行为和现象予以批驳，但是，这里有一个基本前提，就是新闻事实必须准确无误。面对扑面而来的可疑消息，我们应该用理性的思辨和负责的态度，在评论举例时慎用"转发"键，避免以讹传讹。

新闻评论在引用例子时，要留意并且核实事例的真实性，只有确保新闻具有真实性，才能写出有说服力、有影响力的新闻评论。

2. 事实要新鲜

新闻评论的新，除了要求文章的观点新外，评论所依赖的事实也应该尽量的新鲜。新鲜的事实本身就有很强的吸引力，再加上由此引发的评论，就能更好地感染、说服或引导受众。

国家经济的走势一直是大众重点关注的议题，经济的发展程度决定了老百姓的生活水平，为阐明我国经济总体情况，中国经济网发表评论文章《经济总体恢复向好　发展后劲不断增强》②，文章从专业的角度阐明了我国最新的经济情况，运用了大量翔实、新颖的一手数据：

> 国家统计局10月24日发布的数据显示，前三季度我国GDP同比增长3%，比上半年加快0.5个百分点；其中第三季度同比增长3.9%，比第二季度加快3.5个百分点。从三季度经济运行看，主要指标恢复回稳，保持在合理区间，积极因素累积增多。
>
> ……

---

① 燎原. "韦神"发声：别信热搜[J]. 南风窗，2022-05-13.

② 子房先生. 经济总体恢复向好 发展后劲不断增强[EB/OL]. [2022-10-26]. https://www.workercn. cn/c/2022-10-26/7207272.shtml.

从拉动经济增长的"三驾马车"来看，我国经济恢复发展的后劲正在不断增强。以投资为例，前三季度，全国固定资产投资(不含农户)同比增长 5.9%，增速比 1~8 月份加快 0.1 个百分点，连续两个月小幅回升。其中，制造业投资同比增长 10.1%，增速比 1~8 月份加快 0.1 个百分点；基础设施投资同比增长 8.6%，增速比 1~8 月份加快 0.3 个百分点，连续 5 个月回升。

这篇评论运用大量新鲜的事实论据，权威、可信，有效地辅佐了论点。

新鲜的事实、近期人们身边发生的事实，容易引起人们的共鸣及关注。自然，在引用新鲜事实时，要特别注意它的真实性和准确性，不能因为强调评论的时新就忘记新闻的根本。

3. 事实要典型

评论是对事实的抽象，是对某一个或某一些具体事实的高度概括和总结，从而形成观念和意见。但是，这些事实并不是随意拿来就用的，要在多个事实的基础上选取典型的事实。

曾经有消息报道，某个地方的社科院在人事制度的改革中，让教授看大门，研究生收发报纸杂志。当时的评论有两种声音，一种痛骂社科院的人事制度改革，另一种说"高知"看大门有何不可。但《中国青年报》的时评版对此没有发表文章。他们认为，这件事情本身没有太多可以评论的空间，说到人事制度改革，有太多的事件和文章可做。为什么一个在全国沸沸扬扬的新闻，而《中国青年报》的时评编辑却认为没有什么评论的价值呢？在他们看来，此新闻事例没有评论的典型性。所谓典型性，它一定要同时具备两条件，一是突出性，二是代表性，二者缺一不可。教授看大门，和前些年有报道说教授卖烧饼一样，看起来很新鲜很典型，但是，像这样的事例全国有几个呢？可能不多，它们的出现只是个例，虽然突出但不具备代表性。

一般来说，新闻评论中的典型事实选择可考虑以下几点，一是时代性，即该事例的运用反映了当今时代的特征和特点，它能激起人们的共鸣；二是针对性，即该事实的运用既能反映该类事物的现状，又能促进该类事物的改变和促进它的发展；三是独特性，即该事例是其他场合所没有或很少见到的，其运用能够引起人们的注意和兴趣；四是新闻性，即该事例是最近出现的事物，与评论写作的时间距离较短。越是新近发生的事情，对受众来说，越有吸引力。

2022 年 10 月 1 日，在女篮世界杯决赛中，中国队斩获亚军。当日，《人民日报》发表评论：

女篮世界杯 4 年一届，是当今篮球运动女子项目最高水平赛事。本届世界杯，平均年龄不到 26 岁的中国女篮，先是取得三胜一负的战绩，提前一轮晋级八强；之后又依靠冷静、出色的表现，连续淘汰世界劲旅法国队和澳大利亚队，来到决赛舞台。防守保持旺盛斗志，总是能给对手得分造成困难；进攻行云流水，在打好配合的基础上加强个人进攻。这支"用脑子打球"的中国女篮，给很多人耳目一新的感觉。

不畏强手、不骄不躁，中国女篮能展现出令人信服的实力，实属不易。事实上，无论是集训时间短，还是多名队员身体状况不佳，备战世界杯期间，女篮姑娘经历了重重挑战。压力就是动力，从 8 月启程前往欧洲进行海外拉练，到抵达世界杯赛区之后，与澳大利亚队、加拿大队、波多黎各队进行热身赛，中国女篮边打边练发现问题，有针对性地解决如何破紧逼防守、减少失误、提高对抗性等薄弱环节，在熟悉对手套路和打法的过程中，不断学习和打磨技战术，全队状态也越来越好。①

随着通信技术的发展与普及，社交媒体已经成为人们日常生活、工作、学习的重要交流渠道之一，社交媒体侵权的现象也频频出现。2022 年 10 月 13 日，《北京青年报》报道了一则新闻《两业主微信群互怼一年多 法院：双方均构成名誉侵权》②：

据湖南长沙天心区人民法院 10 月 12 日消息，近日，长沙市天心区人民法院对一起人格权纠纷案作出一审判决，两名业主在业主群内互怼 14 个月，相关聊天记录打印出来有两三厘米厚，甚至在线下大打出手，最终闹上法庭。经法院审理，互怼的双方均被判构成名誉侵权，不仅要在业主群道歉，更要赔偿打伤对方的相关损失。

随即，《新京报》在当天晚上发表评论《群里对骂被判"互相道歉"，别只当笑料看》③，写道：

随着社交媒体的兴起，互联网上的侵权行为也呈现出高发之势。据媒体披露，近年来，北京市一中院审理的侵犯人格权的案件中，有 75% 是以网络为媒介的。但网络并非法外之地，在微信群等网络平台发布言论时，应符合公序良俗，遵守法律法规，一旦超过"底线"、越过"红线"，便要承担相应的法律责任。本案的一审判决，无疑是在此方面的严肃重申。

该评论还写道：

客观上，此种通过文字、言语对相对方进行侮辱并实施损害其名誉的行为，也都已经构成名誉侵权，对相对方造成了不良影响，导致其他业主对其产生不良评价。可以说，所有的超越事实本身和法律红线的"互怼"与"互殴"，都会对相对方造成非法伤害。

而名誉权是公民维护其人格尊严不受侵犯的权利，《中华人民共和国民法典》对此有明确规定。因此，本案一审判决是，原、被告双方要求相对方进行书面道歉并在

① 吕晓勋. 敢打敢拼、永不言弃，中国女篮加油！［N］. 人民日报，2022-10-01.
② 两业主微信群互怼一年多 法院：双方均构成名誉侵权［N］. 北京青年报，2022-10-13.
③ 刘效仁. 群里对骂被判"互相道歉"，别只当笑料看［N］. 新京报，2022-10-13.

相关微信群公开的诉讼请求，法院均予以支持。

两业主群里对骂 14 个月，被判"互相道歉"也再一次警示人们，微信群是一个虚拟空间，也是一个公共空间，在微信群对他人进行谩骂攻击、侮辱他人人格，只是侵权的载体不同，其侵权本质并无变化。

4. 选择变化中的事实

事物都是发展变化的，新闻评论也需要根据变化了的事实发表意见，这样才能跟上时代的步伐，从某种意义上说，这样的评论才符合与时俱进的要求。

新能源汽车是新能源与汽车行业结合的新生事物，其未来发展一直备受关注，为此《环球时报》发表了一篇评论《赵永升：新能源车企需理性看待欧洲市场》[①]。文章从专业角度剖析了新能源汽车的发展现状和在欧洲市场中所面临的各种实际情况，运用了大量翔实、新颖的一手数据：

近日，巴黎国际车展在凡尔赛门展览中心拉开帷幕。与以往不同的是，新能源汽车成为这届巴黎车展的主角，而参展的中国新能源汽车尤其是中国电动车格外引人注目。

要知道，在之前每届车展上，中国汽车总体扮演的基本是"跑龙套"的角色。作为之前每届巴黎车展必参加的一名"铁粉"，我为中国新能源汽车这次能在巴黎获得一席之地深感欣慰。欣慰之余，笔者认为面对最早实现工业化的"老大陆"欧洲、工业齐全且强大的"新大陆"美国以及后起之秀的日本和韩国等国，作为一个新兴经济体，我们还是要保持冷静的头脑，理性看待中国新能源汽车的欧洲市场，尤其是该市场的内生性和外生性、市场扭曲度及其可持续性等关键指标。

首先，让我们回顾一下数据。今年 1—9 月，中国汽车企业共出口 211.7 万辆，同比增长 55.5%，超过 2021 年全年出口量。中国超过德国成为仅次于日本的世界第二大汽车出口国。若仅查看今年 8 月份数据，中国单月汽车出口量甚至位居世界第一。

其实，欧洲尤其是欧盟的新能源汽车市场，存有越来越旺盛的内生需求和外生需求。首先，欧洲人的环保意识排在国际前列，这与欧洲大陆最早实现工业化、深受污染之苦也深知环保之益直接相关。其次，当前全球范围内的新能源汽车，都在冲击着传统燃油车时代的商业格局，欧洲更是在该领域走得最快的大陆之一。

接着，让我们看一下欧洲新能源市场的"扭曲度"。欧洲堪称全球能源转型最"激进"的地区之一。多年来，欧洲尤其是欧盟各国纷纷出台政策，不仅加大补贴和完善税制，同时提高相关的排放标准。诸多激励和处罚的举措和法规也在欧盟层面大力实施，欧盟各成员国的新能源汽车市场如雨后春笋般被催化出来。今年 6 月份，欧洲议会更是通过禁燃议案，明确规定从 2035 年开始欧盟境内将全面禁售燃

---

① 赵永升. 新能源车企需理性看待欧洲市场［N］. 环球时报，2022-10-24.

油车，此举进一步加速了欧洲汽车电动化的进程。

选择变化中的事实，这要求评论员一定要关注我们身边发生的事件和这个事件发展的趋势，深刻认识其事件中隐藏的本质及规律性的东西。在某些情况下，作者还需要作一些超前预测，这些分析和判断都需要作者具有一定的理论知识，并进行广泛的社会调查。

5. 选择亲历的事实

新闻评论要以新闻事实为基础，如果这个事实是自己亲身经历的，那么感受会更加真实，论述也会更加深刻。而且，在众多事实中，唯有这一个是独家的，那么写出的评论也更具独特性。所以，在事实的选择中，如有自己亲身经历且与选题相吻合的，那么，这样的事实应该是首选对象。

宋金波是大连理工大学的教授，在项目投融资决策、政府和社会资本合作（PPP）、项目治理、复杂项目管理、基础设施智慧运维等方面颇有研究，他曾写过一篇评论《建立"国家公园"会遇上哪些难题》①。作者通过自己的亲身经历，表达了对当前保护地规划与建设局面的见解：

> 我曾负责并执笔的羌塘和雅鲁藏布大峡谷国家级自然保护区总体规划，后来在国家林业局看到很多自然保护区规划文本，其中包括我负责完成的几个湿地国家公园、国家森林公园的总体规划。
>
> 这些不同名目规划所体现的不同保护地的功能、分区、设计甚至预算，都是大同小异，除了个别纯粹的旅游区，几乎连总规的篇目格式都可以直接拷贝。这不仅是因为相关文本规范很接近，也是一种必然：在中国，值得开发、值得观赏的自然景观，很少不需要在自然生态上予以保护；与此同时，在任何需要保护的地方，又很少有不面临开发的压力或诱惑。

作者把美国作为分析的例子，探讨了国家公园管理的问题：

> 以美国为例。美国国家公园也算中央集权型管理体制，由联邦政府内政部下属的国家公园管理局主导管理工作，形成以"国家公园管理局—地方办公室—基层管理局"为主线的垂直管理体系，地方政府无权介入。有关国家公园的政策和法律条款，则由社会各界向美国国会发起提案，提案通过后即成立。
>
> 但是，美国社会在保护地管理上，容纳多种所有权机制，包括私人领地保护。与之对应，在中国，几乎所有自然保护都要政府来管……美国关于国家公园以及其他保护地的立法相当多，而中国至今只有一个《自然保护区条例》。这些法律当然是超然于管理机构或组织之上的。由于普遍的执法环境差异，即便是现有《自然保护区条例》，也难以认真执行。

① 宋金波. 建立"国家公园"会遇上哪些难题[N]. 中国青年报，2017-07-26.

……

国家公园管理，也有赖于成熟的社会自我组织和管理，以及全社会包括公共舆论的监督。开发与保护，收权与放权，在自然保护中乃至更多领域，都有"一抓就死，一放就乱"的老问题，一头独大增加管理系统性风险，"多龙治水"降低效率……

这样看来，"国家公园体制试点"，还真不是一个小的技术问题，配得上"改革"这个大题目。《建立国家公园体制试点方案》特别强调："试点的并非国家公园这一实体，而是国家公园管理体制"，应该也是为了避免"国家公园一窝蜂上马"，徒有虚名与器物，遗漏制度与思想。

这篇评论没有多少纯理论的论述，更多的是从自己亲身经历中提出的问题和思考。但是，文章中经过精心选择的有关国家公园体制建设案例，不仅可以给人们许多思考，更会给予我国的国家公园建设更多的参考和启示。这种深入实际调查研究的作风是值得提倡和学习的，这种以自己亲身经历来写作评论的方法也是值得点赞的。

(二) 怎样运用事实论据

论证中的事实是很重要的，当我们选择了真实的事实、新鲜的事实、典型的事实和变化中的事实后，要学会运用好它们。论证中的事实选择大体上有以事论理、以理说事和夹叙夹议方式。

1. 以事论理

所谓以事论理，就是在论证中，先列举事实，再对该事实进行分析和评论。以事论理也称作为事例论证，它是指在论证中运用某个典型事例，说明该事例所反映的一般道理。

2022 年 10 月 27 日中"青评论"发表一篇评论《多名当事人被通报，坚持科研不端"零容忍"》①。评论一开始就提供了一份资料：

近日，国家自然科学基金委员会通报了今年第三批次科研不端案件处理结果，这些案件当事人将被给予通报批评，并取消项目申请和参与申请资格两年或 3 年。此次通报总共 46 起学术不端案件，它们存在多种问题，包括委托第三方公司代写代投、署名不实，论文和项目申请书存在抄袭剽窃，伪造、篡改研究数据或图片，图片不当操作和使用混乱，擅自标注他人基金号等。

有了这份背景资料，作者表明了自己对于科研诚信的态度：

从披露案件的具体案情来看，一些人或许可能认为，没必要在数据、图片、基金标注等这些看似并不重要的方面"小题大做"。但是，科研诚信无小事，如果在这些细微之处出问题，就有可能葬送来之不易的科研诚信。只有坚持防微杜渐，对任何科

---

① 马亮. 多名当事人被通报，坚持科研不端"零容忍"[N]. 中国青年报，2022-10-27.

研不端行为都予以惩戒，才能真正树立科研诚信不能触碰的高压线，使任何人都不敢越雷池一步。

该评论还引用了党的二十大报告中的观点：

> 党的二十大报告指出，加快实施创新驱动发展战略。要想激励科研人员勇于探索和锐意创新，就要保障和认可他们的首创精神，并使他们能够在公平的科技赛场上一拼高下。弄虚作假、抄袭剽窃等科研不端行为是科技创新的大敌，会诱发"劣币驱逐良币"的不良后果。唯有对科研不端采取"零容忍"，坚决打击科研不端，才能营造风清气正的科研氛围，使科研人员潜心开展科研活动。

以事论理，要求一定是和本篇文章的道理相关的事例。这个事例可以是一个具体的事件，也可以是一组新统计的数据，还可以是一系列为人所知的现象。在列举事例时，要围绕主题，简明扼要，不可过于冗长啰唆。

2. 以理说事

以理说事也称为事理论证，它是用已经证明是正确的理论来说明某个尚未被证明的具体论点，也就是我们常说的大道理说明小道理。这个理要说清楚，它可以是独立的，不依赖其他的东西而存在；我们所列的事实是对它的补充，能加深受众对它的认识。此刻的事实一定要为主题服务，还要符合评论所阐述的理论的要求。不能论点说的是这一个意思，而事实反映的是另一个意思甚至是相反的意思。

以理说事，首先，将要说明的道理说清楚，这个道理要是当下许多人不甚明白或混乱模糊，需要甄别阐明的道理；其次，所说的事情，能很好地反映前面讲的那个道理。这是一个问题的两个方面，需要评论者认真思考，整体把握。

3. 夹叙夹议

夹叙夹议是评论中常用的一种方法，它可以是先举事例，后进行论证，再举实例和议论；也可以是先论证，再举例说明，接着又议论和举事例。一般稍长一点的评论文章，时常用夹叙夹议的方法。

"澎湃新闻"发表过一篇《汶川地震被救少年牺牲，他用生命点亮了生命》的评论[1]，作者在进行论证时，首先用评论中主人公的例子直切主题，并在陈述中夹杂了议论：

> 比如，中专毕业后，蔡茂强第一时间就报名了森林消防员；入队后由于体能素质不过关，蔡茂强常常给自己加练，上肢力量不足就练单双杠、俯卧撑；战友跑5公里，他就跑10公里。今年年初以来，凉山冕宁县、广安前锋区等地连续发生森林火灾，蔡茂强一直跟随队伍奋战在扑火一线……

---

[1] 赵清源. 汶川地震被救少年牺牲，他用生命点亮了生命[EB/OL]. [2022-10-28]. https://www.thepaper.cn/newsDetail_forward_20494879.

只有人心能温暖人心，只有生命能点亮生命。

如今，当年废墟下幸存的地震孩子回来了，带着无私无畏的精神回来了，当地的百姓夹道迎接英雄的骨灰回家，含着热泪讲述他的故事——"茂强，我们来接您回家了""您一路走好，您的遗志我们来继承""汶川中学好同学，汉中学子好榜样"……

蔡茂强的生命，永远定格在了 10 月 21 日 9 时 42 分，"撤啊！快！"是他留给世界的最后一句话，"还有 30 秒到达战场"是他在路上发出的最后一条朋友圈。这些生命中的最后时刻，他向我们展现的是一位消防员的职责与奋进，也给我们留下了一个鲜活的生命印象。他也是邻家弟弟，是长辈眼中的孩子，是微信聊天栏里的"好友"。

评论通过对蔡茂强个人事迹以及各个人物语言的叙述，并结合议论，塑造了蔡茂强的高大形象。

夹叙夹议是对事实和论述的交叉使用。在使用时，要注意所举事实与论证的紧密结合。如在上面的评论当中，作者先介绍了蔡茂强的事迹，经过论述后得出结论："这一切不为别的，只是为了救人，救更多的人。"紧接着，作者通过引用各种人物语言，多方面对人物的形象进行刻画，从而表达了蔡茂强身上的奉献精神。

三、用好理论论据

评论文章的论证，除了需要事实论据外，更多的则是需要运用理论论据阐述自己的观点。理论论据，一般是人们熟悉的普遍真理和经典论述及经过实践证明的可以信赖的格言、谚语等。

(一)理论论据的选择

理论论据的选择是在资料收集和研究的基础上，最终确定评论中所使用的材料。它包括两个部分，一是确定要使用的量。论据绝不是越多越好，而应是一个恰好能充足说明或得出论点的量。二是确定要使用的地方。好钢要用到刀刃上，必须注意论据使用的先后次序，绝不是将论据随意安排，适时适地地运用论据会收到极好的效果，反之，会给人一种牵强附会的感觉。选择论据的原则概括起来，主要有以下几点：

1. 典型性

选用理论论据时一定要注意做到"去粗取精，去伪存真"，论据必须有代表性，能反映事物的本质和规律。理论论据有很多，但是，只能选择那些与主题相关而且最能说明主题的理论论据，这才是我们所需要的。一定要在多个论据的比较中选择最具典型性和代表性的论据。

2020 年 6 月 24 日，"人民日报政文"微信公众号发表评论《合村并居问题，能否在民法典里找到答案?》，该文获得第 32 届中国新闻奖三等奖。文章针对一些地方农村合村并居工作推进中引发群众不满和质疑的现象，分析合村并居的目的、工作中存在的问题和原因、化解矛盾的办法。该评论结合刚刚通过的《中华人民共和国民法典》相关条文，鲜明地提出"各级领导干部在处理合村并居这样的问题时,真正对标对表","把民法典体现的对公民人身、财产、人格的保护精神落到实处,把法治政府建设的要求落到实处"等重要观点,使论述更加有力量。

2. 真实性

评论的一个突出表现就是选用的论据具有真实性。强调事实的真实性,这是大家都明确的,如果评论的对象都是假的、错误的,那么我们的评论还有什么意义呢?对于理论依据来说,也是一样的道理。随着科学的发展和学科的剧增,有很多以前被认为是正确的理论,到现在却已经过时了;或在彼地是适用的理论,但到此地却不能用了。在评论的论述中一定要用那些经过实践检验是真实的、正确的理论做论据。

2020 年 3 月 24 日甘肃日报社发表评论《做好减负、稳岗、扩就业的文章》,该文获得第 32 届中国新闻奖三等奖。该评论强调了就业是民生之本,也是经济发展的"晴雨表"、社会稳定的"压舱石"。该评论引用了国家和地方的相关政策,"近期,人社部会同财政部、国家税务总局研究制定了《关于阶段性减免企业社会保险费的通知》,明确了免、减、缓三项措施,预计共为企业和个体工商户降低成本 5000 亿元。此外,各省市也纷纷出台减免政策,最大程度缓解企业困难。"关于中国如何在实际操作中稳住就业,仅靠评论员自己发声是不够的,这里选择引用国家、地方的政策,这样论证就更具有说服力了。

3. 充足性

一篇评论之所以令人信服,除了它的论点是正确的,关键在于它有足够的说服力。而说服力不是来自论点本身,它主要来自充足的论据。所以,在评论的论述中,在使用理论论据时,一定要将它的科学性和有用性充分表现出来。

2020 年中国网发表评论《一法安天下:这只是香港由乱及治的序幕》,该文获得第 31 届中国新闻奖三等奖。文章运用"香港国安法实施首日,香港再次出现非法游行集会""英国纠集西方国家为主的 27 国,联手公然干涉中国内政"等翔实事例论证了"香港国安法打中了他们的七寸"。

4. 统一性

统一性说的不仅是论据与论点的统一,也是各个论据之间的内部统一。不同的理论说明不同的事物和问题,而说明不同事物和问题的理论有时又是不完全一致的,甚至会出现相悖的情况。在运用这些理论时,要注意其适用范围,特别要注意各理论的统一和相融。

2020 年 10 月 23 日《榆林日报》发表评论《敢说"不行"也是自信的表现》,作者在评论中指出,记者在采访"不忘初心、牢记使命"主题教育进展情况中发现,与以往许多部门单位负责人爱谈"成绩"不同,现在谈问题的多了,敢晒"病"、亮"家丑"的也多了起来。然后作者指出,自信在许多人看来是"能力强、水平高、成绩大"的"代名词",而说困难、讲问题则被视为"不自信"的表现。这就导致一些党员干部在实际工作中不担"担子"、怕丢"面子"、爱装"样子",遇到新闻采访,总想着让记者看好的"典型"、听做出的"成绩",以便搞好"正面报道"。作者由此提出论点——没有问题往往是最大的问题。敢于晒"病"就不是真"病",敢说"不行"其实也是自信的表现,敢于直面问题才是真想解决问题。该文获第 30 届中国新闻奖三等奖。

5. 新颖性

理论是在不断创新和发展的，理论论据也必须做到与时俱进，这样写出来的评论才更鲜活，更有吸引力。

2021年2月2日《湖北日报》针对贪污腐败问题发布评论《决不允许"鸡脚杆子上刮油"》。关于批评贪污腐败的文章很多，但是大多缺乏新意，甚至泛泛而谈，而这篇文章言辞犀利，对群众身边腐败和作风问题大张挞伐；将俚语"鸡脚杆子上刮油"直接写进标题，新颖且有深意。文章虽只有594字，却锋芒毕露，充分彰显了"坚持以人民为中心是全面从严治党的动力源泉"这一重大主题，该评论获第32届中国新闻奖一等奖。评论中这样写道：

> 当前，群众身边的腐败问题和不正之风还层出不穷，涉及村(社区)的案件举报仍有增无减。有的群腐群"蛀"，有的"官"小"胃口"大，甚至对扶贫资金、拆迁补偿款、老龄津贴等下黑手。一些人"鸡脚杆子上刮油""鹭鸶腿上劈精肉"，贪婪至极，可恶至极，影响很坏。
>
> 我们纵深推进全面从严治党，既要"打虎"，也要"拍蝇"，决不允许"鸡脚杆子上刮油"，啃食基层群众特别是困难群体的获得感。
>
> 党风廉政建设和反腐败斗争事关国家政治安全、事关人心向背、事关兴衰成败，是一场输不起也决不能输的重大政治斗争。民心是最大的政治。如果任由一些"苍蝇"乱飞，群众就会对全面从严治党的效果产生质疑，长此以往就会动摇党的执政根基。防止"堤溃蚁穴，气泄针芒"，必须坚决整治群众身边的腐败和不正之风问题。

评论员李保林在获奖后谈到写作这篇评论的体会：坚持直击要害。短评不兜圈子、不绕弯子，以500余字陈现象、挖根源、指危害、析措施，逻辑严密，环环相扣，层层递进，最终落脚于让人民群众从正风肃纪反腐中收获更多幸福感、安全感，既要言不烦、言简理尽，又锋芒毕露、直击要害。由是观之，改进文风是新闻人的终生必修课。当下，新闻采写仍存在一些认知上的偏差，有的将篇幅长短简单等同于内涵深浅，以"堆头"论质量，看似洋洋洒洒，读来味同嚼蜡，吸引力、影响力自然大打折扣。坚持质朴清新。短评引用"鸡脚杆子上刮油""鹭鸶腿上劈精肉"等俚语，"任由一些'苍蝇'乱飞"等大白话，沾泥土、接地气、冒热气，增强了传播力、感染力、说服力，评论要多说百姓听得懂的话。照本宣科、寻章摘句，看似论述严谨、面面俱到，读者根本不愿看。只有让人愿意看、看得懂、听得进、受感染，才能真正发挥引导舆论、统一思想、凝聚人心的积极作用。①

(二)理论论据的运用

说理是评论的特点也是对它的要求，一篇评论不说道理或不用道理说服人，那它就不

---

① 李保林. 让评论的鼓点直抵人心——《决不允许"鸡脚杆子上刮油"》采编感受[J]. 新闻战线，2022(12).

是新闻评论或不是一篇好评论。

论证是一个运用概念、判断和推理的过程，在这个过程中运用逻辑的力量来论证自己的观点或驳斥对方的观点，从而达到表达自己的意见或说服、引导受众的目的。为达此目的，在论证时应注意以下几点：

1. 讲清道理

论证是一个逻辑思维的过程，在这个过程中作者要运用事实和理论阐述主题。那么，首先要把你说的道理讲清楚。在新闻评论的写作中，时常能发现这样的情况，有的作者自己就对某一问题和理论没有搞清楚，结果文章说了半天，别人也没有弄明白。评论既然是说理，就要把这个道理讲清楚，特别是在错综复杂的事物和问题面前。

2020 年 11 月 20 日，《人民日报》发表评论《山东一女子被夫家虐待致死：反家暴，法律必须"长出牙齿"》[①]，文章首先简单地交代事件背景：

> "山东一女子被丈夫、公婆虐待致死"一事引发广泛关注。近日，德州中院通过官方微博发布该案有关情况通报，认为本案未涉及国家秘密或个人隐私，原审不公开开庭审理，违反法律规定的诉讼程序，裁定撤销原判，发回重审。与此同时当地妇联等也派员到受害人母亲家中慰问，了解困难需求。

接着作者亮出了核心观点：

> 案件的是非曲折，有待相关法院以事实为准绳、以法律为依据，给予公允判决。这起案件之所以引发全国关注，不仅仅在于一审判决适用"虐待罪"引发量刑过轻的质疑，更在于受害人遭受的家庭暴力，刺痛公众的良知。从出嫁时 160 多斤被殴打致死时只有 60 多斤，在短短半年时间内遭受到丈夫和公婆多次殴打虐待，任何正常人看到这样的新闻，都会感到痛心和愤慨。如此严重的家暴行为，挑战道德和人伦的底线，更给受害人和家属带来永远无法弥合的伤痛。

紧接着作者分析了家暴屡禁不止的原因：

> 家庭暴力为何屡禁不止？背后原因是复杂的。从客观来看，家庭关系中存在的权力关系不平等，身为弱势方容易遭受到人身侵害，而长期以来家庭暴力案件常被错误地当做婚姻家庭纠纷，没有得到家庭和社会应有的重视，再加上取证难、执法难等因素，导致家暴受害者救济管道不畅通。从主观来看，"家丑不可外扬""棍棒底下出孝子"的传统观念让受害者拿起法律武器捍卫自身权益时心怀犹豫，一些反复遭遇家庭暴力的女性常常因为事后丈夫表现出悔过之意而心软原谅，这些都在一定程度上，让

---

① 杜从路. 山东一女子被夫家虐待致死：反家暴，法律必须"长出牙齿"[N]. 人民日报, 2020-11-20.

施暴者有恃无恐、变本加厉。

在描述家暴的现状以及原因后，作者随后提出了解决问题的思路：

> 家庭暴力绝不是家务事，反对家庭暴力不仅需要受害者勇敢说"不"，更需要全社会形成齐抓共管合力。近年来，围绕家庭暴力，各方持续发力，在畅通救济管道、转变社会观念、依法保障权益等方面下了不小功夫。于2016年3月1日正式施行的《中华人民共和国反家庭暴力法》，标志着家暴行为进入法律监管范畴。从建立强制报告制度，到推出人身安全保护令，从全国妇联开通反家暴热线，到各地进一步细化反家暴的制度规定，这些努力推动了"家暴是违法行为"的观念深入人心，为家暴受害者提供了更多救济管道。近年来法院颁发人身安全保护令的数量不断增加，就是有力证明。

2. 讲深道理

道理不仅要让人明白，还要说得深刻。只有深刻的东西才能触动人，使其信服并记得牢固。

近年来，高铁上发生的不道德行为多次进入公众视野，其中最典型的行为就是"霸座"。"霸座"行为不仅仅是对他人权益的侵犯，更是对社会文明的挑战。

2020年10月20日《光明日报》发表评论《又现高铁"霸座"，这次刷新三观》①，评论通过层层递进，深入剖析了该问题的各个方面。

文章首先指出"霸座"事件的经过：

> 近日，高铁上的"不道德"行为再次刷新人们的认知。
>
> 17日，G15704列车开出宿迁站后，一位男子拒绝给内侧座位乘客让行，并声称"我坐我的位子有毛病吗？""我有义务为你服务吗？""（你过不去）难道智商有问题吗？"
>
> 一系列发问让内侧座位女孩无可奈何。随后乘务员与乘警介入，安排女乘客坐了另外的座位。"铁路上有很多突发的事件，在车上就处理掉了"，中国铁路上海局集团公司党委宣传部一名工作人员给予回应，并表示不清楚该男子是否被铁路公安部门处罚。

作者接着表明了自己对于此事的态度：

> "挡人道了，要方便让行。"这几乎是现代社会中每个人都拥有的一种认知常识。可是，就连这样一个基本规则，都能让男子发出一系列让人匪夷所思的质问，足见在

---

① 孙小婷. 又现高铁"霸座"，这次刷新三观[N]. 光明日报，2020-10-20.

当今社会中，道德的基本面是多么的参差不齐。

翻看新闻下面的评论，不少人表示"女孩没错，为何要让女孩让座？"舆论倒是无一例外地站在常识一边。的确，这就和你在一条小路上挡住别人的去路没什么区别，除非有正当理由，否则人们没有权利阻止他人自由通过。

但就是这样一个"老问题"，放在高铁的场景中，却让人不知如何解决，只能以女生换座的方式收场。足见人们在面对一些不道德甚至涉嫌违法问题时的无奈。

作者指出高铁上屡屡发生的不道德事件促使了法律条文的修订：

今年正式表决通过的《民法典》就对相关行为进行了明文规定，"旅客应当按照有效客票记载的时间、班次和座位号乘坐……"专治各种任性霸座行为。

这未尝不是一种社会的进步。事实上，随着现代文明创造的物质环境不断发生变化，人们运用道德的场景也在不断丰富。

最后作者抛出几个在高铁上常见的现象并发出提问，通过提问进一步引出观点：

在高铁这类新型交通工具上，小孩打闹家长是否应该管教、打电话声音过大或时间过长、吃带有浓郁味道的餐食……这些行为是否有违道德？是否需要借助法律来进行规范？这些问题其实都值得深入讨论。只有对这些道德行为不断进行细化，才能促进整个社会道德体系的完善；规范道德，需要提升人们的道德感，也需要在新场景中明确人们的权利、义务关系，对法律程序和主体加以规范；有经过道德和法律捋顺的行为，才不会凌驾于他人利益之上，也才能构建起一个更加良善的社会。

所谓讲深道理，就是不仅要分析和阐述事实表面存在的问题，还要从这些问题存在的原因、背景和趋势上进行深究。"去伪存真，去粗取精，由此及彼，由表及里"及"透过现象看本质"就是评论中常用的方法。自然，要讲深道理，讲好深道理，必须以深厚的理论和深邃的思维为前提，这也是需要评论者在实践中不断加强和提高的。

3. 讲新道理

我们时常讲要与时俱进，为什么？就是要跟上历史发展的形势，跟上时代前进的步伐。新闻评论也是如此。世界发生了变化，我们身边的事物也发生了变化，我们的评论能够"以不变应万变"吗？显然是不行的。评论在论证时就要论出新意来。

论证中要讲新道理，一般有两种情况，一是对过去传统的理论和条文作出新的理解和说明，二是运用新近出现的理论和条文解读以往存在的老问题。现实中时常会出现一些新问题，它需要我们运用新的理论进行说明。新闻评论是一种理性思维的表现形式，它应负起这样的责任；对已经公布和发表的正在实施的有关理论、条例、规定做一些新的理解和说明——这是一种新思想的表现，也是新闻评论的力量所在；注意观察和收集新近出现的动态，找到新闻评论的由头。上面两篇评论就是根据新近发生和报道的事实来进行新的论证。

2018 年 9 月 28 日，西安市雁塔区人民法院对叶挺烈士近亲属起诉西安某信息技术有限公司名誉侵权案一审公开宣判，判决被告公开道歉并支付精神抚慰金。这背后所涉及的历史虚无主义思潮在各个领域甚嚣尘上的现象引发了社会广泛的关注。在判决结果出来的第二天，《北京青年报》发表评论《以法律利器狠刹"戏说英烈"歪风》，对"戏说英烈"这种恶劣行为发起抨击：

> 今年 4 月 27 日，全国人大常委会会议通过《中华人民共和国英雄烈士保护法》，该法与《中华人民共和国民法总则》《中华人民共和国侵权责任法》及最高人民法院有关司法解释一起，初步形成了保护英雄烈士的姓名、肖像、名誉、荣誉、人格尊严的法律体系。狠刹"消解革命""戏说英烈"歪风，法律就是要该出手时就出手，不能任由歪风及其背后的错误思潮蔓延。
>
> 以法律利器狠刹"消解革命""戏说英烈"歪风，司法机关不但要依法支持英烈亲属的维权行动，还可以采取更加积极主动的法律行为。《英雄烈士保护法》实施以来，我国已出现几起由检察机关提起的民事公益诉讼，通过公益诉讼和司法判决，对侮辱、诽谤、丑化、亵渎英雄烈士的行为予以警戒和惩处，有力维护了英雄烈士的尊严和荣誉。

该评论在反击"戏说英烈"的歪风邪气中独树一帜，超越一般性的单纯批判、抨击，而亮出了"以法律利器狠刹'戏说英烈'歪风"的鲜明观点，提出了遏制这一历史虚无主义歪风的根本性思路和办法。该评论观点鲜明，论点正确，论述充分有力，有很强的现实引导性和影响力，充满了正能量。

四、立论和驳论

在新闻评论的论证中，一般有两种方法，一种是立论，另一种是驳论。

(一)立论

所谓立论，是作者从正面直接表达自己的观点、意见和态度的论证方法。在立论中常用的方法有事例论证、事理论证、比较论证和比喻论证等方法。

1. 事例论证

事例论证是在论证中运用某个典型的事例反映一般道理的方法。

新京报发表过一篇评论《大凉山少年全奖"直博"，"读书改变命运"从未过时》①，文章一开始就举出典型例子：

---

① 丁慧. 大凉山少年全奖"直博"，"读书改变命运"从未过时[N]. 新京报，2022-06-20.

近日，"大凉山娃全奖直博港中文"的话题冲上了热搜。热搜的主角陈时鑫是南京大学电子学院的本科毕业生，一位来自大凉山的少年。

从大西南的阿普路村小学，到冕宁县第二中学，再到成都市石室中学、南京大学电子学院，如今，陈时鑫"直博"到香港中文大学计算机系，并且拿到了全额奖学金。

接着下文引出了论述，表明了观点：

"读书能改变命运"是个简单的道理，但现如今，有不少人张口闭口"读书无用论"，更有不少考上大学的学子自嘲是"小镇做题家"，自嘲"只会做题，什么也不会"，总之都是表达对于"读书改变命运"的不信任感，同时也暗含了一种"做题无法改变命运"的无力感。但是，现实中一个又一个鲜活的案例，一直在向我们强调"读书改变命运"这个道理并不过时。

2. 事理论证

事理论证是指用已被证明是正确的一般理论来说明某个尚未被证明的具体论点，即用大道理说明小道理的方法。

一篇文章为证明我国局部地区出现"逆城镇化"的现象是十分正常的，作者引用了城镇化理论，十分具有说服力。以李长安在中国网上发布的评论《恩格尔系数持续下降是消费升级的"信号灯"》为例，文中写道：

恩格尔系数是十九世纪德国统计学家恩格尔提出来的一个衡量生活水平高低的指标，指的是食品支出总额占个人消费支出总额的比重。据此提出的恩格尔定律认为，对于一个家庭来说，如果家庭收入越少，那么家庭总支出中用来购买食物的支出所占的比例就越大；随着家庭收入的增加，家庭总支出中用来购买食物的支出比例则会下降。类似地，如果一个国家越穷，那么每个国民的平均支出中用于购买食物的支出所占比例就越大。随着国家逐步走向中高收入，那么这个比例将呈下降趋势。简单地来说，无论是一个居民家庭还是一个国家，如果国民经济持续发展，居民收入持续提高，那么恩格尔系数就会逐步走低。

根据联合国粮农组织提出的标准，恩格尔系数在59%以上为贫困，50%-59%为温饱，40%-50%为小康，30%-40%为富裕，低于30%为最富裕。改革开放之初的1978年，我国的恩格尔系数超过了60%，其中城镇为57.5%，农村则高达67.7%。四十余年来，我国的恩格尔系数下降了一半多。

为证明我国消费正在升级，作者引用了恩格尔系数的相关理论，十分具有说服力。

3. 比较论证

比较论证是指将不同性质或有差异的事物进行比较，或将相同的、类似的事物在不同的时间、空间、环境下进行比较，来证明某个论点的正确或错误的方法。比较论证有两种，一种是类比，即将不同时间、空间的相同类型的事物进行比较；另一种是对比，即将不同的事物进行比较。

在对比中又有两种方式，一种是横比，即在同一时间不同地域，将一事物与另一事物进行比较；另一种是纵比，即在同一地域不同时间，将现在的事物与过去的事物进行比较。

第31届中国新闻奖的评论作品《多国囤粮：一堂活生生的粮食安全"警示课"》①就很好地运用了对比的方式。

新冠肺炎疫情蔓延全球，引发了一系列连锁反应。一些国家出现恐慌性抢购口罩、厕纸现象，近日更出现国家层面囤粮情况。据报道，已有多个国家正在限制粮食出口或加大粮食储备，联合国粮农组织总干事也呼吁防止疫情引发粮食危机。国际粮食市场的新动向引起一些人担心：多国囤粮，对中国人的饭碗会产生什么样的影响？中国的粮食安全战略能不能经受住考验？这些问题值得我们高度关注。

作者在列举了中国与世界多个国家不同的现状后指出：

多国囤粮现象，一方面用事实证明了我国立足国内的粮食安全战略的正确性，一方面也给我们上了一堂活生生的粮食安全"警示课"。

这堂"警示课"的第一个警示是，底线思维必须始终坚持，在粮食问题上更是如此。我们这个14亿人口的大国，正如大船出海，不能指望每天都是风平浪静，从起锚的那一刻起，就要准备好怎样应对极端天气和海况。"无恃其不来，恃吾有以待也。"这是兵法所言，也是我们任何时候都必须坚持的底线思维。粮食安全问题就是检验底线思维的一个重要方面。

这堂"警示课"的第二个警示是，以我为主永远是对的，在粮食安全上必须始终坚持立足国内。当今的国际现实也警示我们，即使全球经济再一体化，关键时候还得靠自己。靠别人？正如一句俗语所言：靠山山会倒，靠水水会流，靠人人会跑，只有自己最牢靠。

这堂"警示课"的第三个警示是，民生始终是根本，吃饭问题始终是头等大事。粮食问题、"菜篮子"问题牵一发而动全身，事关经济社会全局和民生大局，也关乎公众的情绪、信心和心理预期，不能有丝毫闪失。全球疫情蔓延之际，一些国家就先把粮食储备稳住。为什么？还不是在未雨绸缪，防止因为在吃饭这样的基本民生问题上出纰漏而引发社会动荡。历史上这样的教训很多，国际上也不少。2008年、2011年世界多个国家发生社会骚乱，起因也多是食品价格暴涨。粮安天下，这句话不是说说而已的。

有些错误是不能犯的，犯了就是颠覆性的。这是粮食问题的沉重警示，也是我们端稳中国人饭碗的深刻启示。

---

① 江娜. 多国囤粮：一堂活生生的粮食安全"警示课"［N］. 农民日报，2020-04-03.

作者描述了世界多个国家囤粮的现状，并以列数据的方法说明了我国粮食安全并不会受到影响，中国的粮食现状与多国形成鲜明的对比，表明了我国立足国内的粮食安全战略的正确性。同时，作者没有止步于此，而是通过多国囤粮的现象提出了三个警示，文章抓住多国囤粮这一关键环节进行论述，重点突破，层层递进，详细论述了三个警示的具体内容。

4. 比喻论证

所谓比喻论证，是借用人们熟知的一些事实来论证一个道理的方法。

2018 年 3 月 30 日《宁波日报》发表易其洋撰写的时评《哪来那么多"表叔""表哥"》，该时评获第 29 届中国新闻奖三等奖。当年全国两会期间，《经济日报》一记者撰文说，在采访政协委员时学到了两个新词：扶贫"表叔"、扶贫"表哥"。教育部部长陈宝生在"努力让每个孩子都能享有公平而有质量的教育"记者会上，表示从五个方面为教育减负，其中之一是学校要拒绝"表叔""表哥"。上海代表团在讨论时，也有人提出，现在的大学里，"表叔""表哥"太多。"表叔""表哥"显然是一个比喻，作者在下文指出其真正含义：

> 这里的"表叔""表哥"，不是所谓的姻亲，也不是样板戏《红灯记》里铁梅唱的"我家的表叔数不清，没有大事不登门"，更不是腕戴名表在重大车祸现场微笑而遭调查的"表哥"杨达才。就全国两会上代表委员们的反映来看，"表叔""表哥"太多，已经成了普遍现象甚至一大公害。不用调查，留心的人不难发现，我们身边甚至我们自己变身为"表叔""表哥"的真不少，机关有，企业有，事业单位有；高校有，中小学有，医院有；社区有，乡村有……
>
> 哪里来那么多"表叔""表哥"？自然是因为要填写的表格太多。汇报工作，参加考评，申报项目，有必要填写表格，问题是，表格过多过滥，啥事情都要填表，一填就让人抬不起头来，甚至填表比做实际工作还重要、还费时间，不弄出一大群"表叔""表哥"才怪呢。

文章还将填表格分为两种类型：

> "表叔""表哥"太多，一种是主动的，自己把填表格等同于做工作，要求别人也这样做，被群众讥为"表叔""表哥"。就像《经济日报》记者了解的，在一些地方，扶贫干部走乡串户都带着一摞表格，填完并汇总后，只要留下表格、照片、文字、报导等"痕迹"，一次扶贫调研就算完成，再没了下文。一种是被动的，从别人那里(主要是上级领导和部门)领了表格，不得不填写的人，自嘲为"表叔""表哥"。就像陈宝生部长所说的，上级部门拿着表来了，要填表，各种表，太多了，压得有些老师喘不过气来。

我们再来看《中国纪检监察报》①上发表的一篇评论《不能把"打虎"当热闹看》：

———————————

① 鄢梦书. 不能把"打虎"当热闹看[N]. 中国纪检监察报，2018-01-22.

"嘿，又打了一个！"这似乎是部分基层党员干部看到"打虎"时的第一反应，只把"打虎"当热闹看了。党的十九大后连打六"虎"，传递出正风反腐永远没有"潮落"的强烈信号。党员干部要自觉对标对表，把中央的态度体现在推进全面从严治党覆盖到"最后一公里"的决心上来，决不能新闻一看，风轻云淡；报纸合起，高高挂起。纪检监察干部要从"打虎"真招中学一学"拍蝇"学问，把中央半步不退的态度落实到工作中去；党员干部要改一改"老虎太大，我太小"的置身事外态度，要有谈虎"色"变的自省意识，时常把纪律尺子拿出来"量一量"，校正思想之弦。

在这里，老虎显然是一个比喻。这个比喻，大家一听就知道是什么意思。采取比喻论证的方法要注意以下两点。一是这个比喻要为大众所知晓。既然是比喻，就是要借用一个事实或典故来说明问题。如果这个比喻所举之例大家都不熟悉，就起不到论证的作用。二是这个比喻一定要和所论证的道理相贴切。一个道理常常可以用多种事例来说明，这时作者要选择那个与主题、与论证关系最密切，且最能说明问题的比喻。三是指出比喻的某种不足。大家都知道，任何比喻都是不可能完全代替理论的，它总有不周全的地方。所以，作者在使用某个比喻时，一定要强调该比喻的适用范围和它的不足之处，最终还是要靠论证来解决问题。

(二) 驳论

所谓驳论，是指作者通过指出对方文章中论点或论据或论证的错误，批驳对方，同时表明自己意见的一种论证方法。驳论的方式一般有两种，一种是从事实上指出对方的错误，另一种是从论证的逻辑上指出对方的错误。

2018年9月12日，吴小平发表《中国私营经济已完成协助公有经济发展的任务，应逐渐离场》。文章提到私营经济的任务是"协助公有经济实现跨越式发展"，且已初步完成。因此，"下一步，私营经济不宜继续盲目扩大，一种全新形态、更加集中、更加团结、更加规模化的公私混合制经济，将可能在社会主义市场经济社会的新发展中，呈现越来越大的比重"。

2018年9月13日晚，"人民日报评论"微信公众号发表题为《人民日报评私营经济：只会壮大，不会离场》①的评论文章，文章通过列举事实，驳斥了吴小平的观点：

改革开放40年，中国的民营经济从无到有、从小到大顽强生长起来，为中国成长为世界第二大经济体作出了不可磨灭的贡献。翻开改革开放历史，"承包""下海""个体户""万元户""股份制合作""互联网创业"，透过一个个逐年变化的"热词"，可以感受到民营经济给中国发展带来的活力与可能性。现在，民营经济创造了我国60%以上GDP，缴纳了50%以上的税收，贡献了70%以上的技术创新和新产品开发，

---

① 李拯. 私营经济：只会壮大，不会离场 [N]. 人民日报，2018-09-13.

提供了 80% 以上的就业岗位。民营经济不是处于协助的附庸地位，而是社会主义市场经济的重要组成部分，是中国经济社会发展的重要基础。

随后文章指出：

> 国家支持民营经济发展，是明确的、一贯的，而且是不断深化的，不是一时的权宜之计，更不是过河拆桥式的策略性利用。对于非公有制经济的地位和作用，习近平总书记明确提出了"三个没有变"的判断："非公有制经济在我国经济社会发展中的地位和作用没有变，我们毫不动摇鼓励、支持、引导非公有制经济发展的方针政策没有变，我们致力于为非公有制经济发展营造良好环境和提供更多机会的方针政策没有变。"同时，"坚持公有制为主体、多种所有制经济共同发展"，是写入党章和宪法的基本经济制度，这是不会变的，也是不能变的。进入新时代，中国的民营经济只会壮大、不会离场，只会越来越好、不会越来越差。

作者直接列出相关数据，证明了民营经济在我国作出的巨大贡献，并举出具体实例来证明自己的观点，同时反驳了吴小平的观点。随后，作者引用了习近平总书记的"三个没有变"的判断，更加深入地论证了国家支持民营经济发展，肯定了非公有制经济的地位和作用，使得反驳更加具有权威性和说服力。

用事实驳斥对方，一定要选择有代表性的事实、与本论题密切相关的事实、真实可靠的事实。在可能的情况下，还要请出原始证人、证据等材料。

在评论写作中，立论和驳论是经常交错在一起使用的。在驳论时，一要找准目标，击中要害。驳斥对方，可能涉及的问题比较多，一篇评论不可能面面俱到。这时候，写作者头脑要清醒，找出本篇评论要说明的主要问题，找准对方的要害所在，这样批驳起来就会有力量，有成效。二要讲清道理，以理服人。评论写作也是有感情的，特别是看到对方所举事实或逻辑错误时。但是，评论是一种说理的方式，任何谩骂和宣泄都是无济于事的，相反它倒显出自己的无能和幼稚。批驳对方是需要的，但更多的是要做到理论清晰深刻，论述清楚明白。评论的力量在于说理，这是我们任何时候都不能忘却的。

说到论证，就离不开逻辑。那么逻辑是什么呢？20 世纪 50 年代末，为了满足广大干部学点逻辑的需要，著名哲学家金岳霖先生主编了一本《逻辑通俗读本》(中国青年出版社 1962 年版)。书中写到，人们的许多活动，是和思维有联系的。不论我们是在调查研究，还是在讨论问题，或是在读书、写文章、作报告、同人谈话，我们总是同时在进行思考。如果我们熟悉正确的思维规律，并且学会自觉地应用这些规律，就可以使我们的思维减少错误或不犯错误。形式逻辑就是研究概念、判断，推理与论证这些思维形式的科学。

如何在评论中更好地体现逻辑感？《青年评论》专栏作家，《新京报》评论前副主编，现北京数字力场文化有限公司主理人佘宗明，以他多年从事新闻评论写作和研究的角度，给我们介绍了逻辑在评论写作中的重要作用：

新闻评论，无逻辑则不立。评论的要义是讲道理，讲道理的关键就是讲逻辑。评论没有逻辑，就会缺乏说服力，就会失去纵深感。可以说，逻辑就是评论的"底座"，支撑了评论的价值性。那么，怎样才能在评论中更好地体现逻辑感呢？这就需要掌握正确的"逻辑观"。

逻辑学中讲到，形式逻辑有三大定律：同一律、矛盾律和排中律。只有满足了这三大定律，逻辑才能自洽。

对评论来说，仅是逻辑自洽还不够，评论逻辑还得有力度有厚度有温度。对应的要求是，评论逻辑得具备三个特征：理性思维、知识增量、人文底色。

理性思维的基础是正确三观。什么样的三观才是正的，并无统一答案，但跟真、善、美、纯、正等理念深层次相通，认可法治、自由、公平、包容等现代文明价值，反对暴力、民粹、歧视等，是其基础性共识。

知识增量需要的是专业视角。专业视角就是要用更专业的框架去解读问题，用更专业的角度去思考问题。

掌握了正确的"逻辑观"，还要将其熟练地运用到评论写作和日常思维训练中。评论逻辑通常是体现在论证中的，要在论证中更好地体现逻辑感，需要掌握两个技巧：

一是学会逻辑推理三板斧：痛点切入—问题导向—链式延展。

二是清楚逻辑判断次序图：先分真假—再辨是非—后论好坏。

逻辑推理三板斧中，三者之间是递进式关系：在逻辑推理时，先要从大众痛点切入，再以问题为导向梳理逻辑，然后用层层递进的方式进行延展。

2022 年 1 月，在央视网评论《问责不能成遮羞布、庇护令和腾挪术》中，佘宗明就对疫情期间防疫问责中出现的乱象作了归纳，包括出现问题后等到事情闹大了、舆论发酵了、领导批示了才启动问责流程的被动型问责，雷声大、雨点小的敷衍式问责，甩锅给下属的弃卒保帅式问责等。这说的就是"是什么"。

该文中，作者对问责"假把式"的原因进行了剖析，认为问责沦为形式的背后是权责失衡。这说的就是"为什么"。

文章由此提出：问责应是"该问则问，应问尽问"的主动作为，而不应是应付上级或舆论压力的被动反应；应是"当严则严"，要问到痛处，而不应沦为隔靴搔痒、罚酒三杯式的变相庇护；应该有"谁的责，就问谁"的针对性，而不应搞"拉下属垫背"的弃卒保帅动作。在此基础上，还提出了多个建设性意见。这说的就是"怎么办"。

这样层层延展下，评论的层次感也就丰满了。

逻辑判断次序图，也遵循着由浅入深的顺序：很多事在事实判断和价值判断上，最终都要归于真假、是非、好坏三个层面的分析。事实判断是价值判断的前提，所以要先分真假；价值判断有个向上的梯度，"好"的上面还有"更好"，所以是非之上还有好坏。

对评论而言，先分真假，再辨是非，后分好坏，这是不能倒置的顺序。

分真假，是评论立论的前提。在新闻事件经常出现所谓"反转""翻车"的今天，要尽量避免"事实不明，臆断先行"，不能听风就是雨，听见单方说法就急着下结论。

评论员在没法像记者那样深入现场去采访的情况下，该怎么"先分真假"呢？有几点小技巧值得参考：

第一，查看原始报道出处，看是不是来自可靠的媒体，有没有其他媒体的报道能与之交叉印证；第二，看新闻是不是做到了"平衡报道"，信源可不可靠；第三，写评论时，只采用那些能交叉印证的信源，对单方说法谨慎采用。

辨是非，主要看三个方面：合不合法，合不合理，合不合情。不合法不合理不合情，肯定难言正确。

论好坏，是因为做得对之上还有做得好。那怎样看某件事做得好不好呢？最简单的方法就是：想想事情是不是还有"往后退一步"和"往前进一步"的空间，如果"往后退一步"都不违法，那就是做得对；如果事情还有"往前进一步"的空间，那说明事情还可以做得更好。

说到底，逻辑判断的次序图，就像是爬梯子，"先分真假"做事实判断，是为了让梯子先放稳，"再辨是非，后论好坏"则是循着梯子的梯度向上爬。我们要沿着逻辑判断的顺序，扎实做好每一步，谨慎得出自己的判断。

在此过程中，注意避免以偏概全、区群谬误，避免假性因果、滑坡谬误，这样评论的逻辑才能"立"起来。作家比勒尔说："不合乎逻辑的观点，一根绳子就可将它绞死"。有强有力的逻辑能力支撑，评论才有力量感，才能被信服。①

① 南方周末. 南周评论写作课：怎样表达一个观点[M]. 北京：人民日报出版社，2022：126-173.

第七章
新闻评论标题制作

一、评论标题的重要性

标题是文章的眼睛，是文章的有机组成部分。而评论的标题是论题范围和中心论点的概括。胡乔木说，有了一个好标题，评论也就写出一半了，至少写出三分之一了。这说明了评论标题的重要性。标题是一面旗帜，它鲜明地指出了评论的政治方向。读者看报纸，谁也不会篇篇必读，都要做选择。往往看哪篇文章标题有"魅力"，能"勾"住读者，读者才进入正文，评论尤其如此。

(一)评论标题的职能

评论的标题承担非常重要的职能，一般而言，不外乎以下几种：

第一，表明论题的范围。

《〈告台湾同胞书〉发表40年啦!》发表于2019年1月1日《人民日报》(海外版)，该评论获得第30届中国新闻奖二等奖。

> 40年披荆斩棘，40年风雨同舟。实现祖国完全统一，是全体中华儿女共同心愿，是中华民族根本利益所在。在《告台湾同胞书》40周年之际，回首前尘、展望未来，两岸同胞将继续勠力同心，共担民族大义，携手砥砺前行，共享发展机遇，坚定维护国家主权和领土完整，坚决反对和遏制"台独"分裂图谋和行径，推动两岸关系和平发展，共同开创中华民族伟大复兴的美好前景。

这个标题就定下了这篇评论的范围——说的是《告台湾同胞书》中的"祖国统一"主题。

2022年10月25日"中青评论"《从专科逆袭斯坦福，不只是"一路开挂"的鸡汤》讲的是从普通专科到国际名校，何世豪仿佛"一路开挂"的求学轨迹。

一般而言，这类标题并没有直接标明具体的观点和意向，只是告诉人们评论所要论述的对象和范围，欲知内容和观点，需要看了正文才知道。

第二，体现中心论点。

例一，第31届中国新闻奖二等奖作品《莫以纪律红线为怠政懒政找借口》[1]。

---

[1] 裴兴斌. 莫以纪律红线为怠政懒政找借口[N]. 宝鸡日报，2020-12-18.

尸位素餐本身就是腐败，不作为的"懒政"也是腐败。我们要严厉问责那些"混日子""不作为""得过且过"的行为。工作中，善找借口者志颓，总想开脱者自私，是宗旨意识淡漠，是精神之钙匮乏，是官本位思想作祟，是价值取向有误，与党和人民的根本利益背道而驰。问责是根治怠政懒政病态的"强心剂"，能让"不在状态"者醍醐灌顶，能让意志消退者精神抖擞。通过组织问责，促使怠政懒政者必须担责、勇于担责；通过建立激励和容错纠错机制，为敢于担当、踏实做事者撑腰鼓劲，双向发力，形成常态，进而促进党风政风持续好转，推动各项事业蒸蒸日上。

例二，第 31 届中国新闻奖三等奖作品《别让形式主义消耗基层干部抗疫精力》①。

当前，抗疫形势复杂严峻，越是兵临城下，指挥越不能乱，越是短兵相接，调度越要统一。要想更快、更好地打赢疫情防控阻击战，充分发挥广大基层干部在防控一线的作用，既需要上级部门对基层加强督查检查，也需要加强统一指挥、统一行动，给基层干部创造更好的工作环境，让他们能够全身心地投入到这场没有硝烟的战争，而不是以形式主义的方式来给基层增加负担，消耗基层干部的抗疫精力。

这一类标题和上一类不同的是，这类标题直接亮出作者的中心论点，让人一目了然。

在表达评论主题，反映作者意见的评论中，还有一种是针对已有的言论，发表不同意见的。如 2022 年 11 月 1 日《新京报》刊登的《不必对"农民评职称"大惊小怪》：

正高级农艺师、中级畜牧师、农技推广研究员、电商营销师……这些"高级职业农民"的出现，搅动了农村以往平静的池水，很多人觉得评职称对农民而言是一件好事，很新鲜也很提劲；也有网友认为，农民评职称并无必要，这也可能制造新的不公平，甚至还有人调侃，农民嘛，还是种好自己的田就好了，不要去追求那些形式主义的东西。

……

可以说，当下农民评职称，正是乡村振兴背景下，对农民身份的有力回应。有了职称的激励，农民也有动力持续提升技能，打通了职业农民的成长之路。同时，此举也会吸引很多大学生等外部人才返乡投身农村建设，为乡村振兴拓宽引才之路。

这实际上就表明了作者对"农民评职称"现象的评价。这个标题，就是针对部分人对"农民评职称"的态度所发表的意见。

---

① 周楠. 别让形式主义消耗基层干部抗疫精力 [EB/OL].［2020-01-31］. https://mp.weixin.qq.com/s?__biz=MzA3NzU3MjcxMA==&mid=2651368787&idx=1&sn=6ff355053066d03f36b6aaa05256627f&chksm=84b3f25ab3c47b4c484a21f799648fbd1ca125f2aeb8c38d9c18bb4254dc5275fd4c829f27ac&scene=27.

第三，吸引受众，发人深省。

例一，2022 年 11 月 9 日光明网发表的《空间站，承载探索未来的梦想》。

> 北京时间 10 月 31 日 15 时 37 分，搭载空间站梦天实验舱的长征五号 B 遥四运载火箭在我国文昌航天发射场点火发射，梦天实验舱与火箭成功分离并进入预定轨道，发射任务取得圆满成功。11 月 1 日 4 时 27 分，梦天实验舱成功对接天和核心舱前向端口。后续，梦天实验舱将按计划实施转位，与天和核心舱、问天实验舱形成空间站"T"字基本构型组合体。

这个标题是由评论的基本事实所引起的议论，引人注意。这是因为"空间站"这个事实本身就是一则很吸引人的新闻。

例二，第 31 届中国新闻奖二等奖作品《张桂梅为什么感动中国》，发表于 2020 年 7 月 27 日《中国妇女报》。

> 11 万公里家访路，走进 1300 多名学生家，把累计超百万元的全部奖金和大部分工资捐出……与张桂梅有关的每一个数字，都在诉说着"膝下无儿女，桃李遍天下"的奉献精神，印刻下"教育改变女孩命运"的执着信念。
>
> 平等地接受教育、平等地参与竞争、从容地圆梦人生，一份锲而不舍、坚定不移、无私奉献的执着信念，就这样润物无声地滋养着大山女娃，让"女孩子读书，可以改变三代人"的信仰翻越重重大山，照进现实。
>
> 深深打动和激励人心的，还有"在苦难中开花"的巾帼力量。在痛失亲人、身患重疾的绝望和打击之中，在引起非议、受到质疑的误解中，张桂梅"雨水冲不垮，大风刮不倒"，展现出新时代女性的自尊、自信、自立、自强。
>
> 而更为恒久的意义是，张桂梅用自己的经历告诉女孩们"女性自强才能自立"，也以这样的精神传递着"每一位妇女都有人生出彩和梦想成真的机会"的价值理念，并塑造了更多在自立自强中树立自尊自信的"她们"。

一般而言，这类标题着重提示读者，评论所论述的是什么，表示为何要写作此文。只要评论所触及的问题是大众所关心的，读者自然会对正文有阅读的兴趣。张桂梅是一位"感动中国"的优秀人物，但是，她的事迹并不是大家都清楚知晓的。文章选了这么一个标题，在夹叙夹议中发挥了评论的功能。

（二）评论标题与消息标题的区别

研究评论的标题，有必要对评论的标题和消息的标题作一个对比，注意两种标题之间的区别。请看下面几组标题：

（1）消息：（引）"女子车某某租乘货拉拉网约车跳车身亡事件"涉事司机周某春

（男，38 岁，长沙市岳麓区人），因涉嫌过失致人死亡罪，被公安机关依法刑事拘留。

（主）："女孩乘货拉拉跳车身亡"，涉事司机被刑拘！

评论：货拉拉道歉：每次改进都用生命来换，代价太惨痛！

——2021 年 2 月 24 日工人日报客户端

（2）消息：（引）近日，商务部印发《关于做好今冬明春蔬菜等生活必需品市场保供稳价工作的通知》，部署各地深入贯彻落实党中央、国务院决策部署，保障今冬明春广大人民群众生活必需品供应充足，切实做好市场保供稳价工作。

（主）商务部：鼓励家庭储存生活必需品，满足突发需要

评论：不要过度解读甚至误读储存一定生活必需品

——2021 年 11 月 2 日《经济日报》

（3）消息：（引）浙江省丽水市中心医院斜对面括苍小区西北角，有一个爱心共享厨房。这里燃气灶具、锅碗瓢盆、油盐酱醋一应俱全，免费供大家使用。爱心共享厨房由丽水当地的志愿者沈姐设立，她希望让外地到丽水看病的患者都能吃上可口的饭菜。

（主）小区里的"爱心厨房"火了，可老板却不希望"生意"好……

评论：爱心厨房 善待也要善治

——2021 年 12 月 30 日浙江卫视《正午播报》

比较以上消息和评论的标题可以看出，两者的区别主要有四点：

第一，标题的任务不同。

由于消息与评论这两大类题材肩负的任务不同，其标题承担的任务也有所不同：消息标题以具体的新闻事实为根据，目的在于提示新闻中最主要和最值得注意的事实；评论标题以标明论题范围和作者的态度、见解为目的，即使以评论中由头或论据的主要事实为内容做题，也是为引发议论服务。

第二，拟题的手法不同。

消息标题往往采用客观叙述或描写的方式，作者的态度和倾向蕴含于事实的概括与叙述之中，即使对新闻事实作出评价，一般也较为含蓄，旨在帮助受众理解新闻；在评论标题中，作者的立场、观点、态度、意向往往直接表现出来，除叙述外，经常采用提问、感叹、反诘、商榷等方式做题，具有较强烈的理性色彩。

第三，标题的结构不同。

新闻(特别是消息)的标题结构较为复杂，一般由主题和辅题组成，辅题又包括引题和副题，主题与辅题间的配合与补充，使新闻要素在标题中得以充分传达；评论标题的结构比较简单，通常只有一行主题，表明作者观点，极个别情况下才有辅题(多为副题)出现，显得一目了然。

第四，写作的要求不同。

作为对事实的高度概括和集中体现，新闻标题在简练的前提下一般较为具体，句式上也较为完整；评论标题则显得相对抽象，虚题较多，句式上也较为灵活，可以是一个完整的句子，也可以是一个词组、一个词语，甚至是一两个字，显得简洁、精练。

评论经常要重复地写一个主题，今天讲群众路线，明天还讲群众路线；今天讲反腐倡廉，明天还要讲反腐倡廉；对于重大问题还要反复做文章，比如"改革开放"和"一国两制"等。同时许多媒体还会就同一主题做文章，比如"思想解放"和"全面建成小康社会"等。我国现在有几千家报纸、广播、电视媒体，还有众多的新媒体，而中心工作、重大任务又是党中央和国务院统一部署的，大凡重要的会议，重要的政策，重大的活动、事件，甚至重大的典型，各媒体都在同时进行宣传。在这种情况下，谁的评论写得好，谁的标题拟得好，谁就能脱颖而出。有些主题很难做出新文章，讲来讲去都是老话，标题也容易是"老一套"。好的评论标题就像有神韵的眼睛一样，富有吸引力，引发受众欲望。因此，精心制作标题，是新闻评论写作的一个重要环节。

二、评论标题的分类

新闻评论的标题一般需要侧重阐述文章的中心思想，发掘主要问题的深刻哲理和思想意义。用语逻辑性强，能够准确、扼要、鲜明地体现作者和编者的观点、立场、态度，一般以一行式标题为主，讲求推理正确、论证严密，富有鼓动性。由于新闻评论对所论及的问题及其角度、方式的不同，其标题也就具有不同的特色，大致有以下一些类型：

(一) 立论型

这类标题大多用于倡导某种思想、观点、道德风尚、工作作风和工作方法，正面论述先进人物的先进思想和先进事迹，以及各个领域的重要成就和新经验、新事物。这种类型的评论，标题多为支持性、扶植性和倡导性的明确论断。比如：

《进博会开幕，与世界分享更多"中国机遇"》(《新京报》社论，2022 年 11 月 5日)

这篇评论写于 2022 年上海进博会期间，作者要倡导的观点是：这次进博会是党的二十大之后中国举办的首场重大国际展会，它也成为外界观察中国在新征程上的开放决心的一个重要窗口。标题就是本篇评论的论题，看了标题就知道作者想要表达的思想。

《中美苏黎世会晤有成果不是偶然的》(《环球时报》社评，2021 年 10 月 7 日)

中共中央政治局委员、中央外事工作委员会办公室主任杨洁篪与美国总统国家安全事务助理沙利文 6 日在苏黎世进行了长达 6 小时的会晤，双方发布的新闻稿在各自的语境中都更加积极，这表明会晤是有成果的。正是在这样的事实前提下，作者得出了"中美苏黎世会晤有成果不是偶然的"这个观点,同样也就成了这篇评论的标题。

《问责不能泛化简单化》(《中国纪检监察报》,2019 年 4 月 17 日)

这篇评论认为,问责是政治性、政策性很强的工作,党章和监察法有原则规定,《中国共产党纪律处分条例》《中国共产党问责条例》等有明确具体的规范要求。这些原则规定和要求是做好问责工作的重要法规依据,一定要认真掌握好运用好,绝不可忽视或偏离。该标题是对问责实施中存在问题的论断。

(二)阐释型

这类标题大多用于专门说明、解释党和政府的某项政策、决定、法律、政令,或论述对某条战线、某个地区的工作部署与要求等,其内容多为所要论及的问题或者要求。比如:

《良好生态环境是最普惠的民生福祉》(《人民日报》,2022 年 9 月 30 日)

2021 年,全国地级及以上城市空气质量优良天数比例达到 87.5%,我国已成为世界上空气质量改善最快的国家;地表水Ⅰ~Ⅲ类优良水体断面比例达到 84.9%,已接近发达国家水平;涵盖 8 万个点位的国家土壤环境监测网络已建成,土壤污染加重的趋势得到有效遏制……前不久举办的一场"中国这十年"系列主题新闻发布会,介绍了我国空气、水环境、土壤环境质量发生的巨大变化,相关成就鼓舞人心。这些变化和每个人的生活息息相关,成为"良好生态环境是最普惠的民生福祉"的生动注脚。这篇评论运用大量的权威事实阐释证明了"良好生态环境是最普惠的民生福祉"这一主题。

《发展是实现人民幸福的关键》(《人民日报》,2022 年 8 月 26 日)

该评论在促进人的自由全面发展和增强发展能力等方面阐释了发展在"实现人民幸福"中所起到的关键意义和作用。

(三)论辩型

这类标题大多用于那些锋芒直指一切违背时代潮流,阻碍社会进步的思想和行为的评论,它以尖锐而鲜明的语言,直截了当地对需要匡正、辩明或批驳的认识、看法、论点或行为进行否定。因为是以"说服他人"为目的,所以它的语言就不能四平八稳、平平淡淡。它要批驳错误观点,为正确的观点辩护,故而具有论辩性。比如:

《发现不了问题就是最大问题》(《山西日报》,2020 年 10 月 12 日,获中国新闻奖一等奖)

《"左右逢源"，还是"左右为难"》(《解放日报》，2019 年 8 月 2 日，获中国新闻奖三等奖)

《留"心"比留"迹"更重要》(《宝鸡日报》，2018 年 12 月 11 日，获中国新闻奖三等奖)

上面几篇评论均为中国新闻奖获奖作品，特别是像《宝鸡日报》这样地级市报纸获奖更不容易。一篇评论能够获奖，主题选得好、论述精辟到位自然是重要因素，但是，给评论起一个好标题，特别是起一个论辩型的好标题更加重要。

(四) 比喻型

这类标题一般是用形象、通俗的修辞手法，通过比喻表达深奥、抽象的事理，以加强标题的表现力、说服力。比如：

《莫让"地铁寻宝"成为"安全刺客"》(《南方都市报》，2022 年 9 月 6 日)

《人民网评：给人间"烟火气"装上"安全阀"》(人民网，2022 年 6 月 28 日)

《"礼金互免卡"让婚礼红包不再是"红色炸弹"》(新京报快评，2022 年 10 月 13日)

(五) 述评型

这种标题适合那种夹叙夹议、边述边评，介于新闻和言论之间的一种边缘文体。常见的有新闻述评、记者来信、采访札记等。它是针对现实工作中的某一方面的形势或某一重要新闻事件，用边述边评的方法，对当前形势、事态、思想、工作进行分析，或总结经验，研究动向，指明方向，解释意义；或提出亟待解决的现实问题，以期引起重视。其标题的特色就是据事立论，以叙事为主，论叙结合，带有提问题、指方向，兼有评论性的特点，标题的形式也多样化。比如：

《珠江潮平两岸阔，改革开放风帆扬》(《南方都市报》，2014 年 11 月 5 日)

这是一篇述评，夹叙夹议地写了粤港澳大湾区建设所取得的成就以及发展的决心。在题目中，直接用"潮平两岸阔"来进行描述。如果不看文章，这个标题很难表现出评论的特点。这也说明了述评型评论标题的多样性。前半句"珠江潮平两岸阔"是对建设成果的描述，后半句"改革开放风帆扬"是对未来发展的决心。

《塑造良好商业伦理，才是最好的公关》（人民网，2018 年 6 月 28 日）

该评论指出，从丛林社会的野蛮竞争到法治轨道上的良性发展，现代商业文明建立的一个重要前提是，尊重竞争对手，坚守法律底线。中国的市场足够大，唯有以优质的产品得到用户青睐，以高品质的服务收获良好口碑，方是企业经营的守正之道。只有尊重市场和用户，承担社会责任，严守商业伦理，才能与成长中的中国一起不断前行。

三、评论标题的基本要求

《人民日报》原总编辑范敬宜曾经在"值班手记"上批示：

> 标题是文章的眼睛，眼睛无神，内容再好也吸引不了读者，何况内容本身就差，加上眼睛无神，就无吸引力了。现在的通病是一般化，大量的是："加强……建设"、"……明显进展"、"明显提高"、"又结硕果"、"又创佳绩"、"成效显著"、"开拓前进"、"反响强烈"、"再造辉煌"、"又圆……梦"，都属"磨秃了的五戈比"（爱伦堡语）。我在夜半不得不把大量的时间用在改标题上。（当然，不一定改得都好、都对）因此，我想抓精品首先要从标题抓起。这是一项实实在在、又能立竿见影的工作。第一步是消灭陈词滥调，消灭"放之四海而皆准"的没有特点的标题。第二步是虚实结合，不拘一格。第三步是讲究文采。走这几步必须破除束缚我们思路的某种传统观念，如主题必须是实题，单位、人名必须上主题等等。一切要从实际出发，从有利于增强文章的吸引力、感染力出发。此事请部门主任们一定重视起来，并率先垂范，亲自动手。①

那么究竟什么样的评论标题是好标题？前面我们提到，评论标题和新闻标题是有区别的。评论是发表意见，阐明道理的，标题要概括地表明立场、观点、态度和主张。因此，一般而言，评论标题应该满足以下几个基本要求：

（一）具体

具体就是以小见大。评论标题，即使写重大题目的评论标题也应当具体，题目小些、窄些、具体些，往往容易使论题明确、角度集中，写得深刻，有助于避免题目大而无当，或题文不符的情况。比如：

《"适老 App"，老人跨过"数字鸿沟"的起步》（中国青年网，2021 年 8 月 26 日）

---

① 李德民. 评论写作［M］. 北京：中国广播电视出版社，2000：105.

对互联网应用进行适老化改造，不仅让老年人共享科技发展成果，更适应我国老龄化趋势，能够更好满足老龄化社会的需求。App 增设"适老版"，只是一个良好的开始，"适老 App"还需进一步改进与完善，比如适应老人的操作习惯与思维方式等；同时，社会应显示更多关怀，老人年纪大了，记忆力退化，接受新生事物的能力不强，子女、社区工作人员要有耐心，讲究方式方法。不少老人仍对智能手机很陌生，"适老 App"对他们来说，仍然无法轻易掌握。家人、社会、App 应用平台，都要致力于帮助老年人跨过"数字鸿沟"。标题中使用了"适老 App"和"数字鸿沟"两个关键词，使问题更加明确具体。

《网课中的家暴，生动且深刻的一课》(光明网，2019 年 7 月 7 日)

近日，河南新密一高中的网课课堂上，一名女教师在上网课时和画面外的男子产生言语争执，该男子随即闯入镜头内，掐住女教师脖子，随后两人离开画面，视频中不断有尖叫声传出。看到这一切，多位学生表示愤怒，并报了警。作者在文章当中指出：

> 近些年社会反家暴的呼声很强烈，但这没有减轻家暴问题的复杂程度。痛快的影视剧播完就结束了，但人的生活在继续，家暴带给人的影响也将在长久的时空中存在。而这些，显然也该纳入反家暴的视野，受害者脆弱、无奈的一面，乃至优柔、姑息的选择，都应该被细致了解。

作者以女教师在网课直播期间被家暴的事件作为出发点，探讨了家暴之后外人备感愤怒、当事人却希望息事宁人这种并不罕见的情况，呼吁人们应该认识到家暴的复杂性，细致了解受害者脆弱、无奈的一面，乃至优柔、姑息的选择，以小见大。

(二) 鲜明

鲜明指的是突出评论的主旨要义。评论要有鲜明的主题思想，即作者要表达的主张和观点，评论的题目就要使作者所表达的主张观点突出和集中，使读者看了标题，即可大致了解这篇评论说的是什么，同时还要表明鲜明的立场和态度，使读者了解作者的鲜明态度后进行取舍。

2019 年 6 月 23 日晚，湖南怀化市公安局刑事科学技术研究所经 DNA 检验鉴定，确认新晃一中操场挖出的尸骸为 2003 年失踪人员邓世平。与此同时，与此案相关的多名犯罪嫌疑人已被抓获。湖南新晃的操场埋尸案震惊舆论场，其在法理上其实没有什么复杂的地方，多家媒体评论从打掉黑恶势力保护伞的角度进行了集体发力。光明时评评论员陈城充分考虑到受害者邓世平的知识分子身份和以身抗恶的义举，于 2019 年 6 月 24 日以《应对邓世平的身份和事迹进行追认》为题撰写评论，在网上发声：

> ……
>
> 为众人抱薪者，不可使其冻毙于风雪。如果没有这次扫黑除恶，如果没有其他案

件问题牵扯出这一事件,如果没有来自公众和社会舆论的压力,这一案件继续拖下去甚至成为无头案也不是不可能的事情。因此,有关部门应该给予邓世平身份的追认,这是对其挺身而出行为的认可,也是让正义彰显,切实维护社会公平正义和法治尊严的应有之举。

正是由于媒体率先提出"应对邓世平的身份和事迹进行追认",强调受害者的尊严,引发了新媒体读者的热烈反馈,后来也推动了相关部门"工伤认定"和补助金等相关救济手段的出台。

2020年抗疫前期,因为形势艰难,各地"硬核"封堵措施纷纷出台,针对湖北人的歧视现象随之而生。

正是在捕捉社会共情点失焦的情况下,《光明日报》在2020年1月27日推出了新媒体评论《湖北人,是同胞也是同袍》,引发了全网转发刷屏。因为标题本身是一个共情点,所以很快在互联网形成了口号式的传播,并引发兄弟媒体呼应。

随着国际防疫形势日趋严峻,防疫焦点由境内转向防止境外输入。归国同胞和留学生成了"外防输入"的情绪投射对象,"留学生歧视""华侨歧视"现象开始出现。此时,光明评论推出了《回国的他们,也曾包机送口罩》,很快在网络上"刷屏",尤其在华人华侨和留学生群体里引发接力转发。这篇评论和上篇评论一样,也是为反歧视而撰写,事情本身不涉及复杂说理,但标题的表达方式却不大一样。为什么呢?就是为了寻找一个最佳共情点。一句"回国的他们,也曾包机送口罩",唤醒了同胞情感,产生了以心换心的言说效果。在灾难或者突发事件面前,鲜明的评论标题的共情能力显得十分重要,没有体恤与共情,后续说理很难奏效,要达到凝聚共识的效果就更难了。①

凸显评论标题的鲜明性,方法可以多样:

一是可以直接说明,如:

《明星嫖娼被抓,不要指望舆论的"包容"》(《环球时报》,2021年10月21日)

这篇评论的论点是:明星不要指望舆论的"包容"。明星嫖娼被抓是互联网上顶级的"瓜"(即八卦网络用语),出一个熟一个。众人围观"吃瓜",也是世间的一种平衡方式。明星手里的主动权是:别让自己成了那个瓜,也别做别的瓜。

二是可以提出疑问,表明态度,如:

《那个唯一没参与调包的服务员是谁》(红网,2016年9月8日)

这篇评论的事实依据是:据报道,某酒店服务员为了挣不义之财,竟然用假茅台调换客人自己带来的真茅台,还监守自盗调换了仓库中的真酒。近日,郑州警方宣布,成功破

---

① 刘文嘉. 在融合生产中重新定义光明评论[J]. 中国记者,2020(7).

获一起调包茅台酒的团伙盗窃案，涉案金额 60 余万元(《法制晚报》，2016 年 9 月 7 日)。这是一起内外勾结的案子，酒店 15 名服务员，有 14 人牵涉其中。最初是个别人与外界"合作"，后来，其他知情者见利心动，纷纷下水。

该评论指出，15 名服务员，唯一没参与调包的，其实更值得关注。这名服务员，坚守了做人的原则，没有同流合污："感谢这位服务员，能出淤泥而不染。这位唯一没参与调包的服务员，并不孤独，这世上有许多人，我们周围的大多数人，都不乏这样的坚守。"

三是采用反问句，如：

《如此突破底线的恶行，是愚昧无知还是出卖良知!》(央视网，2022 年 7 月 22 日)

这个标题不仅对数名日本战犯被供奉灵位行为作出批判，而且对事件性质作出进一步阐释。

《明示道德红线，就能刹住教师节送礼风吗》(光明网，2022 年 9 月 8 日)

反问句能够起到强调的作用，并且比一般的陈述句更有力度。这篇文章针对目前时兴的教师节给老师送礼物的现象，指出：

眼看着教师节的当口，家委会把送礼这种上不得台面的事儿"闹大"，当地教育主管部门赶紧出来"灭火"，发布公开信呼吁家委会主动抵制请客送礼歪风邪气，义正词严拒绝"变相行贿"违规行为，并公布举报通道。如此明示道德红线当然重要且有必要，但实际影响力几何，则有待观察。更为根本，可能还是努力改变现有教育资源紧缺的格局，当家长不用再费心尽力抢夺什么，教师也不用深陷力不从心的困局，那么利益联结的动机和空间自不复存在，双方的关系也有望重回清爽。

9 月 1 日，开学第一课上，我们努力向孩子们传递何为真善美，社会共议的话题也是教育如何承载起殷切的道德期待。而如果 9 月 10 日，我们无意间向孩子们展示，我们是如何用金钱攻陷我们曾宣扬的价值观，这种前后不一的价值观对他们的认知及心理打击将构成多大的冲击，不忍细想。如何对待社会道德期待下的这个薄弱地带？这道压轴题，值得我们深思慎行，努力答好，让教师节的关注焦点和讨论资源重回教师权利和待遇这一中心。

这里列举的只是最基本的几种让标题鲜明的方式，具体用哪一种，需要根据评论的类型与内容而定，但标题要响亮明朗，坚定有力，应是共同的要求。

(三)精当

评论标题要求精当，就是要求精练恰当，避免俗套，人云亦云，也要注意不使用一些容易引起歧义和使人费解的词句。评论的标题以一句话为宜,特别的情况下可以用主标题加副标题。

一般来说,评论标题为做到精练,就要简短;但究竟是长题好还是短题好,或者短到几个字才算好,这是很难说的。短有短的好处,长也有长的好处。目前一般认为短题为好,恰当的做法是一句话为宜。如:

《融入生活是最好的传承》(《内蒙古日报》,2018 年 8 月 20 日)

《呵护经济发展的"毛细血管"》(新华报业网,2022 年 9 月 12 日)

此外,我国报纸的评论,尤其是社论和评论员文章,常在主标题以外,另加副题。副题的作用,在于补充说明主题的意义,或说明主题的内容,或者是主标题不宜直接说,另加副标题点明,如:

例1 (主)初心铸就千秋伟业
(副)为庆祝新中国成立 70 周年而作(《人民日报》,2019 年 9 月 30 日)

例2 (主)百年辉煌,砥砺初心向复兴
(副)写在中国共产党成立 100 周年之际(《人民日报》,2021 年 6 月 28 日)

(四)引人

评论标题不但要旗帜鲜明,而且还要引人。含而不露也有它特殊的魅力。为了做到准确生动引人,可以讲一点形象性,巧用修辞手法,或用提问句、设问句,也可以引用成语、俗语、谚语,甚至化用之,如:

《"神仙租客"火了,房东和租客要"双向奔赴"》(中国青年报客户端,2022 年 10 月 12 日)

这个评论的标题用到了大众熟知的网络用语"双向奔赴",抓人眼球,让读者对于评论的主要内容一目了然,具有幽默的色彩,也契合当下网络化的特点。

《"大白鲨"岂能当美食》(澎湃新闻·社论,2022 年 9 月 19 日)

这个标题是很典型的反问句,但在反问的同时,暗含评论员的观点,运用反问加深印象,强化观点。

《同心邀明月 千里共婵娟》(光明网，2022 年 9 月 10 日)

"千里共婵娟"出自苏轼的《水调歌头》，这首诗以及这句诗词为大众所熟知，带有文学色彩的同时令人印象深刻，也契合了时事。

四、评论标题的制作方法

在实际的写作中，我们在拟评论标题的时候，有以下方法可循：

(一)突出"信息亮点"，明示评论对象

新闻评论，顾名思义，即以新闻事实为评论对象。也就是说，新闻评论是对正在、新近报道的新闻或虽未见诸媒体却有新闻意义的事实的基础上，着重从政治思想和社会意义上对其有所评、有所论。评，就是要对新闻事实进行评判；论，就是要对新闻事实做出论断。不管是评判还是论断，都是作者在对评论对象进行思考、分析、论证后所做出的判断。因而判断在新闻评论中处于核心的地位，是新闻评论得以存在并向公众传播、发生社会作用不可或缺的"信息亮点"。在突出标明评论的"信息亮点"的同时，标示出所评论的新闻事实，这是新闻评论标题制作最基本的要求。如：

《"美丽的风景线"划破华盛顿的长空》(环球网，2021 年 1 月 7 日)

这篇评论直接用比喻作为标题，这也是评论的信息亮点所在。即便不知道新闻事实的人在读了这个标题之后，也会被深深吸引。

《买论文还能直博，这样的学术不端要严查》(南方网，2022 年 11 月 4 日)

平心而论，论文抄袭早已不是新鲜事。这次"免试直博生被指论文抄袭"登上热搜，除了"南开大学""北京大学"等如雷贯耳的学府名字让人意难平外，更令人瞠目结舌的是当事人伊某那一副"我也是受害者"的嘴脸，颇有孔乙己"读书人的事，能算偷么"的既视感。这篇评论就以论文、学术不端作为评论对象，由于与学术圈利益息息相关，故称为评论的"信息亮点"。

(二)因文制宜，方式多样

如果说标题如同新闻一样都是信息的载体，那么新闻评论中最重要的信息是判断。新闻评论是对评论对象的一个由浅入深、由表及里的再认识过程，而判断就是认识过程的成果。普通逻辑学告诉我们，判断就是对思维对象有所断定的思维形式。在新闻评论中，所谓的"思维对象"，首当其冲指的就是新闻事实。至于"有所断定"，则指运用概念对思维对象(即新闻事实)的性质、价值或关系等情况不可回避地作出旗帜鲜明的评判，即要么

肯定，要么否定其具有的某种性质、价值或关系等。判断在新闻评论中的核心地位，也就决定它在标题中的不可或缺的核心作用。因而最佳的评论标题就是对判断的精当概括。

一般来说，陈述句和反问句最能直接、鲜明地表达作者的判断，是新闻标题中选用较多的判断句式。"是"或"不是"、"要"或"不要"、"该"或"不该"等是最典型的判断动词。如：

《打破刻板教条"不唯"是对人才的尊重》（《中国青年报》，2022 年 8 月 28 日）

《中学教师博士扎堆，"教师热"也要有冷思考》（光明网，2021 年 10 月 12 日）

《玲娜贝儿，该不该开口说话》（《新民晚报》，2022 年 9 月 4 日）

前两个标题就是带有判断词"是"和"要"的陈述句，最后一个则是反问句。前面我们说过，反问句有强调的作用。

此外还有加上性质判断词的，比如：赞、颂、提倡、弘扬；驳、斥、评、不能、切忌、莫要……这一类的评论标题，同样观点鲜明，鼓动性强。

《电视问政 莫成表演》（《人民日报》今日谈，2016 年 1 月 10 日）

评论的由头是笔者应邀参加了某地省、市两级电视台担任电视问政媒体提问代表。对方要求：其一，明确限定了提问的内容，且要求不更改；其二，被提问部门来电公关，请求问政时"高抬贵手"。

前者要求按照"节目流程"走，其实是怕部门领导被问到尖锐问题"下不来台"；后者则表明，相关信息有所泄露。如此一来，电视问政俨然成了一个"舞台"，不管是提问者还是被问者，都成了按照既定"脚本"表演的"演员"。

当电视问政在全国形成气候之时，笔者以自己的亲身经历提示了"问政"的内幕，并希望电视问政少一些作秀，真正成为官民良性互动的桥梁。这个标题就十分恰当地突出了这个主题。

《"野生网红景点"：莫让"尝鲜"成"尝险"》（《人民日报》，2022 年 8 月 17 日）

这篇评论的由头是 2022 年 8 月 13 日下午，四川省成都市彭州市龙门山镇后山下雨，引起龙槽沟区域突发山洪，导致群众被困，部分在河道上戏水、乘凉的游客被洪水冲走。截至发稿当日，突发山洪灾害造成 7 人死亡、8 人轻伤。

笔者借此表明了观点，大自然有美丽温良的一面，也有咆哮不安的时刻。在社交媒体上，事发地龙槽沟是当地一个著名的"野生网红景点"，人来人往、其乐融融的景象吸引了不少人前去打卡。但实际上，龙槽沟未经开发，缺少旅游配套设施，属于地质灾害点位，易发生泥石流、山洪灾害。此次山洪夺命悲剧的发生敲响了警钟，广大游客应选择正规景区，不要盲目从众，更不要轻易前往未开发开放和高风险区域。应该清醒地认识到，所谓"仙境"，有可能就是"险境"，轻率野游很可能让"尝鲜"变成"尝险"，切莫大意也大意不得。

当评论对象为同一事物的两个侧面或两个互相联系的不同事物时，要对这两者之间的关系做出判断，而这种"关系判断"又是难以用一两句话说清楚的，标题常常就是将其并列在一起，明确标出，并限定评论范围。比如：

《老父老母"沉迷网文"，年轻子女怎么办?》(中国青年网，2022 年 10 月 25 日)

最近，不少年轻人陷入了对父母"沉迷网文"的担忧。第 18 次全国国民阅读调查报告显示，在接触过数字化阅读方式的群体中，50 周岁及以上的人群占比已经达 23.2%。这些中老年人一边在网文中寻找慰藉，一边又像做了错事的孩子，接受子女的"说教"。老父老母与年轻子女形成了鲜明的对比，但无法用一句话说清楚这二者的关系。所以这里用一个并列式的标题，用一个对比，巧妙地划定了评论的范围。

再比如，有些针对性强、指导性强的专题评论，论题重要，内容丰富，用几句话难以将其认识成果——某种判断说清楚明白，就只能把评论对象如实标出来，以其自身的重要性去吸引读者。

社会中有些问题并不都是一面意见，常常会出现正方和反方两种观点。智联招聘2015 年 3 月底发布的《2015 春季人才流动分析报告》显示，新一波公务员"跳槽热"已开启。据媒体报道，自当年 2 月 25 日至其后的三周时间内，全国范围内有超过 1 万名公务员、事业单位工作人员通过该网站投递出求职简历，跟 2014 年同期相比增幅达 34%，位居跨界跳槽者中的"最活跃群体"。根据这一新闻报道，2015 年 4 月 9 日，《楚天金报》组织了两篇观点不一的评论，在标题上也就有了这样的形式：

《公务员"跳槽热"是个好现象》

《"跳槽热"或许想象大于实际》

两篇评论从不同的角度来解读同一个报告，自然在标题上也就呈现不同甚至对立的观点。

评论的标题多种多样，需要根据论述的问题、对象灵活运用，标题起得好，对于深化评论的主题、吸引受众是大有好处的。下面这篇评论在标题上出了新：

《不满一岁要补票，这是生育友好型社会的"刺客"》(光明网，2022 年 8 月 31日)

2022 年 8 月 29 日，广东湛江一位母亲抱着不足一岁的婴儿在南桥车站乘车时，被工作人员拦下要求给婴儿购买车票。这位母亲拒绝后，双方发生争执。据媒体报道，30 日，南桥车站工作人员回应称，每十位乘客才能有一个免票儿童名额，或者是半价名额，这都是根据车站相关规定来的。

评论将不合理补票的现象比作"刺客"，并进行了论述：

> "友好"不仅存在于政策法规中，存在于软硬件环境中，更存在于年轻父母的主观感受中。婴儿上车要补票，这类行为就是构建生育友好社会的"刺客"，刺伤的是年轻父母和有生育意愿的年轻夫妇的心。只有尊重年轻父母，关切他们的需求，才能真正塑造生育友好的氛围。

(三) 紧扣新闻事件，力求生动活泼

长期以来，提起新闻评论及其标题，人们总愿意把它同"庄重""严肃"等字眼联系在一起，仿佛新闻评论及其标题必须是一副古板面孔，与生动活泼无缘，更谈不上要讲究什么文采了。其实，这是一种误解。实践证明，在新闻评论标题的制作中，在凸显新闻性、信息性的同时，力求言语和形式的表现美，往往会收到意想不到的社会效果。

新闻评论及其标题是说理的艺术，也是语言的艺术。要把思想、观点表达得生动、新颖、锋利、幽默、深刻、隽永、引人，巧用修辞格是一个好方法。修辞的运用，可使标题形象生动，达意传情，恰到好处，以增强标题的表现力和吸引力。此外，还要善于使用疑问句。将陈述的句子，针对具体的思想矛盾改换语气，采用提问、疑问或反问的表达方式，容易激发人们的思想火花，突出矛盾的焦点，有利于从感情上引人注意、诱人联想，从而吸引读者去阅读正文，寻找答案。如：

《坐地起价的黑救护车，为什么屡禁不绝》(光明网，2022 年 11 月 7 日)

需要指明的是，以上探讨和列举的，只是制作新闻评论标题的一般原则和部分例子，万不能将其当作公式，否则只会束缚自己的手脚。评论需要与时俱进，评论标题也该如此。

第八章
新闻评论篇章结构

一、新闻评论的结构要求

所谓结构，讲的是系统内各部分的搭配和安排次序，它关系到该系统能否和谐与高效。评论写作既要"言之有物"，又要"言之有序"。"言之有物"强调的是内容，评论文章若没有内容就像画饼充饥，一点用都没有；"言之有序"指的是结构，评论作品不讲结构就跟一个高烧病人说胡话一样，难以让人明白。

结构也有好坏之分。不是说做到"言之有序"了，结构就好了，这只是结构的最低要求。好的结构除了"言之有序"，更重要的还在于能让读者跟着你设定的程序，循序渐进地读下去。由于历史方面的原因，我国的新闻评论，尤其是政治性的新闻评论在结构上经常表现出一副居高临下的态势，好像是在逼读者跟着走。有的评论工作者一提笔就想到"我是代表编辑部讲话的"，一上来立刻摆出毋庸置疑的观点（往往是引用某某权威人物的讲话），接着根据观点需要挑选出具体事例分析一下，然后是"必须怎样，否则怎样"的结论。这样做或许是"言之有序"了，但面目可憎，没人愿意看。所以有人说这种评论可谓"三大一少"：口气大、帽子大、架子大，读者少。

社会正朝着多元自由的方向发展，读者挑选的余地越来越大了，即使形式上我们也许仍然可以强迫读者接受某种主张观点（但实际上已经做不到），哪怕这种主张观点真的是无比正确先进的，但从传播效果看，无疑是要大打折扣的。

所以，新闻评论工作者要想自己的评论作品获得公众注意及喜爱，产生广泛影响，就应该从评论写作方式上动脑筋，结构则是不可忽视的一个方面。

评论的结构，即谋篇布局，是对评论的总体构思和谋划，包括逻辑思路与层次安排。按评论文章的结构顺序，可以分为开头、中间和结尾三部分；在具体的结构布局中，则分别称之为引论、本论和结论。

我们知道，在写作一篇文章的时候，作者笔下的各种材料不能胡乱地堆放在一起，因为杂乱无章的一堆材料不可能表达一个集中鲜明的主题思想。因此，我们必须根据主题思想的要求，紧密围绕一个中心线索，把有关内容主次分明、有条有理、有前有后、有开头有结尾地组织成一个有机整体，从而构成一个完整的篇章。

文章的结构安排并不是一个单纯的方式方法问题，其实质是如何认识和反映客观事物的问题。也就是说，它是根据客观事物、客观事物本身的内部联系，经过作者头脑思维加工所形成的思路在文章中的具体体现。

所谓思路，就是作者的思想脉络、线索，就是作者对所反映的客观事物的认识顺序；就是作者根据写作的目的要求，对大量材料进行创造性的思索加工之后所形成的对客观事物的一条认识路线。因此，思路是结构的基础，欲求完美严谨的结构，必先求清晰缜密的思路。要使文章的结构合理，有逻辑性，必先厘清思路。而清晰合理严密的思路，建立于作者善于观察事物，能准确地理解和深刻地认识客观事物之上。因此，只有从锻炼观察能力和理解认识事物的能力入手，才能培养出既活跃又严密的思路，写文章才会有好的结构。

(一) 新闻评论结构布局的原则

新闻评论的结构有自己的要求，由于评论以分析、议论、评价、说理为主要任务，因而其结构布局应注意以下几个原则：

第一，依文章内容而定。评论的结构布局应考虑文章的具体内容，根据评论所要分析的事物或所要论述问题的实际情况、内在逻辑联系和发展变化规律，围绕论题和中心论点组织安排评论的观点、材料和先后顺序。这主要是针对不同的文章内容选择不同的结构。这一原则将在后面的几种不同的评论结构中有所体现。

第二，依受众需求而定。评论的结构布局应考虑受众的实际状况，根据他们的文化水平、接受能力、认识规律和心理需求安排评论的逻辑思路和前后布局。这一点主要是根据媒体的不同性质来决定的。如果是一般的都市报，就不适合写人民日报社评类的评论。而在《人民日报》头版头条的位置上，也不适合写一般的小时评。

第三，依自身风格而定。评论的结构布局应反映自己的特色和风格，在遵循评论结构总体框架和基本规律的同时，在开头、结尾和层次安排上应体现自身的个性特征。中央媒体和地方媒体、党政媒体和文化娱乐类媒体的评论内容和版面风格就不一样。

(二) 新闻评论结构布局的要求

我们阅读下面这篇第31届中国新闻奖文字评论三等奖作品，分析新闻评论在结构布局上有哪些具体的要求。

疫情当前，怎么火了一句唐诗?[①]

(第一段) 光明网评论员：这两天，有一句唐诗在网络上火了。2月9日，日本舞鹤市医疗支援物资抵达大连机场，包装箱上印着"青山一道同云雨，明月何曾是两乡"，这出自唐代诗人王昌龄的一首诗。曝光后，这句诗迅速传播，掀起讨论无数。而在此之前，日本援助物资上写着的其他几句话，如"山川异域，风月同天""岂曰无衣，与子同裳""辽河雪融，富山花开；同气连枝，共盼春来"等，也都贡献了不少

---

① 疫情当前，怎么火了一句唐诗? [EB/OL].[2020-02-12]. https://guancha.gmw.cn/2020-02/12/content_33548295.htm.

热点。

……

(第四段) 这并不是说"青山一道同云雨，明月何曾是两乡"就一定比"武汉加油"高级，后者的简洁明快、易背好懂，可以在短时间起到凝聚人心的效果。只是一句唐诗，让不少人在铺天盖地的所谓"硬核"的口号中，看到了一种文明感。这种文明感，在乎语言的体面、情感的深刻、行为的得体；这种文明感，又恰是疫情发展到当下，急需强调之事。

(第五段) 从疫情发生之初的"围堵"湖北人、泄漏个人信息、家门被封闭，到现在网友爆料武汉牌照车被砸、租房户不能进小区、业主持房产证出入等等，种种行为实在刺目。无视法律、契约，制造歧视链条，实在不是文明社会该有的景观。语言与行为，就是思维的同构之物，有的地方能挂出"出门打断腿，还嘴打掉牙"的横幅，有的人行为过激也不令人意外。

……

(第七段) "青山一道同云雨，明月何曾是两乡"是句唐诗，日本人使用，中国人理解。人类共通的情感表达，哪怕是千年之前的句子，不同国度的人、不同时代的人都能与之共鸣。可见，美好的事物自有它的韧性与穿透力，在疫情仍在持续之际，我们一定不能放松文明社会必须坚持的价值。

这篇评论的结构非常具有代表性。我们来分析一下这篇评论的结构特点，这些特点也是评论结构的一般要求。

(1)布局合理。评论一般由开头(引论)、中间(本论)和结尾(结论)三部分组成，先说什么后说什么，详说什么略议什么，如何安排观点和材料，如何安排各部分占的比重，三部分之间如何衔接和过渡，等等，都应注意其协调性和合理性。

在上述评论中，第一段是引论，即引用新闻事实，把要评论的事情简单展现出来。接下来是文章的本论部分，这部分是评论的重点内容。一般而言，论点、论据、论证在这一部分都会有涉及，故篇幅也较长。第七段是文章的结尾，再次点明论点，这也是在整篇评论论证结束之后的结论："美好的事物自有它的韧性与穿透力，在疫情仍在持续之际，我们一定不能放松文明社会必须坚持的价值。"事实上，我们可以看到这三大部分之间的衔接过渡非常自然。先提出论点，然后进行论据的补充和展开论证，最后得出结论。这是符合人们的认识过程的，因此这个结构安排得很好。

(2)层次清晰。评论的结构从总体来看可分为三部分，但从各部分(特别是中间的本论部分)来看，又可以分为不同的层次。每层运用什么材料，提出什么见解，都应有一个先后的顺序，也应有不同方面或不同深度上的差别，使所议论内容由点及面、由此及彼或由表及里地层层展开。

(3)逻辑顺畅。写任何文章都要讲求逻辑，以逻辑思维见长、以逻辑推理为主要手段的新闻评论，更要注重结构的逻辑性，即谋篇布局要符合事物发展的内在逻辑和人们认识事物的思维逻辑。一般来说，任何事物的变化都经历了一个由产生、发展到出现结果的过程；人们认识事物的思维逻辑大多是从具体到抽象、从现象到本质、从个别到一般；评论的结构也大多是从提出的问题到分析问题最后提供解决问题的意见和办法。在评论中，应将这几种逻辑顺序协调一致，借助于顺畅的逻辑结构，使受众更易了解和理解评论的内容。

以这篇评论为例，从材料中得出观点，然后再补充材料，进一步强化观点，接着阐释产生这种现象的原因，最后呼吁从原因出发解决问题，这是符合人们认识事物的思维逻辑的。只有符合人们思维逻辑的评论才能如同行云流水般，令人赏心悦目。

二、新闻评论的结构方式

写文章要讲究逻辑，就是要注意整篇文章、整篇说话的结构，开头、中间、结尾要有一种关系，要有一种内部的联系，不要互相冲突。这就是说，作为包括评论在内的所有文章，都要讲求其内在的逻辑性。在评论中，其内在逻辑性集中体现在文章三个组成部分的有机联系上。

新闻评论的结构方式，是指将引论、本论与结论组合起来的方式。这种组合方式有很多，常用的大体有以下六类：

(一) 归纳式结构

这是一种从材料到观点，先分论后结论的结构方式，即在开门见山、挑开话题后，围绕论题，逐层运用材料证明论点，最后归纳出总论点。以这种方式写作的评论，比较符合人们认识事物的规律(即思维活动的逻辑顺序)。下面这篇评论就是很典型的归纳式结构：

少些"数"缚①

统计社区有多少棵树、多少个窨井盖、多少个化粪池；统计居民家养了几条狗、办没办 ETC、是否下载某政务 App……近日，记者在社区采访中发现，这些名目繁多的统计工作挤占了基层干部大量时间，让他们无奈地被"数"缚住。一些"奇葩"的统计项目更是频频遭到社区干部吐槽，社区干部自嘲为"统计员""表哥""表姐"。

数，是工作最简捷直观、高度概括的量化。有效的数据可以反映工作进展和落实情况。然而，频繁让基层统计五花八门的数，让基层干部变身统计员，成了基层的新负担，影响了基层的主业。

数字缘何变"数"缚？

原因之一，是数字需求主体的"懒"。上级部门本该自己掌握了解的数字，却推给基层部门，要求下级部门统计上报，是懒政的表现。

原因之二，是数据共享途径的"堵"。多个职能部门之间，或是一个职能部门的

---

① 关艳玲. 少些"数"缚[N]. 辽宁日报，2021-05-13.

多个子部门之间，本应该通过数据共享掌握的数字，却因为流程、途径不畅，频繁要求基层上报。

原因之三，是数字获取目的的"偏"。一些部门重"痕"不重"绩"、留"迹"不留"心"，把下级的统计数字作为自己部门的工作成果，甚至用无关的数字来标榜工作的业绩。

"数"缚，不仅成为基层的沉重负担，而且在一定程度上带坏了基层的工作作风。

基层为了完成繁重的数字"统计"工作，只能估"数"，导致数字不实；上级部门检查基层工作，"数"是一个重要参考，基层就围绕数字做文章，而无暇顾及应解决的问题。"化了妆"的数据尽管看起来挺"亮眼"，但群众的获得感却空空如也，这样的数据也就没了存在的价值。

基层干部只有从"数"缚中解脱出来，才能轻装上阵，把主要精力投入到解决问题和服务群众中去。

这篇评论的结构属于归纳式。第一部分提到让基层统计五花八门的数，让基层干部变身统计员，成了基层的新负担，影响了基层的主业的事实，这是评论最常见的开头方式。但是相比其他评论，这篇评论的特色在于：在提出事实以后，将数字变"数"缚的原因与现状一一列出，通过列举事实的方式，说明了具体原因。在列举具体原因以及现状后，评论指出了"数"缚给基层带来的阻碍与负担，带坏了基层的工作作风。之后，针对上述事例以及论述，提出了全文的论点："基层干部只有从'数'缚中解脱出来，才能轻装上阵，把主要精力投入到解决问题和服务群众中去。"从这篇文章中我们可以看到，将材料分类并从中归纳论点的方式能够迅速厘清文章的思路，这也是归纳式结构的优点所在。

(二)演绎式结构

这是一种从观点到材料，先结论后分析的结构方式，即先以鲜明的观点开宗明义，然后以相应的材料作为论据证明论点。这种结构方式与人们日常的说理习惯相适应，对于强调评论的主旨、突出评论的中心思想有所帮助。我们看下面这个例子：

这是人与自然和谐共生的现代化①

一个个"人不负青山，青山定不负人"的故事，生动印证着绿水青山就是金山银山的科学理念，深刻昭示着生态保护和经济发展完全可以兼顾、实现共赢。

中国现代化建设之所以伟大，就在于艰难，既不能走老路，又要达到发达国家的水平，这是一场大仗、硬仗、苦仗。

这几天，以"珍爱湿地，人与自然和谐共生"为主题的《湿地公约》第十四届缔约方大会在湖北武汉召开。承载着武汉市民"诗和远方"梦想的城中绿心东湖国家湿地

---

① 这是人与自然和谐共生的现代化[N]. 人民日报，2022-11-09.

公园，褐色沙丘与碧绿江水交相呼应、芦荻摇曳与水鸟翻飞相映成趣的天兴洲湿地，经过生态修复后满是"生态绿"的青山江滩……武汉市的众多湿地宛如一幅幅人与自然和谐共生的美丽画卷，成为展示新时代我国生态文明建设成就的重要窗口。

……

"从69岁拍到77岁，蓝天照一年比一年多。"家住河北石家庄的资深摄影爱好者王汝春，自2014年起坚持每天早上拍摄同一片天空。从最开始"镜头里的蓝天白云成了稀罕物"，到后来蓝天白云照越来越多，数千张照片组成的"天空日记"，真切地记录着生态环境持续向好、人民获得感不断增强的非凡历程。每个人都是生态环境的受益者，也是保护者、建设者。新时代新征程，携手同心、不懈奋斗，我们一定能汇聚起更加磅礴的力量，建设人与自然和谐共生的现代化，共建更加美丽美好的家园。

这篇文章在开篇就指明了"绿水青山就是金山银山"和"生态保护和经济发展完全可以兼顾、实现共赢"的观点，然后以武汉召开《湿地公约》第十四届缔约方大会，武汉有众多优美的湿地的例子作为论据，进行论证。为了凸显我国坚持"人与自然是生命共同体，大自然是人类赖以生存发展的基本条件"的观点，评论列举了党和国家所做的各种努力与坚守，同时与西方国家坚持"先污染再发展"形成鲜明的对比。接着，文章又列举了我国在生态文明建设方面克服重重苦难，并取得多项成就，论证了我国正在努力"建设人与自然和谐共生的现代化"的观点。文章最后从一个摄影人的个体角度展示了我国生态环境持续向好、人民获得感不断增强的非凡历程，达到以小见大的社会效果。

（三）并列式结构

这是一种将总论点分解为两个以上并列的分论点，然后分别进行论证的结构方式。如果说前两种是纵向展开的结构方式的话，那么这种结构方式以横向展开为主。一般来说，对内涵较为丰富的事件或问题，采用这种结构方式，有助于议论的全面与周密。

儿童绘本画面"少儿不宜"？出版机构和家长都当"自强"①

近年来，众多价格不菲、包装精良的绘本，打着获得国际大奖的旗号进入市场，成为许多低龄儿童的启蒙读物。然而，记者近日发现，一些销量火爆的绘本故事，却频频出现"滚远点""去死"等不文明用语，一些儿童绘本画面"儿童不宜"，还有大篇幅描写谈恋爱的情节，更有绘本被指画面阴森惊悚，连大人看了都害怕。

儿童绘本内容"少儿不宜"的现象，近几年频频引发关注。这个话题受到关注，其实与整个社会对于儿童阅读的日益重视和对阅读质量的要求越来越高有着重要关系。有统计显示，2018年中国图书零售市场总规模为894亿元，其中少儿图书市场

---

① 朱昌俊. 儿童绘本画面"少儿不宜"？出版机构和家长都当"自强"［EB/OL］. ［2022-11-10］. https://m.gmw.cn/2022-11/10/content_36150224.htm.

规模达到了 234.59 亿元，占总体的 26.24%。而少儿图书中，儿童绘本又占到了少儿图书零售市场的 24.98%，市场份额高达 58 亿元，稳居细分品类第二的位置。

……

儿童绘本的质量高低，直接影响到孩子的三观培育和身心健康，对此社会有更多的重视和关注，是一件非常重要也很必要的事。从近些年的舆论反馈看，出版行业在这方面的确还有较大的提升空间。但要解决这一状况，也要警惕对审查审核过于依赖的观念。要知道，不管是儿童读物还是一般的书籍，它都具有相当的主观性，只要不违背法律，就应该对创新、对内容和风格的多元化多一些包容。如果设置过多的"禁区"，或者说存在争议就完全否认其价值，这恐怕只会让创作、出版的空间越来越逼仄，最终伤害的实际是整个绘本市场的质量。

因此，面对眼下儿童绘本质量参差不齐的状况，除了需要出版行业提高专业性，加强把关，更重要的是作为家长，应该更积极地扮演好儿童阅读引导者的角色。如何给孩子挑书，如何给出恰当的阅读指引，都需要家长投入更多的心思。

这篇评论旨在分析儿童绘本质量参差不齐的问题，是一篇非常典型的并列式结构评论文章。该文先说明儿童绘本中出现不文明用语、儿童不宜画面等现象，并借助数据指出"儿童绘本市场快速壮大"，也出现了"一些缺少专业素养的出版社和从业者也争相进入儿童出版的赛道，急欲分一杯羹"的现状。随后作者从家长和出版机构两个并列的方面提出了观点，"需要出版行业提高专业性，加强把关"，家长"应该更积极地扮演好儿童阅读引导者的角色"。整篇评论条理清晰，一点一点地呈现观点。

(四) 递进式结构

这是一种对论题进行逐层分析，使议论由此及彼、由表及里、由浅入深的结构方式。它把每一层分析都建立在上一层分析的基础之上，既是对上一层意思的补充，又是对上一层意思的深化。通过逐层分析，帮助受众对事物或问题的实质有更为深入的认识。

反思"摇步器"：如何让锻炼更快乐①

近日，浙江某大学官方网站发布消息称，在 2022 年 10 月 31 日—11 月 4 日某学院学生公寓安全卫生检查中，发现有学生使用摇步器完成"健康步行"的现象，违反了学校规定，决定给予该同学通报批评。所谓"健康步行"，是大学新增加的身体素质评价内容，成绩将会被纳入学生综合素质评价，具体要求是学年内平均每天达到 6000 步记 50 分、8000 步记 75 分、10000 步记 100 分，作弊则直接记 0 分。

说说"摇步器"这个物什。经笔者亲测非常好用，需要注意的是记得睡前要把手

---

① 反思"摇步器"：如何让锻炼更快乐[EB/OL].[2022-11-10]. https://guancha.gmw.cn/2022-11/10/content_36151538.htm.

机拿下来,否则一觉醒来会有七八万步的惊人纪录。其实,走路多少本是只与自身健康相关的事,但往往和规定、要求、权力、利益以及虚荣心等要素挂钩后,就会变了味道。摇步器和刷步软件的诞生,大概也是为此。譬如,有的企业或者单位,一定要求员工每天完成定量的步数,而员工则因为经过一天高强度工作,没时间更没精力去完成规定的步行量。这样,一个关于健康的善意要求,时常由于诸多莫名的原因和动机掺杂,变得愈发复杂化并产生了荒谬的后果。

再来说说学校的体测。很多现代人都是"久坐族",上班、学习一坐就是几个小时,空闲时间则刷剧打游戏,在许许多多更为吸引注意力的事情中忽略了锻炼,也让亚健康问题蔓延到青少年群体。对此,国家高度重视并明确提出将青少年作为实施全民健身计划的重点人群,同时建立了严格的考查机制,将学生体质健康作为各层级学校教育教学的重要内容,引导和倒逼青少年养成良好锻炼习惯。这一工作效果显著,教育部公布数据显示,目前中小学生体质健康状况逐步提升,优良率由 2016 年的26.5%上升至目前的 33%,超重和肥胖比例、视力不良率比例不断下降。

当然,让体测真正发挥应有的作用,还需要更多专业人士共同参与完善。譬如,学校和企业提出的日行一万步标准并非适合所有人的健康步数,在一些官方指南以及专业研究中,对于特定人群,想要身体健康,6000 步可能更为合适;再譬如,学校里难倒无数男学生的引体向上考核,标准应该是下巴过杠、手肘打直、身体轻微晃动,但为了数目达标,老师基本上会对学生"摆浪上杠"睁一只眼闭一只眼,显然这并不能起到太多提升体质的作用。更关键的是,一旦将学生的相关成绩纳入评奖评优、升学保研乃至毕业等关键项目时,花钱替考、突击报班或者数据造假等作弊行为便开始层出不穷,这些急功近利所引发的现象,值得教育工作者充分关注。

清华大学校长梅贻琦曾讲过,"学校犹水也,师生犹鱼也,其行动犹游泳也。大鱼前导,小鱼尾随,是从游也。从游既久,其濡染观摩之效,自不求而至,不为而成。"对于学校来说,不论大事小情,同样应当审慎行使自己的管理、奖惩、处分等权力,在教育与受教育关系中,坚持对尊严、自由等价值的尊重,以更为平等的视角来完成需要达到的效果,避免简单又单一的"懒政式"考核。

青少年是祖国的未来,如果没有健康的身体,就不可能有充足的精力投入到未来漫长的学习工作中,而如何培养学生养成良好的锻炼习惯,不仅是校内体育教育工作的核心,更涉及校外方方面面。加强青少年对体育运动的热爱,一方面要加强基础设施建设、打造浓厚运动氛围,另一方面更要提高给青少年群体"减负"的质量,如此才能让锻炼成为一件真正快乐的事情。

采用递进式结构的评论,很多是对一个问题的阐释,这样可以达到并列式结构达不到的一种效果——层层推进,从而柳暗花明。我们来看《反思"摇步器":如何让锻炼更快乐》这篇文章。第一段直接列举浙江某大学开展"健康步行"活动并发现学生使用摇步器的事例,引出文章论述的对象。第二段承接第一段开始论述使用摇步器的情形,提到"走路多少本是只与自身健康相关的事,但往往和规定、要求、权力、利益以及虚荣心等要素挂钩后，就会变了味道"，并得出结论"一个关于健康的善意要求，时常由于诸多莫名的原因和动机掺杂，变得愈发复杂化并产生了荒谬的后果"，进一步将话题引到"健康"。随后第三段承接第二段有关健康的论述，提到了体测，指出很多现代人忽略了身体锻炼、亚健康问题蔓延到青少年群体，国家高度重视该问题，出台了关于体测的政策。第四段提出核心观点"让体测真正发挥应有的作用，还需要更多专业人士共同参与完善"，并举了一系列高校体测中出现的问题，"值得教育工作者充分关注"。第五段引用清华大学校长的话进一步论证了观点，指出学校应当"避免简单又单一的'懒政式'考核"。最后作者深化主旨，指出青少年拥有健康身体的重要性，并提出强青少年对体育运动的热爱需要从基础设施建设、提高"减负"质量两方面入手。

(五) 箭靶式结构

箭靶式结构的评论往往是论战型的驳论，评论员以正面论点的支支利箭，射向反面观点的箭靶，争取射中靶心，驳倒反面论点。当然，这种结构的评论射出的箭靶不只限于摆出事实，还包括射出"道理之箭"，用一条条无可辩驳的道理，同样可以洞穿靶心。在革命战争年代和政治动荡时期，箭靶式评论是常见的评论，因为它是对敌斗争的有力武器。我们来看下面这篇评论：

"私营经济应离场论"，实为不懂国情之怪论①

近日，网上一篇《私营经济已完成协助公有经济发展应逐渐离场》引发热议。有媒体致电作者核实，确认文章为其所写无误。作者称："是我写的，就不解释了，太多朋友问起"。

关于这篇文章的相关截图广为传播，但只看标题，就知道文章哗众取宠，是不懂中国历史，不懂国情，不懂全球化之奇谈怪论。

回顾中国整个经济史，不难发现，私营经济，是我们在付出各种代价之后，做出的历史的必然选择。党的十五大第一次明确提出"非公有制经济是社会主义市场经济的重要组成部分"，把"公有制为主体、多种所有制经济共同发展"确立为我国社会主义初级阶段的一项基本经济制度。

不难发现，中国的民营经济，是中国历代领导人理论探索的结果，也是我们在实践中做出的必然选择。所以，私营经济离场，乃是不懂历史之论。

……

2012年以来，从党的十八大提出"要保证各种所有制经济依法平等使用生产要素、公平参与市场竞争、同等受到法律保护"；到党的十八届三中全会提出"坚持权利平等、机会平等、规则平等，废除对非公有制经济各种形式的不合理规定，消除各种隐性壁垒，制定非公有制企业进入特许经营领域具体办法"；再到2016年3月习近

---

① "私营经济应离场论"，实为不懂国情之怪论[N]. 新京报，2018-09-13.

平总书记在民建工商联委员联组会上，强调我国基本经济制度必须坚持"两个毫不动摇"，重申非公有制经济"三个没有变"，进一步坚定了民营企业转型发展的信心。

再到党的十九大，报告中指出，"必须坚持和完善我国社会主义基本经济制度和分配制度，毫不动摇巩固和发展公有制经济，毫不动摇鼓励、支持、引导非公有制经济发展"；"要支持民营企业发展，激发各类市场主体活力，要努力实现更高质量、更有效率、更加公平、更可持续的发展"。

……

当下，中国有着庞大的生产力，不管是为生产力寻找出路，还是为推动全球命运共同体的需求，都需要中国经济"走出去"。而私营企业作为中国经济的重要组成部分，可以快速适应经济全球化的规则与节奏。从这个角度说，私营经济不能也无法"离场"。

应该看到的是，此种奇谈怪论，虽然目不见历史大势，但却可能是投机之举，所以，以更大勇气与智慧全面深化改革开放，是扫除此种奇谈怪论的最好办法。

这是一篇典型的驳论性文章，针对的是另一篇署名吴小平的《私营经济已完成协助公有经济发展应逐渐离场》的文章。作者首先指出"文章哗众取宠，是不懂中国历史，不懂国情，不懂全球化之奇谈怪论"，亮出观点。接下来评论从中国经济史入手，列举了中国民营经济对于中国经济作出的巨大贡献，并列举了详细的数据，强调民营经济地位的重要性。此外，文章还列举了党的十八大、十九大等我国重要会议中提到的关于民营经济的论述以及颁布的"鼓励社会投资39条""促进民间投资26条"等政策，从事实出发，进一步反驳了文章的观点，得出"私营经济不能也无法'离场'"的观点，最后指出了这种奇谈怪论是投机之举。

(六) 波浪式结构

波浪式结构是种正正反反、起起伏伏的结构，往往有疑问，有辩论，有迂回，有悬念，很能"吊"起读者的胃口，可以避免论证中的片面性，把道理讲得比较透彻。

1958年第13期《新闻战线》上，胡乔木以"本刊评论员"名义发表了一篇《关于评论写作的几个问题》。他认为：

每篇文章都有它的结构，也就是形式。形式注意不要平淡。发展农业生产，平原最好，因为平原上庄稼容易生长，容易机械化。但是文章不要平原，画家也怕平原。这地平线不好处理，画得太靠上了吧，天就显得太小，不像样子；画得靠下些吧，天太大了，空荡荡的，只能画人、鸟，很单调。地平线上，无非画些庄稼、房舍、牛吃草，很难有多少变化。文章最大的弱点就是平原——平铺直叙。许多社论都是第一、第二、第三、第四，这一二三四又不是四层楼梯，而是平原上的四道线。这样的文章不生动，没有吸引力。文章虽然是逻辑思维的表现，也应该生动。

要生动，就得有变化。怎样变化呢？无非是说了正面，又去说反面；说了这一面，又去说那一面；用了肯定的语气，又用怀疑的语气。一篇文章，如果从头至尾都是句号，连一个问号和感叹号也没有，大概不会很好。说书的人喜欢卖关子，弄个悬案：欲知后事如何，且听下回分解，就是为了让听的人发生兴趣。

海里面的浪，远看是平的，近看却不平。因此海浪给诗人很大的灵感，因为它奔腾澎湃，象征着生命的激烈的冲击。为什么海浪能引起诗人的灵感呢？就因为它有高有低。它卷得那么高，使人担心它跌下来，不能不紧张地期待着它的变化。文章也应该这样，有变化，有波浪。文章没有冲击，只有句号，绝不是好文章。句号是表示平稳的，人说话如果老用这种平稳的腔调，就可以起安眠药的作用，文章也是这样。一篇社论如果从头到尾都是句号，句号前面都是"的"字："这些困难是应该充分加以考虑的""这些倾向是必须克服的""我们认为错误是很明显的"。"的""的""的"，一篇社论共有十段，每段结尾都是"的"字，这样一个劲地"的"下去，不是会叫人打瞌睡吗？

句号和"的"字并没有过错，问题不在于句号和"的"字本身，而在于没有变化。

我们写这篇社论，提出这个问题，就应当有相当的感情，表现在文章中，也就会有疑问，有惊叹，而不是始终平稳的。如果作者没有什么特别的激动，也不大清楚为什么任务而斗争，那就只有像钟表的摆一样，"的""的""的"地摆下去。

文章有无变化，不仅是个心理问题，也是一个逻辑问题。因为客观事物都是矛盾的，反映客观事物的文章也必然有矛盾。把矛盾展开来，文章就必然有变化。所以写评论，必须提出反面的意见，充分地予以批驳。如果根本没有反面意见，何辩之有？任何评论，都是要支持一种意见，反对一种意见，有点乍看不那么明显，但实质上总是这样的。所以写评论而没有变化，没有辩论，就反映了逻辑上的贫弱，因为它没有反映出生活中的矛盾，当然也就不能解决它。这样的文章必然是片面的，不生动的，同客观事物运动的状况极不相称的。

所以，写评论文章的要点，就在于要有波澜，有辩论，有激荡，有疑问。疑问也是一种批驳的形式。如果没有这些问题，就是没有对客观事物作解剖工作。

原《人民日报》总编辑范敬宜在论述新闻评论写作时，也强调结构要有起伏，文章要有气势。他欣赏苏东坡的"文如观山不喜平"、龚自珍的"喜汝文无一笔平"。在评论中，讲究文章的波澜，并不意味着观点的不鲜明，而只是说，我们在表达观点的时候，要更注重矛盾冲突，让矛盾的双方交错出现，这样就能够让文章充满一种波澜的张力，更加吸引读者。我们来看下面这篇评论：

妻子起诉与植物人丈夫离婚，舆论支持并非"双标"①

(第一段) 近日，江苏南通如东县法院审理的一起离婚案，引起广泛关注。

---

① 妻子起诉与植物人丈夫离婚，舆论支持并非"双标"[EB/OL].[2022-09-27]. https://baijiahao.baidu.com/s? id=1745116822198420667&wfr=spider&for=pc.

（第二段）丈夫因交通事故成了植物人，4年来，妻子承担起治疗丈夫和养家糊口的重任，最终不堪重负，提起离婚诉讼，获得法院准许。

（第三段）媒体在报道时，提到了两个细节。一是，婆婆对儿媳的付出非常感动，不愿意她再受苦，代理植物人儿子出庭，同意儿媳离婚诉求。另一个是，妻子要求离婚实属无奈，且离婚后愿意每月给付丈夫扶助费，同意儿子由老人照顾，自己承担抚养费。

……

（第六段）但这桩离婚案及其引发的争议，映照了丰富的社会心理和人间百态。可以假设另一个场景：如果妻子是在丈夫成植物人两年甚至更短的时间里提出离婚，会怎样？

（第七段）如果法院判离，很可能会有很大争议：丈夫成植物人才两年，还在治疗之中，也许还有转好的希望，这时"抛弃"丈夫，于心何忍？另外，孩子年龄尚小，怎么忍心让他承受父母离婚的代价？这种舆论，可能会成为主流声音，甚至深度影响事情的走向。

（第八段）我们当然向往婚姻中的双方，真正做到相濡以沫、相伴一生的理想状态，倡导勇于担责、相互扶持。但很多时候，这种道德要求和舆论导向，对男女双方却有着细微的差别。曾经，在我们的传统文化中，对女性有更高的要求，鼓励和褒扬自我牺牲的女性。

（第九段）最典型的故事是这样的：丈夫离世后，妻子独自把孩子带大，而且把孩子培养成了不起的人物，功成名就。这样的女性被抬到很高的地位，有大量的故事证明这一点。

（第十段）我们这个社会在不断进步，现在已经很少有人再提这样的"贞节"故事。一个男人去世，妻子改嫁，会被认为是天经地义的，这是婚姻自由的应有之义。但是，"贞节理想"的残余仍然存在，比如，会要求女性要有一个"过渡期"，如果丈夫死后马上"改嫁"，仍要承受很大压力。

（第十一段）"丈夫成为植物人"，就是一个独特的考验。植物人不等同于死亡，作为伴侣的女性不能"改嫁"，而要通过离婚，才能成为一个独立的人，开始新的人生。而要提出离婚，就要面临巨大的舆论压力："抛弃丈夫"是合适的吗？要在什么时候才"合适"？

……

（第十三段）社会舆论要求一个女性付出更多，来兑换这种"道德责任"，现在我们已经看到，代价是女性要到精疲力竭无法支撑的地步，还要获得婆婆的支持。这个代价，实在太大了。

（第十四段）也有另一种声音认为，网友点赞此次法院的判离，是"双标"。因为在前不久的一个案例里，妻子患有尿毒症，刚开始丈夫分担了治疗费用，但没过几年，两人分居，期间丈夫两次起诉离婚，法院均未支持。第三次起诉时，获准，但酌定丈夫向妻子支付生活帮助费 10 万元。当时，一些网友将判决理解为默许男方抛弃女方，表示不解。

……

　　读完这篇评论，相信读者都能感受到这其中的波澜起伏：第一段到第三段以江苏南通东县的实例作为引子，通过"丈夫因交通事故成了植物人""妻子承担起治疗丈夫和养家糊口的重任""最终不堪重负，提起离婚诉讼，获得法院准许""代理植物人儿子出庭，同意儿媳离婚诉求"等作为热点句子，吸引读者的眼球，让读者对于男女离婚问题以及性别问题有了足够的关注度。第六段提出假设："如果妻子是在丈夫成植物人两年甚至更短的时间里提出离婚，会怎样？"第七段指出在这种情景下"如果法院判离，很可能会有很大争议"，紧接着第八段指出了"道德要求和舆论导向，对男女双方却有着细微的差别"，引出性别议题。接下来第九至十一段展开描述了社会对于女性的要求。第十三段指出，社会舆论要求一个女性付出更多。第十四段列举了另一种声音"网友点赞此次法院的判离，是'双标'"。整篇文章读下来，让读者感到作者给我们展现了不同观点和案例的交锋，但是在交锋中又能很清楚地读出作者的倾向。这是波浪式结构的难点，但也是其魅力所在。

　　写评论，一百个人有一百种写法，一百篇评论有一百种结构，一百个样子。这里介绍的只是千变万化的结构中的主要几种，其他结构自然还有不少，就是上述这六种，也很难说它们之间有多么严格的界限。"文无定法"。选用评论的结构，一是要有利于阐明论点，什么样的结构有助于阐明论点，就采用什么样的结构，求得论点和结构的统一；二是要结构清晰，眉清目秀，有条有理，力避杂乱，乱了逻辑，观点就会被湮没了。

　　需要特别强调的是，写评论，首先要考虑的不是结构，而是内容，是基本观点，结构是为内容、为观点服务的。结构服从内容，一切为了阐明论点。讲结构，不是设"框框"，划"禁区"，评论员不能被结构束缚住手脚。怎么写着顺当就怎么写，怎么自然就怎么写。

　　此外，除了解和掌握评论的结构方式外，了解和把握评论开头与结尾的手法也相当重要。评论的开头方式有多种，包括开门见山、提出论题、开宗明义、亮出论点、摆出由头、引申生发、凸显矛盾、展开交锋，等等。总之，评论的开头应简明扼要、落笔切题、新鲜活泼，以引人入胜。评论的结尾也有多种方式，如提炼归纳、关照呼应、启迪思考、引发联想，等等。结尾应要言不烦，简洁凝练，给人留下回味与思考的余地。

　　总之，评论的结构要从写作目的、写作对象、写作内容和问题特点等各个方面作综合考虑。但还需要注意以下三点：

　　一是连贯。每一篇评论是一个有机的整体，在处理其内部关系时，句与句之间，段与段之间，开头与结尾，主体与上下文，意思都要连贯，不能前言不搭后语，上气不接下气。

　　二是统一。主题思想要一以贯之，不能中途转换主题；主题与材料要统一，不要用与主题无关的材料，所有的段落与材料都要在主体的统帅之下；作品的风格要统一，笔调要一致；文中的人称要统一，叙事的角度要统一，如果确需转换角度的，应作暗示或做出交代。

三是自然。就是文理要自然，能反映客观事物和人们的思想认识规律，不要矫揉造作，而要像苏轼说的，行文"大略如行云流水，初无定质，常行于所当行，常止于所当止"（苏轼《答谢民师书》）。

第九章
新闻评论语言运用

一、评论语言的重要性

新闻评论是一种对新闻事实的思想和观点的表达，要表达就不能不讲究语言的运用。毛泽东在《反对党八股》一文对此有过深刻的论述，指出，"语言乏味，像个瘪三"是党八股的罪状之一。这句话其实也指出了新闻评论写作的大忌。

语言没有灵气，再正确的思想、再有道理的观点也会黯然失色，无人喝彩；反之，一些歪理谬见，一旦披上了神圣华丽的语言外衣，也会在社会生活中产生大的影响甚至迷惑一些人。作为人类思想和交流的工具，语言具有超出工具之外的价值和意义。20世纪末期语言哲学领域的一个发现是：语言的力量不仅在于"说什么"，更在于"怎么说"。因此，每一位评论者都要紧握手中的语言工具，小心谨慎地使用它，尽量让它在人类社会生活中发挥正能量的积极作用，而不是起相反的副作用。

汉语是全世界使用人数最多的语言，在新闻评论发挥着越来越重要作用的今天，评论语言起着巨大的示范作用。就像某县委书记曾说"我是从《人民日报》社论学讲话的"一样，一些年轻的评论工作者通常也有自己的模仿对象，他们也许会说是哪一家报纸的评论或哪一位作者的评论影响了他们。

语言是评论的一道难关，而一旦努力越过了这道难关，就像从茫茫荒漠步入了五彩缤纷的花园。

一篇评论，论点要正确，论据要扎实，论证要充分，这是必需的。但论点、论据、论证这一切都要用语言表达出来。遣词造句，很有讲究。要实现评论的社会效果，语言作为一个载体和一种表达方式，要讲究。"一句话，千样说。"怎样说，才能入耳、入脑，其中大有学问。古人说："言之无文，行之弗远"，就是这个意思。

对于评论的语言，新闻评论学者是重视的。范荣康认为："遣词造句，语言修辞，是新闻评论写作中的一个大问题。一篇评论的语言好不好，不仅关系到它能不能很好地表达评论的内容，达到预想的效果，而且关系到一代人的文风。这是因为新闻评论天天同读者见面，而新闻评论的语言在读者中，特别在青年中有一种无形的示范作用。"[1]对评论的语言，他提出四点建议：

①最重要的是深入浅出。

---

① 范荣康. 新闻学评论[M]. 北京：人民日报出版社，1985：277.

②评论语言的形象化。

③白话文、文言文和口语化。

④讽刺、幽默和趣味。

于宁、李德民提出了评论语言增色八法：

①多用口语。

②把抽象的道理形象化。

③注意句式的变换。

④用好排比句。

⑤巧用疑问。

⑥引用一点人家的话。

⑦用一点古诗词。

⑧锤炼警句。①

这些宝贵意见对于我们学习和提高新闻评论的写作水平是大有好处的。今天的评论员为什么很难写出如恩格斯的《论权威》、列宁的《天上的仙鹤不如手中的家雀》、毛泽东的《别了，司徒雷登》一样的文章，也很难写出如王韬的《变法》、乔冠华的《条条道路通往柏林、罗马和东京》一样的文章？分析原因，除了理论思想认识上的差距，还因为对于语言的认识和掌握不够，习惯于使用"通用""官方"语言，用多了，也就成为陈词滥调；也因为评论特别是党报重要评论精雕细琢，逐级送审，有些"个性语言"和"特色语言"，以及生动活泼、风趣幽默的语言被画掉了；还因为社会环境影响，崇洋、法古，特别是媚俗现象，以及一些对社会、对人民极不负责任的"文化人"大量生产"文化垃圾""语言垃圾"，污染了语言环境，以致污染了新闻评论包括党报重要新闻评论。"冰冻三尺，非一日之寒"，要突破语言的难关，尚很艰难。

语言特色是评论者个性特征的鲜明体现。每一位优秀的评论工作者都应该做到，人们读你的作品，不用看作者署名，就知道这样的文章非你莫属。就像 20 世纪五六十年代《人民日报》社论一登出来，尽管署名是"本报编辑部"，一些有心的读者却能马上辨别出哪些文章是毛泽东亲自执笔的，哪些是经过了他的笔修改成章的。因为在那个年代，毛泽东的语言是十分独特的。当然，这是一个很高的要求，一般人是做不到的。但是，在较长的写作训练中，逐渐形成自己的语言特色和风格，还是应该作为评论作者的一种追求。

什么样的语言是最好的？这个问题没有标准答案，也不可能有。因为不同的人会有不同的见解，不同的评论者有各自的语言风格，这也正是评论语言的魅力所在。

二、形象性语言

新闻评论的说理侧重于以抽象道理和逻辑力量启迪和说服读者。同记述事实、靠事实说话的新闻报道比较起来，写作难度更大。在评论写作中，善于运用形象的语言进行说理

---

① 于宁，李德民. 怎样写新闻评论[M]. 北京：中国新闻出版社，1988.

论证，可以使评论增强可读性。形象性语言的形式很多，包括比喻、类比、对比、讽刺、幽默，在广播电视评论中还包括声画等。

1. 比喻的方法

比喻说理，就是运用日常生活中人们看得见、摸得着的事物作为喻体，来说明某一个抽象的道理、论点或概念，从而使抽象的概念、论点具体化，使深奥的道理浅显易懂。

比如 2019 年 10 月 30 日《中国青年报》的《尺子需要尺子》：

> ……
>
> (第三段) 有的尺子刻度清晰，比如法；有的尺子刻度模糊，比如情。中国有几句口头禅"来都来了""大过年的""他就是个孩子"。
>
> ……
>
> (第五段) 不久前，大连市一名 10 岁女童遇害，嫌疑人于当日归案。10 月 24 日，大连公安发布警情通报："蔡某某(男，2006 年 1 月出生，13 岁)……如实供述其杀害某某的事实。依据刑法第十七条第二款之规定，加害人蔡某某未满 14 周岁，未达到法定刑事责任年龄，依法不予追究刑事责任……于 10 月 24 日依法对蔡某某收容教养。"
>
> ……
>
> (第十七段) 法律规定，"已满十四周岁不满十六周岁的人，犯故意杀人、故意伤害致人重伤或者死亡、强奸、抢劫、贩卖毒品、放火、爆炸、投放危险物质罪的，应当负刑事责任"，有没有可能，在"未满十四周岁"但做出同样暴行的情形下，加入"个案评估体系"，对涉案未成年人的生理状况和心理状态进行具体评估，并结合其日常生活行为，实施犯罪的手段等，综合考量其是否具备对自身行为能力和行为后果的认知，如果评估结果与成人无异，可以在现行法律基础上，等同于"已满十四周岁不满十六周岁的人"的刑责，"从轻或者减轻处罚"。
>
> (第十八段) 这种方法也许存在可操作性，因为未成年人的极端暴力犯罪行为较之成年人还是少数，对个案的具体评估并不会占用很大一部分司法资源，如果能避免个别未成年人因处罚不到位导致再犯罪，同时平抑公众对可以"法外行走"的个体不安感，这个社会成本是可以接受的。
>
> (第十九段) 当然，"评估"似乎是个有弹性的概念，一旦付诸实践，难免会有徇私枉法的空间。这就需要让尺子盯着尺子——评估要建立"标准"，就算是主观性最强的心理评估，也要有符合标准的专家，通过标准的测试程序，依据标准的学术参照，给出标准的分析结论……在评估体系里制定的标准越多，尺子的刻度越密，可"斡旋"的空间就越小，结果也就越公正。

文章中的第一个"尺子"指的是预防青少年犯罪的制度，但是如果这把"尺子"失灵了怎么办？就需要"让尺子盯着尺子"，评估建立更加细致的"标准"，使得制度更加公正。文章将"尺子"这种人们习以为常的物品作为喻体，比喻形象贴切，令人回味。

比喻说理的功能及影响力主要表现在以下三个方面。

首先，比喻有助于幽默、形象地说理，富有感染力。新闻评论是说理文，讲明道理是它的最终目的和根本任务，所以撰写新闻评论不能像诗歌、散文那样工描细刻，刻意求美。但是，丝毫不讲求艺术性，不追求美感，为说理而说理，是不能达到好效果的。正所谓"言之无文，行而不远"。比喻由于具有一定的形象性，是新闻评论具有可触可感的艺术美的重要条件。新闻评论以比喻烘托理境，把道德艺术化地呈现在受众面前，可以使其在理解道理的同时，获得美感。我们来看下面这个例子：

> 随着与互联网端的打通，智能电视在承载传统功能的同时，其内含的影视资源的数量、品类也变得空前丰富。然而，电视内置的会员体系细分且复杂，各个软件端会员互不打通，手机端和电视端还要分开购买，二者价格差距甚至接近一倍。这也意味着，当下想观看自己喜欢的节目，不得不下载多款 App、充值多个 VIP。这已然成为不少人的"同款"烦恼，类似满含套路的操作在社交媒体上屡见质疑声。

> "一充再充"的会员机制俨如俄罗斯套娃，一层套着一层，有"割韭菜"嫌疑，饱受诟病也在意料之中。然而，为何相关厂商依然坚持如此？据业内人士透露，一方面是因电视机厂商无力打通所有视频 App，只能将这些平台杂糅到一台电视机中，另一方面则由于预装 App、开机广告、第三方会员抽成都是智能电视机收入来源的一部分，其中会员抽成"占大头"。而当前，尚无法律法规或者国家标准、行业标准对电视会员业务予以规范，会员业务成为电视机厂商根据市场需求自行掌握的一项盈利方式。①

套娃本是俄罗斯特产的木制玩具，由不同大小的空心木娃娃套在一起组合而成。作者用俄罗斯套娃来比喻"'一充再充'的会员机制"，体现出智能电视机中的收费项目多，且使用不便，切中了人们日常生活中的痛点，在让人深有同感，同时呼吁相关部门对此及时予以规范。

其次，比喻有助于深入浅出，引人入胜。喻体材料必须通俗、浅显，易为人理解，这是运用比喻的一条重要原则。新闻评论运用比喻的目的是为了说明某些深奥的不易讲清楚的道理，或使某些概念性的东西形象化、具体化。这样就使得评论深入浅出，引人入胜。

2023 年 3 月，国务院总理李强在首次记者见面会上提出，"各级政府部门和公务人员，都要有服务意识、发展意识，特别是在履行审批、管理职能时，不能光踩刹车、不踩油门；不能尽设路障、不设路标"。"浙江宣传"以此为契机发表评论《治理不能"光踩刹车""尽设路障"》，文中写道：

> 哪里需要"刹车""路障"，哪里需要"油门""路标"，不能凭感觉来判断，也不能朝令而夕改。比如，通过建立"权力清单""责任清单""负面清单"等，真正界定清楚政府的权力有哪些、如何依法行政、哪些是必须由政府来管理服务的。对那些侵害群

---

① 孔德淇. 不能让智能电视机成为"套娃机"[N]. 北京青年报，2023-01-06.

众利益的违法违规行为，有关部门要坚决查处；对那些本应属于市场的事项，则应回归市场，防止部门利益、个人利益危害市场公平竞争，阻碍社会主义市场经济发展。

随着社会持续发展，一些新情况新问题新事物也不断涌现，应对起来并不容易。此时，如果把精力都花在猛踩"刹车"、增设"路障"上，那么很可能就会贻误发展时机。相反，踩住"油门"、增设"路标"，说不定就能顺势而上、占得先机，打开新的发展空间。显然，踩住"油门"、增设"路标"要比猛踩"刹车"、增设"路障"难得多。这是对一个地方治理能力和治理体系的巨大考验。

只有正确使用"刹车"和"油门"，合理设置"路障"和"路标"，多为基层着想、多为发展出力，才能在高质量发展这条宽广大道上跑出"加速度""推背感"。①

最后，有助于强化评析的褒贬效应，启发读者的联想力。比喻是一种形象说理。形象是较容易寄寓和表达爱憎、褒贬等思想感情的。所以，我们在运用比喻说理时，要注意形象的感情色彩。对于新闻评论的写作来说，在考虑字面上的感情色彩的基础上，更多的是分析形象和新内容及内在联系的褒贬性，注意形象与特定理境的关系，抓住形象的传神之处来恰当地说明道理。有些形象虽然在文学作品中具有中性、贬义或褒义特点，但在新闻评论中，有时作者却能反其意而用之，服务于说理。所以，评论者要根据说理的需要，恰当地选择喻体材料表达自己的思想感情。一些小言论尤其是杂文有时通篇借用形象发言，所以更要把握好喻体材料的褒贬意义，切不可以褒寓贬，或以贬寓褒，是非颠倒，毁誉混淆。

山西晋城高平市人民医院的实习护士在屋里看手机，结果被患者家属拍下视频发到网上，引起网友热议。2022年7月27日《中国青年报》刊发了陈卓的一篇评论《摄像头开错了一"枪"》，用"开'枪'"比喻通过摄像头来挑拨对立。这个比喻很巧妙，因为摄像镜头对准人的过程恰如瞄准，此处说成是"开'枪'"，让人隐隐感觉来自摄像头的暗箭难防：

那边厢抄起摄像头，这边就得有人接招。医院出来说话，玩手机的是实习生，当时已经下班了。因为科室里"绝对是杜绝玩手机的"，所以实习生被发现后，不仅接受了批评教育，也被取消实习资格。

一个来回就足以给这场小小的纠纷画上句号——误会解释了，人员处理了，大家可以散了。

……

就在"曝光"高平市人民医院护士的视频流传于网络之前，还有一段视频，拍的也是医院。发布者称，象山县第一人民医院护士在抢救病人过程中玩手机。画面中，病床前的心脏按压还在继续，旁边的家属在哭着追问，把手机匆匆掏出又放回怀里的护士无话。

① 治理不能"光踩刹车""尽设路障"[EB/OL].[2023-03-18]. https://mp.weixin.qq.com/s/xJthWBgtQD6qUChOfwbYhg.

调查结果很快来了,玩手机是不存在的。医生和护士对患者进行了长时间的心肺复苏,护士拿出手机是为了叫其他医护人员帮忙。摄像头又开了错误的一"枪"。

……

所以,打开摄像头,按下拍摄按钮之前,我们是不是可以先等一等,或许这件事有合理的投诉反馈渠道——虽然它有时还不那么让人满意,但它通常能引发一次客观的调查;或许那件事根本不值得把人"钉"在互联网广场上供来往的人反复观看。

人常说"眼见为实",可实际又并非如此。摄像头原本是在人们的印象中辅助认定事实的,但现在变成了混淆视听的工具,成了一把"枪",还会伤人。作者的这个比喻,体现了对摄像头的畏惧,并表明这把利器有时候不仅伤了人,还会伤己。①

比喻的思维特征表现在它的联想性、形象性和情感性。没有联想性,本体和喻体就无法联结,没有形象性也就没有比喻本身;没有褒贬分明的情感性也就难以使比喻产生强烈的褒贬效应;而形象性和情感性的结合则会更有力地启发读者的联想力。

综上所述,以比喻辅助说理,有其独特的作用,在新闻评论中恰当地运用这种方法,有助于增强说理的生动性和深刻性的统一,进而增强吸引力和说服力。总之,以日常生活中可见可摸的事物作为喻体,运用多种比喻的方法,使所表述的抽象概念、论点或思想见解富有形象性和实体感,会使评论的说理变得浅显易懂,并且能诱发人们的联想。

当然,比喻本身并非十全十美。因此,在运用中要注意比喻的贴切、恰当和新鲜,体现喻体和本体之间的相互联系。

2. 幽默的表现形式

新闻评论大多是庄严严肃的政治性论题,但并不妨碍运用幽默的表现方法。幽默是一种给人带来微笑而又意味深长的语言艺术,它反映人的思想和语言表达的机敏以及一个人的智慧。

胡乔木认为,运用好幽默,需要一个人有很强的逻辑能力,把矛盾摆到一个尖锐的位置上,从而使文章具有一种特殊的说服力和感染力。幽默是对生活和事物的最透辟的观察,是高级的逻辑和乐观的精神力量。具有幽默情趣的新闻评论作品,在说理的字里行间常常表现为精练、俏皮、含蓄、夸张的笔墨,一言道破社会生活中所萌芽的新生事物的内涵,道破普遍存在的矛盾、弊端的实质,使人在含笑或苦涩之中受到启发。

幽默的功能有很多方面。它可以用作善意的劝诫和批评,可以用作积极的赞誉和肯定,可以用作含蓄的议理和示义,也可以用作强烈的轻蔑和否定。在新闻评论中恰当运用幽默技法,将有助于增强说理论书的风趣、生动。幽默的方法也是多种多样的。如仿拟,就是依照旧的词语、句子模拟出新的词语、句子,或有意识地更换现成词语中的某个词或词素,临时仿造出一个"反义词",以形成对比,有利于显示事物间的矛盾,使言语显得富有奇趣,增强说理的幽默感。

比如 2022 年 9 月 29 日《浙江日报》发表的刘晓庆的评论《演员变"演贝"让谁脸红》:

---

① 陈卓. 摄像头开错了一"枪"[N]. 中国青年报,2022-07-07.

（**第一段**）台词不过关、靠配音演员代为"开口"的演员，如今被戏称为"演贝"。最近，越来越多"演贝"开始使用原声出演，却因台词讲不好而引发吐槽。不少观众说，"他们一张嘴毁掉整部剧"；也有人质疑说，连台词都讲不好，他们到底是不是合格演员。

……

（**第三段**）难道原声台词是对演员的"超纲要求"吗？实则不然。声、台、形、表是演员的四大基本功，"声"排第一位，声音、台词占了其中两项，分别对应演员语调的拿捏和台词的精准、适配。按理说，演员在演戏前应该经过专业的训练和长期的练习，但实际的情况却是不少演员的基本功实在"拿不出手"。他们吐字不清、断句不明，有的操着方言浓郁的普通话，有的甚至连台词都不背，直接念着12345上阵，让人疑惑：现在的电视剧是不是"光看脸"就行了？

……

（**第六段**）所幸，留给"演贝"们继续"闭口不言"的时间不多了。此前，国家广播电视总局发布了《演员聘用合同示范文本（试行）》，其中提到演员如果无法完成配音工作，需要请专业配音演员的，需自掏腰包承担所有费用。虽然没有明令禁止，但传递出的信号和倾向不言自明。同时，中国电影金鸡奖也把"演员本人配音"作为角逐表演类单项奖的要求。留给"演贝"们的"安全区"正在缩小，未来肯定有越来越多的"演贝"要学着"开口说话"。

（**第七段**）希望那些仰仗配音演员的"演贝"能明白，要想来路越走越宽，就要苦练本事、补齐短板，否则在演绎角色时只会"有口难开"，少了几分底气。毕竟浮在角色表面，就别想让角色走进观众心里；自己都不入戏，就只会让观众一再出戏。①

这篇评论将台词不过关、靠配音演员代为"开口"的演员戏称为"演贝"。在大众的认识里，演员演戏，就是要追求"以假乱真"，而现如今一些演员却只靠一张脸便走上了电视荧幕。正如作者所说的"说都说不好，就更难演得好了"。作者在这里把演员说成"演贝"，演员说不好台词，有"口"难开，不正是"演贝"吗？

需要说明的是，运用仿拟必须注意：替换的词或词素要与原来的词或词素有一定的逻辑关系或者语音关系。如果替换的词或词素与原来的词或词素没有一定的逻辑关系，仿拟就不能成立。

3. 比较的表现形式

比较一般可以分为对比和类比两大类。

对比，是新闻评论写作中常用的一种说理方法。恰当运用这种方法，有助于揭露矛盾、统一褒贬、昭示本质、开掘事理。具体运用时，可将相反、相对的事物、见解、做法或同一事件中相反、相对的两个方面放在一起进行论述，形成是非得失的对照、高低优劣

① 刘晓庆. 演员变"演贝"让谁脸红[N]. 浙江日报，2022-09-29.

的反衬，进而在相互联系和比较中展开分析说理。它的益处就在于提高论点的说服力，增强说理论述的鲜明效应。

对比说理方法在具体运用时，如恰当地选择好对比物，或作由头、或作论据、或作铺垫，或作背景衬托，会起到好的效果，呈现出一种特定的说理情境：用黑的衬托白的，用白的衬托黑的，用反面事例衬托正面事实，用消极的言行衬托积极言行，用错误观点衬托正确观点，等等，都有助于使正确的更显明朗，使丑陋的更显昭著。

我们来看下面这篇评论：

> 动物在人类社会中所扮演的角色正悄然发生变化，它们已更多地出现在人类的精神生活中。当电影这种动态写实的艺术形式出现后，动物就成为永恒的"主角"之一。但在很长一段时间内，电影中的动物演员处境悲惨。恐吓、鞭打、饥渴是这些动物演员生存的常态。
>
> 为了应对此问题，1980年，《美国影视演员协会与制作人协议》经过修改，提出了恰当对待动物的条文，并授权美国人道协会检查电影、电视、广告、音乐片中的动物演员待遇。美国人道协会设立了"年度动物演员巨星奖"，以感谢动物对电影事业的贡献——骡子"弗兰西斯"是第一位获此奖项的动物演员。此后，我们常在美国电影结束时看到这样一行文字：本片摄制过程中无动物受到伤害。虽然现实里美国电影摄制中仍有虐待或不当使用动物表演的情况存在，但在条文出现后，已有很大改观。
>
> 在我国，影视作品中的动物伤亡曾被视为"创作团队精益求精、追求真实"的正面例子。比如1993年上映的电影《犬王》，为了追求真实的效果，剧组不惜将一只退役军犬绑上真正的炸弹。2010年版《三国演义》杀青时，导演也主动向媒体描述了拍摄过程中马匹的惨况，"牺牲了6匹马，还有8匹马都将近疯了"，以证明该剧极力还原了战争的残酷场面。这些在当时就引起了极大争议——艺术的真实应不应该建立在对生命的不当"牺牲"之上？现在，这个问题仍然没有成为一种共识。[①]

该文讨论的是影视作品中动物演员的保护问题。该文将中美两国之间的动物保护情况作对比。相比较而言，美国有较为完备的动物保护条文，电影拍摄中也具有动物保护的意识。而在我国的影视作品中，动物伤亡还没有得到重视，甚至有人认为这是"精益求精"的表现，以此说明我国影视作品拍摄中的动物保护还任重道远。

类比，也是说理论述的一种方法。在具体写作中，运用类比方法就是将有相似特点的事物放在一起进行比较，从而将他们的共同的实质形象地显示出来。如果说，对比说理旨在将性质各异的客体放在一起对照，以形成是非得失的鲜明反差，侧重于求异；那么，类比评析则是重在对形式各异、性质类似的事物间的有机联系和分析比较，以显示相似之处，侧重于求同。

---

① 周威. "剧组虐猫"风波后，怎样改善动物演员的处境[EB/OL].[2023-02-16]. https://m.gmw.cn/2023-02-16/content_36370599.htm.

类比是否能够起到良好的针砭作用，往往同类比实体的选择是否恰当有直接关系。一般来说，可供类比的客观实体可以是人物、事物、典型形象，也可以是政治社会实体，不论是哪一种，类比的实体都应当具有典型性，而且要同类比的主题有着内在的本质的联系或有相似之点。请看这篇评论：

"晴天带伞"与"撑伞干活"①

一边是防疫不能松懈，一边是发展不能停顿，如何统筹兼顾？采访中，笔者了解到一些干部这样思考和实践。

有位地方领导同志说得好：过去我们是无疫状态、"晴天"环境，可以放开手脚干活；现在和今后一段时间可能是"晴天""雨天"环境并存。我们要适应"晴天带伞"的工作方式。下雨了，"一手撑伞，一手干活"；天晴了，把伞绑在身上，继续埋头苦干。

以湖北为例，该省之所以用3个多月的时间使经济总量恢复至上年同期的八成，一个很重要的原因，就是形成了"晴天带伞"的工作方式。一方面，做好"常""防""控"三篇文章，坚持常态化，以严防输入为重点严防反弹，养成"晴天带伞"的习惯；另一方面，又因时因势调整工作着力点，全力以赴稳住经济基本盘，练就"撑伞干活"的本领，巩固拓展疫情防控和经济恢复成果，把疫情造成的损失降到最低。

近日召开的中共中央政治局会议强调，"建立疫情防控和经济社会发展工作中长期协调机制""实现稳增长和防风险长期均衡"。保持"晴天带伞"工作状态，建立常态化精准防控和局部应急处置相结合的工作机制，常怀谨慎之心，绷紧防控之弦，强化统筹之谋，常练应急之功，我们就能"防"得好，"控"得住，"放"得开，实现疫情防控与经济社会发展两手抓、两手硬、两不误。

这篇评论借用了地方领导同志的讲话内容，将疫情下兼顾发展类比成"一手撑伞，一手干活"，这样一个更加生活化的例子容易让人理解工作的内涵，也就是要求地方在疫情期间"实现稳增长和防风险长期均衡"。

由此可知，类比作为一种启发人们积极思维和逻辑推理从而水到渠成地做出判断的说理方法，它把形式不同但本质有相似之点的客体同主体恰当地加以联系、分析、比较，有利于启发人们的联想，去更深一层地认识事物的本质。

三、典故性语言

典故本身就具备一定的引人情节和形象因素，同时也蕴涵着深刻的哲理和智慧。这里所说的典故包括寓言、神话、文学、历史、成语典故等。在写作严肃并以逻辑思维为主要

---

① 李翔. "晴天带伞"与"撑伞干活"[N]. 人民日报，2020-08-07.

特征的新闻评论时，适当地引述能够说明论题的典故情节，有利于读者和作者一起领悟评论中的见解和内涵。

1. 用作立论的由头或者"借鉴"

引用典故，首先可以用作立论的由头。在评论写作中，由头作为特殊的论据，通常起到挑起话题、引发议论的发酵剂，或者作为孕育论点诱发思维的引线。2021年1月13日《中国青年报》发表了王佳的评论《张翰今天可以不辞官》，文章开头引用了"莼鲈之思"的典故。西晋人张翰想念家乡的菜肴于是辞官回乡，作者以此发表评论，来指出当前的物质极大丰富，饮食更加便利，无须回乡就能满足。

(**第一段**)一千多年前的一个秋天，有一个人目睹秋风萧瑟，忽然忆念起故乡的菰菜、莼羹和鲈鱼脍，便留下一首诗，任性潇洒，挂冠而去。这个人是西晋时期的张翰。最近热播的电视剧《装台》，浓郁的街头市井气息，半夜看饿了无数长安客。对关中人而言，满桌子山珍海味，可能敌不过海碗里丰盈的油泼面，青葱、白蒜和干红辣子十分随意地堆在两指多宽的裤带面上，一道热油从天而降，滋啦一声，咏叹调响起，调料混合的焦香伴随着轻烟缭绕而起，像是一场期待已久的重逢。

(**第二段**)折磨人的，不光是一碗面、凉皮、肉夹馍、绿豆糕……随便拉出哪一个，都十分能打，让无数身在异乡的西安人午夜梦回，抓心挠肝。我已经在长安城生活了十七年，这是足以成长出一个大学生的年头，虽然基本适应饮食，但心心念念的还是家乡味道。还好川陕两地相隔不远，饮食基本一致，偏辣偏咸。每次赴长三角珠三角出差，味道清清淡淡，好是好，鲜是鲜，但只要超过三天，顿觉寡淡无味，满脑子都会是川菜和陕菜的混合，前半夜是香肠腊肉米粉兔头，后半夜是清真肉丸胡辣汤配着回民街的甑糕……

……

(**最后一段**)你看，电商时代，乡愁也与时俱进地数字化，接入了云端。张翰若是活在现在，大概不必辞官回乡了吧。

2. 用作深化论述的"铺垫"

以引述典故作为论述的铺垫，也是使严肃的评论说理增强可读性的有效方法。这是因为，我们用典时往往看中了其中蕴含的道理，而且这个道理和我们要表述的内容是一致的。把道理融入故事中，可读性就会大大加强。

近些年来，少数地方在政绩冲动下，容易出现"一届一个规划、一任一个思路"现象，规划决策反复"翻烧饼"，产业发展不断"换频道"，如此反反复复，导致一些项目成了"晒太阳"工程。2023年7月3日，《江西日报》对此发表评论：

(**第三段**)经济社会发展不能贪一时之功、图一时之名，确定了科学的发展思路后，一茬接着一茬干，才是一方之福、百姓之幸。西汉建立后，萧何做了丞相，他鞠躬尽瘁，协助刘邦把国家治理得井井有条。萧何死后，曹参接任丞相，他除了将一些不好好工作的人"炒鱿鱼"外，沿用了萧何的所有规划决策。有人问他，你当了丞相，为什么不搞点创新呢？曹参说，萧何已经把国家治理得很好了，我们只要把他制定的政策认真执行好，老百姓就会安居乐业。这就是"萧规曹随"的来历。

（第四段）"萧规曹随"给我们的启示，就是利民不扰民，不"翻烧饼"，不穷折腾。君子不可以不知恒，古人都懂得要把前任好的工作思路接过来，做下去，惠民生，今天的党员领导干部，更应该懂得这个道理。

（第五段）有的党员领导干部之所以喜欢"翻烧饼"，一是政绩观出了偏差。有的急于打造个人政绩，未经深入调查研究，就撇开既定蓝图，出台新决策。有的认为只有任期政绩才是自己的，"萧规曹随"是为前任锦上添花，不值得；二是存在本领恐慌。面对新现象、新发展，动摇观望，举棋不定，于是拍脑袋搞些急功近利的新花招，结果是口号震天，成果寥寥，误了发展，苦了百姓。

（第六段）其实，"萧规曹随"同样是一种政绩，更是一种政德。干事创业，既不能懈怠松懈，也不能操之过急。"民之所好好之，民之所恶恶之"。为政者要以造福人民为最大政绩，要有曹参那样拿好"接力棒"，跑好"接力赛"的胸襟和气度，保持政策的一贯性和延续性，把好事办好、实事办实，如此，才是为政者应有之义。从这个意义上说，不"翻烧饼"，既是对一个地方选择发展道路的底线要求，又是对党员领导干部的政德要求。①

作者引用"萧规曹随"的典故，借古观今，介绍了西汉时期曹参接任丞相后延续萧何的规划，从而让老百姓安居乐业的故事。借此引出，党员干部无须为打造个人政绩而把前任的决策推倒重来。后文也指出，"萧规曹随"同样也是一种政绩，要坚持把"造福人民"作为最大政绩。

3. 作为印证论点的论据

引述典故作为印证论点的论据，往往能使严肃的论点变得具有说服力，由此引发人们的联想和感悟。比如下面这两段文字：

不少小官处在关键位置，并且长期扎根一个岗位，能钻到空子。空子虽小，可"针尖大的窟窿斗大的风"，一些"小官"利用职务之便，把"芝麻大的权力"变成敛财工具，一旦没有受到足够监督，胃口就会越来越大。相比于"大老虎"，"小苍蝇"常常吃点、喝点、拿点、收点，好像是一些小问题，实则是滑入深渊的开始。就如《松窗梦语》中"新鞋踩泥"的故事，轿夫一不小心踩入泥水坑中，由此便高一脚低一脚地随意踩去，不再珍惜自己的新鞋了。对于党员干部来说，"鞋被打湿""裤腿沾泥"了，不抓紧清洗晾干，而是脏鞋穿到底、破罐子破摔，最终就是贪欲膨胀，无法回头。

"蝇贪"之所以有可乘之机，很重要的一个原因是基层权力监管的缺失、松软，进而酿成了群众身边的微腐败。"苍蝇"乱飞就要拍，除此，更要让微权力晒在阳光

---

① 曹诚平. 规划决策切莫"翻烧饼"[N]. 江西日报，2023-05-22.

下，加强监督管理，从根本上铲除"微权力"滋生"微腐败"的土壤。①

这两段文字在讲述微权力带来的微腐败，这类腐败问题虽小，但若长期不受监督，这类干部就会逐渐发展为党员队伍里的"大老虎"。作者讲述了《松窗梦语》中"新鞋踩泥"的故事，农夫踩入泥水坑之后便不再珍惜自己的新鞋，也喻指党员干部一旦产生微腐败，极有可能胃口越来越大，滑入深渊，生动解释了"让微权力晒在阳光下"的必要性。

4. 寓说理论证于引述典故之中

这种引述技法多见于杂文随笔中。在这种技法之中，论证是贯穿在典故之中的，引述故事辅助说理，有助于化抽象为形象，化严肃为生动，变枯燥为兴味，有助于发挥以理服人与以事感人相结合的综合效应，增强说理的力度和情趣。

用典故实际上是讲故事的一种方式，不仅适用于传统的杂文随笔写作也适用于新闻评论写作。对于有的选题，作者自身有着特殊阅历、知识修养，也是可以在新闻评论中使用的。如人民论坛的《西湖边的"两道风景"》就是这样一篇文章。从标题上，看不出它研究的是"倡导什么样的官风、政风，关乎国运的隆衰"的大话题。作为《人民日报》要闻版上发表的思想评论，是不可能仅仅介绍景区风景的，此文如此谈"风景"一定有它的讲究。文章中写道：

> 葛岭，呈东西向紧贴着西湖北岸。山不高，却是观西湖的好去处，登上岭顶，西湖风光尽收眼底。葛岭上有两处风景惹人注目：一处是位于葛岭西端的"岳庙"，另一处是位于东端的"后乐园"。两者相距不过几百米。
>
> "岳庙"，是为纪念民族英雄岳飞所建。"三十功名尘与土，八千里路云和月。"建炎年间，岳飞率领岳家军同金军大小数百战，所向无不披靡。当他准备直捣黄龙"行复三关迎二圣"时，却被十二道"金字牌"强行召回，并以"莫须有"罪名遭冤杀。后人很为他鸣不平，游客来杭州大都会到"岳庙"瞻仰一番。
>
> 葛岭东端的"后乐园"，早已颓圮，只留下几道残壁和当年叠园的山石。"后乐园"取自北宋名臣范仲淹的"先天下之忧而忧，后天下之乐而乐"。但他的主人，却是一个不折不扣的大奸臣——宋理宗年间的丞相贾似道。说到误国害民，他和秦桧相比也不遑多让。
>
> 这两道风景，是南宋国运兴衰的展示窗口；也是治国理政时如何选人、用人的活教材。高宗南渡之初，起用了岳飞、韩世忠等一干名将。那时的高宗，还记得"靖康之耻"，励精图治。于是，朝野上下，君臣用命。尤其是岳飞，以身作则，治军严明。他的"岳家军""冻死不拆屋，饿死不掳掠"，连金人都哀叹"撼山易，撼岳家军难"。在岳飞带动下，河朔纷起，天下英雄云集，南宋也迎来了短暂的"中兴"。
>
> ……
>
> "正邪自古同冰炭"。对于西湖边上的这两道风景，元朝诗人贡师泰这样评价：

---

① 余姝满. 让微权力晒在阳光下［N］. 湖北日报，2023-06-29.

"葛岭东家是相门，当年甲第入青云。楼船撑入里湖去，可曾望见岳王坟。"诗中把亡国之相贾似道与精忠报国的岳飞放在一起比照，内中蕴涵发人深省。

在讲述了这么长的故事之后，作者表明了自己的观点：

> 的确，倡导什么样的官风、政风，关乎国运的隆衰。那么，怎样才能营造出良好的政风、官风？除了制定长策把世上最有才干、品德最淳良的人吸引到队伍中来，对那些"莠草""稗子"也必须清除。只有剔除杂草，庄稼才能茁壮成长。像南宋那样"劣币驱逐良币"，国家如何兴盛？
>
> 今天的时代已迥然不同，但道理却甚相通。我们党坚持正风肃纪、强力反腐，建设廉洁政治，正是为了使歪风邪气受到遏制，让清风正气得到弘扬。从根本上说，党风政风的清新，赢得的是党心与民意。①

这样的评论不好写。一要选择与所论选题相关的精美故典；二要作者有这方面的特殊经历、才干和身份(本文作者时任人民日报驻浙江分社资深记者，现任光明日报社社长兼总编辑)；三还要媒体能够允许作者如此讲故事，提倡评论的多样化，可以探索试行。

四、数据性语言

运用数据性语言是一种行之有效的通俗化说理方法。它是通过对事物的数量统计、分析、演算、折合、比较，进而对事物作出说明和判断，找出其内在的联系，揭示其本质意义的一种科学的论证方法。在当今大数据时代，我们更要学会使用数据性语言。

在新闻评论的写作中，运用数据要注意如下问题：

一是目的性。就是为什么要运用这些数字，要让这些数字说明什么问题，表述什么道理，揭示什么规律，达到什么结果。

二是准确性。就是运用的数字必须准确真实，不能凭空想象，不能主观臆造，不能含水分。要保持数据的真实、完整、有效。同时，数字运用要恰当适时，不能该用的地方不用、不该用的地方滥用，以降低随意性和盲目性。

三是权威性。大数据时代，传播渠道的多元，使得数据也呈现出多样化的特点。在新闻评论的数据运用中，一定要选择权威机关发布的数据，这样才能有效地论证评论文章的论点，这是必须注意的。

四是时效性。这是由数字新闻的特性决定的。数字的选择、运用必须是最新的、最能反映事物本质的，防止把过时的旧数字当新数字使用，弄虚作假，掩人耳目。

数据是对具体事实的高度概括和凝练，它所包括的内容是十分丰富的。从管理的角度来说，数据是管理的基础，通过对数据的归纳综合分析，既可以为决策提供依据，又可以

---

① 王慧敏. 西湖边的"两道风景"[N]. 人民日报，2015-12-25.

找出管理中的漏洞,为提高管理水平服务。正是由于数字新闻坚持以数喻理的原则,进行理性的思考、研究和取舍,数字才会在新闻中理性地表现人生,理性地表现社会,理性地表现生活,才会引导人们透过数字看社会,透过数字看变化,透过数字看本质。将数据性语言恰当地运用到新闻评论之中,可以使论点更为具体,论证更为有力。我们看下面这个例子:

……

(第四段)恒大"盖楼式"造车靠谱吗?

(第五段)仅就资金实力而言,恒大无疑比乐视更有底气,也远胜蔚来、威马、小鹏等造车新势力。作为一个总资产2万多亿元、年销售规模超6000亿元、年核心利润400多亿元的"大鳄",恒大不仅有钱,而且拥有多元化战略基础下的金融体系能力。但是,在恒大集团2020中期业绩发布会之后,外界不禁又为恒大汽车的命运担忧了。

(第六段)对于人们关注的恒大造车投入情况,恒大集团首席财务官潘大荣回应称,恒大集团2019年投入147亿元,2020年上半年投入30亿元,预计下半年投入27亿元,2021年再投入90亿元。恒大汽车量产并实现销售后,集团将不再有投入。因此,恒大造车的总投入共计294亿元。且恒驰6款新车在上海、广州的生产线已进入调试阶段,"相信很快会实现现金流、盈利的平衡"。

(第七段)这样的表态未免过于乐观。造车门槛究竟有多高?蔚来汽车有限公司创始人、董事长、CEO李斌曾公开表示:"200亿元只是起点。"自公司创立以来,蔚来汽车各种融资早已超过500亿元,产量突破5万辆,但仍未盈利。小鹏汽车有限公司创始人、董事长何小鹏也发出过类似"造车太烧钱"的感慨,不得不整天为融资"烧脑"。因此,恒大若要以294亿元的投入就想达到此前宣称的"年产能500万辆"的目标,难度可想而知。①

上述文字主要是从投资方面进行叙述。作者通过公开信息梳理了恒大造车的资金投入情况,将之与蔚来汽车的资金投入情况作对比,表明了投资难以盈利,对恒大"盖楼式"造车表示担忧。文章表达通俗,逻辑清晰,论述精当。对当下浮躁的造车之风,特别是对部分"假造车、真圈地、实圈钱"的造车新势力有警示意义。值得一提的是,当恒大造车还处于热闹之时,作者就指出它投资上存在的问题和弊端,现在看来,这些问题的存在和它今天的结局是有着紧密联系的。

我们再来读一篇评论。2023年6月,各地2022年统计公报近期陆续发布,北京、上海、广州、深圳四大一线城市常住人口均出现负增长,这一现象引发广泛关注和讨论。

数据显示,2022年末,北京、上海、广州常住人口分别为2184.3万人、

---

① 杨忠阳. 恒大"盖楼式"造车靠谱吗[N]. 经济日报,2020-09-11.

2475.89 万人、1873.41 万人，分别比上年减少 4.3 万人、13.54 万人、7.65 万人。深圳常住人口为 1766.18 万人，较 2021 年减少 1.98 万人。这也是深圳建市以来首次出现常住人口负增长。

......

北京、上海常住人口减少，更多的是其作为超大城市根据资源条件和功能定位，主动合理管控人口规模的结果。北京把疏解非首都功能作为解决"大城市病"、优化提升首都功能的突破口，近年来常住人口呈现增速增量双下降态势，已实现城六区常住人口比 2014 年下降 15% 的目标，成为全国第一个减量发展的超大城市。《上海市城市总体规划（2017—2035 年）》提出，严格控制常住人口规模，并以 2500 万人左右的规模作为 2035 年常住人口调控目标。事实上，2017 年京沪已出现过常住人口同时下降的情况。

把视野拉远，可以看到，与北上广深形成对比的是，众多中西部省会城市、新一线城市成为"抢人赢家"。2022 年，24 个万亿元 GDP 城市中有 17 个实现常住人口正增长，按增量排列依次为长沙、杭州、合肥、西安、武汉、郑州、青岛、济南、成都、宁波、南京、苏州、泉州、福州、无锡、南通、重庆。其中，长沙、杭州、合肥、西安的常住人口增量均在 10 万人以上，分别为 18.13 万人、17.2 万人、16.9 万人和 12.29 万人。排名前五的城市中，4 个是中西部地区省会城市。此外，贵阳、南昌 2 个中西部省会城市，增量也分别达到 11.81 万人和 10.06 万人。

文章从两方面入手，一方面介绍北京、上海两座超大城市常住人口减少，另一方面介绍中西部省会城市、新一线城市的"抢人"大战。该评论直接揭示了我国经济发展空间结构所发生的变化，指出了地方大力招揽人才及区域协调发展的必然性。文章数据详尽，论证合理。

一般人在这些数据面前不难得出正确的结论，这几段文字运用计算、折合、对比等算账方式，摆出事实，这要比讲许多抽象的道理具有更大的威力，也更令人信服。当然，数字对于一般人来说，未免枯燥乏味，需要用活用精，万不可大量罗列一般的无意义的甚至虚假的数字。

五、杂文的语言

1933 年，瞿秋白编了一本《鲁迅杂感选集》。他在序言中说："急遽的剧烈的社会斗争，使作家不能够从容的把他的思想和情感镕铸到创作里去，表现在具体的形象和典型里；同时，残酷的强暴的压力，又不容许作家的言论采取通常的形式。作家的幽默才能，就帮助他用艺术的形式来表现他的政治立场，他的深刻的对于社会的观察，他的热烈的对于民众斗争的同情。不但这样，这里反映着五四以来中国的思想斗争的历史。杂感这种问题，将要因为鲁迅而变成文艺性的论文（阜利通——feuilleton）的代名词。自然，这不能代替创作，然而它的特点是更直接的更迅速的反映社会上的日常事变。"①

"文艺性的论文"，是对杂文这种文体特点的极好的概括。这就是说，杂文既包含争论的因素，也有人说它是"文艺性"的政论。杂文首先是文学体裁的一种，但又不同于一般的文学作品，它还具有政论的品质。在现代散文中，凡侧重于议论说理而又具有形象生动、精悍灵活、风趣幽默等特点的，都可以称为杂文。

在现代文学史上，由于杂文发挥过特殊作用，并且由伟大的文学家、革命家鲁迅参与奠基和开创，产生了深远影响，杂文成为一种具有独立意义的文体。

1. 杂文的主要特点

第一，文艺性与说理性的结合。杂文本身包含两种必不可少的因素：一是它的说理性，二是它的文艺性。所谓说理性，指的是它的政论性，杂文要对社会现象、事件和事物作准确的分析，表明作者明确的观点和态度，要有严密的逻辑性；杂文把深刻的说理和形象的表达结合起来，一方面具有某些文学特色，另一方面具有议论文的特征。所谓文艺性，主要指它的形象性，就是叙事和议论要生动形象，要用文学的笔法，要用文学的语言，要有情趣和味道。

但是，杂文又不是一般意义上的议论文。一般议论文有论点、论据、论证三要素，靠的是严密的逻辑推理，然后得出结论。而杂文借助于文学笔法、文学语言，用一连串形象或生动具体的事实来说明作者的观点。

下面举一篇笔者多年前写的杂文：

"狼来了"又何妨

本届亚运会上，我国体坛健儿奋力拼搏，特别是在有些我们原来较弱的项目上压倒对方，使我国的获奖金牌数远远超过上届，处于亚洲体坛领先地位。对此，举国上下，海内外中华儿女无不为之欢欣鼓舞。与此同时，在我国某些传统获奖项目中却出现了危机，如乒乓球比赛，男团失去了决赛的机会，女子双打又败于韩国拍下，金牌和奖牌被别人夺去了，于是乎，有人便做起文章，大呼"狼来了"。

自然界的狼来了，会叼小羊羔；体育比赛中"狼来了"会夺走金牌、银牌、铜牌。作为牧羊人，作为运动员、教练员，当然应该提高警惕，增强敌情观念，根据"狼来了"的特点采取各项有效措施，亡羊补牢为时还不晚。羊丢了，奖牌丢了，还高枕无忧或幸灾乐祸，便有马大哈甚至心怀叵测之嫌，不足为取也。

然而，世界上的事很复杂，很多情况需从多方面来看才是，"狼来了"便为一例。

"狼来了"好不好？

其一，不好。由于"狼"先生的到来，把本来该我们夺取的奖牌夺去了或在我们摘取奖牌的征途中设下障碍。如果一路顺风，全部奖牌囊括，那该是多么风光的事呵。"狼来了"当然不好。

① 瞿秋白. 鲁迅杂志选集[M]. 哈尔滨：北方文艺出版社，2006：1-5.

其二，正是由于"狼"先生的到来，才使我们领教了"狼"的各种招数，在和强手的对峙中暴露出我们的不足和弱点，找出差距，迎头赶上。因"亡羊"才去"补牢"，这不正是我们常说的"交学费"么？

"错误和挫折教训了我们，使我们比较地聪明起来了，我们的事情就办得好一些。"这难道不是"狼来了"的功劳么？从这个意义上说，还是时而有"狼先生"光临才好。

"狼来了"又好又不好，这似乎很矛盾。其实，世上的许多事都是这样对立的统一，这也是辩证法的实质和核心。当年，容国团先生不是也像"狼"一样，拼力一搏就把长期属于欧洲乒坛的世界冠军给"叼"回来了么？为此，容先生至今还受外国人特别是体育界人士的称赞。但也没有谁说过(谁也不敢说)胜家永远是我们，败者一定是别人。既然容先生可以"叼"别人的"羊"，那么又有什么理由不让别人"叼"我们的"羊"呢？你死我活的事在运动场上，也算正常现象吧。

"参与"是奥林匹克精神。正是在这种精神鼓舞下，亚细亚各国的"黑头发"们才会聚于我国首都北京。正是在各国体坛健儿的共同努力拼搏下，才不断刷新亚运会纪录、亚洲纪录和世界纪录。试想一下，如果有朝一日，中华儿女囊括了亚运会和世界奥运会全部奖牌(当然是一种不可思议的假设)，那么还有必要举办亚运会和世界奥运会么？

"狼来了"需要提防，但没有了"狼"就好了么？①

当年，笔者在《长江日报》评论部工作。晚上在家观看亚运会的乒乓球比赛时，接到夜班领导的指示，要求在比赛结束后写一篇评论，对中国乒乓健儿的失利发表意见。长期以来，我们总是以自己的取胜为荣，特别是像乒乓球一类的强项，有一种不获全胜不为荣的感觉。为此，笔者立足于如何看待"狼来了"，以杂文的笔调在完成了任务。

第二，论辩性与抒情性的统一。杂文都有很强的针对性，在论辩说理方面尖锐、泼辣，具有很强的战斗性。所以鲁迅说杂文是"感应的神经，攻守的手足"。杂文对于敌人，对于一切有害的事物，对于阻碍社会前进的旧思想旧习惯，是给予反响或抗争的思想武器，犹如"匕首"和"投枪"。从这方面看，杂文要旗帜鲜明地宣传道理，而对错误的、落后的、有害的思想和事物要进行批评说理，它的论辩性是很强的。杂文要辨别真假，分清是非，不能有含含糊糊的观点和吞吞吐吐、模棱两可的态度。杂文的说理和论辩跟一般的政论文章不同，杂文作者的感情可以更直接地流露和抒发，可以和读者交流，不仅应该做到以理服人而且应该以情动人。一般议论文当然也要求做到不仅以理服人而且要以情动人，但一般议论文往往通过说理来抒情，作者的感情寓于说理之中，理到情到，而杂文作者的感情可以强烈地表露出来，甚至可以如文学作品一样以作者主体的感情为线索，贯穿于全文始终。所以杂文具有强烈的抒情性，并且要求与论辩性相统一。

2022年11月11日，黑龙江某县市场监督管理局3名工作人员对县城内营业场所某奶

① 赵振宇."狼来了"又何妨？[N].解放日报·朝花，1990-10-11.

茶店疫情防控情况开展执法检查。奶茶店服务员对进店三名执法人员说"欢迎光临,扫一下码",执法人员称"说晚了,第一句就应该说扫码"。随后亮明身份,认定该奶茶店没有严格执行扫码、验码规定,勒令奶茶店关停一天。对此《南方周末》发表评论:

> 从网上流出的视频来看,"执法"过程既黑色又荒诞。奶茶店空空如也,店员好不容易等来的第一批"客人"却是三个神气活现的公职人员。先说"欢迎光临"本是服务业的制式敬语,然而在公职人员的眼里却成了需要贴上封条停业一天的重罪。从"找个后门出去"的用语来看,恐怕店员走晚一步就会被封在店里一天喝奶茶度日。
>
> 公职人员全程用肩膀看人,语气生硬粗暴犹如口含天宪,身体力行地演示了什么叫"以最小的权力,给人制造最大的不便"。也许这对公职人员而言并没有什么实际上的好处,但无疑在那一刻、也许在头天晚上,他已经想好了如何享受权力快感的剧本。
>
> 明乎此,可知"处罚依据"已经不重要了,公职人员的"一时兴起"可以为自己的合法伤害权找到足够的理由。试想,如果店员说的是"请您扫码,欢迎光临",是否"处罚依据"就会变成"第一句没有先欢迎客人,违反×××要求,对你予以处罚"?
>
> 看过整个视频,整个执法过程从头到尾流露出"钓鱼执法"的浓重气息,甚至到了不需要也不屑于制作鱼饵鱼钩、可以直接甩竿的地步。另据媒体报道,肇州县这一天之内就关停了二十家经营场所,其中十九家是因为未能严格执行"一扫三查"的要求。人们不禁要问,如果这家奶茶店的监控视频没有流出,当地一个部门是否又要度过一个任性的星期六?
>
> 更进一步,这一事件道出一个严肃的问题:越是微小的权力,恐怕还越难以监管。①

奶茶店店员因为先说"欢迎光临"后说"扫码"而遭到停业处罚。这篇文章的标题便颇具有战斗性。"钓鱼执法"一词点明这一事件的性质,"空钩无饵、直接甩杆",体现出市场监督管理局的工作人员嚣张跋扈的姿态。文中说,工作人员"全程用肩膀看人","身体力行地演示了什么叫'以最小的权力,给人制造最大的不便'。"该评论行文泼辣,战斗性强,直指应依法行政,文明执法。

第三,短小精悍而又含蕴丰富。杂文以精短的篇幅面世,以精粹的语言表达深刻的哲理、独到的思想,而且把理性的与有益的知识熔于一炉。读者能以很少的时间,得到较多的教益。杂文的形式极为灵活自由,不拘一格。但是它要求结构严谨集中,浑然一体,要求有内在的严密逻辑性。杂文的内容无所不包,无论政治、经济、历史、地理、人生、思想,天上地下,无所不谈。有时尖锐犀利,有时轻松活泼,但必须能给读者以启迪,给读者以智慧,也能给读者以身心的愉悦,使读者得到艺术的享受。

---

① 王兢. 奶茶店因先说"欢迎光临"被封:"钓鱼执法"竟到了空钩无饵、直接甩竿的地步[N]. 南方周末,2022-11-13.

杂文的形式丰富多彩、不拘一格，可以是三言两语，可以是随感录，可以是随笔、短论，也可以是日记体、序跋一类，甚至是童话、寓言、散文诗，等等。

鲁迅先生在名篇《立论》中讲到一个故事：

> 我梦见自己正在小学校的讲堂上预备作文，向老师请教立论的方法。
>
> "难!"老师从眼镜圈外斜射出眼光来，看着我，说。我告诉你一件事。
>
> 一家人家生了一个男孩，合家高兴透顶了。满月的时候，抱出来给客人看，——大概自然是想得一点好兆头。
>
> 一个说："这孩子将来要发财的。"他于是得到一番感谢。
>
> 一个说："这孩子将来要做官的。"他于是收回几句恭维。
>
> 一个说："这孩子将来是要死的。"他于是得到一顿大家合力的痛打。
>
> 说要死的必然，说富贵的许谎。但说谎的得好报，说必然的遭打。你……
>
> "我愿意既不谎人，也不遭打。那么，老师，我得怎么说呢?"
>
> "那么，你得说：'啊呀! 这孩子呵! 您瞧! 多么……。阿唷! 哈哈! Hehe! he, hehehehe!'"
>
> 一九二五年七月八日

该文仅 300 多字，最初发表于 1925 年 7 月 13 日《语丝》周刊第 35 期。文章很短，但就是在这个短小的篇幅里，作者借自己儿时的一个"梦"，将那个时代人们是非曲直不能辨，敢于直言受排斥的丑恶现象刻画得淋漓尽致。关于这样"打哈哈……"的说法在鲁迅的多篇文章里都用过。时代发展到今日，用这个故事告知人们讲话要注意场合，也未尝不可，但已经离开鲁迅的原意了。

其实，在新闻评论写作中，有时也是可以学习使用短小精悍而又含蕴丰富的表达方式的。请看下面这篇短文：

> ……
>
> 坊间常有人把离退休老同志为社会作贡献称为献"余热"，我以为此说欠妥。社会的发展，普遍开始重视老年人问题，采取了实实在在的举措，其目的就是要使老有所养，老有所乐，老有所学，老有所用，一句话，就是调动老同志的积极性，发展其聪明才智和运用其社会资源，为社会再立新功。而提"余热"，却有消极之意。特别像刘涵清老人现在所做的事情，恐怕是许多青壮年都所不及的。"余热"，即剩下、零头，快要熄灭之意，给人以苟延残喘之感。此说对老同志的身体健康不利，对调动其积极性不利。面对老者，我以为还是多用"老骥伏枥""老当益壮"好。向老大姐学习，尽己所能，说一点做一点对自己对社会有益的好事。①

---

① 赵振宇. 不可一概称"余热"[N]. 楚天都市报，2022-01-30.

笔者根据媒体报道得知，曾攻克多项世界级技术难关、获得过国家技术进步奖励、担任过武钢第一位女指挥长的现任青山某小区业委会主任刘涵清，过年了没在家里办年货，却在社区为左邻右舍送去新春福利。就是这位当了近十年业委会主任的老人，不仅要管小区的众多事宜，还为了核实小区的维修费用，硬是推着小车带着业委会成员到建材市场问价，将对约 90 万元的维修报价砍掉了 45 万元！读了这样的报道，笔者在评论中写道：老大姐，好样的！同时发表了上述观点。

2. 杂文与评论的区别

第一，身份不同。报刊的评论，是以报刊的身份说话，而杂文则是以个人的身份说话。即使某部门领导写了杂文发表，也仍是以个人身份说话，而算不得是由报刊评论或部门决定的。在杂文面前，人人平等。这一点本来很容易区别，读者对此也并未含混。常见有人写控告信，引报纸的社论或短评为据，指控某人违背了党的指示精神和政策，而从未见有人引杂文的话为据，来证明被控者违背了党的政策和精神。可见读者清楚两者的身份不相同。

第二，角度不同。报刊的评论是从舆论机关的角度，告诉读者某种事情的意义，应该做什么，怎样做和为什么这样做。而杂文则是从实际生活的角度，从群众的角度，对某些值得谈论的事物，述说个人感受、见解和要求。前者是自上而下，即舆论机关根据已经集中分析了的群众意见，向群众阐述，后者是由下而上，即直接发自群众的呼声，有着各不相同的作用。

第三，方式不同。评论一般要求严肃庄重，有话宜"正经八百"地说。而杂文则应使用"说闲话"的方式。某人想做一件不合道德准则的事，常常因为怕别人"说闲话"而踌躇再三。这个"说闲话"就是一种很厉害的舆论方式，是群众的是非议论，说长道短，或褒或贬。20 世纪 30 年代，杜重远主编的报纸上发表了一篇《闲话皇帝》，竟至被国民党反动派逮捕入狱。可见"说闲话"的威力之大。

第四，路数不同。评论的基本路数是逻辑思维，抽象地说理。而杂文不能像评论那样用抽象的说理方法，而是要运用形象化的漫谈。要善于调遣种种形象，巧作驱使，信手拈来，涉笔成趣，融理于形象，化理入比喻。至于表现的方法，那就形形色色，靠作者自己决定。这不只是一个表现方法的问题，更重要的是思维方法的问题。杂文从构思到表达，都应有自己的路数，这路数就是形象思维与逻辑思维的有机结合，"二五之精，妙合而凝"。

上述种种不同，并不只是形式与方法的区别，而是质形兼具，从头到脚，整个都有区别。现在，报刊评论力求生动活泼，以博取读者的青睐。一些评论虽吸取了杂文的优点，但仍不失为评论，也并未侵入杂文的疆界，这正是由于二者有着身份、角度、方式、路数上的不同。

虽然评论和杂文有着种种不同，但是评论应该从杂文中吸取精华，比如在选材立意上，注意大中取小，因小见大；善于使用形象生动的语言和幽默讽刺的笔调；谈天说地，道古论今，纵横联系，等等。无论是写评论还是写杂文，都需要广泛学习，学习多方面的科学文化知识，才能思路开阔、耳聪目明，力求在每一篇文章里提出一点真知灼见，挖掘出生活深处给人的启迪。然后熟练地掌握和运用一些常用的写作方法，多写多练，逐步地驾轻就熟，就有可能达到信手拈来、涉笔成趣的境界。

随着网络媒体的发展，人们表达自己意愿的方式和渠道越来越多样，越来越快捷。杂文作为一种意见表达形式，似乎少了一些。但笔者以为，学习掌握一些杂文的表达方式，在有的时候对于有的选题，还是可以产生好效果的。

一些评论工作者会认为，评论写得好不好，关键在于有没有好的选题，至于如何完美地遣词造句，并没有想象的那么重要。与遣词造句相比，精巧的构思、令人信服的事实依据、具有说服力的分析阐述乃至引人入胜的故事，似乎都更为重要。没有以上这些元素，评论工作者的文字再漂亮，也可能是一个美丽的失败。漂亮的文字可能会吸引一些受众的注意，但是整个作品的华而不实很快便会被发现。文字的魅力是绝对存在的，它往往能使一篇评论更上一层楼。一个非常普通的选题如果拥有美丽的文字、精美的画面，它就会成为一个好作品；一篇评论作品若有完美的文字表达、声画场面，会让受众回味无穷、久久难忘。大量的阅读经验证明，许多时候作者评论的对象以及他的主要观点都已经被读者们忘却了，但他在作品中曾经说过的某句话却深深地印在了读者的脑海中，时不时跳出来，成为读者自己的语言。这并不是什么不可实现的梦想，而应该成为每个新闻评论工作者最终的奋斗目标。

总之，评论语言无论经过多少次锤炼修改，都是不嫌多的。怎样写出好的语言，创作出好的作品，是每一个评论工作者终生不懈的奋斗目标。

第十章
广播电视评论

一、广播评论的特点与类型

(一)广播评论的特点

1. 以声音为主要传播符号

符号是信息传播的主要载体,而符号又是通过媒介传播的,大众传播媒介传播信息主要是通过传播符号实现的。不同的媒介具有不同的物理特性,其传播的符号系统也有很大差异。以报纸、书籍和杂志为代表的平面媒体主要使用文字语言和图片作为传播符号,平面媒体的传播符号承载的信息具有较高的抽象性,能够进行复杂的逻辑推理,因此,在新闻评论传播方面具有得天独厚的优势。长期以来,新闻评论的传播主要是以报纸等平面媒体为主。广播等电子媒介借助电波进行传播,其传播符号主要是有声语言,传播过程主要是把有声语言转化成可以长距离传播的电波,在接收端再恢复为有声语言符号。声音是人类社会进行信息交流的主要载体。声音符号传播信息具有快捷的特征,同时,比较善于进行形象化和情感化的传播。但是声音具有易逝性,不易于长久保存,一旦错过了有关内容,不太容易反复核对信息。另外,声音传播不太适用于抽象的说理传播。因为,人的大脑在接收信息的时候具有遗忘性的特点,而广播信息的线性传播使得人们在接收信息的时候不易于对照前后信息,一旦遗忘,对信息的理解就会受到影响。声音符号的这些特性决定了广播电视评论必须根据声音传播的特点扬长避短,尤其是要避免抽象的理论性的长篇大论,应多传播短评论。

2. 传播的即时性与高渗透性

广播以电波为载体,电波的传播速度是每秒钟 30 万公里。广播在内容生产效率方面,也比报纸和电视高得多,因此,广播传播具有迅捷的特征,尤其是广播直播节目,几乎可以实现同步传播。另外,广播接收端是一种小型化的接收设备,具有伴随性特征,信息接收不受时间和空间的限制,组织和个人都可以随时随地接收,具有较高的渗透性。这种快捷和高渗透性的传播特点,决定了广播评论具有巨大的影响力。在国际传播中,虽然互联网已经高速发展,但广播仍是国际传播和舆论斗争的重要工具。

3. 传播的口语化与情感化

大众传播一般使用比较规范的语言符号,因媒介的差异,语言符号又可以分为文字符号和声音符号。在报纸传播中,主要的语言符号是文字符号,辅以必要的图片符号。报纸信息的传播属于非线性传播的范畴，受众可以根据自己把握信息的速度来决定阅读速度，因而，在读报纸的时候，受众有较多的思考时间。但是，广播传播中，使用的传播符号主要是声音符号，声音符号携带的信息不易保存，瞬间即逝，留给受众的思考时间极短。另外，高效率是支配大众传播的另一个重要因素，为了提高传播效率，广播传播的语言符号相对于报纸更加口语化，使听众能够在最短的时间内理解传播的信息，同时还要避免因同音等引起的歧义。

另外，广播语言包含着播音员对意义的把握和通过播音对评论的二次创作，这是广播评论相对于报纸评论的独特优势。播音员对语言情感的把握能够影响传播的效果，尤其是在设有主持人的评论节目中，主持人的情感化表达，能够有效调动听众的情绪，增加新闻评论的附加值。新闻评论的目的在于说服人，说服人的手段一是以理服人，二是以情感人。广播评论则更便于把理、事和情有机结合，尤其是使情感传播的效果最大化，实现报纸评论无法达到的传播效果。

（二）广播评论的形态

报纸评论发展的历史比较长，形成了比较规范的评论形态，按照评论篇幅和重要程度，可以分为社论和编辑部文章、评论员文章、短评、编者按和编后等。与报纸评论相对应，广播电视评论可以划分为本台评论、本台评论员文章、本台短评和编者按语等。这种划分方法沿袭了报纸的分类，并没有体现广播电视评论的媒介特色。进一步地说，广播和电视的评论形态也有差异，我们可以以根据广播电视评论不同的媒介特性和符号特点，对广播评论和电视评论的形态分别进行讨论，这里先讨论广播的评论形态。

1. 口播评论

口播评论是播音员以单纯的有声语言向听众播出的新闻评论，一般是播音员直接播送已经拟好的评论稿件，口播评论是广播评论诞生以后最早产生的新闻评论形式。其实，这就是把报纸评论经过口语化改造以后形成的有声播报评论，比如，广播的本台评论就是典型的口播评论形态。本台评论稿件一般是以电台的名义和立场对最近发生的新闻事实进行的评价，所选择的话题或评论对象一般具有重要性，相当于报纸上的社论。

仅从形式上来说，广播口播评论和报纸评论的差别并不大，只是部分措辞适应广播口语化传播的需要进行了一些改造。另外，报纸社论一般篇幅比较长，通常 1000～3000 字，而广播社论篇幅比较短。

另外有一种常见口播评论形式，是在新闻播出以后配发评论，常称作"编者按语"或"编后话"，是针对新闻报道内容作的短小评论，属于微型评论的范畴。

比如，2023 年 8 月 14 日，甘肃新闻广播播出一条关于武威南铁路段民乐站工作人员、铁路工作人员、医护人员和社会爱心人士合力救助一位早产孕妇的新闻。新闻播出之后，主持人播出了一段短评，这段短评就属于编后的范畴，具体内容如下：

> 在这场突发事件中，铁路工作人员和医护人员们充分展现了自己的职业素养和技能水平，他们不畏压力，迅速响应，并展开救助行动，打破常规，为生命打开绿色通

道。这是一场爱心的接力，乘务员、热心群众、调度员、值班人员、车站工作人员和地方医疗系统等各方通力合作，用自己的专业技能和爱心成功帮助孕妇顺产，这是我省广大运输、医疗行业从业人员用实际行动践行生命至上的生动写照和充满温情的社会缩影，每个人都在尽自己最大的努力，帮助孕产妇和新生儿，让我们在看到专业细致的同时，更感受到了爱与团结的力量。

编后是新闻报道的"附属品"，是在新闻报道之后，直接对所报道的新闻进行评论，一般只有二三百字。与一般的新闻评论相比，编后缺少新闻由头，是直接就新闻报道的内容而论理。

随着广播节目的参与度越来越高，现代广播还会接收一些社会评论员的投稿，这些稿件一般是作者直接以个人名义对新近发生和发现的新闻事实进行评论，并利用自己的录音设备把稿件转化成有声语言播出。还有一种情况是广播电台直接采用社会投稿，根据广播需要进行改造，转化成口播评论。

比如，江苏新闻广播的评论栏目"大林评论"于2023年8月10日播出评论节目《群众工作不能只是"脸好看"，还得"事好办"》。这是一篇社会投稿，电台根据广播口播的需要进行了口语化改造。评论原文的部分内容如下：

> 《人民日报》的调查就获悉了这样两个"事不好办"的"鲜活事例"。"先到街道社保办，再到政务中心，再去县社保局，又跑回街道……为了社保退费，来来回回跑了10多趟，还没解决问题。"前不久，陕西某市市民张健(化名)遇到一件麻烦事。他2021年底退休后想办理社保退费，于是向所在街道提交了退费申请和所需材料。可几个部门之间来回扯皮，折腾了好久，申请一直没能通过。张健气不打一处来：让耐心等待。老百姓办点事情，咋就这么难？
>
> 同样，河南某地李先生最近因为小区周围噪声污染问题向市民服务热线投诉，很快就接到了工作人员的回访电话。工作人员说话礼貌客气，解释了好长时间，最后表示这个问题暂时无法解决。李先生说，工作人员请他对本次服务给出"非常满意"的评价，问题都没解决，怎么能是"非常满意"呢？

为适应广播稿件的需要，对这两段进行了口语化改造，其内容如下：

> 《人民日报》的调查有两个例子，就是事儿不好办的例子，说是陕西某个地方的市民就遇到这个麻烦事了，他呢，在2021年底退休之后，想办理社保退费，然后就向所在街道提交了退费申请，提交了所需要的材料，但是，几个部门之间来回折腾。他呢，先到街道社保办，又到政务中心，再到县社保局，然后又跑回街道，为了这个社保退费，来来回回跑了十来趟，最终还没有解决问题。这几个部门呢，就扯皮，折腾了好久，申请一直通不过，让市民张健非常来火。这办点事，现在怎么还是那么难？这是《人民日报》调查的一个例子。还有一个呢，是河南某地一位李先生，他是

因为小区周围的噪声污染，向市民服务热线投诉。很快，电话打过来了，工作人员那边说话特别客气，特别礼貌，解释了好长时间，但是最后说这个问题暂时没法解决。但是，李先生说了，电话那头的工作人员，就请他给自己的服务做个评价，希望能给出一个"非常满意"的评价，李先生也纳闷，你态度很好，但是，问题没解决呀，我这事能叫"非常满意"吗？

这篇评论在行文结构和篇幅上和报纸评论差不多，只是把书面文字符号变成了有声语言符号，为方便听众接收，评论员在播出这篇评论的时候，并没有采用"播音腔"，而是采用了像听众聊天一样的播出方式。在叙事的时候，出现了很多断句和重复的地方，保留了口语交流中的一些插入语，体现出一种人际交流的感觉。同时在播出的时候，主持人有意放慢了语速，给听众思考和反应的时间，有利于提高听众的接收效率。

受口语传播条件的限制，广播口播评论一般短小精悍，特别要注意播音的口语化和情感化。受听众在收听过程中注意力分散和听觉疲劳的影响，较长的口播评论的传播效果会受到影响。口播评论在写作方面除了强调口语化表达，还要注意文章应短小精悍，尽量不要写长文章，段落和句子都要简短。

2. 访谈类评论

广播访谈类评论是由主持人引导、以双方或多方交谈的方式对新近发生的新闻事实展开评论的谈话类广播节目。在谈话类评论节目中，评论的对象一般是最近发生的新闻事实或新闻现象，参与者除了主持人以外，还有评论员，评论员可以是媒体专业的新闻评论员，也可以是政府官员，某领域的专家、学者或权威人士。根据组织方式不同，广播访谈类评论节目可以分为专访式广播评论和座谈式广播评论。

第一，专访式广播评论。

专访式广播评论是广播主持人围绕最近发生的重大事件或新闻现象，邀请当事人、政府官员、专家学者或者专业的评论员进行"一对一"的访问，进而完成意见表达的广播评论形式。一般来说，在专访式广播评论中，媒体先要确定一个新闻话题，设置必要的讨论语境，主持人和嘉宾围绕一个话题展开讨论，嘉宾的谈话观点就是对媒体所确定的话题的意见和看法。专访能否成功，关键是看呈现的观点对公众是否具有深刻的启发性。因此，受访者的身份要具有权威性，要对谈话涉及的领域特别熟悉，善于通过语言来表达自己的观点。这样的评论一定要把握好舆论导向，与当前政府的有关精神相吻合，以免造成舆论混乱。

第二，座谈式广播评论。

座谈式广播评论是邀请两位以上的评论员或嘉宾，采用交谈的方式，与主持人共同完成新闻评论的广播评论形式。座谈式广播评论节目一般持续的时间较长，话题的影响力比较大，涉及面较广。

座谈式广播评论一般要提前设定话题，话题应该选择当下社会普遍关心的社会现象或新闻事件，这样能够吸引各方面的听众参与其中。另外，对参与讨论的嘉宾（评论员）也要根据话题来选择，受邀嘉宾应该是在讨论的话题领域比较权威、对相关话题有深入研究或比较熟悉的人员或专家。

江西新闻综合广播推出的时事评论访谈栏目《新闻1+2》，播出了一期座谈式广播评论节目《攀岩打岩钉赔600万，自然遗产不容损毁》，节目请到了"驴友故意损坏三清山巨蟒峰"一案的审判指导专家和南昌社会科学院社会所所长。主持人先介绍了"驴友故意损坏三清山巨蟒峰"一案的判决结果，然后请两位嘉宾讨论了该案件的审判依据、判决结果及其影响等。主持人在节目中通过提问推动了节目的发展和评论的层层递进，两位嘉宾的观点则互为补充。在该节目参评中国新闻奖的推荐评语中，专家认为，该节目"访谈从法律角度切入，对于驴友在三清山巨蟒峰山体楔入攀岩钉的行为进行了分析，此后延展至自然遗产保护的公民意识。节目内容深入，角度全面，观点权威，不仅以案说法，普及法律知识，同时就本案的社会意义进行了专业探讨，是一期有深度的广播访谈节目"。①

座谈式广播评论，由于持续时间较长，在话题确定以后，应该有一个比较详细的访谈提纲，节目主持人根据访谈提纲进行提问，推动节目发展，以保证节目主题鲜明；对于访谈中出现的新的疑问，主持人可以随时打断谈话，进行提问，以保证评论的深入推进。在座谈过程中，不同的嘉宾可能有不同的观点、不同的角度，这些观点相互补充，或者相互批判，形成对比，有助于实现座谈式广播评论观点的深刻性和全面性。

3. 广播音响评论

音响是最能体现广播特色的传播符号。广义上的音响包含一切可以传播并为人的听觉系统接收的声音。狭义上的音响主要指语言和音乐以外的声音。广播音响评论所说的音响主要是狭义上的音响，是广播中除传播主体（如记者、主持人、播音员等）的语言以外的其他声音，包括现场发出的实况音响和访谈音响，有时还包括模拟音响。

广播音响评论是充分利用广播音响的现场性和实证性，在广播评论中插入音响素材，改善广播新闻评论的收听体验和论据的实证性。广播音响评论与传统的报纸评论在结构方面差异较大的地方在于，为了方便读者把握评论的主题，在音响评论开始前，要设置一个类似新闻报道中导语的段落，引导读者对后面的音响材料有一个整体的把握和理解。

北京新闻广播《新闻热线》有一条获得中国新闻奖的评论《如此"满意"失民意，"人民至上"怎落地?!》，这是一条新闻述评，也是典型的广播音响评论。在评论开始之前，主持人先讲了一段类似导语的话：

> 衡量政府部门工作是不是到位，最根本的标准是看人民群众满意不满意。党的十八大以来，习近平总书记反复指出，要坚持人民至上。党的十九届六中全会再次强调这一重大命题。但是，记者在持续调查的多起民生事件中却发现有这样一种值得警惕的现象，一些部门嘴上说着"要让人民群众满意"，所干的工作却让人民群众非常不满意，甚至有些部门还要求人民群众"不能不满意"。请听录音述评《如此"满意"失民意，"人民至上"怎落地?!》。

---

① 凌洁，刘乐明. 攀岩打岩钉赔600万，自然遗产不容损毁［EB/OL］.［2020-01-07］. http://www.zgjx.cn/2021-10/28/c_1310269814_2.htm.

在广播采访中，录音会受到各方面条件的限制，但是，在广播播出的时候，必须考虑音响的清晰度、表达的完整性和播出时长等因素。因此，在编辑的时候，势必对音响素材做出选择，被选中的素材虽然具备了典型性特征，但是其完整性也受到影响。因此，在音响评论中，加入适当的"导语"部分，对广播音响评论来说是非常必要的。

音响在广播评论中的作用主要体现在以下几个方面：

音响的第一个作用是作为新闻评论的由头或评论对象，引出新闻评论的论题。一般来说，这样的音响放在评论的开头，新闻评论借助这个音响引出要论证的道理或者对音响所反映事件的态度和立场，并展开论证。

评论《如此"满意"失民意，"人民至上"怎落地?!》中，在导语之后，直接使用了采访音响：

【录音】市民甲：不满意要说三遍，非常不满意！非常不满意！非常不满意！怎么要求属地居民遵纪守法呀？

【录音】市民乙：政府一再提"零容忍"，怎么就对老百姓零容忍呀？你政府就不能零容忍了吗？

这两段采访音响把老百姓的不满意展现得淋漓尽致，从而引出了文章对一些地方政府错误理解"人民至上"，在日常工作中流露出的"官本位"思想的批评。这段音响在这条评论中就是由头。

音响的第二个作用是在评论中作为论据，发挥音响"证实"或"证伪"的作用。曾获中国新闻奖三等奖的广播评论作品《规范"刷脸"严防"丢脸"》[1]中，以"杭州市民郭某诉杭州动物世界强制游客刷脸入园"一案二审开庭为由头，认为随着人脸识别技术(也就是俗称的"刷脸")的普及，个人生物信息被非法采集和滥用，其实很多个人生物信息的采集是没有必要的，必须规范个人信息采集。为什么要规范个人信息采集？广播评论就采用了当事人和有关专业人士的录音资料：

【解说】在人脸识别第一案二审中，郭某便是对野生动物世界入园刷脸的必要性和安全性提出质疑。

【录音】郭某：我觉得目前对人脸识别技术的应用是没有什么门槛的，已经到了泛滥的地步，它潜在的安全风险是随时可能爆发的。

【解说】作为信息主体，面对处处刷脸的场景，我们有说不的权利，但是，事实上，有些时候，我们在不知情的情况下，就把"脸"给丢了。此前有媒体报道，济南某售楼处安装了人脸识别系统，以此辨别客户类型，有的购房者不得不戴头盔看房。

───────────────

① 规范"刷脸"严防"丢脸"［EB/OL］.［2022-11-01］. http://www.zgjx.cn/2022-11/01/c_1310667789_2.htm.

杭州智库经济信息咨询事务所主任丁伟说，由于现在的刷脸技术已经非常成熟，人脸信息采集完全可以在悄无声息中完成。

【录音】杭州智库经济信息咨询事务所主任丁伟：只要你进入到这场景中的时候，你的信息就被采集了。它没有任何障碍的，老百姓是防不胜防的。

这两段采访录音描述了个人信息采集技术的成熟给个人带来巨大的风险，而个人在预防非法信息采集方面防不胜防的现状，在文中论证了规范个人生物信息采集的必要性，也是作为论据出现的。

音响的第三个作用是渲染或烘托作用，以增强新闻评论的感染力。比如前面讲到的《如此"满意"失民意，"人民至上"怎落地?!》广播评论中，作为由头的那些录音采访，在文中就比较好地渲染了人民群众对官僚主义强烈的不满意，给听众留下深刻的印象。

有时候，为了发挥广播音响评论的特色，在编辑印象评论的时候，还会特意留下一些现场音响作为背景声音，目的在于烘托气氛或增强评论的现场感，此时的音响只是起到编辑上的辅助作用。在广播节目中，出于增强现场感的需要，保留这样的"杂音"是必要的。

因为音响是广播节目的特殊符号和主要信息符号之一，在广播中使用非常广泛，很多口播评论、访谈式评论也可以通过音响的使用转变为音响评论。

二、电视评论的特征与类型

(一) 电视评论的特征

电视传播以声音和图片作为传播媒介，相对于广播传播具有更高的参与感和直观性，因为有图片作为辅助传播符号，传播语言的口语化特征仍然非常明显，但是，电视传播的形象性要求不如广播那么高。而相对于报纸传播，电视传播作为一门综合艺术，其形象性、参与性和直观性都是报纸无法企及的。基于电视传播的这些特征，电视评论传播具有以下传播特征。

1. 传播符号的综合性

在三大传统的传播媒介中，电视的传播符号系统最为复杂，具有最高的综合性。电视传播除了采用报纸上经常使用的文字符号、图片符号、广播使用的音响和有声语言等，还综合使用了视觉符号、社会符号、时间和空间符号、节奏符号等辅助传播。电视评论的特性同样受到电视符号系统的影响，呈现出传播符号的综合性。

2. 传播的即时性和互动性

和广播一样，电视传播的即时性也非常高。尤其是在以互联网为基础的现代传播技术高度发达的条件下，电视可以和广播一样，实现现场直播，传播的时效性非常高。这个特性不仅适用于新闻信息传播，对评论的传播也是一样的。电视上常见的连线评论就是即时传播的生动体现。在访谈类型评论节目中，参与节目的每一位评论员的观点都可以实现同步传播，这种即时传播的高效率性在网络视频评论中进一步得到加强。

　　除了即时性和高效率以外，电视评论传播也具有高互动性的特征。这种互动性首先体现为节目主持人与受邀评论员之间的互动。比如《新闻 1+1》《新闻调查》等具有评论性质的新闻栏目都属于访谈类评论节目，在事实环节介绍清楚以后，主持人会和受邀嘉宾（评论员）进行对话，给人很强的现场感。其次，这种互动性体现为主持人和电视观众之间的互动。在主持人出镜的评论类节目中，主持人的语音语调和体态姿势都要给人一种交流感，这种交流感又体现了拟人际传播的特点。在一些评论类节目中，还可能要求观众参与节目，发表意见，这就是直接的互动交流了。互联网平台诞生之后，包括电视在内的传统媒体被搬上网络平台，经过网络平台传播的视频评论，允许观众进行反馈和跟帖评论，有一些视频栏目还允许弹幕评论，这是互联网赋予电视媒体的互动性。

　　3. 说理的直观性

　　从传播符号的角度来说，虽然，电视的传播符号具有显著的综合性特征，但是，其传播符号主要以有声语言和图片为主，和报纸评论相比较，在传播比较抽象和理性的评论文字方面并不具有优势，尤其是在传播逻辑关系紧密、篇幅较长的评论方面，电视传播的劣势非常明显。因此，电视评论在说理的时候，尤其要注意扬长避短，发挥电视传播形象化和直观性的特长。

　　由于有图片作为辅助传播手段，电视评论的语言不需要像广播评论那样强调语言的形象性，在说理方面也更突出寓"理"于"事"，即注重对新闻事实的交代，通过对新闻事件细节和过程的叙述来展示事件中隐含的道理。比如中央电视台的评论栏目《新闻 1+1》和《新闻调查》等栏目就是通过详细陈述实践发展的过程和细节，然后通过评论员或嘉宾点评，展示观点。另外，电视说理主要是通过声音传播，受众不需要对书面文字进行接收和解码，并且可以借助声音、文字和图片等多种符号来接收信息，因此，相对于报纸和广播，电视评论的说理更加直观。

（二）电视评论的表现形态

　　1. 电视口播评论

　　电视口播评论是电视节目主持人出镜，以口语表达评论内容的电视评论形式，我国早期的电视评论主要是以口播评论为主。随着电视图像应用越来越成熟，图像评论日渐兴起，口播评论越来越少。但是，由于口播评论制作简单，时效性较强，直到目前，电视口播评论仍不时出现。受到口语传播条件的限制，电视口播评论的篇幅一般都不长，有时候会配有屏幕文字。

　　口播评论按照其表现形式可以分为三类：

　　一是独立播出的口播评论。这类口播评论之所以称为独立的口播评论，是因为评论内容不依靠当天的新闻，而是以独立稿件的形式播出。独立评论并不一定是一个独立栏目，通常，独立的口播评论也要依托某一具体的新闻栏目播出。比如中央电视台的"本台评论""国际锐评"就是依托"新闻联播"的独立的口播评论。通常，口播评论由主播播报，一般不署名。

　　二是配合新闻播出的口播评论，相当于报纸媒体上的"编后"。一般在比较重要的新闻之后，主持人或者专业新闻评论员会就新闻事件发表"随机评论"，以表达对新闻事件和新闻人物的态度和立场。

中央电视台在《新闻联播》《朝闻天下》和《新闻三十分》等新闻栏目中设置了直播连线评论员的环节，就是在新闻播出以后，请专业新闻评论员发表关于新闻事件的评论。还有些口播评论是在新闻报道后，主持人直接对有关评论进行口播。比如央视的"本台评论"或"央视快评"。

在《央视 24 小时》2023 年 5 月 4 日播出的新闻报道《高嵩：高空上的"蓝焰玫瑰"》之后，主持人紧接着播出"主播点评"《勇敢追梦，大胆出彩》。

三是依附于新闻报道的评论性串联词。电视新闻节目中，主持人要在同一节目不同稿件或内容之间起到串联作用，这时，主持人的话被称为串联词，串联词可以是说明性或引导性的，也可以是评论性的。评论性的串联词一方面可以对前面稿件报道的内容进行评价，另一方面也可以顺带引出后面的稿件。

中央电视台《新闻直播间》栏目于 2023 年 8 月 27 日播出了一期关于"缅北电信诈骗"的报道，在讲述了一些被骗到缅北的中国公民的悲惨遭遇之后，主持人对前面的报道做了总结：

> 境外诈骗案所引发的产业链环环相扣，不仅严重侵害中国公民的人身财产安全，也损害着东南亚国家公民的利益，打击境外电信诈骗，协调多国共治，已经成为一项颇为紧迫的国际性工作。

这段评论性语言总结了缅北电信诈骗带来的恶劣影响，还引出开展国际合作的必要性，主持人的这段话就是具有串联词作用的口播评论语言。评论性串联词的主要功能是串联上下文或不同的稿件，一般比较简短，只是简要地亮明立场、观点或分析事件的来龙去脉或影响，不会进行严谨的论证，就是常说的"有评无论"。

2. 电视访谈评论

电视访谈评论是通过电视主持人与嘉宾(通常是评论员或者专业人员)之间的对话与交流，对新近发生的新闻事件或社会现象进行评价，表达意见或看法的电视新闻评论形式。首先，电视访谈评论集视听于一体，能够以更直观和生动的方式来传达信息。电视访谈评论除了使用有声语言符号以外，观众可以通过观看嘉宾的表情语言、体态语言以及体会具体的语境来更好地理解谈话者的观点和倾向。其次，电视访谈式评论可以带来更多的互动和参与感。相对于广播访谈类评论，电视访谈评论多了视觉符号，这为电视访谈评论中主持人与受众、嘉宾与受众的沟通都提供了更大的便利，受众可以在电视访谈评论节目中获得更高的参与感。尤其是网络电视产生以后，受众可以借助网络留言及时反馈，这种互动也为评论观点和论据的完善提供了条件。此外，和广播访谈类评论类似，电视访谈评论通过邀请不同背景和立场的嘉宾参与讨论，通过电视讨论或者辩论，提供更全面和多元的观点，可以对问题进行更全面的剖析和分析，在传播效果上，受众可以支持与自己观点一致的嘉宾(或评论员)，受众也获得了更强的代入感。

　　根据节目安排的形式，电视访谈式评论也可以分为专访式电视评论和论坛式电视评论。

　　第一，专访式电视评论。

　　专访式电视评论一般是主持人(或记者)引导节目的进展，把握节目发展方向，中央电视台《高端访谈》《面对面》等栏目是比较成功的专访栏目，其中有很多节目都具有新闻评论性质。2023年8月25日播出的《高端访谈》访问了布隆迪总统恩达伊施米耶。节目通过对布隆迪总统的专访，从非洲的视角评价了中非关系、中国与布隆迪的关系，及其对中国提出的"一带一路"倡议、全球安全倡议、人类命运共同体理念等的看法。

　　专访式电视评论在策划时要注意选择合适的选题、合适的访谈对象，主持人要提前设计好采访提纲，在访谈过程中，要及时发现访谈对象回答问题时的疑问点，并深入挖掘，进而满足公众对问题的深度要求。访谈对象也应该是新闻事件的当事人、知情人或者该领域的专家，这样访谈的观点会比较深刻，能够给受众较好的启发。

　　第二，论坛式电视评论。

　　论坛式电视评论是由主持人主导，两位以上的嘉宾参与的讨论或辩论式评论。论坛式电视评论一般是围绕某一个话题，受邀嘉宾从不同的侧面或角度观察问题和分析问题，不同嘉宾的观点可以是相互对立或相互补充的。因为论坛式电视评论为多人围绕一个话题参与讨论，观众的代入感非常强，属于一种"类人际传播"的传播方式。比如中央电视台的《央视财经评论》《中国舆论场》等栏目，都属于论坛式新闻评论栏目。

　　在论坛式电视评论中，对主持人的控场能力要求很高。主持人既要能够适时抛出话题，调动嘉宾参与讨论，又要把握讨论的方向、广度与深度。2023年8月24日，《央视财经评论》栏目播出财经评论节目《优化消费品供给 服务美好生活》，演播室请到了两名财经评论员参与讨论，通过视频短片介绍了智能家电应用与普及的现状以后，主持人邀请两位嘉宾参与讨论。节目首先讨论了智能家电给人们生活带来的便利，然后讨论家电行业应该如何提质增效，做好供给侧改革，进而讨论国家《轻工业稳增长工作方案(2023—2024)》对智能家电的发展意味着什么，家电和家居行业如何与数字技术相结合，提高家居行业的科技和设计水平。两位嘉宾都在节目中发表了自己的看法，两种观点可以形成互补，有利于增强观点的深刻性和全面性。

　　3. 电视图像评论

　　电视图像评论是把图像与解说词结合起来发表观点、表达意见的评论形式，是凸显电视评论特征最重要的因素。电视是一种集视听于一体，多种符号综合应用的传播媒介，可以利用图像、声音、色彩、动作等多种手段传播信息，尤其是在形象化传播方面，具有报纸和广播无法比拟的优势。电视图像评论就是把有声语言传播和借助图片进行的形象化传播结合起来的评论形式，在传播效果上，也具有独特优势，因此受到电视台的高度重视。20世纪90年代以来，自中央电视台《焦点时刻》等评论节目播出以来，各种电视图像评论节目层出不穷，成为电视新闻类节目的重要组成部分。中央电视台的《焦点访谈》《新闻调查》，陕西卫视的《今日点击》，湖北卫视的《长江新闻号》等都是具有图像评论性质的节目。

山东广播电视台公共频道《民生直通车》播出的图像评论节目《求才，莫让才求人》通过采访画面展现了青岛市吸引高学历人才来青岛就业，但是却没能解决人才的后顾之忧的问题。记者通过采访，客观反映人才诉求，深入调查问题的原因，结合电视问政，最终推动了问题的解决。该节目直击人才制度改革中的难点问题，具有普遍的警示意义。评论通过电视画面展示了采访对象面临的困难及其无奈的表情，让人心酸。评论播出以后，获得了积极效果，推动了事件的解决。

电视图像评论因其反映问题的深刻性，往往也被纳入深度报道的范畴。比如，央视《焦点访谈》《新闻1+1》等也被很多研究者归入深度报道的范畴。另外，电视述评也属于典型的电视图像评论，一般是通过图片报道和采访画面相配合，展示新闻事件的来龙去脉，主持人适时进行评论，将主持人、现场画面、背景资料和采访等电视因素综合运用起来，以达到视听结合、传播道理的目的。

三、广播电视评论的采写和制作

(一) 广播电视评论生产中的抽象思维与形象思维

报纸是长于抽象思维的媒体，而广播电视则是长于形象思维的媒体。但是，无论什么样式的新闻评论，都离不开逻辑推理，离不开抽象思维，新闻评论思维的抽象性与广播电视语言的形象性是一对与生俱来的矛盾。因此，在广播电视评论生产过程中，必须把握形象思维与抽象思维的平衡。

1. 广播电视评论的抽象思维

抽象思维是指通过由表及里、由此及彼、由现象到本质的思维过程，对具体事物进行概括和抽象，从中提取共性特征，并理解事物的本质性和整体的思维方式。新闻评论是说理的文体，因此，在推理过程中离不开抽象思维。广播电视评论也不例外。

首先，抽象思维可以帮助评论员对具体事实进行抽象概括，把对事物的感性认识上升到理性认识，提炼出对事物的本质性和规律性的认识，使评论更具深度和说服力，观点更加清晰、明确。而且，新闻评论只有归纳出同类事物、同类现象的普遍规律，才能做出普遍判断，对公众才有普遍的启发价值。

中央电视台《新闻1+1》节目2023年8月16日介绍了国家网信办颁布的《生成式人工智能服务管理暂行办法》的主要内容，之后播出了图像评论《生成式AI，如何向善？》，分析了人工智能即AI如何发展与如何规范的问题。

【解说词】为了防止(生成式人工智能AI)无序发展，要求推动相关基础设施和公共训练，数据资源平台建设，促进算力资源协同共享，提升算力资源利用效能。

【同期声】中国工程院院士邬贺铨：可能今后越来越多大模型会渗透到社会生产生活的方方面面，方便了我们的生产生活，但实际上也导致了我们的人们生产生活过度依赖于它，那么，它的不稳定以及可能产生的安全风险也会影响到我们的生产生活上面。人工智能实际上还是要重视它的"双刃剑"。

【解说词】业内人士表示办法强调了分类分级管理机制，注重产业生态的培育，强调了国内外的交流合作，为生成式人工智能的发展创造了良好的创新生态，有望规范与促进大模型行业的应用与场景落地，让 AI 技术更好地服务经济和产业高质量发展。

上述同期声和解说词都用了比较抽象的语言，比较全面概括了生成式人工智能的影响，因此应该采取措施规范其发展。评论逐步推进到对应对措施的讨论，这是一个从现象到本质的深入分析过程，论证语言采用抽象思维。如果没有抽象思维，评论就无法透过现象认识事物的本质。

其次，抽象思维可以帮助评论员构建逻辑严谨的论证框架，使评论更具条理性和说服力。尤其是在论坛式评论和访谈式评论中，论证结构的层层深入有赖于制片人和评论员缜密的抽象思维能力。广播电视新闻评论的过程也是一个从事实或现象到观点的过程，但是这个过程多数情况下并不是直接推出的过程，而是一个层层推进的过程，这个过程体现在广播电视评论中就是节目推进的节奏和环节，这些环节构成了新闻评论的逻辑进程或证据链，从而使结论具有说服力。

央视《对话》2023 年 9 月 2 日播出了论坛式评论节目《"三问"大学校长：创新人才之路》，节目邀请哈尔滨工程大学校长韩杰才，节目从学生录取情况，推进到学校如何培养堪当大任的工程师，如何培养交叉学科人才，如何实现教学与实践两手抓，大学教育如何跟上产业风口的节奏等，层层深入，整个节目体现了严密的逻辑性，回答了学子之问、产业之问和时代之问。

最后，抽象思维还可以帮助评论员在纷繁复杂的舆论场中保持清醒的头脑和独立的思考能力，避免被表面现象所迷惑。尤其是随着自媒体的兴起，新闻事实在媒体中的传播和呈现根据报道者立场和信息采集能力的不同是有差异的，新闻事实走向的最终形态是各个媒体逐步补充和相互印证的过程，有些新闻事实比较复杂，在最终形态呈现之前会出现多次反转。如果评论员依据不完整的报道材料或者虚假新闻进行评论，就可能起不到引导舆论的作用，还会削弱媒体的公信力。评论员应具有高水平的抽象思维能力，这对新闻评论的事实判断和价值判断都具有重要意义。

2019 年 5 月 23 日，《南阳日报》刊发文章《水氢发动机在南阳下线，市委书记点赞!》文中称："这意味着车载水可以实时制取氢气，车辆只需加水即可行驶。"但是很多媒体并没有跟着《南阳日报》起舞，认为"水氢汽车"违背能量守恒的物理学定律，质疑"水氢汽车"就是一场永动机骗局。央视财经记者和中央人民广播电台《中国之声》记者亲赴南阳调查了"水氢汽车"的来龙去脉，批评这是一场骗局。从根本上说，新闻评论的批判意识和科学精神都是抽象思维的结果。

2. 广播电视评论中的形象思维

广播电视以有声语言作为主要传播符号，声音的易逝性决定了广播电视媒体不能使用抽象程度太高的语言。虽然评论思维主要是抽象思维，但是广播电视评论离不开形象思维。

首先，形象思维可以帮助评论员将抽象的概念、观点转化为具体的形象，使评论更加生动形象，易于被观众理解和接受。尤其是广播评论，在文稿写作的时候，就要考虑怎样让听众尽快接受和理解传播的信息。抽象思维虽然有利于认识事物的本质，但是却不利于听众对有声语言信息的理解和接收，这个时候，适当降低语言的抽象水平就非常有必要，尤其是在展示论据的时候，具体的语言更有利于观点的论证。

2023年9月1日，央视财经频道《消费主张》播出节目《中国食用盐市场调查：消费者该不该囤盐?》，记者通过调查食用盐市场，告知公众食用盐供应充足。为了证明这一点，记者不厌其烦地列举四川、湖南、河南的商超食盐供应情况，所列举的食盐种类、数据非常详细。这种形象思维方式贯穿了陈述事实的全过程。通过这样详细的形象的论述方式，节目得出了食用盐产量充足，公众没必要抢购食用盐的结论。

其次，形象思维可以帮助评论员在评论中运用比喻、象征、换算、比较等手法，挖掘事物的形象特征，使评论更加生动形象，易于帮助受众理解抽象概念。同样是在上述节目中，记者多次通过数据换算，让受众理解我国食盐的产量，将抽象的数据变成可以感知的形象。

【解说词】湖南省湘衡盐化有限责任公司坐落于衡阳市珠晖区茶山坳镇，位于全国特大型井矿盐、岩盐矿床的腹地。记者走进小包食用盐包装车间，看到现场一片繁忙景象。这家企业拥有21条小包装食用盐生产线，目前已经全部开启生产。

【同期声】湖南湘衡盐化有限责任公司副总经理吴剑超：这里每天小包装食用盐的生产量是非常大的，每天的小包盐生产能力是1000吨。

记者：这每天1000吨是个什么概念？

湖南湘衡盐化有限责任公司副总经理吴剑超：是这样的，按照国家建议的成人每天摄入6克左右的食用盐，我们1000吨小包食用盐，可以同时满足1亿5000万人一天的食盐摄入量。

……

在这里，记者通过引导采访对象，对1000吨食用盐的量进行了量化换算，说明1000吨食用盐对于一般的食用盐消费来说是一个非常巨大的生产量，这样就把抽象的数据形象化了。

需要注意的是，形象思维不仅在广播电视评论中不可或缺，在平面媒体的评论中也非常重要，这里不作详述。

最后，形象思维还可以帮助评论员在评论中运用情感色彩强烈的语言表达方式，使评论更具感染力和号召力。虽然新闻评论应该以客观公正和理性的表达为目标，但是，由于评论的倾向性和意识形态属性，在文本生产中强化形象思维可以调动观众的情感因素，激发受众的共鸣。当然，激发受众情感并不能代替艰苦的论证，但是，情理交融的广播电视评论则更容易获得受众的认可。因此，广播电视评论必须重视语言的形象化。"如果运用形象性语言稀释、淡化抽象的概念，用想象思维作指导，用言简意赅的比喻表达道理，把论点树起来，在听众脑海中动起来，就能收到好的、理想的效果。"①

总之，在广播电视评论中，抽象思维和形象思维是相辅相成、相互渗透的，评论员需要灵活运用两种思维方式，以实现评论的深度和生动性平衡。

在广播电视评论中，抽象思维和形象思维的平衡和转化同样重要。评论员需要在对具体事实进行深入分析的基础上，运用抽象思维进行归纳、推理和总结，同时还需要运用形象思维进行生动的描绘和表达。只有这样，才能使评论既具有深度和说服力，又具有生动形象的特点，更好地引导观众理解和接受信息。

（二）广播电视评论采写与制作的基本流程

广播电视评论的采写与制作受到广播电视内容生产流程和评论生产特性的双重制约，从生产流程来看，电视评论的生产包括以下几个环节：

1. 确定选题

和报纸评论一样，广播电视评论也要先确定评论选题，即我们要讨论什么话题或新闻事件。评论选题可以是当前人们关心或谈论较多的新闻事件或社会现象，也可以是人们习以为常但是常常忽视的一些问题。确定选题的时候，除了考虑评论空间，还要考虑选题的制约因素。受大众传播的制约，广播电视评论的选题要先考虑受众需要与媒体的可执行能力。选题要切中群众的关注点，要反映群众的呼声和利益，要考虑选题在受众中的争议度，以及选题能够给受众带来的启发作用或对公众的引导作用。

另外，选题要考虑媒体的执行能力。不管什么样的媒体，其选题都会一方面受到媒体定位的制约，另一方面受到媒体主管部门的新闻政策或报道要求的制约。我国新闻媒体是党领导下的大众传播媒介，选题上自然要满足国家和执政党的某些方面的要求。党对新闻媒体的领导，除了颁布新闻媒体管理的相关法律，还通过主管部门发布新闻政策或提出报道要求，这时，广播电视新闻评论的选题就既要满足主管部门的要求，也要满足受众的要求，要在这两方面中寻求平衡。

2. 搜集材料

选题确定以后，广播电视节目制作人就要通过各种途径获取与选题相关的信息，比如相关新闻报道、专家观点、民众的关注点、有关数据和历史资料等，只有全面掌握资料，评论员才能更好地了解相关话题，寻找最优的角度，确定观点。

除了背景资料、专业材料以外，广播电视评论还要搜集与选题相关的视频或音频材料，以备节目制作时使用。

3. 分析评论价值

在资料搜集的基础上，评论员对有关话题的了解会逐步加深，除了对选题的可操作性进行判断以外，还需要判断选题是否有评论的价值和空间，是否能够对社会产生积极的影响。这就是对选题评论价值的判断。评论价值判断主要是对选题的背景、相关政策、社会

---

① 彭菊华. 广播电视写作教程(第二版)[M]. 北京：中国传媒大学出版社，2016：39.

影响等方面进行深入的研究和分析。

选题背景主要考虑选题的争议性，话题产生的社会环境和历史背景，民众的关注点或社会的痛点，该话题中民众有需求但是未能解决的瓶颈问题等。

选题的相关政策，主要考虑在该选题领域内的具体要求或规则，国家在该领域颁布的有关法律、法规和行业规范，主要目的是使我们的广播电视评论既符合民众期待，又符合行业规范。在此基础上，再考虑评论中要设置的主题、评论要达到的目标以及解决问题的方式等。另外，还要考虑在当前社会条件下，该选题有没有解决的可能。如果各方面的条件不允许，所涉及的问题在当前条件下无法解决，或提出的解决办法无法落实，评论就无法给社会带来实际的效益，这样的选题也是无效的。

4. 撰写评论

在准备好素材之后，评论者需要结合自己的观点和见解，撰写广播电视评论。广播评论要考虑播出形式。如果是口播评论，要进行口语化写作；如果是座谈式广播评论和专访式广播评论则要考虑对话形式、主持人的访谈提纲等；如果是广播音响评论，则要考虑音响的采集与选择，考虑解说词与音响的配合。电视评论除了考虑口语传播的需要，还要考虑同期声与解说词的搭配，图像的选择及其与解说词的配合等，要把评论的抽象思维与广播电视传播的形象思维结合起来。只有在撰写评论脚本的时候充分考虑这些因素，在后面编辑时才能得心应手。

除了技术上的考虑，评论文本的撰写还要考虑新闻评论的针对性，明确要解决什么问题，要具有时效性，要对受众有启发性和舆论导向作用。

5. 制作和发布评论节目

在制作评论节目时，需要注意节目的节奏、语言、音响和画面效果等，确保节目能够吸引受众的注意力，让听众更好地理解和接受评论的观点。在完成评论节目制作之后，要严格执行审核制度，确保内容准确、观点明确、论据充分、语言规范。最后，将节目发布到广播电视媒体上，与听众分享自己的观点和见解。

总之，广播电视评论的采写与制作需要具备一定的新闻评论素养，还要具备广播电视内容生产能力，同时需要结合实际情况和听众需求，确保评论具有针对性和时效性，能够产生积极的社会影响。

(三)声音的采集与应用

声音与画面是广播电视评论中传播信息的基本元素，因此，在广播电视节目采集和制作中，必须考虑声音与画面的搜集与安排问题，这里首先讨论声音的采集与使用。

在广播电视评论中，音响与同期声可以作为论据存在，也可以借以表达论点，真实性是对广播电视声音采集的首要要求，要尽量保留真实环境的音响(同期声)。当然，在有些广播电视评论中，为了生动解释社会现象或特殊场景，也会采用模拟音响或影视素材，这些材料一般只能作为广播电视评论的由头或评论对象，一般不作为论据出现在评论中。

音响(同期声)能够为广播评论增强画面感，增强广播电视评论的生动性，强化评论素材的现场感。在音响(同期声)编辑过程中，保留真实环境的音响(同期声)能够强化论据的真实感、可信度和亲和力，使观众感觉像是置身在事件发生时的场景中一样。在广播音响评论和电视图像评论中，音响(同期声)的使用非常普遍。

音响(同期声)的选择要具有典型性。所谓的典型性，就是音响素材在所反映的现象中具有普遍的代表性，这决定了素材作为论据的能力和效果。在音响(同期声)的采集上一定要选择能够体现评论主题的场景，要注意捕捉典型场景中的典型声音。交通噪音、人群喧闹声、机器轰鸣声等，这些声音能够增强报道的真实感和现场感。另外，还要选择能够证明论点的音响(同期声)，尤其是关键人物的典型语言。电视同期声的采集和制作中还要注意声画关系的配合。

(四)电视图像的采集与制作

电视图像是与声音相对应的另外一条叙事线索。电视评论中的图像要符合电视节目的一般要求。比如，画面清晰，构图优美，主题突出；声画互补，声画的双线表达要形成论证合力；符合人们的视觉习惯和思维规律，尤其是要符合时空转换的逻辑规律，不能造成画面上的时空错乱。对于电视评论来说，图像的采集和应用方面还有其特殊要求。

首先，画面的选择要服务于节目的内容与主题，具备真实性与典型性。画面的选择应该有利于节目内容的表达和情节的推进，帮助观众更好地理解节目内容。比如中央电视台《今日关注》2023年9月2日播出的《俄连沉七船保大桥，美将首次援乌贫铀弹》，邀请军事专家评论了俄乌战争中双方的攻防政策，在专家访谈的过程中，电视画面同时播出了俄罗斯克里米亚大桥、俄乌战场战斗的镜头等，这就对专家的有声语言形成了一种印证，有助于观众理解专家观点。

其次，在新闻评论节目中，画面可以提供富于实证力的论据。通过现场画面，观众可以亲眼目睹事件的发生和发展，从而更直观地了解新闻事实。画面可以将一些难以用语言描述的背景信息生动地展现出来。比如，在《俄连沉七船保大桥，美将首次援乌贫铀弹》中，俄乌战场的有关画面信息配合对俄乌战争进展情况的报道，比较详细地帮助受众了解俄乌战场当前局势。

更重要的是，在论证过程中，电视图像可以提供议论依据，帮助评论员更有力地表达观点。例如，如果评论员要批评某种不良社会现象，他们可以借助电视画面展示这种现象的实例，使批评更有说服力。

另外，恰当的电视画面可以烘托节目气氛。画面可以通过不同的拍摄手法和剪辑方式，烘托出特定的节目气氛。例如，如果节目需要表现出紧张的气氛，画面可以选择使用快速切换、特写镜头等手法，增强观众的紧张感等。

再次，画面的组接必须符合事件发展的逻辑。因为广播电视传播是典型的线性传播，所有的新闻事件在编辑过程中都要放到线性传播的框架内重新审视和改造。而新闻事件的发生和发展有其严密的逻辑链条，画面的组接应该尽可能还原这种逻辑链条，以更好地呈现新闻事件的本来面目。这就需要编辑人员在评论的逻辑性与线性传播的刚性需要之间寻求平衡。

最后，画面的选择要与电视评论的整体节目类型相吻合。整体来说，评论类节目讲究真实、客观、公正和有立场。这就要求在采集画面的时候宜多选择结构稳固、安定的固定画面或镜头,以及平拍的画面或镜头。这样可以保证观众在较短时间内看清内容,以及给人带来平等、客观、公正而亲切的感觉。

当然,人是广播电视评论生产过程中的主导力量,广播电视评论实际上是制片人、主持人和媒体记者利用媒介平台在表达对新闻事件或社会现象的看法,制作人的媒体素养和评论素养对新闻评论的传播有着举足轻重的作用。因此,一方面,广播电视媒体要注意对新闻评论内容的把关,另一方面还要培养具有评论素养的广播电视主持人、制片人和记者,这样才能保证广播电视评论的深刻性、导向性和对社会的建设性。

第十一章
网络与新媒体评论

随着科学技术的发展，网络与新媒体相继兴起，并在人们生活中日益占据重要地位。2012年，为了适应互联网、移动互联网的发展对新媒体人才的需求，教育部印发的《普通高等学校本科专业目录（2012年）》中，将新媒体与信息网络（050307S）及媒体创意（050306W）合并为网络与新媒体（050306T），属新闻传播学类。2013年，教育部审批同意了首批设置网络与新媒体专业的学校正式招生。这充分反映出网络与新媒体的重要性，也反映出它与新闻传播的紧密程度。如今，网络与新媒体发展势头良好，网络与新媒体评论亦随之兴盛。

一、网络新闻评论

（一）网络媒体的发展与网络评论的兴起

1987年9月14日，北京计算机应用技术研究所发出中国第一封电子邮件：*Across the Great Wall we can reach every corner in the world*（《越过长城，走向世界》），揭开了中国人使用互联网的序幕。1994年中国获准加入国际互联网组织。

自1996年开始，我国传统媒体尝试"触网"。央视网于1996年12月创建并试运行。1997年，人民日报社、新华社相继创办网站。

1999年10月，中宣部、中央外宣办联合发布了网络新闻宣传工作的第一个指导性文件《关于加强国际互联网络新闻宣传工作的意见》，明确了网络新闻宣传工作发展的方向，完善了互联网新闻宣传的规范管理等。2000年1月，中宣部和国新办联合召开中国首次互联网新闻工作会议，对中国网络新闻传播业的发展作出重要战略部署。2000年4月，国务院新闻办公室成立网络新闻管理局，负责统筹协调互联网络新闻宣传工作。在中央成立网络新闻管理局以后，各省、市、自治区也陆续设立相应的管理机构。多个省市相继创建地方重点新闻网站。2000年上半年，以东方网、千龙网为代表的地方政府支持、地方媒体联合组建的区域性主流网络新闻媒体陆续创办。

作为对中央部署的呼应，人民日报网于2000年8月21日正式命名为人民网，定位为以新闻为主的大型网上信息发布平台；新华社网于2000年3月正式更名为新华网并改版，现已发展为由北京总网和分布于中国各地的30多个地方频道及新华社的10多家子网站联合组成的大型官方信息平台，世界范围内重要的中文网站之一。

网络媒体的蓬勃发展，使网络新闻传播也受到重视。2006 年，第 16 届中国新闻奖首次颁给网络新闻媒体，评选范围是经国务院新闻办批准的由新闻主管部门和新闻单位主办的具有登载新闻业务资质的新闻网站。这标志着网络新闻正式获得新闻行业的认可，被视为网络新闻发展的里程碑。

由于网络面向所有人开放，网络发言可以匿名发表，而且网络编辑审查并不苛刻，越来越多的人愿意通过网络媒体发表自己的看法和意见，各种在线评论、网络论坛、讨论区、BBS 讨论、新闻跟帖、网上调查、个人博客等逐渐兴起，使网络媒体日益成为普通民众表达意见和态度的极为方便的渠道，成为重要的意见市场。

时代发展到今天，微信公众号、抖音、快手，以及新浪微博等新媒体平台已经渗入公众的日常生活。2013 年 1 月 1 日，《人民日报》的微信公众号应运而生。2014 年 11 月，在公众号开通不到两年的时间内，《人民日报》的微信公众号在中国微信 500 强的公众号排名中勇夺时事类前三名。现如今，《人民日报》的每篇文章都有 10 万以上人次的阅读量，在众多媒体的微信账号中久居前列。同时，随着移动互联网的普及，短视频也成为人们休闲娱乐、获取信息的重要方式之一。主流媒体积极拥抱变化，进军短视频平台。2019 年 7 月 29 日，中央广播电视总台新闻新媒体中心正式推出短视频栏目《主播说联播》。专栏每天全网推送一条新闻评论短视频产品。产品内容立足《新闻联播》的重点报道特别是重大时政报道、当天重大事件和热点新闻，用年轻人喜爱的通俗语言传递主流声音、宣传主流价值。2022 年，该专栏获得中国新闻奖一等奖。

(二) 网络新闻评论的界定

对于网络新闻评论，学者们从不同的角度进行了界定。殷俊在《媒介新闻评论学》中这样定义：以互联网为载体，根据新近发生的新闻或存在变动的事实，用文字、链接、图片、影音等手段，发表的宣传性、意见性的主体化信息。[①] 蒋晓丽认为："所谓网络新闻评论，指的是在网络媒体上就新近发生的具有新闻意义的事实，进行迅速及时的评论，说明道理。实质上就是对网络新闻评论的采写和传播。严格意义上的网络新闻评论，包括文字、声音、视频、图片或几者相结合的多媒体形式，目前以文字评论形式居多。"[②] 李舒认为："广义上的网络评论从本质上说是一种意见信息，是个人或组织在网络媒体上首发的就新闻事件或社会现象、社会问题的见解。……狭义上的网络评论是指以完整的文章形态首发于网络媒体新闻网页上的评论作品。"[③]

通过参考上述学者对网络评论的界定，本书对网络评论作如下界定：在网络媒体上传播的，具有新闻评论性质的，以文字、图片或音视频等呈现的意见表达。强调网络新闻评论所具有的与传统媒体截然不同的特征。

① 殷俊，等. 媒介新闻评论学[M]. 成都：四川大学出版社，2005.
② 蒋晓丽. 网络新闻编辑学[M]. 北京：高等教育出版社，2004.
③ 李舒. 新闻评论[M]. 北京：中国人民大学出版社，2013：250.

(三) 网络新闻评论的特征

1. 传播快速海量

网络传播速度之快令人惊叹，网络评论信息的传播同样如此。

2023 年 2 月 28 日，《中国青年报》发表"手机沉迷催生新问题少年"系列报道，并在当天 10：29 发布关于该报道的微博，迅速登上微博热搜，引起了网友的热烈讨论。对此，中国新闻社发起提问："你通宵打游戏吗？"《生命时报》评论："在几乎被电子屏包围的世界，手机、电脑不断提供便利的同时，也同步偷走健康。"人民网在当天 14：21 发表评论："把'掉'入手机里的乡村少年儿童救出来，这是要紧的事。对乡村少年儿童多一些陪伴，转移网游和短视频对他们的吸引力，让他们拥有明亮的未来，这是全社会的共同责任。""每日人物"在 14：36 参与该话题，向网友提问："你如何看待手机对新一代少年儿童的影响？"这种传播速度和信息传播量，是网络出现以前不可想象的。

2. 评论形态丰富多样

网络新闻评论可以充分运用文字、图片、漫画、打油诗等各种形式来进行说理，其形态不断推陈出新，令人应接不暇，充满了想象力，洋溢着活力。

2023 年 3 月 28 日，国家网信办相关负责人表示，在网暴治理过程中发现，和网暴相伴相生的是网络戾气。《人民日报》由此发表短评，并配图。《人民日报》评论称："相较现实社会，虚拟空间的隐匿性，淡化了人们的言行责任感，更容易出现口无遮拦，也会导致网络戾气，从而导致不友善言论的集中扎堆出现，对网暴会起推波助澜的作用。同时，网络戾气也会使一些网民肆无忌惮，恶俗黑话不断，影响社会情绪，污染网络环境。整治网络戾气，既包括对网暴本身的整治，也要改变让网暴存在的网络环境。"

3. 评论立场平民化

网络新闻评论天生具有平民化的特点，评论者往往以"草民""平民""百姓"自居，其评论仅代表个人立场，不再是党和政府的代言人，因而会出现很多接地气、草根化的意见表达。

网络新闻评论的草根性也许与网民的总体构成有关。据《第 51 次中国互联网络发展状况统计报告》，截至 2022 年 12 月，我国网民规模为 10.67 亿，互联网普及率达 75.6%。其中，城镇网民规模为 7.59 亿，农村网民规模为 3.08 亿，50 岁及以上网民群体占比提升至 30.8%；全年移动互联网接入流量达 2618 亿 GB。不同地区、不同年龄网民构成广大用户基础，这样的人员结构，使得网络评论更多地表达了平民的意见。

(四) 网络新闻评论的常见类型

1. 网络评论频道

网络新闻评论频道常被简称为"网络评论频道"或"评论频道"。一个网站往往分为多个不同领域的分支，评论频道就是其中专门承载评论信息的网站分支。2000 年 4 月，人民网改版，开设了全国网站第一个言论频道——观点频道。随后，网络媒体飞速发展，评论频道随即成为各个网站的常规板块之一，是网络新闻评论的集大成者。就好比一个评论信息汇聚的"总站",评论频道往往聚合了各种评论专栏、评论专题、漫画和网友评论,等等。

新闻媒体门户网站的评论频道一直在网络评论中占有重要地位,负有舆论引导的重任,倡导主流价值观。其中,人民网的观点频道,新华网的新华网评,光明网的光明时评,等等,都是有突出影响力的评论频道。国内各省级媒体网站也将网络评论视为重点内容,一般开辟有评论频道。如湖南红网"红辣椒评论"、南方网"南方时评"、湖南日报集团华声在线"华声评论"、湖北日报报业集团旗下荆楚网"东湖评论",等等。

以红网"红辣椒评论"为例,自 2001 年创办以来,该频道始终关注与呵护草根自由发表评论的权利,坚持"发挥网络媒体优势,广泛反映民众声音,解读新闻现象本质",聚集了全国 3000 余名比较活跃的作者,是全国评论网站中最有影响力、最受作者关注的原创评论基地之一。迄今为止,"红辣椒评论"已获得第十七届中国新闻奖一等奖新闻名专栏奖、第十四届湖南新闻奖名牌栏目奖等荣誉,且是全国唯一一个四次被推荐为年度"中国互联网站品牌栏目"的栏目。

2014 年 5 月,红网又开设了理论频道"论道湖南",旨在围绕习近平总书记重要讲话精神、全国性重大报道主题,以及湖南省委、省政府重大战略决策,"凝智聚力、献策潇湘",打造新型网络理论评论平台。近年来,该频道先后推出了"哲学里的湖南""追光者""学习故事""拾究之路""红色家书""党的精神谱系进校园""主题教育青年漫评""马上学习·调查视评"等众多精品融评专栏。

为进一步让党的声音成为网络最强音,红网于 2018 年重点推出了"观潮的螃蟹"公众号,第一时间解读中央政策和省委省政府部署,打造全省知名政论品牌、观察湖南的重要窗口。

聚焦"校媒融合育新人",培养更多青年评论员,夯实评论事业人才基座,红网还相继推出了全国大学生"评论之星"选拔赛与"青椒计划",打造出了国内规模最大、参与人数最多的大学生评论赛事,覆盖了 300 余所高校。红网因此被授牌"湖南省新的社会阶层人士统战工作实践创新基地",赛事活动入选"全省思想政治工作优秀案例"。

2022 年,按照中共湖南省委关于加强"一报一台一网一刊"建设的重要指示,红网作为"党网"被进一步明确为湖南主流媒体的"一网"。

曾经商业门户网站如网易、新浪、搜狐等均设有专门的评论频道,如今都已经撤销。目前这些门户网站转型为传播平台,吸引各种类型的账号入驻,其中不乏以新闻评论为主要内容的账号。

评论频道有一个显著的特点是由网站主导,网站设立评论栏目,经编辑审核来稿,最后才会发表;或者由网站拟定话题,邀请专家或网民参与,在网站主导策划下如期进行。

网络评论频道由各类栏目组成,主要有各种时评栏目、图片/图表评论栏目、网络专题评论栏目、观点集萃式栏目、其他创新型评论栏目,以及转载报纸评论的栏目,等等。

网络评论频道的策划,主要包括以下方面:

一是评论频道的定位策划。一个网络评论频道好比一个独立小媒体,需要编辑们找准定位、精心经营。应立足于网站的优势和特点,来策划其评论频道的定位,最终形成自己独特的风格。比如，人民网的观点频道以稳重、权威、精辟为特色，这与母报《人民日报》一贯稳重、权威有关，同时发挥了《人民日报》评论部人才济济的优势，成为人民网一个备受欢迎的板块。

二是评论栏目的设置策划。具体到各评论频道内部，需要考虑各类评论栏目的设置和策划，精心打造精品评论栏目。比如，人民网观点频道针对部分网民时间匆忙、喜欢浏览观点概要的特点，推出《观点1+1》栏目，这个栏目从周一到周五每日推出，主张"观点各有不同，角度各有侧重"，每次精心选择两三个热门新闻事件作为选题，对每个选题摘录1~2篇其他媒体评论的观点，再加一段固定评论员"小蒋"的点评。这个栏目第一个优点是选题新、热，让受众一看就能掌握最新的热门话题；第二个优点是对媒体观点进行提炼和集纳，能让人直接看到精彩观点，直奔主题，节约时间；第三个优点在于小蒋的点评时而诙谐，时而精彩，时而深刻。在精心打造下，《观点1+1》成为人民网的原创特色栏目。虽然这个栏目目前已经停止更新，但不可否认它曾经的辉煌，仍然能给人们很多启示。

三是各类评论活动的策划。为了吸引网友，评论频道还应不断策划各种活动。比如，"红辣椒评论""东湖评论"近年来频频举办全国大学生评论大赛，不仅吸引了众多新闻传播学子参与，也在大学生中有了一定的知名度和影响力。

2. 网络论坛

论坛评论一般独立于评论频道之外，设立成与评论频道并列的意见发表区。为什么论坛评论不并入评论频道呢？这是因为论坛评论主要承担着深度互动的功能，主要以"发帖+评论"的方式进行。

论坛评论主要由网民主导：网民发帖子，引发其他网民的回应，形成对一个话题（一个帖子）的自发讨论。有的帖子受到网友的极大关注，参与人数众多，"盖楼"层数多；有的帖子无人理会，很快就"沉"下去了。在网民主动发帖时，网站基本上是无为而治的，工作人员只需要审核有没有违反法律禁止性规定的言论，不主动做主导性的工作。

但是目前新媒体兴起，网民有微博、微信等途径发表意见，到网络论坛发帖的热情降低，论坛版主需要自己发帖、制造话题，来吸引网友参与。有时会提前征集话题，选择人气高的话题来发帖讨论。

大多网站设立了论坛，目前比较有名的有人民网"强国论坛"等。人民网"强国论坛"是中国网络媒体创办的第一个网络时政论坛，被称为"最著名的中文论坛"。除此，还有一些新兴独立网站评论也属于以互动为主的论坛评论。之所以称之为"新兴"，是因为形式上的独特性，往往由网民发起一个问题，受邀人或者"路人"参与其中，来"回答问题"，表达观点。如知乎网、果壳网以"你问我答"的形式，对当今社会的各种热点问题以及科学知识提出问题，让网友自由发表自己的看法，既能很快引起热烈的讨论，又能从多个视角回答问题，颇受网友欢迎。这些网站还借助微博、微信等新媒体平台，方便网友从各个接口进入，使更多人能够参与进来。

以知乎网为例，相关的行业人士会在知乎平台上发布一些专业性问题，然后可以指明请该行业的某位或者某几位专家对该问题进行解答，这些专家大多在知乎上拥有较高的信誉度和知识储备，虽然话语权不如一些意见领袖那样重，但同样能够在相关行业里起到作用，并且对其他网友起到普及知识的作用。

这种类似于"百度知道"的提问回答式的讨论，不见得全部都是新闻评论性质的发言，这种新的发言方式，能让最好的"评论"获得最多的"赞"，一直高高屹立于页面的顶部。当然，也允许其他争议的存在，其会被列在获得最多"赞"的评论的下面。

类似知乎这种新兴平台的还有很多，例如果壳网等。这些网站同时拥有微博、微信、豆瓣等官方账号，每天将最为热门的话题推送到社交网络上，让更多的网友参与评论和讨论，在论坛讨论中进行口碑传播，不断提高网站的知名度。

3. 网络专题评论

网络专题评论是最能体现网络媒体原创水平的评论板块，一般设在评论频道中，由网络媒体围绕某个热门话题或某个热门新闻事件展开的集纳式评论。

对网络专题的界定很多，但对网络评论专题，界定非常少，也许是因为，网络评论专题本身就是网络专题的一种。有研究者认为，网络评论专题是设置在"评论"频道下的，由网站评论编辑部来策划的，围绕某一特定的评论话题，运用多种表现手段，对各方观点的评论进行集纳整理，形成对话题的特有的观点，并以固定的页面呈现给受众的一种新的新闻表现形式。[①]

网络专题评论伴随互联网的兴起而产生。网络专题评论栏目各有自己的特色，即便有时候会撞题或观点趋近，但因为各自具有不同的风格，可以做成不同的专题。对于门户网站来说，做专题是对之前没有新闻采写权的一种补偿。同时由于各大门户网站竞争的需要，又促使网络专题评论成为门户网站的必备内容之一。

网络专题评论最大的特点是围绕一个核心选题展开议论，议论的方式多种多样，可以是摘录传统媒体评论、网友自发评论、编辑发表意见，等等，可以通过文字、图片、音频、视频、超链接等多种形式进行。网络专题评论在面对重大事件和重大问题时有自己的优势：可以多向度、多方面展开评论和解读，可以集纳多种看法和意见并进行争鸣。

凤凰网的"风声"栏目是目前为数不多的专题评论栏目之一，它基于公共立场，坚守专业品格，选择具有时代样本特征的新闻事件和新闻人物，致力于专业主义的大众表达，用深入浅出、兼具温度的话语方式，记录复杂世界，尝试理解时代。

4. 博客评论

Web2.0时代的到来，使"三客"——博客、播客、微客一度盛行。Web2.0的核心技术就是让用户参与创造内容，网民能自主上传、发表自己想传播的各类信息。这一技术变革导致博客一度繁荣，有大量网民开通博客并在博客平台上自由发表意见和看法。

博客评论曾经在网络时代早期红极一时，影响了成千上万的初代网民。比如说，徐静蕾的博客，以及点击率排名靠前的韩寒、杨澜、李开复等名人的博客，因为名人效应加上博文本身拥有的含金量和可读性，吸引大量网民通过点击查看这些人的博客获取信息或者观点。李开复被尊称为中国的"青年教父"，与他在博客中频频发表谈人生、谈创业、谈生活等评论性质的博文密切相关。这些名人的博客有时候已经超出记录生活片段的个人日

---

① 杜敏. "网络评论专题"研究[D]. 武汉：华中科技大学，2011：12.

志，成为影响社会舆论的一分子。

博客的兴起还带动了首批"草根红人"，一些原本默默无闻的平凡网民，因为精彩的博文，逐渐积累起大批粉丝，成为网络上的"红人"。

在微博、微信兴起之后，到了 2014 年，博客已经大大没落，很多博主纷纷在博客中公开自己的微博账号或微信号，表明自己已经转移"战场"，但仍有少数忠诚用户习惯性地使用博客。作为一个内容发布平台，博客的内容相对较长且缺乏与用户的互动，不能满足人们随时随地关注、发布信息的需求，逐渐被其他社交应用 App 的功能所替代。博客用户陆续转移到微博、微信等新型社交平台，博客评论随之逐渐成为历史。

二、新媒体评论

(一) 新媒体评论的兴起

随着网络技术发展日益成熟，新的传播形态层出不穷。随着手机加入互联网应用大军，手机报、微博、微信等不同传播平台纷至沓来。2010 年被称为"微博元年"，2013 年被称为"微信元年"。"新媒体"的概念被提出，并日益成为传媒学界及业界关注的焦点。

什么是新媒体？学界、业界众说纷纭，有很多种定义。

一种定义倾向于将通常所说的网站和新媒体合二为一，统称为新媒体。另一种意见倾向于将网络与新媒体分开看待，网络媒体包括搜索引擎、网络电视、网络报纸、网络期刊、博客、播客、微博及各类网站等；新媒体主要指手机媒体和智能电视，手机媒体包括短信彩信、手机报纸、手机期刊、手机图书、手机电视、手机微博等类型。新媒体的外延还会随着技术的发展而不断扩展。与传统媒体相比，新媒体的特征是：即时性、开放性、个性化、分众性、信息海量性、低成本全球传播、检索便捷、融合性等。但是新媒体的本质特征是技术上的数字化、传播上的互动性。

本书采用后一种界定，因为网站与新媒体相比较，无论是呈现形态、内容设置还是阅读习惯等各方面都有区别。

网络与新媒体，已经成为不可分割、互相扶持、一起前行的一个整体。新媒体建立在网络的基础之上，离开了网络，无从谈新媒体；而目前网络亦与新媒体相融合。

目前，网络与新媒体正以不可思议的速度迅速蓬勃发展。2023 年 3 月 2 日，中国互联网络信息中心 (CNNIC) 发布的第 51 次《中国互联网络发展状况统计报告》显示，截至 2022 年 12 月，我国网民规模为 10.67 亿，互联网普及率达 75.6%，四分之三的中国家庭已接入互联网。同时，移动互联网塑造了全新的社会生活形态，"互联网+"行动计划不断助力企业发展，互联网对于整体社会的影响已进入新的阶段。

在 Web2.0 时代，互联网似乎成为一切活动的必备和所需，购物、求职、社交、娱乐，等等，越来越多的人已经熟悉并习惯于依靠网络和新媒体去获取资源、办理事务。

根据《中国新媒体发展报告(2014)》，2013 年以来，中国新媒体发展进一步呈现移动化、融合化和社会化加速的态势。在这种态势下，中国新媒体出现了四个显著的变化，基于新媒体的微传播已经成为促进中国社会发展的新动力。

第一，微传播成为主流传播方式。基于移动互联网的微博、微信、微视频、客户端大行其道，微传播急剧改变着中国的传播生态和舆论格局。

第二，传统媒体和新兴媒体正在加速融合。传统媒体纷纷推出新媒体战略，拓展传播空间，而新兴媒体凭借技术优势整合传统媒体资讯再传播，新媒体引发又一轮传媒革命。

第三，新媒体的社会化属性增强。功能不断拓展的新媒体正在快速向政治、经济、社会、文化各领域延伸。微政务成为创新中国社会治理的新路径。新媒体引发产业升级和互联网金融热潮。微交往、微文化正在推动社会结构变革和文化发展。

第四，新媒体安全成为最重要的国家战略。新媒体正在超越传统媒体成为跨越诸多领域的"超级产业"，而新媒体的安全问题日益成为各国国家战略考量的重点。

当前，手机网民在网民中的占比已经处于相当高位，未来一段时间我国手机网民增长将主要依靠创新类移动应用迎合非手机网民潜在网络需求来拉动。

在新媒体蓬勃发展的同时，新媒体评论也随之兴盛起来。

目前尚没有发现对于"新媒体评论"这一概念所做的界定，只有少数相关的概念界定。如微博、微信等新媒体中所发表的评论被称为"微评论"，《深圳特区报》评论员邓辉林认为，微博上的评论只能叫微评，不能叫微评论，因为"微博只有评，没有论"①。著名评论员曹林则持相反观点："微评论虽然只有 140 字，但已经包含了一篇好的新闻评论所应该具备的所有要素：醒目的标题、独到的论点、形象的比喻、流畅的语言和清晰的论证。"②其实，无论微评论中有没有展开论证，只要它发表了意见和看法，符合新闻评论的界定，就可以算新闻评论的一种。

新媒体评论实际上就是新闻评论在新媒体中的发展，也就是通过新媒体传播的新闻评论，具体而言，新媒体评论就是通过新媒体传播的、具有原创性的、针对新闻事件或当前存在的社会问题发表意见或态度的一种方式。新媒体评论可以是文字的，也可以是图片的，还可以是音频或视频的，或者是以上几种方式的叠加。

(二) 新媒体评论的特征

1. 快速化

新媒体最大的特点是传播快速，新媒体评论也相应地具有快速化的特点。平时我们可以看到，许多热门新闻事件一传出来，网络上各种议论马上就出来了，微信朋友圈被刷屏，可见新媒体评论传播之快。红网"红辣椒评论"频道有一个知名栏目"马上评论"，顾名思义，强调的就是评论的快速时效，经常新闻报道上午发表，下午就可以在该栏目看到相关评论，这是以前的报纸评论所不可想象的。快速化是新媒体评论的优势，但也不能因为快而放弃深度。

---

① 赵新东. 微评论只有评没有论 只能叫微评[N]. 中国新闻出版报，2013-05-21.
② 曹林. 微评冲击下传统媒体评论的创新空间[J]. 中国记者，2012(9).

2. 零碎化

零碎化是新媒体评论最突出的特征，相较于传统新闻评论有完整的论点、论据、论证，新媒体评论冲击着人们对新闻评论的一贯印象。尤其是微博评论，限于字数，在意见表达上是碎片化的、零零星星的。即便是逻辑严密、论证充分的意见，也可能被微博的字数要求所切割分裂，同时被瞬间上传的大量其他信息冲击得支离破碎。更不用说，大部分微博发表意见时，并没有经过深思熟虑，而只是零碎的感受、即刻的想法。在各种各样数量巨大的跟帖评论中，更多的是三言两语的点评。

3. 情绪化

新媒体评论叠加了人际传播网络特点和新闻信息传播网络特点，其传播中介是私人手机或其他移动终端，所以很多时候使用者并不觉得自己是在公共场合，在发表意见时往往会私人化、情绪化。我们时常会看到，对于引起民众公愤的新闻事件，新媒体评论中"杀""死"这样的字眼应接不暇。2022 年 1 月 24 日，刘学州在微博发布一条长文，疑似有轻生举动，在长文中，他提及自己遭受了网络暴力。并在最后诉说了自己心愿：希望警方根据自己留下的证据让网暴者得到惩罚。新媒体评论中因为夹杂着情绪化的宣泄，容易形成网络暴力，使无辜者受到伤害，这成为新媒体评论的显著特征之一。

(三) 新媒体评论的类型

1. 微博评论

2010 年号称"微博元年"，这一年的流行词汇就是"织围脖 (微博)"，而后微博迅速流行开来，与博客相比，微博最大的优点就是内容短小、传播便捷、交流开放。一开始，微博总字数不超过 140 字，篇幅的限制对人们来说反而是一种解放，使得再繁忙的人也可以随时抽空写上一两条。微博还可以通过手机、电脑随时随地发布，方便快捷。此外，微博转发和阅读也很方便，意见交流是开放式的。这些优点促使微博很快普及繁荣。

而微博传播的内容中，有很大一部分属于新闻性的评论，即对新闻事件、热门社会话题、当前社会现象进行的议论和评价。任何人都可以通过微博评论，自由表达自己对事物的看法、对社会人生的感悟体会。虽然微博评论不一定那么专业和精辟，但最重要的是实现了全民平等的话语交流。

随着微博平台的流行，众多传统媒体和从业者向微博转移，纷纷开设官方微博或实名认证的个人微博，目前《人民日报》、《南方周末》、新华社等国内大小媒体，大多在微博上有官方账号，这些媒体官方微博的内容兼顾新闻和评论两大块。新闻工作者更善于借助微博这个平台传播自己观点、扩大个人影响力。一些传统媒体评论员、新闻记者的实名认证微博，以其精到直率的点评，很快拥有大量粉丝，迅速发展成网络与新媒体领域的"意见领袖"。比如《环球时报》特约评论员、原总编辑胡锡进，其粉丝量有 2400 万之多，这充分说明了微博评论的覆盖面和影响力。

除了传媒和传媒人的微博狂欢之外，还有很多不知名的民间人士，也因其在个人微博中发表意见和看法而大受欢迎，很快发展成所谓的"草根红人"。

此外，众多企事业单位也纷纷开设官方微博，主要用于及时发布信息、树立和维护组织形象、必要时进行危机公关，等等，这些微博中也有少量评论性信息的发布。

微博评论已经成为微博中传播不可分割的重要内容。

2. 微信评论

从 2011 年腾讯推出微信开始，微信几乎在一夜之间占据了人们的手机。微信原本只是一款即时通信工具，用于手机用户之间发短信、发图片，还能分组聊天和视频对讲，最大的优势是费用非常低，几乎免费。因此很快替代了 QQ 和短信功能，成为广受欢迎的手机应用。微信平台不断推出新功能，直到最后公众平台问世，打破了微信作为人际交往工具的局限，成为可以公开发布信息的媒体性质的平台，微信评论也应运而生。不少人在微信平台运作以评论为主要内容的自媒体，几乎所有的媒体都参与了微信评论。如今，微信评论日益繁荣，甚至不少传统媒体以微信评论作为媒体变革的突破口。

微信最吸引人的地方在于它几乎是免费的，用户只需要支付运营商流量费用。微信还具有实时对讲、视频聊天等多种功能，通过微信发送图片、语音、视频非常方便。因此，一夜之间，人们都知道了微信，都用上了微信。

微信的快速普及，得益于其方便新鲜的用户体验，也得益于 2013 年年底开始的"滴滴打车"微信支付推广活动和 2013 年除夕的"微信抢红包"活动。据腾讯财付通统计，除夕夜参与红包活动的总人数达到 482 万。

从 2013 年开始，微信俨然已经出现替代微博的势头。微博用户开始下降，微信用户开始上升，据中国互联网络信息中心的调查，网民有从微博向微信转移的趋势。

2022 年 9 月，微博统计的月活跃用户数为 5.84 亿，移动端用户占月活跃用户数的 95%；微信官方的公开信息显示，微信在 2022 年第一季度拥有约 12.88 亿活跃用户，2021 年微信支付活跃用户约 9 亿。微信已经成为国内社交软件中当之无愧的王者。

而 2012 年 8 月微信公众平台的推出，推动这款手机应用从人际沟通工具拓展为公共信息传播平台，由此微信具有了媒体的性质。

微信公众号的传播模式是"订阅—推送"：当用户关注了某个微信公众账号之后，它就会向你推送消息；取消关注，它就不会再推送了。这种传播模式具有精准传播的特点，虽然小众，但传播达到率高，传播效果好。

微信评论是指通过微信这种即时通信应用所发送的，具有公共性指向、含有理性思考的评论性信息。依据评论主体的不同，微信评论有以下几种类型：

一是朋友圈微信评论。朋友圈微信评论指在朋友圈内对各类新闻事件、热门话题等展开的评论，包括在朋友圈内直接发表评论、朋友圈好友的留言点评、朋友圈内发起群聊等发表意见和看法的评论信息。朋友圈微信评论类似于朋友私聊，优点是具有相当高的私密性，既然不是公开面向社会，言论便无拘束无限制，表态更真诚更直率。

微信朋友圈还有一个特别的功能是发起群聊，此时相当于一个小型的网上沙龙。发起人能够勾选决定哪些好友参加这次群聊，这样有助于按照不同类型的话题来组织不同的朋友展开讨论。

二是微信自媒体评论。微信兴起后，出现了一批以评论为专职的微信自媒体。他们充分发挥微信公众平台的传媒属性，以个人名义开通微信公众账号，相当于个人开设了一个媒体，通过优质内容来吸引志趣相投的订阅者，每天向自己的订阅者推送某一类型的信息。他们各有自己的特色和风格，以过硬的内容吸引相当数量的铁杆粉丝，有的因此淘到了微信的"第一桶金"。2021 年 9 月，专注非虚构和特稿写作，以"面对复杂"为信条的"正面连接"公众号上线，持续产出优质深度内容，追求呈现复杂世界。其推出的第一篇报道《和衡水中学在一起的 2557 天》阅读量即突破"10 万+"，点赞量近 6000 次，在网络上走红。2022 年，"正面连接"公众号等 10 家机构入选"2022 中国应用新闻传播十大创新案例"。"正面连接"的成功说明，微信自媒体评论有广阔的需求，有很大的发展空间。

但是，2014 年 8 月 7 日，国家互联网信息办公室正式发布《即时通信工具公众信息服务发展管理暂行规定》，共十条。对即时通信工具服务提供者、使用者的服务和使用行为进行了规范，对通过即时通信工具从事公众信息服务活动提出了明确的管理要求。这个规定被称为"微信十条"。其中第七条规定，"新闻单位、新闻网站开设的公众账号可以发布、转载时政类新闻，取得互联网新闻信息服务资质的非新闻单位开设的公众账号可以转载时政类新闻。其他公众账号未经批准不得发布、转载时政类新闻"。按照这一规定，所有微信自媒体都不能转载和发布时政类新闻。而在现行文件中，"时政类新闻"不仅包括新闻报道，也包括新闻评论。微信自媒体评论受到严重冲击。与此同时，各类传统媒体开设的微信评论迅速崛起。

自 2016 年 3 月 10 日起，《网络出版服务管理规定》正式施行，个人或者机构开设微博、微信公众号等"自媒体"，强调了开设微博、微信公众号等所谓"自媒体"的个人或者机构，属于信息内容的创作者或生产者，依然按照原有标准管理，而将微博、微信等网络平台服务单位，即上述信息内容的提供者纳入许可管理范围。此处"提供者"实际是指"信息服务提供者"，也就是大家所熟知的各类平台、网站或 App 等，强调的是服务提供者，而非内容创作者。此外，还特别强调单位，而非个人。

2018 年 3 月开始，新注册的微信公众号取消留言功能，原因是为了避免一些营销号通过虚假留言骗取读者信任。但另一方面留言能带来更多热度，没了留言功能后，读者的阅读积极性会受到一定影响。

2023 年 1 月 13 日，微信公众平台运营中心发布《关于账号信息假冒仿冒官方组织的规范》，加强账号信息监管。文中称，禁止账号信息中含有假冒仿冒政党、党政军机关、企事业单位、人民团体和社会组织的内容公众号账号名称设置环节，若名称、简介和头像含有政党、党政军机关、企事业单位等国家政府职能类组织关键词、标识的，只允许对应的主体设置，否则不得使用该类名称。同时，禁止账号信息中含有假冒仿冒新闻媒体、社会群体等机构组织的内容。

三是媒体微信评论。媒体微信评论是微信评论中整体质量最高的部分，包括媒体以及媒体评论部官方认证的微信公众账号所发表的评论性信息。

媒体官方微信公众号发布的大多是新闻信息，但也会有部分评论信息。如《人民日报》的微信订阅号的菜单包括"微博精粹""每日热点""特色栏目"三大板块，"特色栏目"又包括"人民时评""人民论坛"等各个栏目，主要转载当天纸质媒体的相应栏目内容，触击不同的菜单和子菜单，就会自动收到该板块当天的信息推送。

媒体评论部门官方微信以推送评论性信息为主，除了转载传统媒体的评论外，有的还会增加一些适合微信的其他评论。如《人民日报》评论部的官方微信"人民日报评论"，除了转载《人民日报》上"今日谈""人民论坛""人民时评"等报刊评论专栏外，还另外设有"高层""聊政事儿"等微信专栏。

此外，还有不少传统媒体评论部开设多个微信公众号，以便进行多样化探索，如《人民日报》评论部开设有"人民日报评论""侠客岛""沸腾"等多个微信公众号。

媒体的评论部门入驻微信，能更好地进行舆论引导，在新媒体平台上有效缓解社会矛盾，在几亿网民中弘扬社会主义主流价值观，推进社会迅速稳定科学向前发展。

（四）如何做好新媒体评论

1. 针对新媒体的传播特点进行评论信息生产

新媒体评论与传统媒体评论最大的区别在于传播平台的不同，不同的传播平台，对所传播的信息有不同的要求，因此，应针对新媒体的传播特点来进行评论信息的生产。

其中，微博传播平台的特点是短小精悍（早期有 140 字的字数限制）、发表方便。相应地，微博评论也具有短小精悍的特点。在限定篇幅内，无法详细介绍新闻事件、社会话题等评论对象，也没有进行充分论证和深入分析的余地，必须直奔主题，用最精练的语言将观点和意见表达清楚。

虽然现在微博可以用长图片、链接等方式发表长篇文章，但是人们对于微博短小精悍的期待，导致新闻评论在微博平台的传播效果并不理想。

微信则不受字数限制，甚至可以比报刊评论更长、更深度。但微信评论推送时需要考虑到手机屏幕的大小，每天的推送页面应设计得简洁凝练，正好为一个手机屏幕大小的篇幅，仅推送标题或摘要，如果受众有阅读兴趣，再点击阅读全文即可。

微信还要配图推送。微信公众账号"扬州日报"经过一段时间的摸索，将推送时间定于上午九时左右，使用户一上班就能接收到前一天的重要新闻和当天的重要新闻预告。经过考察，他们还发现，推送内容为一条主消息加四条辅信息为佳，以图文结合形式推送，这正好是手机屏幕所能显示的容量。

"央视新闻"公众账号编辑团队经过多次调整，先后向订户推送过央视主持人口播语音信息、独家视频信息，最终形成了目前"早晚推送精选新闻图文专题，随时推送重大突发新闻独家资源，以图文素材为主，注重多媒体搭配"的推送模式。

求快求新求变，是融合创新的重要一环。不少报社纷纷推出视频形态的新媒体评论栏目，如北京日报社评论部与北京论语编辑部、视频直播部、地区新闻部密切配合，于2020 年 3 月推出"新闻我来说"评论短视频栏目，全力将其打造为北京日报社融合改革的重要产品，及时灵活地发挥舆论引领作用。该栏目由北京日报社评论部和北京论语编辑部联合供稿，目前已由最初的 3 名主播发展为 5 名，大家来自不同部门，以多样风格实现对多元选题的全方位对接。"短视频+新闻评论"的新型评论形态，使内容与平台优势互补，涌现出一系列叫得响、传得广的优秀作品，有力配合了重大事件主题宣传，回应了社会热点焦点问题。特别是栏目充分发挥北京日报社在国际评论方面的传统优势，针对西方攻击抹黑举旗亮剑，积极开展舆论斗争，迅速积累起了大量粉丝。截至2023年3月，"新闻我来说"已播出1600余期，各平台总阅读量超过15亿次。

2. 兼顾趣味性与说理性

对于传统媒体来说，新闻评论一直是一件严肃的事情。评论有说理性的特性，要摆事实、讲道理。在微信评论中，必须兼顾趣味性与说理性。

在形式上，新媒体评论可以充分利用文字、图片、漫画、图表、音频、视频、超级链接等多种形式，组合成立体多姿的"多媒体"评论，最大限度地使评论意见表达得更加生动形象。

如2023年4月6日人民日报微博发布这则评论，配上了手绘的漫画，揭发台湾谋"独"是打错了算盘。漫画生动形象，充满寓意。

附带图片的微博评论(来源：新浪微博)

从语言表达来说，新媒体评论拒绝官话、套话、空话。比如"高度重视""明确要求""英明决策""擂响战鼓""着力打造""切实加强"这样的词汇，带着浓浓的"官"味，很容易引起网民的反感。正如评论员曹林所说："评论需要表达效率，而太'装'的辞藻设置了阅读障碍。"新媒体评论天然远离文绉绉、晦涩难懂的成语典故，青睐网络热词、滑稽搞笑的语言，正如某新媒体评论员自称"半个段子兽，半个评论猿"，道出了新媒体评论注重趣味性的表达特征。

3. 善于借力热门事件

网络新媒体时代，各种话题起起落落，有的会得到持久的讨论，有的很快就被遗忘。

一般来说，热点话题、有争议的话题更容易得到人们的关注。

2023年3月，年轻人口中"孔乙己的长衫"多次登上热搜。鲁迅小说《孔乙己》中写道："孔乙己是站着喝酒而穿长衫的唯一的人。"小说中，"穿长衫"代表的是读书人，而"站着喝酒"又表明生活过得比较窘迫。很多人觉得，这位语文课本里的人物，就是当下的自己，于是写下"孔乙己文学"："学历不但是敲门砖，也是我下不来的高台，更是孔乙己脱不下的长衫。""读书让你的眼界变开阔，所以你不满足现状，可你却没有能力改变现状。"这些话看似表达方式不同，但都将"学历"比作"孔乙己的长衫"，认为生活和工作的困顿，都是因为被"长衫"束缚住了。2023年3月16日，"共青团中央"微信公众号发表评论《脱不掉的长衫？我为什么不喜欢"孔乙己文学"》，央视网发表评论《正视"孔乙己文学"背后的焦虑》。由此引起了网友的激烈讨论。3月22日，《南风窗》发表评论《大学毕业怎么就成了孔乙己》；3月28日，"看理想"微信公众号发表评论《鲁迅写孔乙己，是为了让你骂读书人吗？》，晚上6：52，凤凰网发表评论《大学生不想脱下长衫的孔乙己，是谁的错？》；4月2日，《环球人物》发表评论《"孔乙己文学"是个伪命题》。随着话题热度降低，这一提法也逐渐减少了。

4. 态度理性，拒绝语言暴力

虽然新媒体评论很多时候是私人化的、随意的，但是在一个公开的平台上发表，就是面向公众发言。在公开场所发言，就应该对自己的言论负责任，应该以理性的态度发表意见和看法，而不是情绪化的表达，更不能失去理性，走向偏激和谩骂。

因此，在发表微博评论前应该冷静思考，理性选择议题；评论时要避免冲动和情绪化，做出理性判断；写作时用语要中立客观，进行理性表达。

有的网民由于自身文化素养所限和个人因素，喜欢在微博中宣泄、放纵、搞笑，甚至出现了网络"哄客"，他们通常匿名或以"马甲"的方式现身，发表具有明显的攻击性和嘲讽性的言论。有时候，失去理性的网民形成一边倒的片面意见，对意见不合者进行谩骂和语言围攻，使得其他网民不敢发声，集体偏离了理性的轨道，甚至出现其他极端情况。如2022年8月，武汉街边一位卖糖水的爷爷登上微博热搜。老人摆摊卖了17年的糖水，坚持一两块钱一杯不涨价，市民纷纷点赞，网友亲切称他为"糖水爷爷"。突然间的走红，却引来了不少质疑和网暴。在爆火之后，"糖水爷爷"的生活也被网友扒出。谢永安和老伴平常以拾荒为生，晚上会出来卖糖水，家里还有一个孙子。部分质疑声也随之而来。有人说老人不戴口罩、不戴手套、食材不干净，还有人说老人卖糖水是因为子孙不孝，无依无靠。8月10日，谢永安向极目新闻表示，突然走红影响了一家人的平静生活，在与家人商量后，他决定放弃做糖水生意，不再出摊。其实自从微博流行以来，关于微博论战、微博攻击的新闻就不绝于耳，成为微博评论中的负面成分。

本来，对事物有不同看法，是很正常的事情，应有求同存异的宽大胸怀，能够容忍不同看法，能够尊重不同看法，这样思想争鸣才可能持久，思想才有活力，我们才可能在争鸣中越来越接近真理。

但是，一些非理性、情绪化、偏激的观点容易引发群体性的负面情绪，裹挟着大家卷人情绪的洪流，非但于事无补，有时候反而会对社会产生负面影响。要避免先入为主地在新媒体评论中加入个人情绪立场。在冷静思考、全面了解后再写评论，这样的评论才能有力量。新媒体评论应拒绝"语言暴力"，保持评论语言的纯洁性，营造理性舆论环境。

5. 注重全媒体运营策略创新

在融媒体时代，媒介的技术进步，前所未有地改变了新闻的生产组织方式（如中央厨房）、新闻传播方式（如平台传播、精准分发）等媒体生态，打造"四全媒体"、形成全媒体传播格局成为时代的要求。① 在新闻报道的实践，特别是一些大型主题报道中，图文、海报、H5、短视频、VR 全景等融媒体报道、全媒体运营的做法已普遍开花，新闻评论如何适应这种趋势和变化？澎湃评论部对此进行了一系列探索：

第一，实现 7×24 小时滚动发稿。新媒体打破了出版周期的限制，主流新闻客户端大多采用瀑布流的形式，7×24 小时滚动发稿成为现实，这不仅对新闻报道也对新闻评论的生产提出了更高的要求。正是因为抓住时效性这个特点，澎湃评论重点打造了"马上评"栏目，它定位为新闻短评，第一时间针砭时弊、激浊扬清、7×24 小时不间断、不定时发稿，以"打快"见长，是澎湃评论的拳头产品。其依靠专业的议程设置能力，在重大热点话题上敢于发声、善于发声，及时表明鲜明的态度和立场，打好舆论引导主动仗，让理性的声音占领主阵地。

第二，重大题材集成化专题化运营。除了"马上评"，澎湃评论部还在重大题材报道中采用专题评论（评论专题化运营）的形式，集成化、集束化呈现观点的深度和厚度。与一般评论相比，它能够对一个话题进行多向度的信息集纳，进而从多角度发表观点、探讨问题。2021 年 5 月 31 日，习近平总书记在中共中央政治局第三十次集体学习时强调，加强和改进国际传播工作，展示真实立体全面的中国。新闻播发几个小时后，澎湃评论部即策划推出专题，邀请上海和北京多所高校新闻学院院长、学者撰文深入学习解读。推出澎湃评论探索周末刊《新城市志》，聚焦 GDP、规划、交通、产

澎湃评论周末刊《新城市志》

业、人口等城市热词，精选一周来最热门的城市话题，用崭新的评论员视角分析解读城市发展和区域经济，带领读者读懂中国城市的千面魅力。

第三，打通"线上"与"线下"，实现立体式传播效果。融媒体时代，更多优质内容、先进技术、专业人才、项目资金向互联网主阵地汇集、向移动端倾斜，"移动优先"成为媒体的普遍选择。但与此同时，"线下"的现场传播、与受众"面对面""一纸在手"的

① 高飞. 融媒时代如何创新新闻评论传播模式[J]. 今传媒，2019(8).

阅读等仍有其不可替代的价值。举办论坛、研讨会，出版图书等，是沟通业界、学界与读者的一个桥梁，也是评论员交朋友、媒体扩大影响力的重要手段。"夜读"是澎湃评论打造的又一品牌栏目，在同类型栏目中脱颖而出。2021 年 3 月 27 日，《人间指南》走进思南读书会，在魔都资深文艺打卡地与读者见面，场面格外火爆。塑造"线上"与"线下"、做强品牌栏目 IP，有助于形成二次传播和完善"传播—反馈"闭环，扩大评论品牌的影响力。①

---

① 夏正玉，陈才. 融媒时代新闻评论的全媒体运营策略[J]. 新闻战线，2022(10).

第十二章
新闻评论组织策划及队伍建设

新闻报道策划是新闻传播的主体，遵循事物发展和新闻传播的基本规律，围绕一定的目标，对已占有的信息进行科学的分析和研究，着眼现实，发掘已知，预测未来，制定和实施相应的政策和策略，以求得最佳效果的创造性的策划活动。① 随着受众需求的日益增多和丰富，随着媒体竞争的日趋激烈和市场化，新闻单位实施新闻报道策划将会越来越多。消息、通讯的写作和一些公益活动需要策划，对新闻评论来说，也是少不了评论者和组织者的精心策划。本章主要介绍报纸和网络评论的组织策划。

一、报纸评论的组织策划

在研究报纸评论的组织策划前，先了解一下报纸评论常见的几种表现形式。

第一，社论。社论是代表报社、杂志社或通讯社编辑部就某一重大问题发表的言论。政党机关报的社论代表主办该机关报的党的领导机关的意见。② 社论是报纸上最重要的评论。一般来说，它是针对中央的大政方针和重要的国际国内事件而写作的评论。20 世纪50 年代曾任人民日报社总编辑和社长的邓拓同志说："一个报纸有没有社论，是不是经常有社论，广大读者对社论阅读的情况怎样，这些都是重要的政治问题。我们有理由认为：社论是表明报纸政治面目的旗帜，报纸必须有了社论才具有完全的政治价值。"③1958 年1月，毛泽东同志针对社论的写作问题，明确指出："你们自己、宣传部长、秘书长、报社的总编辑，要共同研究。第一书记挂帅，动手修改一些重要的社论，是必要的。"④由此看来，社论的重要性是不言而喻的。

第二，评论员文章。评论员文章是一种比社论低一点的言论，它也是代表编辑部就某一方面的工作或某一事件而发表的重要评论。评论员文章一般有两种形式，一种是不署名的评论员文章，另一种是署名的评论员文章。一般来说，不署名的评论员文章"官方"的色彩浓一些，而署名的评论员文章"民间"的色彩浓一些。为了强调贯彻落实的重要性时，一般刊发不署名的评论员文章，这样的文章常带有某种行政性的或指导性的意见；着重帮助人们端正思想认识，分清一些界限时，则常用署名评论员文章，这样的评论写作活泼，

① 赵振宇：《新闻报道策划》(第二版)，武汉大学出版社2015 年版，第7 页。
② 冯健. 中国新闻实用大辞典[M]. 北京：新华出版社，1993：102.
③ 邓拓. 关于报纸的评论[M]//邓拓文集. 北京：北京出版社，1986：308.
④ 丁法章. 新闻评论教程[M]. 上海：复旦大学出版社，2002：230.

个人色彩较重，人们读起来较为亲切，有利于融洽双方关系。

在评论员文章中，有时根据需要安排一种叫"本报特约评论员"的文章。一般来说，刊发这类文章，大多是约请有关方面的负责人或有关方面的专家，就中央或地方的某项重要的文件和政策精神的贯彻落实而进行的阐释和宣传。

我们曾对《人民日报》的社论、本报评论员作过调查①：

每逢重大节令、重要会议，或有其他重大事件发生，发表应景式评论几乎已成为中央党报和各级地方党委机关报的常规动作。"所谓'应景文章'，有两种，一是适应当时的情况、形势而写，一是迎合当时节令而作。"②被视作"政策风向标"和"官方代言人"的《人民日报》，由于其特殊的政治地位，发表在它上面的"应景评论"，无疑具有广泛的代表性。

一是宣传的需要。我们的各级媒体担负宣传任务，无论是召开重要会议，出台新的方针、政策，还是部署工作，总是能掀起热潮，出现"万媒同声"的景象。这是媒体宣传功能的表现。

二是社会动员和组织公众的需要。媒体最大的宣传能量，也就在于启迪公民的责任意识，激发他们参与公共生活的积极性和主动性。

三是媒体自身"发声"的需要。作为媒体的灵魂、旗帜、心脏、眼睛和发声器的评论文章，相比其他报道形式，更能代表和反映出一个媒体的品格和理念，是每个想要打造自己公信力的媒体都不可或缺的组成部分。特别是遇到一些重大事件或重要节日，第一时间发表评论，表达媒体的观点和立场，已经成为惯例。这也成了"应景评论"缘何能长盛不衰的关键所在。

组织策划配合形势的新闻评论，需要把握以下属性和特征：

首先，这种配合形势类的"应景评论"，其对"应景"的需求度，优先于其他评论价值。例如每年两会开闭幕式时所发的社论，尽管好评不多，但却年年俱在，并占据了媒体重要的版面或位置。

其次，这种配合形势类的"应景评论"，其"政治属性"优先于"新闻属性"。这类评论多为配合某项政治活动、某项方针政策出台做解读，政治意图大于新闻追求。

最后，这种配合形势类"应景评论"，相比于一般新闻评论注重"观点表达"，其更看重评论的建设性和引导力。即便是针对大的自然灾害、突发事件等所做的"应景评论"，其角度或着眼点，也都异于一般新闻时评。它多是站在政府角度，宏观论述，或安慰群众，或指导救灾。

每逢重要的时间节点，应"时"而评，已然成为各级媒体的常规动作和默契。如果对"节令类应景评论"再加以详细考察，我们又可以将其归属为两类：一是为自然节气（如24节气等）而作的"应景评论"；二是为纪念日（如国庆等）而作的"应景评论"。但不管是为自然节气，还是为纪念日而作的"应景评论"，它们除了保持"配合形势类'应景评论'"的共性外，还在某种程度上，表现出自己的个性。

---

① 李文学. "应景评论"的调查与思考[D]. 华中科技大学，2014.
② 赵振宇. 新闻评论通论[M]. 北京：清华大学出版社，2014：308.

首先，此类"应景评论"有烘托节日气氛的作用。例如每到新年，各个媒体所刊发的"元旦献词"，其除了惯常的思想宣传作用外，还有烘托节日气氛、鼓励和动员群众的作用。

其次，节令类"应景评论"还表现出周期性、重复性的特征。这是因为节令大多有固定的时间和内涵。所以，在写作时要特别注意，在表达立意、行文方式等方面要避免"年年岁岁'节'相似，岁岁年年'文'相同"的弊端。

第三，短评。短评是指报纸上刊发的短小精悍的评论文章，一般是一事一议或配发的评论。短评的形式也有多种，有个人署名的小评论专栏，这是中央和地方报纸普遍采用的一种形式，如《人民日报》的"今日谈"等。这类评论文章大多三五百字，时效性强，参与者多，很受读者欢迎。除此，还有专门与新闻报道相配合的编者按、编后等不署名的评论文章。这类评论大多是由报社的编辑同志写作，他们在看了报道后觉得需要提请读者注意或强调的问题，便刊发一篇几百字的评论，起到画龙点睛的作用。

第四，记者点评、述评文章。这是近些年来逐渐发展起来的一种评论形式。记者到了现场，在采访中，发觉新闻的背后还有许多问题需要研究说明。于是，在写作中，记者有的针对新闻事件进行评说，有的则是对一类现象进行报道和评论。记者点评和记者述评一类的评论文章，是将报道和评论两者融为一体的表达形式。在这种形式中，有的侧重于新闻事件的描述，有的则侧重于意见的表达，这些写法都因记者个人的素质和爱好各异，也因被报道的事件性质和情况而定。

第五，系列评论。针对某一重大问题和事件而刊发的一组评论文章，一般在三篇以上。系列评论所反映的问题比较重大，而且涉及的面也较广，在一篇评论文章里很难说清楚、说完整，需要将重要的问题分割开来，一篇一篇地辨析和阐释。系列评论一般来说都是围绕一个大的主题，分成若干小题目来做，各篇独立成篇，又相互联系成为一个系统。

写作系列评论文章，要围绕主题而展开，不能形散神也散。系列评论的发表，能使读者从总体上对所阐释精神有所把握，从具体方面又能加深印象。一般来说，报纸上的系列评论刊发次数不能太多，若次数太多，势必会冲挤其他方面的单篇评论，减少评论的话题；每个系列评论的篇数也不宜太多，5~7篇为宜。篇数太多、论述过细，就有啰唆累赘之感，反而收不到好效果；系列评论每篇刊发的时间间隔不宜过长，一般3~7天刊发一篇为宜。系列评论每篇之间间隔太长，就会减弱系统的整体效应。一般来说，做系列评论要事先确定主题和各分题目，安排写家分头操作，编辑部要在时间和版面上予以保证。

上面主要介绍了一些评论的表现形式，这些形式都是为一定的主题服务的。随着新闻评论在报纸上重要性的加强，评论的策划也开始受到人们的重视。

下面介绍几种报纸评论的策划方式：

1. 大众参与式评论

这种大众系列评论，不只是运用评论引导舆论方式上的创新，还充分体现了我们党的新闻工作走群众路线的优良传统在新的历史时期的发扬光大，同时也体现了人民群众既是改革开放和经济建设的主力军，又是形成正确舆论的主体。

大众参与式评论只能是报纸整个评论中的一部分，因为很多关于贯彻落实中央和地方领导机关精神指示的评论是无法由群众参与写作的。对于大众参与式评论的选题和撰稿人要精心选择,这是搞好大众参与式评论的关键一环,也是我们策划这一类评论时要注意的。

在广泛组织大众参与评论外,有的选题要经过编辑认真讨论并邀请有关专家撰写。除了邀请专家参与评论写作外,还有不少的报纸开辟了与读者相互交流、沟通、探讨问题的参与性评论专版。这类专版一般有一个讨论主题,提前预告,参与者十分踊跃。在这些版面上,大到国家时政外交,小到个人情感波折,从最传统的伦理道德,到最前卫的流行时尚,都可以是圆桌的讨论话题。通过充满建设性的讨论、发言和质疑,捍卫最大多数人的利益,改善城市的环境,改善市民的生活质量,推动这座城市的全面发展和社会进步。

2022 年 10 月,中国共产党第二十次全国代表大会在北京召开。2022 年 11 月 11 日《人民日报》"大家谈"栏目发出征稿启事,诚邀广大读者结合自身实际,围绕"一起来想一起来干"这个主题,畅谈学习感受。文章见人见事、以小见大、夹叙夹议,体现真问题、真思考。

《人民日报》2022 年 12 月 1 日在评论版面推出"大家谈·一起来想一起来干①以人民为中心 绘就发展底色"专题:"本期大家谈,我们选刊 3 篇来稿,和大家一起探讨如何深入贯彻以人民为中心的发展思想,在新征程上不断把造福人民的事业推向前进。"

为民造福永无止境(江西永丰县 古 锋)

治国有常,利民为本。党的二十大描绘了以中国式现代化全面推进中华民族伟大复兴的宏伟蓝图,提出"中国式现代化是全体人民共同富裕的现代化",并把"坚持以人民为中心的发展思想"明确为必须牢牢把握的重大原则之一。作为基层工作者,我们要以更加扎实的作风、更加务实的举措,在为民造福上展现新作为。近年来,我所在的基层政务服务中心扎实推进"一网通办"和"一窗通办"改革,加强乡镇便民服务中心建设,让办事群众和企业享受到改革红利。面向未来,我们将扎实推动各项惠民惠企政策在基层落地生根,为群众办事提供更多实打实的便利。

推动养老服务提质增效(上海浦东新区 彭君华)

创新是引领发展的第一动力,也是推动养老服务迈上新台阶的必然要求。近年来,我们建立智能养老产业园,致力打造智能养老的创新地、智能养老产业集聚地和输出地;上线"浦老惠"养老服务平台,更快捷响应、解决老年人需求;开发养老行业协同监管大数据平台,加强安全预警,有效防范化解养老安全隐患……实践证明,顺应信息化、科技化发展趋势,拿出更多创新举措和办法,提高服务精细化水平,才能更好满足老年人对养老服务新期待。作为基层民政工作人员,以实际行动助力"老有所养",是我们的责任所在。坚持一切想老年人之所想、急老年人之所急,做到服务再深化、再细化,定能让老年人乐享幸福生活。

不断提升人民群众安全感（安徽无为市 倪旭生）

党的十八大以来，我国社会治理体系不断完善，平安中国建设迈向更高水平。当前，人民群众对平安的期待和要求越来越呈现出多样性、动态性、发展性等特征，进一步提升人民群众的安全感，必须采取更多惠民生、暖民心举措，全方位提升守护群众平安、保障群众权益的层次和水平。新时代是奋斗者的时代。无论是坚持和发展新时代"枫桥经验"，推动矛盾纠纷源头治理，还是聚焦保障人民安宁，常态化推进扫黑除恶，都需要我们基层公安民警坚持问题导向、勇于担当作为。新征程上，不断增强工作积极性主动性，尽心履职尽责，定能不断提升人民群众安全感。

2022年12月16日，推出第2组专题"以担当作为奋进新征程"（大家谈·一起来想一起来干②），刊发了山东济南市何婷《进一步优化营商环境》、湖南长沙市刘昕《提高行政执法效能》、湖北枝江市姚宇思《增强群众司法获得感》三篇来稿。

2022年12月28日，推出第3组专题"凝心聚力建设宜居宜业和美乡村（大家谈·一起来想一起来干③）"，刊发了天津蓟州区李通《接续奋斗提升幸福指数》、湖南湘潭市黎孟秋《党建引领激发内生动力》、吉林长春市魏志宇《文化发展助力乡村振兴》三篇稿件。

《人民日报》经常围绕党和国家重大主题，邀请全国广大干部群众参与讨论，受到好评。

在策划读者参与的专版时，要注意把握好新闻性、地方性和建设性。

所谓新闻性，指话题是由新闻事件或新闻事件引出的。主要表现在以下几个方面，第一类话题直接取材于重大时政新闻，如"选举下岗，是社会进步还是误用权利""干部任前公示怎样才能有效"等讨论。第二类话题是新闻事件引起的社会现象，如"黑哨事件引起的裁判受贿腐败现象""如何规范中小学乱收费""我们该如何对待'网吧'"等。第三类话题从"时令"中产生，即从老百姓每个时期所关注的焦点中提出问题，交给读者讨论。如每年七八月，高考都是全社会关注的焦点，此时组织"谁制造了越来越重的'名校情节'""估分填报志愿合理吗"的讨论，就会收到较好的效果。

所谓地方性，说的是该版专题涉及的话题大多与报纸所在城市发生的事件有联系，这样可以增强传媒与受众之间的亲密度，也有利于扩大自己的销售量。中央媒体和地方媒体评论的话题是不同的。作为地方报纸不是说不能谈地方之外的事情，而是说它的报道内容毕竟和全国类的大报有不同。作为身居本地的读者和经过本地的外地读者，都想知道这座城市最近发生了什么事。一张地方性的报纸，如果天天讨论的都是一些外地的焦点，就难免有隔靴搔痒之嫌。时间久了，就会失去读者。

所谓建设性，就是要通过善意的批评、朴素的异议、平等的对话，从思想上澄清一些模糊认识，一点一点地推动社会进步和管理的完善，维护公众利益。如"谁制造了越来越重的'名校情结'""估分填报志愿合理吗""水电欠费'连坐'妥当吗"等，话题虽然尖锐，但是由于讨论始终坚持了建设性的原则，照顾了方方面面的意见，对促进地方的建设和发展起到了积极作用。

组织策划群众参与谈话类的评论专版特别要注意组织好选题。选题的确定大体上可以考虑以下几点：一是受众关心的较为重大的话题。由于广大受众关心，专版组织好了，就能满足人们的求知欲望，同时也可以为大众提供一些知识性的服务。二是与受众联系较为密切的问题。这些问题会随着时代的变化不断发生改变，永远做不完。当然，选择这类话题，要注意处理好理论与实际的关系，现实与发展的关系，个人与集体、国家的关系等问题。一切从建设的角度出发，既联系实际，又说明道理，更指出发展的趋势，给民众以信心和鼓舞。三是要选择现实生活中暴露出来的矛盾和问题，如机构设置、人才培养、领导方法和官僚主义、形式主义、腐败现象等。它们有的是改革发展中出现的新问题，有的则是严重地阻碍着我国改革开放的进程，群众对此意见很大。一个负责任的媒体评论，自然要联系这些活生生的实际，组织大家参与讨论，针砭时弊，出谋划策，集思广益，这对提高民众的参与意识，监督和促进政府工作是大有好处的。自然，这类选题也要谨慎从事，积极对待。选择那些群众既关心，领导也想解决，经过上下努力又可以在较短时间内解决或改善的问题。千万莫要只图一时的快活，组织大家万炮齐放、轰轰烈烈，看似热闹，但又不能解决问题，有时候还给政府有效地解决问题增添麻烦，这是一切从事新闻工作者要注意的。四是采取多种方式组织选题。选题的内容涉及方方面面，版面的组织者可以到该选题主要涉及的部门或单位听取意见，组织选题。如可以到人大、政协、妇联、总工会及一些政府职能部门，与他们一起商量选题，也可以与电台、电视台和网站合作，发挥多种媒体的传播功能，产生互动效应。还可以走到基层单位直接听取意见，共商选题，这对于调动双方和多方的积极性是大有好处的。

2. 个人署名专栏评论

近些年来，在"本报评论员"文章研究创新和改革的形势下，不少报纸推出了自己的专栏作者，开辟了个人署名评论专栏。这里要特别介绍一下"杨柳青"专栏。

"杨柳青"是《河北日报》一版上的一个言论专栏，20年来，这个由储瑞耕主笔，每篇千余字，不定期刊出，楷体字排版、手写体署名的个人专栏，已发文800余篇，共100余万字，其中多篇文章在省内和全国范围内获奖：该专栏1994年被《中国新闻年鉴》作为新闻改革典型予以介绍；1995年被评为河北省优秀专栏；1999年获评中国首届名专栏奖；1997年，该专栏主笔储瑞耕被评为第二届全国百佳 新闻工作者，2004年获韬奋新闻奖。

"杨柳青"20年来写了大量群众关注的热点、难点问题，作者也经常到农村、厂矿作调查研究。在写作上尽量采用群众的视角，也正因为此，"杨柳青"才给人以亲切感和说服力。该专栏文章受欢迎还和作者具有敢于揭露丑陋、坚持正义的勇气和胆识，敢于坚持真理，敢于讲真话有关。比如腐败现象，是党和人民都深恶痛绝的。腐败现象之一即为权钱交易，人民对此极为不满。一次"杨柳青"的作者与一"大款"相遇，那个"大款"一句"半夜叫狗可能叫不来，叫某某领导立马就到"的话，使他大为震惊，联系到媒体披露山西侯马市盗窃文物一案中少数领导干部与坏人勾结的情况，他感到这种关系的肮脏和由此反映出来的问题的严重性，于是写了一篇《就同"大款"交朋友事向领导干部进一言》，而后又接连写了再进言、三进言、四进言。此系列言论一发，立即引起反响，读者说，党报敢正视这一问题，说明了我们党惩治腐败的决心。此篇评论被评为中国新闻奖二等奖。两个半月后《人民日报》刊发了中组部的文章《领导干部不能傍大款》。

个人专栏的成功，需要领导的支持和全体编辑部集体的努力。1996年的《关于战胜困难的通信》（10篇）、1997年的《关于形势的对话》（8篇）、1998年的《谈舆论监督》（4篇），大多是每日一篇，雷打不动。《乱定思痛》及《再就业六题》，也都是分三次突出、隆重地连续推出，效果非常好。其中1997年《再就业六题》获中国新闻工作者协会全国征文一等奖。2008年，"杨柳青"走过20年，光荣谢幕了。为此，河北省委宣传部召开了座谈会，《河北日报》刊发了评介专版，出版了《杨柳青20年》。在书的封面上印着这样一段话：1988.2—2008.2，一家省级党报，在要闻版上，开设一个署名言论专栏，由一个人主笔，持续20年，在中国报纸史上没有先例，这就是《河北日报》的"杨柳青"。2020年6月22日，储瑞耕同志因病去世，享年74岁。让我们永远记住这段话。

新闻评论个人署名专栏兴起的现实告诉我们：新闻工作者应该具备学者和杂家的品格。新闻工作者要广泛地接触社会，接触群众，职业的敏感性使其能够获得比一般人多得多的新闻信息即研究素材，只要他们有心观察，注重自己的理论学习和文字修养，是一定能够做出成绩来的。近些年来许许多多获得韬奋新闻奖、全国广播电视新闻百佳奖的同行们，他们中的不少人已是经济学、哲学、社会学、心理学、教育学、编辑学、书评学、出版学等方面的专家，有的已成为知名的作家、诗人、评论家、杂文家、摄影家、画家、收藏家，等等。当然，要达此目的，也不是一日之功、心血来潮即可奏效的。它需要时时观察、日日研究、不间断学习、不松懈努力，有时还要经受时势风云的考验，有时可能坐上冷板凳。但是，"世上无难事，只要肯登攀"，成果总会有的。

个人署名评论已在国内的报纸上出现，但还不普遍。这里有两方面的因素，一是有的报社和有关方面的主管认为报纸评论是党的声音，岂可由个人主持？二是由个人主持是否突出了个人？另一方面，个人专栏的作者需要有较高的政治、理论、新闻和文学素质，不是什么人都能承担的。加强对个人署名评论专栏的扶持，加强对名评论员的培养，将是一项长期的艰巨的工作，但是，有一点是可以肯定的，随着报纸日益走向市场，个人署名评论将会越来越多。

3. 调查性评论

新闻评论的一个重要选题来源就是新闻报道。于是，在一些有新意的新闻报道后时常会涌现一批内容相似或雷同的评论。它促进了时评的发展，但同时也限制了整个新闻评论的广泛性。近年来，有的报纸开始组织策划一种新形式的评论——调查性评论。

2023年3月，中共中央办公厅印发《关于在全党大兴调查研究的工作方案》，要求各地区各部门结合实际认真贯彻落实。调查研究是我们党的传家宝。党的十八大以来，党中央高度重视调查研究工作。习近平总书记强调指出，调查研究是谋事之基、成事之道，没有调查就没有发言权，没有调查就没有决策权；正确的决策离不开调查研究，正确的贯彻落实同样也离不开调查研究；调查研究是获得真知灼见的源头活水，是做好工作的基本功；要在全党大兴调查研究之风，等等。在实践中，以习近平同志为核心的党中央坚持问政于民、问需于民、问计于民，加强调查研究，畅通民意渠道，把人民的智慧集中起来、运用起来。习近平总书记关于调查研究的重要论述和率先垂范，为全党大兴调查研究提供了根本遵循，作出了示范表率，这些要求同样适用于新闻评论。

与一般时评不同，调查性评论是作者在编辑部安排下，深入调查报道之后所完成的一种评论。调查性评论，是调查研究后进行的评论，它是根据当时形势的发展，对存在的问题或涌现出的新动向予以深刻阐述的一种评论形式。它要求作者深入社会实际发现问题，运用扎实的理论知识，阐述有益的主张和进步的见识。

2022年9月27日《南方周末》"自由谈"栏目上发表的张是之的评论《修飞机的为何不如修汽车的赚钱多?》就很具备专业性。

作者在文章第一段开门见山地用数据指出当前机务人员流失严重:

(第一段)2022年7月全国民航年中工作会议上，局长宋志勇表示，两年来成熟可用机长减少215人，占比1.1%；机务人员流失9298人，流失比例14%。机务人员流失比机长还严重。

而作者恰好有机务工作经历，对机务的工作环境和状况比较了解。作者首先向人们解释了机务工作是什么，同时指出了机务工作的几个特点:学习成本高，工作时间长，工作压力大，责任重。

(第二段)……所谓机务，简单来说就是对飞机进行检修工作，保证和恢复航空器的完好状态，使其处于规定的适航状态。机务又划分为航线维修和定检维修。航线维修主要是在机场完成，属于一线机务工作，也是民航中最苦最累的工作。

(第三段)机务工作，尤其是一线机务，有几个特点。首先是学习成本很高。需要经过大量学习和严格培训，除了掌握检修技术知识外，还有各种安全规定、操作规程。而且对英语有较高的要求，很多飞机手册都是英文原版的。

(第四段)其次是工作时间长。飞机每天飞完后都要进行常规的飞行后检查，以确保第二天的飞行安全。不"排故"的话，也要耗时一个小时左右，所以机务值夜班通常会工作到凌晨，接完最后一架飞机。

(第五段)第三是工作压力大、责任重。飞行安全无小事，飞行前和飞行后检查，每一步都要签字确认。一旦出现飞行事故或者事故征候，相关第一手检修资料文本都会第一时间封存待查。

如此高的工作难度和工作压力，机务人员的收入怎么样呢? 作者在文章的第七段，用具体数据说明高级机务人员的薪酬待遇甚至比不上汽车维修技师:

(第七段)根据2018年的一项摸底调查，北京地区资深机务的工资比不上同等资历的汽车维修技师。同样是入行6~8年，高级机务人员薪酬税后均值是9700元，而汽车维修技师则可以达到11000元，但前者比后者专业性要高得多。

（**第八段**）面对这种落差，很难有人能够淡定面对，机务人员流失严重，甚至"青黄不接"就不足为怪了。

如此落差决定了机务人员流失是必然的。作者又进一步运用经济学的理论解释机务人员待遇不高的深层次原因：

（**第九段**）造成机务人员待遇不高的逻辑是，收入并不是由成本决定，而是由需求决定。飞机固然看起来"高大上"，但修飞机不如修汽车，很大原因在于汽修需求更大。而且汽修市场与汽修人员市场是两个市场，前者自由竞争、修车需求方分散；后者同样自由竞争，汽修厂对汽修人员的需求也分散，汽修人员对工资的决定有很大的议价空间。所以为了吸引、留住高级成熟的维修人员，提高薪酬待遇就是最简单直接有效的办法。

作者在论证中也解释了这种现象产生的背景：

（**第十一段**）需求方是几大航空公司，理论上也有竞争。不过，2021 年 11 月，民航局颁布《航空公司机务维修人员薪酬推荐体系》，其中规定机务总薪酬包括了基本工资、错时激励、环境补贴、绩效考核这四项，并明确了各项的详细划分和计算方法，不可谓不细致。

（**第十二段**）这个通知文件的目的，是提升机务维修人员职业满意度，增强一线机务维修人员获得感幸福感。这当然是好心好事，但也可以从侧面说明另一个事实，那就是机务人员的工资待遇是民航局规定的，而不完全是各家航空公司自行决定的。

作者在倒数第二段引用了一句流传颇广的俗语，通过类比的手法，概括机务人员不如汽车维修人员的原因：

（**第十四段**）这就像改革开放之初广为流传的一句话，"搞导弹的不如卖茶叶蛋的"。这句话其实反映了当时的真实情况，其中道理跟今天的民航机务人员和汽车维修人员一样。导弹对于一个国家来说固然重要，但真相是从业人员也往往不能议价。

文章的最后，作者给出了应对办法：

（**第十五段**）受疫情影响，航空公司整体连年亏损，各项成本都要控制和压缩，民航机务人员待遇的提高，恐怕不是几个文件就能解决的。吸引人才、提高待遇的最佳路径，也许还是增加市场竞争，让航空公司自主定价，虽然买家是少数，但买家之间有竞争，机务人员才有议价空间。

整篇评论专业性强，论据扎实，论述深刻，这与作者的个人经历分不开(作者系经济学科普作家)。该文在让人们对机务工作进一步了解的同时，也为航空公司敲响了警钟——民航机务人员的待遇急需提高。①

策划调查性评论，一般要注意以下两点：

第一，调查事实要真实可靠。事实是评论的前提，如果前提都错了或有些不实，那么，结论是无法令人相信的。为达此目的，要刊发此类评论，一定要请与该话题相关的专业人士，或与他们同行，或核实资料，确保事实和数据准确无误。

第二，所发评论要公正全面。由于作者到了现场，有了第一手调查资料，独家的新闻和评论是有保证的。但是，由于有了调查，有了感受，有时候又容易产生片面的和主观的认识。既然是媒体评论，就要从大众的利益出发，从公正全面的评价出发，处理好情感与理智的关系。作为一名编辑，此刻要处理好与作者的关系，既要鼓励作者大胆发表自己的真知灼见，又要把握评论的公正与全面。

调查性评论是一种新的评论形式，它不同于专业的调查报告和学术论文，在形式上还需要不断地探索和发展。

二、策划行动与反馈

新闻评论的组织策划是一个包含实践行动和反馈的过程，在行动中须注意以下几点：

第一，考虑选题的可行性。作为一名评论者，体察民情，为民分忧，为群众排难，是十分应该的，但要有一个度。在很多情况下"欲速则不达"，为什么？就是因为我们考虑处理问题超越了一定的时间和空间。只凭一时的激情，只求一时的快活，只想一时的轰轰烈烈，这种评论策划是不可取的。

第二，兼顾方案的周密性。新闻评论策划是一个系统工程，作为策划者必须兼顾方方面面的关系，围绕我们最终的目标作最详尽的考虑。方案越细致，实施起来越得心应手，越有效率。为了保证策划方案的周密，我们应把目标看作是一个体系，它具有可分解性，在时间上分为不同的阶段，在构成上有不同的内容，在功能上有不同的作用。策划方案一经确立就要有条不紊地展开，除非遇到特殊的意外变动，一般不要随意改变；否则，过于频繁的计划变更只会使实施者们筋疲力尽，无所适从。

第三，保证结果的有效性。结果的有效性，就是要看我们的行动能否达到预期的目标，取得最佳的社会效益和经济效益。新闻评论策划是一个有目标并追求最佳效果的策划活动。以最小的投入去获取最大的社会效益和经济效益应是策划者的行动起点和最终检验标准，策划者的一切行动都不能违背这个大方向。

第四，培养行动的团队精神。大凡评论策划，除了极个别的属于个人行为外，大多需要集体的力量去共同完成。作为策划方案的实行者，除了需要有健康的心理、敏锐的洞察

---

① 张是之. 修飞机的为何不如修汽车的赚钱多？[EB/OL].[2022-09-27]. http://www.infzm.com/contents/235233.

力、竞争的意识和丰富的知识，还需要最大限度地调动参与者的积极性、创造性和主动精神，发挥团队效应。

一个好的团队，它的成员能够相互鼓励，相互支持，资源共享，能使每个人的工作和学习更上一层楼；人人重视知识的更新和提高，不会因为自己而使整体受到伤害。谨慎的成员会被推到较有风险的岗位上，胆大的成员会被提醒新的机会不一定能取代目前的职责；更重要的是，这个团体具有自我校正的机能，当事情不对时，所有成员都会检讨，然后采取校正行动，提高工作效率。

第五，重视收集信息反馈。为了确保方案落实，除了采取有效行动外，还必须重视和收集信息反馈。

在新的形势下，必须重视信息的反馈。在现代化管理中，既需要"扬长"这种正反馈，更需要"揭短"这种负反馈，而且在一定意义上这种负反馈显得更为重要。对于那些改进工作的意见和促进工作向好的方向发展的建议，我们也是需要认真地听取，用心地去研究改进的。畅通信息渠道，建立健全信息反馈机制，是保证和促进评论策划完善的重要保证。

第六，加强与作者、受众的联系和互动。随着媒体评论专栏和版面的增多，为其撰稿的业余评论作者也开始增多了，这是一件好事。但是，从总体上说，这个队伍还不强大，作者素质还须提高。另外，如何培养为本媒体服务，且拥有相对稳定的高水平的作者队伍，这也是一个艰巨的长期的工作，需要媒体认真对待。

既发动广大作者参与，又精心培养骨干作者，是评论编辑的一项重要工作。除了在一定时间内媒体开展征文、讨论活动，编辑部经常组织一些评论作者和读者的座谈、联谊、讨论会是很有积极作用的。大凡有经验的评论编辑和有实力的媒体都会重视这方面的工作，有的媒体每年召开作者座谈会，有的媒体还专门评选优秀作者、热心读者和优秀文章，披红挂彩，予以奖励；有的媒体还召开优秀作者到外地参观、考察、开笔会。正是有了这样一些丰富多彩的联谊活动，才能有效地结识一批熟悉本媒体需要，为本媒体撑门面的高水平作者队伍。这是需要媒体在人力和物力上作出安排的。

及时回复，交换意见。在当前信息传播迅速的前提下，新闻评论的写作速度也在提高，特别是一些时评稿件。有的作者积极性很高，在新闻事件发生后立即从事写作并发出稿件，但有的媒体收到稿件后迟迟不予理睬。此举不仅可能耽误稿件，影响评论的及时性，更重要的是伤害了作者，是对作者的一种不尊重。一篇文章可能不适应本媒体的需要，但是，另一家媒体却可能认为是好文章，这样的情况在评论界是常有的。做评论编辑的，在可能的情况下，应最快地回复作者，以便作者另作处理。

编辑与作者有时对一篇文章的看法不同，这也是正常现象。如编辑要做大的修改和调整，在条件许可的情况下，一般应和作者通气，征求他们的意见，以免稿件发表后引起作者的不悦，有的甚至会引起一些不必要的麻烦和纠纷。

在确定稿件可用的前提下：如觉原标题不妥，能为作者重新制作一个更好的标题。一般来说，这样的改动是不多的，不大的；文字内容只要不违反原则，应尽量保留原文，作适当删节。责任编辑的把关，主要是从方针政策上把关，没有必要将原稿推翻，按照自己的思路重新撰写。如有大的调整和改动，在可能的情况下最好能与作者本人沟通。从出版法的角度来审视这个问题也应该如此，每个人都有自己的知识结构和写作风格，没有必要都统一成某个媒体某位编辑的模式上，这样读者读起来也是不舒服的。

如何当好评论编辑，原《人民日报》副总编辑、前评论部主任卢新宁女士有过精辟论述。她认为，对于一篇文章，编辑的主要职责应该是判断选题、内容是否适合发表，并进行细致化的整理和修改。如果自己上手推倒重写，就属于越俎代庖了。要当好责任编辑，有几个基本的原则需要把握。一是要把合适的稿件放在合适的栏目、合适的位置。比如，如果觉得不适合"人民论坛"的风格和定位，也可以放在评论版刊发。二是要认识到策划、把关、沟通才是编辑的第一职责。在需要进行大幅度调整时，应该与作者进行充分交流，从发表要求的角度给出建议。三是要尽量尊重和保持作者风格和观点，没有政治性、常识性错误时，可改可不改的要少改。只有做到了这几点，才能保持丰富性和多元化，让党报评论版和评论栏目，真正变成"干部论政的平台、学者争鸣的空间、群众议言的广场"，在交流、交融乃至交锋中，共同传递"中国好声音"。①

三、工作机制与队伍建设

迅猛发展的新形势，要求建立新的评论工作机制和加强评论队伍建设，这是一个新课题。

（一）时代呼唤建立"评论记者"工作机制

提出建立"评论记者"工作机制基于以下几点考虑：

第一，信息传播的快捷性要求媒体不仅在第一时间发布事实，同时也要求在第一时间发表对这个事实的判断和评价。评论记者可同时承担这一重任，加快评论的传播时效。在普利策新闻奖中，每年都有将揭露新闻事实和新闻评论融为一体的作品获奖。自然，这种作品称为消息还是评论，可能会给组织中国新闻奖的同行提出一个难题。但是，在各种学科信息相互融合的今天，不必拘泥于传统的文体分类。这又是一个话题，另述。

第二，评论必须依赖于事实，评论记者到事实的源头采访调查，可以更全面更真实地把握事实，从而更深刻地领悟和揭示事实的本质，写出好评论。这种优势是其他非新闻从业人员无法比拟的，同时也提高了评论作品生产和发表的难度。从某种意义上来说，也有利于扼制目前评论界"靠百度和键盘写稿"的状况。

第三，将新闻事实和新闻评论融为一体，有利于培养记者深入实践、脚踏实地的作风和提高他们的理论和思辨素质，这对于提高整个记者队伍素质是大有好处的。大凡从事过相关工作的记者都有深切的体会，在现代通信和交通工具发达的情况下，更需要提倡记者到生活中去，到社会实践中去。到不到新闻事实的第一现场，对于评论的写作者来说，感受是不一样的。2016 年习近平总书记在全国新闻舆论座谈会上讲话后，笔者在接受新华

---

① 摘自卢新宁 2015 年 10 月 28 日写给笔者的邮件。

社记者采访时针对新闻媒体责任表达了这样一种观点："锻造全媒体专家型人才，要更多到一线、循规律、出佳作。""到一线"，就是到新闻发生地，到可以发掘新闻的地方；"循规律"，即遵循社会发展规律和新闻报道规律；"出佳作"，指报道必须客观、真实、全面，鞭笞邪恶，弘扬正气，有利于推动问题解决和促进社会和谐健康发展。①

设置"新闻评论部"，建立"评论记者"工作机制，是一个循序渐进的探索过程。有条件的新闻单位，可以从少数人做起，可以从少数部门做起，可以采取灵活多样的不同部门人员的交换机制。同时，制定对评论记者的评价和考核机制，开辟新的专栏，鼓励记者将自己培养成描述和评论的高手。建立"评论记者"工作机制可能有许多新的矛盾和问题，但是，只要我们做了，一切都是可以在实践中逐步解决的。

2008 年 5 月 24 日，"嘉兴日报评论记者工作机制与党报新闻评论工作创新研讨会"在中国记协举行。新闻出版总署报刊司副司长朱伟峰、中国记协书记处书记顾勇华、浙江省记协主席马雨农出席会议并致辞，来自《人民日报》、新华社、中央电视台、《光明日报》等近 20 家媒体的相关负责人以及部分高校新闻专业的专家学者出席会议。与会代表就"党报新闻评论功能再认识""党报新闻评论面临的困境和破解方法""如何创新党报新闻评论的工作机制"等议题展开探讨，并对《嘉兴日报》创新评论工作机制，推动党报新闻评论改革，提高党报舆论引导力的改革给予了高度评价。②

"评论记者"工作机制在《嘉兴日报》和其他媒体经过 5 年的探索和实践，卓有成效。2012 年 6 月 16 日，"新闻评论改革暨嘉兴时评五年研讨会"在北京新闻大厦举行。会议围绕"走基层、转作风、改文风"活动向纵深推进的当下，新闻评论领域的改革如何进一步提升，地市级党报如何进一步完善评论记者工作机制等议题展开了深入探讨。与会人士对《嘉兴日报》实施党报新闻评论改革五年来所取得的成就给予高度评价，认为《嘉兴日报》是"走转改"活动的践行者，是评论改革的开拓者。与会者包括来自中国记协、《中国新闻出版报》、《光明日报》、新华社、《中国青年报》、《新京报》、《工人日报》、《经济日报》、《科技日报》、《中国记者》、《新闻战线》、《新闻与写作》、《新闻与传播研究》等媒体的朋友和来自北京大学、中国人民大学、华中科技大学、浙江大学、中国传媒大学等高校的老师。③

(二) 建立"评论记者"工作机制需要研究的几个问题

2007 年 1 月 5 日，《嘉兴日报》在《人民日报》《中国青年报》和《杂文报》上刊登了组建新闻评论部招聘部主任和评论记者的启事。启事提出的"不问学历高低、不问学科背景，不问年龄大小，不问性别男女"的"四不问"如石激浪，迅速吸引了全国各地新闻评论爱好者的"眼球"。到报名截止时，报名人数达到 556 人，其中本科生 247 人，硕士生 63 人，

---

① 担负起巩固壮大主流思想舆论的责任——习近平总书记在党的新闻理论工作座谈会上的重要讲话引起强烈反响[N]. 人民日报，2016-02-24.

② 晋雅芬.《嘉兴日报》打传统模式先采访后评论[J]. 中国新闻出版广电报，2008-05-27.

③ 晋雅芬，赵新乐. 新闻时评人的创新、困惑与坚守[N]. 中国新闻出版广电报，2012-06-19.

博士生 2 人。最终有 5 人被本报录用。

《嘉兴日报》虽然是一家地方报纸，但是他们识时务，把大局，敢于跨出创新这一步。他们"将秉持负责、理性、建设的评论原则，不刻意标新立异，不追求哗众取宠，不满足空泛之论，而是坚持新闻性与思辨性的结合，批判性与建设性的结合，激情与理性的结合，给新闻注入思想的生命和活力，在新闻评论中体现政治意识、大局意识、责任意识，体现《嘉兴日报》的办报理念和办报特色"，笔者认为这种精神是值得肯定的。

新闻评论部的建立，评论记者的挂牌，毕竟是一个新事物。在实践中还有许多问题需要研究和解决。

第一，如何处理评论记者和战线记者的关系？评论记者是没有固定战线的，可以跑工业战线，也可以跑农业战线，可以写教育，也可以写文化，自由得很，宽松得很。但是，对于那些有战线的部门和记者来说(目前情况下，还存在这样的对口部门和战线记者)，不是抢别人的饭碗么？能够抢到么？如何提高评论记者的新闻敏感性，多发现新闻，多发现可以写评论的新闻，是当前成立新闻评论部的一个重要问题。

第二，如何处理新闻评论部和其他采编部门的关系？《嘉兴日报》在招聘评论记者，在收入上比其他部门记者要高一些，在年终考核时要高出其他部门 20%。当一个评论记者，没有固定战线，获取新闻线索可能要少一些，有了线索还要选择那些可以写、值得写的新闻，有了新闻，在此基础上还要发表评论也不一件容易的事。所以，适当提高他们的收入是可以理解的。但是，部门之间的收入差距是否会影响该部门与其他部门的关系，这是政策的制定者需要思考的问题。《嘉兴日报》的做法是，鼓励报社各部门记者都动脑筋，出好稿，有能力的也可以动手写评论。凡是被评论部采用的新闻报道均要给予奖励。既写报道，又写评论，对于提高整个报社采编人员的素质是有好处的。

第三，如何处理消息报道和评论文章的关系？报纸自然要以新闻事件的报道为主，报社有很多人是从事这一工作的。要搞好新闻报道也不是一件容易的事，也需要不断提高本报记者的社会责任和业务素质。那么，评论记者呢？他们既是记者，他们就应和本报记者一样具有新闻记者的基本素质。但是，他们是"评论记者"，那么，他们的采访和调研就不仅仅是为了发表消息报道，而是要选择那些可以评论和值得评论的新闻事实。如何处理评论记者和一般记者在选择新闻事实上的区别，也是一项需要研究和探讨的课题。笔者以为，评论记者选择的新闻，是能够给人们启迪或思考的事实，只有这样的事实才更适于评论记者采掘。

建立怎样的工作机制，实施怎样的组稿方式，各地各媒体可以根据自己的需要因地而宜，因人而异，这也是一个需要不断探索研究的新课题。下面这段文字的作者徐宁是"嘉兴时评"栏目的参与者和组织者，他对"嘉兴时评"实施"评论记者"工作机制十多年的成果进行回眸和总结，对我们认识和推广这项机制是大有帮助的：

　　据统计，在"嘉兴时评"栏目发表的 2390 篇评论文章中，时间为"昨日"的有 1014 篇，时间为"近日"的有 1131 篇，"无时间"的有 245 篇。可以看出，"无时间"的评论占比仅为 10.2%。

"第一时间"发表评论，在具体实践中实现起来难度并不小。从主观上看，新闻包罗万象，涉及领域方方面面，评论记者能否在"第一时间"驾驭所面临的题材，做出精彩的评论，这对记者自身的能力和素质是一个考验。从客观上看，评论记者人手有限，而每天的新闻却是层出不穷，如何在"第一时间"抓住适合评论的题材，也是一个不小的挑战。对此，嘉兴日报社在长期的探索中提出了"多岗位流动、多部门联动"的实施方案。"多岗位流动轮换"，让评论记者这一岗位流动起来，不仅实现了记者新闻、评论能力的"双培养"，也提升了评论记者的敏锐性和驾驭新闻评论的能力，"多部门联动"不仅解决了评论记者人手有限的问题，更重要的是，建立起了立体化的舆论监督格局，打造出了一支人人都会写评论的记者队伍。

关于评论领域：本地题材空间广阔。嘉兴日报社的做法是，在一版设立"嘉兴时评"栏目，定位于本地题材，在二版设立"国内时评"版面，定位于全国题材，做到两相结合。从统计来看，在"嘉兴时评"栏目发表的 2390 篇评论文章中，领域为"全国"的有 224 篇，领域为"浙江省"的有 92 篇，领域为"市本级"的有 1394 篇，领域为"县市区"的有 553 篇，领域为"镇街道"的有 127 篇。通过调查我们可以看到，定位于本地的评论栏目，关注的是本地题材，但并不会局限于本地，既可以做到"跳出本地看本地"，也可以做到"上接天线，下接地气"。全国的题材与本地结合，一方面可以更加清楚嘉兴所处的方位，加深对事情的理解，另一方面，也能促进嘉兴在这一领域的进步和提升。

关于评论对象：追求事实与评论的黏性。事实是新闻评论的前提和基础，它是新闻评论的由头、论据、判断对象。可以说，事实和评论是融为一体的。"嘉兴时评"栏目采用的评论记者工作机制，追求的是事实与评论更紧密的黏性。一方面，它要求媒体不仅在第一时间发布事实，同时也要求在第一时间发表对这个事实的判断和评价；另一方面，评论记者到事实的源头采访调查，可以更全面更真实地把握事实，从而更深刻地领悟和揭示事实的本质。

"嘉兴时评"栏目在运行过程中，强调的是，紧扣嘉兴经济社会发展中的热点、难点问题展开深入调查，务必使新闻评论言之有物、言之有理。紧扣嘉兴经济社会发展中的热点、难点问题，展开评论，却无意中得到一个内容平衡的结果，这从一个侧面印证了，"评论是时代的声音""媒体是党和人民的喉舌"。经过十多年的努力，"嘉兴时评"栏目已获得浙江省新闻名专栏、浙江省宣传文化系统优秀理论评论栏目、嘉兴市十大精品栏目，《嘉兴日报》新闻评论部撰写的《别总把做好人难归咎于环境》《当增长的手心碰到民生的手背》《"作业问百度"带来的便利焦虑》等一批新闻评论作品获得浙江省新闻奖。①

——————————

① 徐宁. 地方党报评论如何做出风采[N]. 中国新闻出版广电报，2019-07-12.

(三) 建设一支可持续发展的评论队伍

新闻评论在现代新闻传播中,越来越发挥着重要作用,这是毋庸置疑的。但是,现在不少的新闻单位却推不出足够多的、有分量新闻评论,其中一项重要原因就是缺少高素质的新闻评论队伍。所以,从某种意义上来说,要想发展我国的新闻评论就必须首先加强我国新闻评论的队伍建设。只有人的问题解决了,其他方面的问题才可能迎刃而解。下面主要从新闻单位、业余作者和大学新闻教育三个方面论及评论队伍的建设。

1. 加强专业评论员队伍建设

欧美国家的报纸已经有几百年的发展历史,学习和借鉴它们的做法,或许会开阔我们的视野,促进我们做某些适宜中国国情的改革和调整。

加强人员配备和组织策划。欧美的报纸大多有两个言论版面,一个是社论版,专发本报评论员的文章,另一个是来论版,发表读者来信来稿。《纽约时报》是美国的一家大报,该报的社论版设主编1人(直接归发行人领导,并配行政助理1人),副主编1人(配行政助理1人),助理副主编2人,社论委员8人,共计14人。评论版,归社论版主编领导,另设主编1人,来信编辑2人,国际事务评论家1人,其他专栏评论家5人,文化和社会专栏评论家1人,自由专栏评论家1人,共计11人。这样算来,该报从事社论和评论工作的总共有25人了。

在美国报纸里,社论部是一个特殊的部门。这个部门的主编,从地位上讲与总编辑相当,他不受总编辑控制而直接归发行人领导。但从权力来看,他比总编辑小得多,仅管辖数十人和几个版。在《纽约时报》,总编辑不过问社论部的事,也不参加社论委员会的会议,而社论版主编也不参加新闻部门的编前会,更不会对新闻采访指手画脚。不过,两边的人员流动却是经常的,该报不少评论员就曾经是资深记者,获得过普利策奖的名记者也大有人在。总编辑雷恩斯在担任此职之前,就是社论版主编。由社论版主编调任总编辑的,雷恩斯并非第一人。美国著名报纸的社论和评论版还强调与各类利益集团划清界限,具体表现就是社论版和评论版绝不刊登任何广告。①

随着形势的发展,现在,从中央媒体到地方媒体,大多开始重视加强评论队伍建设,并取得一定成效。

《新华社2009年工作要点》明确提出了加强新华社评论工作的目标和思路:"完善言论报道工作机制,强化组织策划,着力加强新华社社评、新华社评论员文章和新华社特约评论员文章、重点评论栏目三个层面的评论报道,着力提高评论报道的及时性和针对性,在重大事件和热点问题报道中做到评论与消息同步推出,不断增加数量、提高质量,进一步增加我社言论报道的影响力。"

从2013年1月23日起,央视评论员首次以直播连线形式出现在《新闻联播》。央视评论员队伍管理实施策划部评论员统筹安排。经过近几年的发展,央视评论员队伍基本把自己的评论定义为:一个拥有某项专业背景,擅长媒体表达,能准确把握新闻背后的客观

① 辜晓进. 走进美国大报[M]. 广州:南方日报出版社,2003:52.

规律和走向，能通过深度解读来掌握新闻舆论场中的话语权，能体现国家电视台的权威性、影响力和推动力的人。目前活跃在央视的最主要的特约评论员中，媒体出身的占到一半左右，其他也都拥有媒体经验，有不少评论员之前已经以专家的身份活跃在屏幕上。目前央视有20多位最主要的特约评论员；另外拥有400人左右的专家库，其中有50~60位较为核心的专家。

在评论员管理上，央视实行评论员值班体制，策划部评论员组对特约评论员实施管理，负责其在央视新闻中心所属节目中的统筹安排、内容设计、电视表现等。不过还没有对特约评论员实行专属战略，有央视特约评论员身份的人还经常出现在不同的电视节目中，甚至不同的电视台中。尽快构建一套成熟、客观、标准化纳评论员选拔、培养、薪酬激励和经营管理机制，也是央视评论员队伍建设面临的挑战之一。①

对于中国的媒体如何建立激励机制，调动评论员的积极性，从事了30多年评论工作的《人民日报》前副总编辑米博华在回答《中国记者》专访时说了这样一段话：

> 评论的质量取决于评论人才的水平。我们强调队伍专业化，评论工作者应有较高的评论智商。热爱评论工作的未必都适合写评论，而适合写评论的又未必喜欢这项工作。只有既热爱又适合，才算是较好的人才配置。
>
> 关于队伍建设，以下几点很重要：一、坚持不懈地进行党性锤炼，树立马克思主义新闻观，任何时候、任何情况下，都应维护党的事业和国家利益。二、理论联系实际，重在联系实际。三、学习和研究党的方针政策，深刻理解，熟练掌握。四、持续不断地加强文化建设，在工作中学习，把学习当作工作，形成浓厚的学习氛围和良好的读书习惯。五、提供实践舞台，尤其是给年轻同志提供写作重要评论的机会。六、形成崇学重才的用人导向，对那些热爱评论工作、钻研评论业务、做出评论业绩的同志给予鼓励和褒扬。
>
> 队伍建设主要靠领导作表率，耳濡目染，潜移默化，通过在工作实践中点点滴滴地体现出来，形成传统、形成文化、形成良好的环境和机制。出作品、出人才是一个问题的两个方面，不可脱节。在实践中培训提高要比简单地开讲座、背条条来得更具体也更有效。②

这里说的是针对《人民日报》评论员的培养，要求较高。对于中国不同层次和类型媒体来说，也应朝着这个方向努力并结合各自媒体的特点，制定适宜有效的激励机制。

2. 加强业余评论作者队伍建设

随着媒体评论专栏和版面的增多，为其撰稿的业余评论作者也开始增多了，这是一件

---

① 新华社新闻研究所课题组. 新媒体环境下的评论报道创新——央视、人民日报等十一家媒体谈评论写作和改革[J]. 岭南传媒探索，2013(6).

② 直面矛盾与热点，体现媒体责任担当——人民日报社副总编辑、资深评论人米博华就新形势下新闻评论的若干热点问题答本刊记者问[J]. 中国记者，2012(8).

好事。但是，从总体上来说，这个队伍还不强大，作者素质还须提高。另外，如何培养为本媒体服务，相对稳定的高水平的作者队伍，这也是一项艰巨的长期的工作，需要媒体认真对待。

培养和发展评论作者队伍的一个重要途径就是开展评论征文活动。如《人民日报》"今日谈"专栏开设"从身边看变化"征文和《南方周末》评论版举办的"我和我的国家"征文。一次好的征文活动就是一次作者的动员和发现。每个人都有自己的故事。"从身边看变化"和"我和我的国家"征文的宗旨就是让五湖四海的读者讲述自己的故事，从故事中论及自己与国家的关系。从地域上说，全国各省市区的作者都有，既有北京、上海等大城市和江苏、浙江、广东等沿海发达地区的来稿，又有西藏、云南、内蒙古、宁夏、青海等边远地区的来稿；从作者身份来看，四面八方、各行各业的作者都有，既有科学家、企业家、作家等名人，又有普通的工人、农民、市民、解放军战士；从年龄上说，既有年过七旬的退休老人，也有十几岁的中小学生。一些作者一次就来稿五六篇，解放军上海某部专门为此还在内部搞了一次征文活动，精选出几十篇寄出。社会的变化无所不在，不同的地区有不同的情况，不同的身份有不同的经历，不同的年龄有不同的感受，作者的广泛性也决定了题材的广泛性。为什么一次征文活动能够吸引如此多的作者参与？因为"从身边看变化""我和我的国家"这样的选题大家都有话可说，大家都有道理可论。所以，要组织好言论征文活动一定要策划好选题。

3. 加强学校评论后备队伍的建设

媒体评论人才奇缺，一个重要原因就是新闻学院很少输送合格的新闻评论员。新闻学院是专门培养新闻人才的地方，自然也应承担培养新闻评论人才的责任。而现在的状况是，大学里的新闻评论教育基本上还是老一套，跟不上时代发展的需要。所以，在新闻学院加强新闻评论课的教学改革，加强对新闻评论人才培养的重视，是从源头上解决评论人才奇缺的一个有效途径。

华中科技大学新闻与信息传播学院从 2001 年开始实施新闻评论特色教育，至今走过了 20 多年的研究和探索之路。这是一项系统工程，需要各方面的通力合作：

第一，加强和改革本科生新闻评论课教学。在教学方法上，学习和借鉴 MBA 教学，运用多媒体，搞好案例教学，讲清讲透每一个评论实例，用变化多端的新闻实践去阐释理论和理念，而不是用概念去串连案例，进行文字和逻辑的演绎。在师生关系上，要克服过去"你教我学""你问我答"的对立状况，实现师生的双向互动，将"要我学"的被动局面转变为"我要学"的主动状态，将"回答问题"，变成"共同研讨"，从而探究现实。

扩大与媒体的相互交流，聘请更多的媒体资深评论家到新闻学院任教和兼职，同时提倡新闻学院的评论老师要熟悉新闻媒体，要熟悉评论写作，最好能写出较好的评论文章或制作较好的评论节目。在可能的情况下，积极组织学生到新闻单位的评论部见习，以增强感性认识和实际动手能力。参加社会实践，不仅对学生有帮助，对老师的教学也是一个检验，听听他们的反映，检查自己的教学和组织，对自己也是有好处的。加强对学生实习环节的重视，组织老师和学生在实践中共同提高，这是一个新课题，需要认真研究。

第二，加强新闻评论的社团组织，进行广泛的评论素质培养。现在，大学里大多成立了学生记者团一类的组织，对于培养学生的新闻素质是有好处的。在可能的情况下，还可组织新闻评论团一类的组织，吸收工科、理科、医科、管理、法律、政治等多学科的学生参加培训。从2001年起，华中科技大学新闻与信息传播学院与学校党委宣传部共同组织成立了该校的"新闻评论团"，2012年3月底，全国高校首份新闻评论报纸——《华中评论》在华中科技大学正式创办。第一期《华中评论》由该校新闻与信息传播学院2010级新闻评论班学生在老师的指导下独立完成。

第三，华中科技大学新闻与信息传播学院自2005年开设"新闻评论方向班"，实施单独的培养计划。新闻评论班设置一年的授课计划，上学期开设与一般新闻学院相同的新闻评论概论课，下学期则开设8个专题课，每个专题16课时，由一位老师讲授。这8个专题课是"新闻评论思想与思维""中外新闻评论比较""新闻评论名家名作评析""广播电视与新媒体评论""财经评论""法制评论""文艺评论""社会认识发现"。除了新闻学院的授课老师，还邀请学校马克思主义学院和人文学院的老师参与授课。还在大二暑期开设"社会调查与评论实践"(计48课时)，其目的就是通过实际历练，培养学生进行社会调查与制作新闻评论的实际能力，引导学生关心社会、勇于实践、砥砺意志、学会发现，培养高效率的动手能力。大三安排学生到媒体评论部进行大实习(3个月)。

第四，加强评论方向的研究生培养。在研究生入校之初就开始进行定向培养，由指导老师根据不同学生原来的学科背景和评论写作基础，与学生一起共同商定研究方向。在新闻评论高层论坛上，不少学生参与会议，广泛拜师，采访知名评论家，撰写了介绍他们的专访文章。这些活动对扩大学生的学术视野，提高对社会认识的深刻性都是大有好处的。

第五，实现教学与研究的协同推进，提高人才培养水平。华中科技大学新闻与信息传播学院成立"华中科技大学新闻评论研究中心"，通过发表论文、会议座谈和现场指导等方式，与《人民日报》《中国青年报》《杂文报》《湖北日报》《长江日报》《武汉晚报》《新闻战线》《新闻与写作》《嘉兴日报》等媒体进行合作。2007年开始，帮助《嘉兴日报》组建新闻评论部，实施"评论记者"工作机制，中国记协为此召开两次专题会议。先后举办七届新闻评论高层论坛、三届新闻评论教学开放论坛，为学界与业界提供了沟通的平台，促进人才培养与教学成果的理论化。据强月新、刘莲莲在《新世纪以来国内新闻评论研究的回顾与展望》(《武汉大学学报》2013年第6期)一文中的调查，华中科技大学团队发表的新闻评论论文位居全国第一。

华中科技大学新闻与信息传播学院培养出几十位优秀的专业评论人才，多人获得中国新闻奖，梁建强、张松超、贾宸琰、张宇等获得范敬宜新闻教育奖"新闻学子奖"。《培养中国特色社会主义新闻评论员——华中科技大学评论学社创新评论人才培养之路》获2016年高校校园文化建设优秀成果一等奖，2018年获教育部颁发的国家级教学成果二等奖(全国高校四年评比一次，新闻学科当年有四项成果获奖)。在此基础上，他们提出创办"中国新闻评论学院"，希望与有魅力有实力的媒体合作，共同开创这项新事业。

第十三章
新闻评论者素质要求

2016 年 2 月 19 日，习近平在党的新闻舆论工作座谈会上对新闻工作者提出新的希望和要求：要坚持党性和人民性相统一，把党的理论和路线方针政策变成人民群众的自觉行动，及时把人民群众创造的经验和面临的实际情况反映出来，丰富人民精神世界，增强人民精神力量。广大新闻舆论工作者做党的政策主张的传播者、时代风云的记录者、社会进步的推动者、公平正义的守望者。要转作风改文风，俯下身、沉下心，察实情、说实话、动真情，努力推出有思想、有温度、有品质的作品。

面对社会发展和媒体变化的新形势，新闻报道和新闻评论也要与之发生相应的变化。看不到这种变化，适应不了这种变化，就成不了合格的新闻人，更不能担当评论人的责任。这是当下新形势提出的新要求。这里说的新闻评论者，不仅包括在党报和电台、电视台、网站等新闻媒体工作的专业新闻评论员，也包括广大的业余评论作者，还包括在大学学习新闻评论的同学们。这里的素质要求是对一般的评论写作者而言的，对于从事党报等评论写作的专业人士来说，还有特殊的要求。

一、新闻人的特质要求

不论是专业人士，还是业余人士，既然从事了新闻评论的写作，就应该了解和掌握新闻工作者有别于其他职业者的一些特殊素质要求，这对提高我们的新闻评论写作水准是大有好处的。

形势的发展与变化，使新闻工作者在社会中的角色地位发生了重大变化。一是网络的交互性使网民掌握了传递信息的主动权，网民可以和新闻工作者共享新闻事件第一手资料和背景资料。"新闻热线"一类的栏目在不少媒体亮相，"新闻线人"作为一种新兴的职业开始萌生。新闻报道赖以存在的新闻源，不再是新闻记者的专利，独家新闻的发现比以往更增加了难度。二是传统传媒对舆论的控制权和主导权在削弱，任何一个网民与新闻传媒一样拥有随时发布新闻特别是发表思想观点意见的能力，突发性新闻事件的报道和评论权已经从新闻传媒者的垄断中走向大众。信息技术和新闻传播在世界各国和地区间的交流起着越来越大的作用。

形势的发展和变化对新闻人提出了更新更高的要求，笔者曾提出"新闻学院的学生当有新闻人的味道"：

2005 年，《新华每日电讯》发表了一篇报道，题为《新闻学博士不会写消息，算合格吗?》，文章中提到笔者的观点："新闻学博士连最常见最简短的消息、通讯、言论都不会写，我认为是不合格的毕业生，至少我会在论文答辩时提出质疑。"请注意，这里用的修饰词是"最常见最简短"。此论引起了关于"新闻学院该怎样培养和培养什么样的学生"的讨论。时至今日，这个问题依然没有得到很好的解决。

在现实生活中，如果我们碰到一名学医或其他专业的人，在交谈中会很快发现他的专业素养或倾向。这引发了我对怎样培养新闻学专业学生的思考。对于如何判断一名新闻学专业的学生是否合格或优秀，我推荐一个简单的鉴别方式——如果这名学生在出行途中、在与陌生人闲聊中没有作自我介绍或特别的交代，同行人对他的话题感兴趣，并有人试问一句"你大学是学什么专业的"或直接问"你是学新闻的吗"，就算这名学生合格或优秀了。

笔者在一篇文章里曾发表过新闻学院有必要向医学院学习的观点。医学院的临床教授大多是门诊的主任医师，他们具有看病和教学的双重岗位资格。医学院对他们的考核包括教学、临床和科研三项指标。医学院教授这种岗位角色的互换和融通，有利于他们的教学、临床和科研。有医学院人士提出，医学博士生如果不会独立地看病或做手术，即使完成了论文，仍将被视为不合格。新闻学院培养的学生，须具备勇于担当、善于传播的社会责任和专业素质。勇于担当，说的是一种不忘初心的历史再现，是一种精神、一种勇气、一种付出；而善于传播强调的是新闻专业有别于其他学科、凸显本专业特质的科学价值，是一种方法、一种技术、一种技巧。勇于担当，才能讲真话、道实情、扬善惩恶，成为社会的瞭望者、促进者；善于传播，才能做前人和他人没有想到和做到做好的新闻，取得更好的报道效果！

党的二十大报告提出，紧跟时代步伐，顺应实践发展，"敢于说前人没有说过的新话，敢于干前人没有干过的事情，以新的理论指导新的实践"。对于新闻学院来说，这也应成为培养学生新闻专业素养的指导思想。实践是检验真理的唯一标准，而时间则评判着人们认知和实践的是非功过、真伪优劣。华中科技大学新闻与信息传播学院为培养有新闻人味道的学生，做出新时代新理论指导下的新实践！①

形势的发展对新闻人提出了新的特质要求。

1. 以新闻的敏锐和智慧发现故事

这种特质要求是，记者发现新闻不再完全依靠"记者证"所显示的职业身份去获取。凭借记者证他可以和应该发现一般的新闻线索，但是，这还不够。因为，一般的大众有时也能发现这些新闻线索。新时代的记者应该以深厚扎实的新闻素养，以最快的速度去甄别新闻源的真假和轻重，去发现和发掘那些不为常人甚至包括其他媒体很难发现的新闻线索及其背景材料。当今时代，只靠行政命令、计划指标去进行采访报道的人，从严格的意义上来说是不配做一个新闻记者的。在新闻报道中，老是比别人慢半拍，老是报道无新意的新闻或偶尔还有假新闻出现，这种媒体是无法在竞争中取胜的，这样的记者也是不宜在新

① 赵振宇. 高校与主流媒体联手培养合格新闻人才的实践与思考[J]. 新闻战线，2024(5，上).

闻单位中谋一席之地的。发现故事是新闻记者其他一切工作的前提，没有发现，其他一切都谈不上。

"敏锐"是新闻工作者的职业特征，而这种特征是以"智慧"为前提的。一个称职的新闻工作者，当然要熟练地掌握新闻学的基本知识，由此，才可能具备新闻人的"智慧"，比一般人更快地发现新闻。但是，仅此还不够。还必须学习和掌握广泛而扎实的社会科学知识，并将这些知识融入新闻学的知识之中，使其成为铸成新闻人特质的系统知识。这是一个长期不懈的学习和实践过程，凡是有志于从事新闻事业者(不论是专业的还是业余的)都要做好这样的准备。发现故事是我们进行描述和评论故事的基础，所以，谁要想比别人更快更好地写出评论，就必须比别人更快更好地发现故事。对于一般的业余作者来说，更需要特别加强这方面的训练。

2. 以新闻的视角和手段描述和评论故事

这种特质提出的不仅是新闻人工作的技巧，更是新闻人与其他职业人的区别。哲学家从思维和存在、精神和物质的关系上来看待世界，给我们揭示世界运行的规律，帮助人们更好地认识和改造世界；经济学家研究社会的物质生产和再生产活动，他们揭示的是社会生活中经济运行的规律，帮助人们更好地认识、把握自己的经济生活，争取以较少的投入收获较丰盛的产出；文学艺术家用语言文字和其他形式(包括音乐、美术、舞蹈等)形象化地反映客观现实，给人们以美的享受，等等。不同职业者以自身特有的职业特长为大众服务，这是职业角色的基本要求。虽然在新闻媒体上时常有新闻人扮演其他职业者的体验式报道，但是，这毕竟只是一种体验，而且这种体验是新闻人的职业角色派生出来的一种报道需要。新闻也需要反映客观世界，但是，他们与哲学家、经济学家和文学艺术家不同，他们善于使用"新闻的视角和手段"。新闻人不是一般地反映世界，他们需要报道给大众的是有新闻价值的，能给大众一定的震撼、一定的回味、一定的启迪和一定的兴趣的信息，而这些信息又是凭借新闻人特有的表现手段，即用消息、通讯、特写、摄影、播音、图像、画面等形式和报纸、广播、电视、网络等载体来传播的。虽然学问家能撰写大部头的专著，文艺家能轻歌曼舞、吟诗作画，但是，他们中的大部分人不会或不善于从事新闻的写作和报道。新闻既然作为一种职业，它总是会有自己不同于其他职业的特殊要求，这就是新闻人看待事物的视角要不一样。世界上每时每刻都在发生着无数的事实，但并不是每一件事实都是可以和需要报道的。我们现在能够接触到的新闻报道特别是一些精彩的报道，为什么会受到大众的喜爱和欢迎，就是这些报道具有较强的新闻价值，新闻工作者按照新闻的规律和新闻报道的规律进行了选择和处理的结果。这种新闻人的特殊视角并不是一般人所能够具备的，即使是新闻工作者，如果不努力加强学习和训练，也是很难掌握和提高的。用"新闻的视角和手段"描述故事不是一件容易的事。除了描述故事，如何评论故事，在当前形势下显得更加突出和重要了。评论受到媒体的高度重视已是一种必然趋势。华中科技大学新闻评论团曾对中国加入世界贸易组织后全国主要媒体的新闻评论作过调查，发现：新闻评论的分量更重；新闻评论的时效性更强；新闻评论的论题更广泛；新闻评论的指向多元化；监督的异地化和异时化；新闻评论形式的多样化；新闻评论队伍的专业化和学者化。①

现在，时评又成为新闻媒体关注的评论品牌，它的兴起对提高社会的宽松度，扩大公民的自主活动空间，提供理想的交流渠道产生了积极的作用。可以这么说，随着科学技术和传播手段的发展和提高，媒体发现"独家新闻"是十分困难的；而新闻评论却可以担当"独家发言"的重任。在媒介市场，话语权就是力量。在我们注重发现和发掘独家新闻的时候，千万不要忘记和轻视了新闻评论。一家有战略眼光的媒体，一个有思想的新闻记者，都会重视新闻评论和新闻评论的写作与制作。

学习和培养"新闻的视角和手段"这种特有素质，是新闻事业发展的需要，也是新闻人区别于其他职业人的重要标志。凡是想从事新闻评论写作的人士都应该和需要加强这方面的训练。

3. 以新闻的威力和魅力促使故事在有利于大众和社会的轨道上完善和圆满

随着科技进步和民主发展，新闻媒体在社会上越来越发挥出它的威力和魅力作用：扶正祛邪，揭露腐败，使一切社会的丑恶势力和不道德行为受到惩治和鞭笞；救助贫弱，弘扬光明，让我们的社会更加充满团结、友爱、和谐和希望，故此，新闻媒体受到社会各界人士的广泛重视。

我们常说，人民创造历史。在创造历史的人群和进程中，就包括广大的新闻工作者在内。新闻工作者创造历史是以两种不同的方式来实现的。一种是记者职业所需要的最基本要求，即用自己的笔、镜头、话筒、摄像机、网络等手段来真实地记录历史、反映历史，以满足受众知识、思想、情趣、休闲等方面的需要。在中外新闻史上，记载着许许多多叱咤风云的精英人物。人们永远不会忘记他们在记录和传播中国及世界的文明历史中作出的杰出贡献。另一种则是新闻工作者以职业者的形象公开地参与或以特殊身份隐蔽地深入某一事件和活动中，遵循客观事物发生发展的基本规律要求，与事件和活动的当事者一起促使事物向着策划者的旨意行进。由于有了记者的参与，由于新闻报道的威力和魅力，使得该项活动得以圆满和完善；在事件发生发展的过程中，由于记者的努力，使记者的旨意和当事者的意愿基本相符；由于有了新闻工作者的参与策划，可以更多地发现新闻，可以更好地报道新闻，从而使传媒自身水平不断提高，声誉不断扩大。新闻工作者勇于担当，善于传播，宣传"解放思想、实事求是"的思想路线，促使国家工作重心由"以阶级斗争为纲"向着以经济建设为中心转变；宣传报道了一大批焦裕禄、孔繁森、袁隆平、屠呦呦、钟南山式的先进模范人物，鼓舞人民士气；揭露审判了陈希同、陈良宇、薄熙来、周永康、徐才厚、令计划等一批腐败分子，坚守社会正义。正是由于新闻工作者的努力工作，以他们的特有方式促进我们国家向着富强、民主、文明、和谐的目标发展。

如今锻造全媒型专家型人才，要秉持"到一线、循规律、出佳作"的原则。

所谓"到一线"，就是到新闻发生的地方，到可以发掘新闻的地方。新闻并不只是表现在基层，高层也是新闻的多发地和富矿区，在省市机关、国务院、中南海、联合国甚至太空都会有新闻。国家的路线、方针、政策的出台，有关公共人物、公共事件和内政外交

---

① 赵振宇. 新闻评论的现状与持性[J]. 城市党报研究, 2004(2).

方面的变动，都可能包含着重大新闻，它们都是我们新闻工作者时刻需要关注的地方。2012 年 12 月 6 日《长江日报》一篇《七常委参观"复兴之路"出行不封路》就是在武汉市委举办的学习十八大精神研讨会上抓到的"活鱼"，获得中国新闻奖一等奖。如果说到新闻发生的地方报道新闻需要记者"腿长""腿勤"的话，那么，到可以发掘新闻的地方找新闻则更需要记者"动脑""脑勤"。我们常说，新闻"要抢"，有时新闻也是"要养"的，这里更需要媒体加强新闻报道的组织策划了。

所谓"循规律"，说的是一切新闻报道都要遵循社会发展的规律和新闻报道的规律。"走基层"应该这样，"到一线"也该如此，这里自然包含着"转作风"和改变其他一切不正之风。新闻报道必须遵循社会发展的规律，它是新闻活动的基本前提。新闻记者只有敏锐把握时代发展的脉搏，才能够拥有真正的新闻敏感性，并做好新闻报道工作。因为从根本上说，新闻敏感性首先来源于对规律的把握。从我国社会发展的实践来看，我们对社会规律的认识是不断深化的。新闻报道一定要按新闻规律办事。

首先，尊重新闻事实，其过程、细节等都必须真实、客观、全面，否则就会造成新闻失实或者出现假新闻。新闻失实存在两种情况，一种是记者把明知不真实的事件或者是故意捏造的事件以新闻的形式报道出来；另一种情况是记者由于采访不深入、不细致或者受到客观条件的限制造成的部分新闻要素失实。不管是哪一种情况，都违反了新闻必须真实这个基本规律。

其次，新闻报道策划不能违反新闻规律。新闻报道策划是新闻传播的主体，其遵循事物发展和新闻传播的基本规律，围绕一定的目标，对已占有的信息进行科学的分析和研究，着眼现实，发掘已知，预测未来，制定和实施相应的政策和策略，以求最佳效果的创造性的策划活动。①

所谓"出佳作"，就是我们的报道必须是客观、真实、全面的，必须鞭笞邪恶，弘扬正气，必须有利于问题的解决以及促进社会和谐持续发展。出佳作自然应该包括好的文风，但不仅于此。什么样的作品是好作品呢？笔者认为，一件好的新闻作品既要有新闻价值，也要体现出社会价值。优秀的新闻作品应该为群众喜闻乐见，能够反映百姓的呼声，引起党和政府对急需解决的问题的重视，对社会进步有促进作用。群众对媒体感兴趣的前提就是媒体的新闻报道和新闻评论能够反映他们的呼声，代表他们的切身利益。因此，新闻工作者"要善于分析具体情况，看各阶层人民有什么困难、要求和情绪。要采取忠实的态度，把人民的要求、困难、呼声、趋势、动态，真实地、全面地、精彩地反映出来"②。

我们现在的一些报道存在的主要问题是形式主义严重，脱离群众，这也是新闻报道难以出现精品的重要原因。长期的新闻实践告诉我们，社会的发展动力可以来自对成功和经验的总结，也可以来自对失败和教训的吸取。新闻记者的监督报道可以提醒决策机关和领导者，使其言行符合公众期待，发现公共决策和政策执行的不足和漏洞，提醒有关部门及时改进和弥补。新闻先驱者普利策曾说："假如国家是一艘航船，新闻记者就是桅杆上的

① 赵振宇. 新闻报道策划(第二版)[M]. 武汉：武汉大学出版社，2015：7.
② 刘少奇. 对华北记者团的谈话(一九四八年十月二日)[J]. 新闻战线，1982(1).

瞭望手，他要及时发现暗礁和险滩，使航船能顺利航行。"①优秀的新闻作品应该为党和政府的决策发挥好监测环境的功能，并促进社会在正确的轨道上运行。

二、新闻评论人才面临新挑战

1. 新闻评论：培养什么样的人才

新闻评论者的素质要求，一直是人们关注的问题。有很多的学者对此进行了论述：

> "一个评论家应有的形象是什么？我的回答是：他是一位具有专门学识的专家，也是一位头脑冷静，智慧卓越的通人；他是专家与通人的复合体，是一位理性主义者，经验主义者和实用主义者。"②

> "对于评论工作者来说，除了具备新闻工作者的基本修养外，在某些方面还应该有更高的要求。他们必须不断地提高自己的思想觉悟和理论政策水平，知识渊博，目光敏锐，特别是要有运用马克思主义的原理分析和解决实际问题的能力。"③

资深报人丁法章先生在《新闻评论教程》中谈到评论工作者的基本素养时说道："评论工作者究竟应当具备哪些基本素养呢？作为党报的评论工作者，首先应当是党的思想政治工作者，是具有真知灼见的政治家、目光敏锐的观察家、思想深邃的理论家和关心实际生活、充满激情的社会活动家。换言之，一个具有敏悟力、剖析力、表达力和知识面广的优秀评论工作者，应当具有政治家的热情和眼光，理论家的头脑和判断，社会活动家的活力和本领，杂家的智慧和博学，作家的技巧和感情。这样的评论员可以称为政论家。我们当然并不需要每个评论工作者都成为政论家，但是，应该以此作为目标，高标准地要求自己，刻苦磨炼砥砺自己，不断加强自身的素养。"④

"杨柳青"的作者储瑞耕在总结自己的新闻特别是评论生涯时，提出了"一重三有"论："一重"是重人格；"三有"是有作品，有理论，有影响。

所谓重人格，在涉及我们面对自身和社会两个方面的时候具体地体现出来。"穷则独善其身，达则兼济天下"（《孟子·尽心上》），"铁肩担道义，妙手著文章"（李大钊语），这些都应当作为重要的参照系。

所谓有作品，首先要有数量，然后要有质量。在互联网形势下，发表作品还要有所创新，要有自己的特点。

所谓有理论，要求对自己业务范围内的事情，有所总结，有所条理，有所"议"，有

---

① 赵浩生. 美国的新闻事业[M]//新闻研究资料（第二辑）. 北京：中国社会科学出版社，1980：72.

② 王民. 新闻评论写作[M]. 台北：台北联经出版事业公司，1981.

③ 范荣康. 新闻评论学[M]. 北京：人民日报出版社，1988.

④ 丁法章. 新闻评论教程[M]. 上海：复旦大学出版社，2003.

所"论","论"出点带有个人特色的"道道"来。

所谓有影响,既指作品也指作者,大致通过这么几个渠道、途径、方式反映出来:一是作品的发表和被转载,二是作品和作者的获奖,三是作品和作者在社会上产生的实际影响力(形成舆论或者进入他人的研究视野或者促使了实际问题的解决)。①

新闻评论是新闻学的一个组成部分,是一门理论性和实践性很强的科学,同时也是新闻工作者应当学习、研究和逐步熟练掌握的科学。新闻评论的水平高低往往成为衡量媒体水平的重要标尺。目前,我国新闻评论员素质参差不齐,新闻评论教学在国内尚未形成科学化的运作模式,在中国加入世贸组织和网络媒体发展的大背景下,当前国内新闻评论在传媒中反映的问题越来越多,培养高素质评论队伍事不宜迟。

新闻评论随时代而演变,随着民主政治进程的推进,新闻评论的天地更加广阔,评论的环境更加宽松。就写作风格而言,新闻评论从纯之又纯的说理性文章发展到不再囿于新闻事实本体的调查性评论;就评论领域而言,新闻评论不再仅仅点评时政,而是广泛延伸到经济、文化、体育、科技、军事、国际等诸多领域;就体裁品种而言,新闻评论渐渐脱离议论文的大框架,形成一支较为壮观的力量……新闻评论的演变对新闻评论写作者与研究者也提出了新的要求。今天的新闻评论人才,总体而言素质比过去更加全面,不仅要有政治家的责任感,还要有合理的知识架构和新闻工作者的敏锐。

专家学者们对培养目标提出了很好的建议。

一是认为新闻评论工作者应该具备良好的综合素质。有的提出既要有独到见解,又要懂得服从服务于改革发展稳定的大局,最好是兼备政治家的责任感、学者的渊博和新闻工作者的敏锐。

有的认为首先要有较丰富的文史哲知识、深厚的人文科学底蕴和一定的现代科学常识,其次要有逻辑的,修辞的知识,最后才是新闻传播的知识。

有的坚持新闻评论者要有对历史事件、新闻事件的分类积累,有清晰的时空观念并密切关注时局的发展,对评论课题的来龙去脉全面掌握并加以认真思索。

二是认为培养目标应该分类,不能"一刀切"。提出培养目标分应用型人才和研究型人才两类,前者是为了向各类传媒输送评论员,更侧重于培养学生的业务素质和动手能力,后者是为了向高校和科研单位输送研究型学者,更偏重于培养学生的学术眼光和研究能力。

有的学者说,不仅要考虑报纸对评论员的需求,还要考虑电子媒体和网络对评论员的需求。此外,仅就报纸而言,社论与专栏评论就有区别,体育评论与娱乐评论也不一样,这些在培养目标上都要体现出来;

有的专家则从纵向对培养目标进行阐述,认为培养的初步目标是让学生胜任主流媒体的时评、短评等工作,并能写出在全国有影响的评论文章,长远目标是能胜任本报评论员及社论主笔工作。

从专家学者们提出的新闻评论者培养目标来看,他们对未来新闻评论者的素质要求是

---

① 储瑞耕. 当今传媒人素质系列谈[J]. 今传媒,2009(4-7).

比较高的，既重政治思想素质，又求社会道德良心，还要求知识结构合理、知识积淀丰富，并呈现出开放、递增、创新的状态。可见，培养出合格的新闻评论者非一日之功，学校的培养工作只是引领学生走入新闻评论殿堂的大门，至于进一步的登堂入室，还需要更长的时间、更多的历练和更辛勤的积累。

无论是新闻评论员、评论节目主持人、深度报道记者还是新闻评论研究型人才的培养，其方式必然不同于一般的新闻传播类专业人才的培养。就思维能力而言，新闻评论人才的水平要求更高；就知识门类而言，新闻评论人才的知识涵盖面更广；此外，对新闻评论人才在民主意识、科学精神、独立品格、宽容胸襟等方面的要求，也比一般新闻传播类专业人才要求更加严格。因此，必须瞄准能力素质目标，在教学、实践等方面探索创新，以非常规的手段培养合格的新闻评论人才。

就培养的具体方式，专家学者们提出了很多宝贵意见。

第一种观点认为要实施课题型教学，在教学实践中探索积累教学经验并形成系统的理论，以指导后续教学。

第二种观点认为要夯实基础，可以通过讲授、研读或观摩名家作品以及专业基础课的教学来进行。

第三种观点认为要强化实践，多开展实际的新闻评论写作与摄制课程，激励学生积极参与新闻采编、社会实践与社会调查。

第四种观点认为可安排学生到媒体评论部实习或包干一个媒体专栏，或联系媒体著名评论员以"一对一"的方式帮带学生。

第五种观点认为要先"统"后"专"，知识面的拓展和普通专业知识的学习应当在大一和大二完成，大三着重于学生专业知识和思想认识的深化，同时掌握新闻评论写作的技能和方法，即具备将所学的知识转化为撰写新闻评论的实际能力。

还有的专家学者建议采取本硕连读方式或在研究生中设立新闻评论班。

专家学者们提出的诸多培养方式，极富启发和创新意义，大致有夯实基础、课题教学、强化实践、联系媒体、分阶段推进等。其中很多具体意见，比如请媒体的著名评论员以"一对一"方式帮带学生，采用本硕连读方式等，因种种原因，实施上存在一定难度。但是，要培养出优秀的新闻评论者，需要我们积极进取，多想办法，创造条件，将专家学者的建议尽快变成现实。

2. 新闻评论：应该读些什么书

学校在培养新闻评论人才时，必须充分发挥学校的师资力量，狠抓课堂教学环节的质量，为学生提供最紧要、最精当的课程。社会实践环节固然相当重要，但在新闻评论教学中，社会实践环节的重要性还不能与其他新闻业务专业相比。不夸张地说，一个合格的新闻评论人才，必须具备思想家的素质。而其思想之深邃、洞察之敏锐、分析之张力，来自于其全面的知识架构。因此，有必要将新闻评论教学的课堂变成启发思想、训练思维、增长才识的互动练习场。

就目前来看，课堂教学始终是培养学生的重要环节，而课堂教学中最重要的内容仍然是知识的传授。在专家学者们的建议中，涉及文史哲、政治学、经济学、伦理学、时政、社会调查、思维训练以及研究方法等诸多课程。这些都是很好的建议,但为新闻评论工作奠定坚实基础的知识积累过程,更多的还是要靠学生在课余完成,这应该是一个有志于投身新闻评论领域的学生的自觉追求。

学制环境内的课堂教学起到的是一种"抛砖引玉"的作用,是要将学生带入新闻评论写作、编辑、研究的大门,却没有足够的时间用于传授各门类的具体知识。因此,要求学生在课堂之外勤于读书,广泛涉猎。可以说,课堂教学激起了学生的学习兴趣,启发了学生在新闻评论方面自我成长的思路,而对知识积累、写作技巧等基本功的掌握,还需要学生在课外完成。为学生设置科学合理的书目,使他们较快地具备写作一般新闻评论的知识功底,为他们的进一步成长奠定坚实基础。

要多读古今中外优秀言论范文、全国每年获奖的优秀评论作品、当代中国社会问题分析及时政方面的书籍以及文学、政治、法律、哲学、历史、经济、社会学、伦理学、社会心理学等方面的经典著作。

对于新闻评论初学者而言,一般要经历学习、研究、模仿评论名家名篇的思考和写作过程,才能最终达到自成风格的境界。除此之外,还要广泛涉猎新闻评论可能涉及的各知识门类的书籍。至少,应该主攻自己将要从事的某一方面的新闻评论的相关知识类书籍。这是新闻评论者比新闻记者难做的地方,也是新闻评论者成就自我、实现自我的必由之路。

三、新闻评论者的素质要求

党的二十大报告指出,需要各级领导干部担当作为。以满腔热忱对待一切新生事物,不断拓展认识的广度和深度,敢于说前人没有说过的新话,敢于干前人没有干过的事情,以新的理论指导新的实践。新闻评论者在实践中要注意把握好以下几项基本原则:

(一)民主意识

评论表达的民主意识是指表达者所具备的有关民主的观念和认识,它包含两个层次:一是公民对民主内涵及相关意义的认知,民主意识是国家公民最基本的意识要求;二是公民在表达意见时对民主内涵及相关意义的认知体现。

民主意识的第一层含义是指在一定的社会历史条件下,社会主体对于社会民主制度、主体民主权利、民主参与的观念和认知。社会如果缺乏民主观念的引导,人类将会被专制和暴政束缚,社会成员将失去平等、自由和自身的合法权利。

民主意识的第二层含义是指有关民主政治的基本价值准则。现代社会,民主意识拥有更加丰富和具体的内涵。民主意识是作为社会主体的公民对国家政治制度和自身政治权利的观念反映,同时也包括对国家民主制度运行以及相关法律制度的认识。现代社会民主意识已经成为衡量社会民主水平的重要指标,民主意识是民主的主观条件,主体民主意识的强大与薄弱直接制约着民主发展的实际水平。

由于民主意识属于社会的上层建筑部分,因此对国家经济的发展也起着重要的作用。

具体的民主政治普遍认为，民主应该由一些可以辨识和容易执行的价值准则构成，大体包括平等主义、参与意识、法律观念、协商理念。

新闻评论者要在实践中不断学习和提高自己对民主意识的认识和运用。民主知识的学习是评论者参与表达的重点学习内容，也是培养公民民主意识的基础。民主是保护人类自由的一系列原则和行为方式，它是自由的体制化表现。在学习掌握民主一般知识的基础上，特别要学习和把握中国民主的发展历史。党的二十大报告在第六部分"发展全过程人民民主，保障人民当家作主"中指出："全过程人民民主是社会主义民主政治的本质属性，是最广泛、最真实、最管用的民主。""我们要健全人民当家作主制度体系，扩大人民有序政治参与，保证人民依法实行民主选举、民主协商、民主决策、民主管理、民主监督，发挥人民群众积极性、主动性、创造性，巩固和发展生动活泼、安定团结的政治局面。"

"事实胜于雄辩"，说的是蕴含着深刻道理的典型事例对于提高人们的思想意识、辨别是非是大有帮助的。新闻报道和新闻评论的不断变化、不断前进的发展态势让人们看到了新闻评论的繁荣，透过越来越多的言论版的开设、言论作者队伍的扩大，可以看到，真正的推动力量是新闻评论者在新闻评论实践中将民主意识付诸实践的努力，这种努力是通过一个一个的新闻事件、一篇一篇的新闻评论作品来完成的。人们在参与民主管理、民主监督、民主协商的实践中，也会通过一些典型案例学习和加深对民主意识的理解和信念。

(二) 科学精神

科学精神是对真理的追求，不懈追求真理和捍卫真理是科学的本质。科学精神体现为继承与怀疑批判的态度，既尊重已有认识，同时崇尚理性质疑；科学精神是对创新的尊重，创新是科学的灵魂。科学尊重首创和优先权，鼓励发现和创造新的知识，鼓励知识的创造性应用；科学精神体现为严谨缜密的方法，每一个论断都必须经过严密的逻辑论证和客观验证才能被科学共同体最终承认。任何人的研究工作都应无一例外地接受严密的审查，直至所有对它的异议和抗辩得以澄清，并继续经受检验。这些都是新时代对新闻评论者提出的新要求。

人类社会发展的历史告诉我们，公民表达对于公民自身而言，可以促进人格的自我实现和人性的自我发展，从而获得成就感与满足感；而对于社会而言，公民表达可以使政治不断民主化，集思广益，解决社会问题，针砭时弊，促进社会进步，最终增强全体公民的参与意识。要发挥上述任何一项社会功能，科学精神都是必不可少的。

科学精神在评论表达中发挥着重要作用。它能够激发人们的探索欲，指导人们的探索过程并最终帮助人们检验探索结果；它能够规范人们的表达，让一切言行在科学有序的前提下进行，促使人们选择合适的时机、合适的媒介，讲出有价值的真话；它能够帮助公民发现社会弊病，帮助解决社会问题，全面提高公民素养，最终促使我国社会进步发展。

掌握科学的思维方法对于培养评论者的科学精神来说有着重要意义。科学精神比科学的思维方法高一个层次，前者支配后者，后者是前者的表现。一个人只有思考问题的逻辑方法正确了，科学精神才能得到体现；否则，胡乱思考一气，是谈不上有什么科学精神的。公民表达一定要学习逻辑规律、掌握逻辑定理、学习论证方法，这样才会培养起科学精神。在新时代媒介环境下，树立公民表达科学精神愈加重要。但是，科学精神的树立不是一蹴而就的，人们在参与社会实践中要扩大视野，提高能力，增长才干，同时这也是人们探求真理的过程和培养科学精神的大好机会。

先有新闻报道，后有新闻评论。在新闻事实后，如何确定主题，如何组织评论材料，特别是要说别人未想之理，讲他人未讲之论，这些需要人们遵循科学精神进行再认识再思考，使其表达展现一个新角度，达到一个新高度。现在有些媒体开辟了"想到就说"的评论栏目，笔者以为欠妥。新闻评论是对一种事实的判断，是非曲直、或好或坏，这是一个需要认真思想和分析的过程，要经过概念、判断、推理和论证，不是"想到就说"能够奏效的，"想好了再说"更符合科学精神的要求。

(三)独立品格

独立品格是指作为认识与实践主体的人，应该具备的自主思考和决断的品性和品行。评论者在遵循民主意识和科学精神的前提下，意见表达是否坚持了独立品格尤为重要。鼓励大家讲心里话，就是要在此时此地此问题上，根据自己的思想和需求发表真知灼见。独立品格要求我们在意见表达时，避免脱离实际、浅尝辄止、是非不辨、千篇一律，而是需要揣一颗真心，怀一腔道义，在核准事实的基础上想方设法以精辟的见解和独特的洞察力对事物进行深刻分析，力求拓展一方新天地。独立品格包括自主意识、批判精神、责任意识和勇于发出第一声等内容。

评论者要在众说纷纭中培养独立品格。人们在表达时，要对评论的事件发表属于自己的与众不同的，能够引人思考、研究、共鸣或争鸣的意见。这些意见不受外界和其他舆论的影响，具有作者本人和媒体自身的独立性。当媒介市场激烈竞争，当媒体为新闻报道同质化而苦苦探寻解决之道时，评论的独立精神显得尤为重要。人云亦云、亦步亦趋、见风使舵、阿谀奉承不是新闻评论的风格，自然，它也不是评论作者应有的品格。

理论思维是洞察事物实质，揭示事物本质或过程的内在规律的抽象思维，即根据事物固有的内在规律进行创造性的思考或遵循辩证思维和逻辑思维的统一。哲学思辨能力是理论思维水平的生动体现。公民参与社会管理发表意见，一要坚持全面地看问题。既要看到问题的这一点，又要看到另一点或另几点，坚持"两点论"，防止顾此失彼。抓问题要抓关键因素，但又不能轻视次要因素，防止次要矛盾上升为主要矛盾，小问题变成大问题。同时，又要防止把事物的每一面等量齐观的"平衡论"。二要坚持发展地看问题。要有一种预见能力，看到事物的发展趋势。在党的理论、路线、纲领、方针、政策出台后，要能够看到学习、宣传、贯彻、执行中的难点。三要坚持联系地看问题。按照马克思主义的经典表述，世间万事万物皆有联系，每一事物都是普遍联系链条上的一个重要节点。联系地看问题，就能防止把事物的各个部分、一事物与他事物割裂开来。

(四)宽容胸怀

什么是宽容？《现代汉语词典》解释为"宽大有气量，不计较或不追究"。房龙在其著作《宽容》中参考了《大英百科全书》："该书第 26 卷 1052 页这样写道：'宽容'（源自拉丁语 tolerare，忍受），容许别人有行动和判断的自由，对不同于自己或传统观点的见解的耐心公正的容忍。"[①] 宽容意味着各种相异的事物之间的多样化共存。此外，宽容承载着平等与公正的理念。它既存在于道德层面，也存在于哲学和政治层面。从微观上看，宽容是一个人行走于世的态度，是一种度量、一种胸怀，它要求我们以平等、互敬之心看待世间的人与事，它表现在我们生活中为人处世、待人接物的方方面面；从宏观上看，宽容是一个社会的价值理念，历史告诉我们宽容是和谐、发展的必要条件，是人类世界前行之翼。

联合国教科文组织于 1995 年 11 月 16 日第二十八届大会规定每年的 11 月 16 日为"世界宽容日"。2000 年联合国通过的《千年宣言》中，将宽容作为 21 世纪国际关系必须建立其上的根本价值之一。2011 年，联合国秘书长潘基文在"国际宽容日"致辞，呼吁每人每天奉行宽容，消除偏见和仇恨。

中国数千年的农耕经济造就了中国文化兼容并蓄的包容性格。春秋战国时期诸子百家争鸣，儒家、道家、法家、墨家在争鸣中共进。中华文化的显学"中庸之道"包含了宽容的意境。人们常将中庸之道的精神归纳为三个原则：慎独自修、忠恕宽容、至诚尽性。

宽容意味着容错创新；宽容意味着沟通与交流；宽容意味着关爱与尊重；意见表达以尊重他人为底线；明确宽容限度，避免无原则地简单接受。宽容与和稀泥、左右逢源不是一回事，不能混为一谈。宽容以明辨是非为基础，不能无原则妥协。竞争就是宽容的题中之义。只有竞争，真理才日益接近；只有竞争，社会才能进步。同时，宽容是有限度的，超过了某个限度，宽容即为不明智和非正义行为。无原则的多元将导致人们对周遭所有的事情失去价值判断力，失去宽容的可贵之处，宽容必须在限度之内。

为了培养评论者的民主意识、科学精神、独立品格和宽容胸怀，评论者需要终身学习，不断加强理论和知识修养：

其一，持之以恒，与时俱进。理论学习是一个长期的过程，不可能一蹴而就。虽然也有临时抱佛脚的情况，但是，系统全面地学习一些理论知识总是必需的。而且，这种学习一定要与现实生活的实际紧密联系，不能用那些已经被历史证明是过时的或错误的理论来指导评论的写作。

其二，用科学的理论说明现实生活。理论的生命力在于运用，在于它能说明和解释社会生活中的种种现象和问题，还是毛泽东说过的那句话，谁说明的问题越多，谁的本领就越大。我们学习理论的目的，不在于装门面吓唬人，而在于能够研究和说明现实生活中出现的种种问题，释疑解惑。这是一个广阔的领域，这是一个长期的过程，写作者应做好这样的准备。

其三，要经得起历史的检验。新闻记者特别是评论作者，不能人云亦云，随风摇摆，不能今天说是东，明天说是西，总是你有理。我们常说，实践是检验真理的唯一标准。谁的理论正确，谁的理论错误，不由谁说了算，社会实践是最好的检验官，一检验、一对照就清楚了，明白了。评论者写文章，不仅能为当时的现实服务，同时也要经得起历史的检

---

① [美]房龙. 宽容[M]. 郭兵，曹秀梅，季广志，译. 北京：北京出版社，1999：11.

验。评论者要养成这样一种习惯，时常翻阅一下自己的作品，不时地检查和反思一下，过去的东西有多少在今天看来还是正确的或有很强生命力的。一个评论作者，争取多写一些经过历史检验是正确的有生命力的好评论。这是一个理论基础问题，同时也是一个做人的道德问题，需要引起评论作者的注意。①

评论作者要努力争当某一方面的专门家。评论的工作性质决定了他们的工作接触面是十分广泛复杂的。由于其职业特性，要求他们的知识面要广要杂，但是，这丝毫不意味着编辑记者不能成为某一方面的专门家。随着科学技术的进步和发展，各种学科和技术分工越来越细，评论作者如果对自己评论的对象或编辑的稿件不甚了了，是很难担当起评论作者和编辑重任的。文化界有人提出"做学者型的作家"，新闻界有人提出"做学者型的记者"，笔者认为是完全可以也是必需的。

学习和掌握丰富的知识是进一步培养思维能力和想象能力的基础，是开发智能的前提条件。没有丰富的知识，开发智能也就成了一句空话。评论作者的知识结构需要有整体性、变异性和自动调节性的特征。整体性指的是知识结合和组成的过程及知识的总量。人的知识总是不断丰富的，绝不会停止在一个水平线上。据英国技术监测专家詹姆斯·马丁推测，人类知识在目前每三年增加一倍。作为每天都处在学习环境之中的评论作者，其知识的总量增长得会更快。从这个意义上说，评论作者的知识结构是处于发展和变动之中的。这种变异性不仅是知识总量的增减，而且表现为结构本身的变化。各个层次的知识圈在知识总量中所占的比重会不断得到调整，这就体现了自动调节性。现代科学技术的迅猛发展，使人类积累的知识量以几何级数剧增，称为"知识爆炸"。电脑功能的增强和日益普及，促使电脑硬件研究和软件开发相关的新知识成果迅速膨胀，并且带动形成一个崭新的产业——信息产业，以信息产业为标志的新的人类社会形态，称为信息社会。在信息社会，不断地学习和掌握各种历史及现代科学知识是市场竞争中的一项重要内容。"柏林墙的倒塌和 Windows 操作系统的建立"被美国学者、普利策奖得主托马斯·弗里德曼称为"碾平世界的十大动力"之一。②

评论者需要有广泛的兴趣爱好。马克思作为一位职业革命家，他不仅有丰富的哲学、经济学、历史、法律等科学知识，还有很深的文学素养，对于海涅、歌德、莎士比亚、但丁、巴尔扎克、塞万提斯等著名作家和诗人的作品都很熟悉，很多名句他能背诵，可以随时引用。在科学上，马克思有很高的造诣，他研究过物理学、化学、地质学、天文学、生理学、解剖学。马克思还特别精通数学，他写的《数学手稿》，使读过此书的数学家都感到很有科学价值。不仅如此，马克思还是一位杰出的语言学家，他不仅会德语、法语、英语、俄语，而且能阅读欧洲大多数国家的文学作品。这样广泛的兴趣，使马克思掌握了渊博的科学知识，使他的头脑武装得像一个智慧的宝库，"无论何时，无论任何问题，都可以向马克思提出来，都能得到你所期望的最详尽的回答"③。

① 赵振宇. 讲好真话[M]. 武汉：华中科技大学出版社，2019.
② [美]托马斯·弗里德曼. 世界是平的[M]. 长沙：湖南科学技术出版社，2009：42.
③ 张召南，卢翰章. 伟大的精神 光辉的榜样[J]. 政法论坛：中国政法大学学报，1981(2).

新闻评论是一种意见表达，现在，国家已将"表达权"作为公民的一项重要内容予以保障，作为评论者来说，难道不更该加强表达意见的训练么？善于发表意见是一种表达艺术，不能因为评论者有思想，敢于讲话，就不管外部环境，不讲究行文方式，那样也是收不到好效果的。评论作者的素质要求是一个综合概念，也是一个系统工程，需要评论者毕生的努力学习和不断实践。

党的二十大报告指出："加强全媒体传播体系建设，塑造主流媒体新格局。"下面介绍几位中央和地方媒体评论部负责人对进一步深化发展我国的新闻评论事业提出的深层次思考，以帮助我们更好更全面地认识和做好新闻评论、发展新闻评论。

《工人日报》编委、新闻评论部主任刘文宁在《强化新闻评论三个意识，提升主流媒体引导力》(《新闻战线》2023 年第 6 期)一文中指出：

一是大局意识：坚持正确导向，把握时效度。以正确的政治方向、舆论导向和价值取向为根基，深耕"工"字特色。工人日报的"工"字特色，狭义指与工人、工厂、工会相关的话题，即与普通劳动者就业及职场相关的问题，包括工业和服务业等在内的行业改革与发展，还有各级工会组织的工作重点及改革创新；广义的还包括基于普通劳动者立场去感受和观察社会的独特视角，涉及与普通劳动者日常生活密切相关的民生等诸多领域。精准把握新闻评论的时度效，切实增强新闻评论的传播力、引导力与影响力，是主流媒体的必修课。

二是问题意识：紧盯前沿问题，在矛盾交汇处做文章。破局思路具有重要的现实价值。今后一段时间，呼吁相关制度、法规的完善，促进对新就业形态劳动者权益保护，是"工"字特色媒体义不容辞的责任。

三是受众意识：让评论更有针对性和说服力。追求应该是设置的"最大公约数"，把握好敏感问题的平衡，将与受众的共情带入评论的全过程。"受众与我们同在"。对于受众意识的探索才刚刚开始，更多有效路径还有待今后不断去摸索、总结和拓展。强化大局意识、问题意识，受众意识，努力占据舆论引导、思想引领、文化传承、服务人民的传播制高点，主流媒体新闻评论需要在实践中不断迎接挑战、坚定前行。

同年，她还在《共情，新闻评论的流量密码》一文(《中国记者》2023 年第 9 期)对"共情"作了进一步的阐述：共情，在心理学家看来，是理解他人特有的经历并相应做出回应的能力，是"那种能看透别人的内心和灵魂、知道他们的想法、感受他们的情绪的能力"。它是跨越人与人之间鸿沟的一座桥梁。

强化与受众的共情，努力与受众达成情绪、情感及心理的共鸣，进入"我们在一起"的情景，引导受众在感同身受中自然而然地认同评论的主张，这种做法越来越成为提升新闻评论影响力的有效途径。强化共情的力量，在方法论层面某种程度地影响着新闻评论的运作模式，成为媒体深度融合发展进程中新闻评论寻求突破的一条可期路径。

"浙江宣传"编辑部总编辑李攀在《做强主流舆论应走出四个误区》(《中国记者》2023 年第 3 期)一文中介绍了"浙江宣传"上线以来的发展情况：

2022 年 5 月 30 日，"浙江宣传"正式上线。9 个多月来，"浙江宣传"既始终坚持导向正确，也努力赢得大流量，为做强主流舆论贡献绵薄之力。从效果来看，70%以上的文章阅读量超过10万+，不少文章在舆论场上掀起阵阵涟漪，其中一些爆款成功出圈，受到广泛关注。比如，《"人民至上"不是"防疫至上"》一文在公众号的阅读量就达到2000万，全网阅读量超过12.5亿人次。

接着，他提出当下主流舆论应走出四个误区：

误区一：不屑于赢得流量，习惯于内部循环。从这个角度来说，媒体工作者应该培养流量思维。移动互联网主阵地，自己不去占领，别人就会去占领。怎么让读者在我们的作品上停留更长时间、获取更多的精神养料，是值得媒体人思考和研究的。

误区二：不敢于旗帜鲜明，习惯于绕来绕去。要想做到敢于发声、善于发声，功夫需要下在平时。一方面，媒体工作者应加强学习，提高穿透现象认识事物本质的思维能力。比别人想得深，才不会说外行话。另一方面媒体工作者应加强调研，到基层去，到一线去，才能了解真实情况，深入认识复杂的中国。

误区三：不精于文字表达，一味追求应用创新。我们相信，不论技术如何迭代，文字依然有承载思想、击中人心的力量，文字写作不会过时，好学善文理应是媒体工作者必备的素质。要想锤炼文字本领，得下一番苦功夫。

误区四：不善于平等对话，居高临下命令说教。在移动互联网上，在很多细分领域，他们的看法是专业的，甚至比媒体人的认识更加深入。我们不应妄自菲薄，但也不应过于自信，而是应该真诚地和网友交流，坦诚地表达想法，让读者体会到我们是在平等地和他们沟通、对话。

为此，"浙江宣传"开辟"学习在浙里"专栏，努力把理论写得明白晓畅，娓娓道来，层层分析，让广大读者能更好理解我们党的理论政策、路线方针，知其然更知其所以然。

《新华日报》全媒体评论理论部记者韩宗峰在《新闻评论既要有问题意识，也要有建设思维——从〈新华日报〉"新华时论"看党报评论的"问"道》(《中国记者》2023年第6期)一文中写道：

> 问题是时代的声音。有价值的观点，往往是在直面问题中诞生的。面对纷繁复杂的新闻事件和社会现象，谁能发现问题、提出问题、解决问题，有切中肯綮的分析和丰满扎实的论证，谁就能站在舆论前沿。作为省级党报新闻评论专栏，《新华日报》"新华时论"一贯坚持问题导向。专栏作品或关注工作重点难点，或聚焦社会焦点热点，多带有较强的问题意识和问题导向。专栏评论往往围绕问题选取特定角度深入分析，阐释基于调查研究或理性思考后的观点，力图对事物发展中的矛盾进行梳理，提出解决建议。"新华时论"迄今已办了十多年，不少评论产生重大影响、获高层次奖项，其中9篇获得中国新闻奖，成绩的取得离不开专栏所秉持的问题导向和建设思维。
>
> 一是善于"发现"：在把握脉搏中找准问题。紧抓经济社会矛盾找问题，立足改革发展大局找问题，坚持在"没有问题"中发现问题。

二是善于"定位"：在全面把握中分析问题。批判性与建设性相结合，深度与广度并存，时效性与时代性并存。

三是善于"表达"：在创新形式中呈现问题。引领而不带领，中庸而不中立，刻练而不刻板。

四是善于"作答"：在注重效果中解决问题。强化针对性，瞄准问题"靶标"提对策；强化建设性，避免"无声的呐喊"；强化可行性，意见建议要能落地。

"新华时论"正是根据这一思想，发表了一些颇具影响力的好评论，有效提高了评论价值和专栏品牌声望。如专栏作品《警惕"精致的形式主义"》《多研究"人均"背后的问题》《警惕"专家观点"成为"利益俘虏"》，无一不是透过事物表象，敏锐发现隐藏性问题的典型作品。还有评论《跳出"地级市思维"》《别让"行政等级"限制"发展能级"》，指出自我设限、自我矮化、自我固化等当下亟待警惕和破除的"地级市思维"。针对改革冷热不均、思维偏差等问题，推出评论《重视消除改革温差》《拨开"改革触顶"的思想迷雾》《对标补短不能搞"田忌赛马"》，引导领导干部冲破思想迷雾，勇于自我革命。针对出台政策过程中的问题，推出《出台政策不能如此"拿来主义"》《不能让集体决策沦为集体违规》，切中政策出台过程中的弊端。针对问责过程出现的问题，推出《莫让问责泛化伤了"勤洗碗者"》《杜绝"下不为例"式问责》，将问责泛化、问责软化等问题揭示出来。

《河南日报》新闻评论中心副主任薛世君在《以评论创新提升舆论引导力》，(《新闻战线》2023年第15期)一文中指出，在移动互联时代，舆论场众声喧哗，传统新闻评论存在内容同质化、语言程式化、形式单一化等问题，面临发展空间受限、内容竞争乏力等挑战。为此，需要做到以下几点：

第一，语言范式的创新。移动互联时代，用户阅读旨趣发生巨大变化，新媒体鲜活生动的语言范式对传统媒体的语言文本构成冲击，新闻评论、新闻报道等迫切需要在文字风格、语言范式上进行文本创新。做好新闻评论，要善于用讲故事的方式表达观点、进行论证，优化阅读体验、提升内容黏性，达到潜移默化的说服效果。《河南日报》融媒评论栏目"豫论场"，以自带亲和力的群众语言、"网言网语"，对焦点及时关切，对热点理性分析，在文本创新上进行积极探索，取得了好效果。

第二，写作方式的创新。多去基层采访、多掌握一手信息，扬长补短、采写互促，成为新闻评论创新突围的必然选择。《河南日报》坚持评论员下基层采访的长效机制，要求评论员每个月都要去基层采访，并专门开设"基层走笔"栏目，刊发评论员或记者到基层采访后撰写的评论。因为掌握了大量一手资料和丰富的群众语言，评论不飘、不浮，通篇"接地气""带露珠""冒热气"，具有贴近性和可读性。

第三，体裁形式的创新。全媒体时代，短视频因声画结合、分发渠道多元，互动性强等优势，逐渐成为做好新闻舆论引导工作的新抓手。近些年，主流媒体通过入驻或自建短视频平台、借助短视频进行媒体深度融合等方式，积极进行视频化探索，促进观点传播、强化舆论引导。

第四，组织模式的创新。河南日报社成立新闻评论中心，整合子媒的评论资源，建立起评论工作报题、写作、编校、审发的闭环管理机制，统筹调配、协同写作、联动发稿。时政评论一般由《河南日报》评论员负责，财经话题由大河财立方评论员撰写，法律话题由《河南法制报》评论员主笔，"三农"话题由《河南日报》农村版评论员操刀，既可充分发挥各子媒评论员的业务特长，提高评论作品的专业性，也有利于提高评论生产效率、壮大主流舆论。

青年是引风气之先的社会力量，新时代需要青年好声音。《湖北日报》两名"95后"评论员，以笔为旗，用年轻化的表达阐释大政方针、回应民生关切，写下一篇篇视角敏锐、文笔清新的评论作品，抵达人心，凝聚力量。在党媒评论融合发展的道路上，他们迎风生长，努力唱主角，挑大梁，用文字表达对时代、国家和社会的思考和态度，在"立言"中立志、立身。下面，我们看一看两位《湖北日报》"95后"评论员的工作体会：

> 程曼斯：党媒评论理论工作是一项政治性很强的业务工作，也是一项业务性很强的政治工作。参与撰写社论、评论员文章、时事评论、新闻漫画点评等写作任务后，我更加深刻领悟到评论员文章中"党心连着民心"这六个字背后的责任与担当。
>
> 作为一名"95后"，入职两年多来，领导、同事常建议我要多读书、多思考、多写作，不然要被掏空了。保持学习的习惯，时刻做好准备，对于评论员来说是必需的。只有不断更新知识体系，汲取他人的智慧，才能在急难险重的任务关头顶得上、立得住。
>
> "文章立意高，融合历史与现实，有纵深感和时代感；作文时主题集中，分析推理有逻辑，同时行文相对活泼，不呆滞笨重。"这是我对优秀党媒评论的理解，也是要持之以恒努力的方向。
>
> 余姝满：对于"95后"的我来说，一出校门就直接跨入评论理论中心，是一次思维提升、思想碰撞的独特体验。站上"评论战场"，到新媒体阵地"一线发声"，深度参与重大系列评论，让我认识到"评论员"三个字，分量之重，责任之大。
>
> 写评论就像做学问，任重而道远。我时刻提醒自己：做一名年轻又老到的评论员。年轻，不只是年龄，而是始终保有一颗火热的心，带着感情去观察社会民生；老到，不是老气横秋，而是要持之以恒地积累知识、辛勤耕耘，以认知的高度、思想的深度、感情的温度，去创作经得住时间检验的评论作品。①

在新传播格局下，党报评论如何做到登高望远、融入大时代，以观点制胜，提供价值增量，从而保证在舆论场上"刷新"存在感，扩大主流价值影响力，《南方日报》理论评论部主任助理、南方+客户端编委丁建庭撰写了《新传播格局下学报评论如何提升影响力》一文(《南方传媒研究》2022年第1期)，尝试回答这些问题：

① 程曼斯，余姝满. 95后也能当好评论员[N]. 湖北日报，2023-01-03.

一、登高望远，融入大时代观

党报评论要发挥思想旗帜的引领作用，必然要登高望远，深刻洞察所处的时代，坚持与时代同频共振，始终走在时代前沿，积极回答时代课题。因此，要求评论员在评论写作中自觉融入大时代观——保持大时代的恢宏视野，顺着大时代的发展大势去思考、去评判。

二、观点制胜，提供价值增量

党报评论要想在舆论场上叫得响、传得开，提供有思想力、有价值增量的观点特别重要。新时代是决胜全面建成小康社会、进而全面建设社会主义现代化国家的时代，由深圳先行示范，为全国提供样板，规划引领、试点先行、逐步推广，这样才能看清深圳先行示范区建设的深远意义，也才能明白社会主义现代化强国的进击之路。不人云亦云，不照搬照抄文件，党报评论及时进行抽丝剥茧解读、给出逻辑严密的论断，才能为公众更好地理解国家大政方针提供有力参考。

三、融合发展，重塑生产流程

媒体融合是大势所趋，评论员挺进互联网主战场也是势所必然。这些年，《南方日报》坚持融合发展，2016年推出新媒体评论栏目"叮咚快评"，2019年成立报刊网端理论评论部，集合党报、党刊、党网、党端优势资源，全面融合，取长补短，放大优势。在全国两会期间，不同的栏目重点呈现在不同的平台上，报纸主打"南方时论""两会观察"，网端则主打"叮咚快评""叮咚看两会"，适应分众化、差异化传播趋势，在舆论场上嘹亮唱响"南方声音"。

四、守正创新，增强效果意识

党报评论融合转型做得好不好，最终要靠传播效果来检验。如果传播不出去、没有人关注，花再大力气写出的评论也不是好评论。所以，党报评论必须把握好受众的需求特点和变化，用创新的评论品种和鲜活的话语体系去吸引和引导受众群体，既要避免"受众过了河，我们还在摸石头"的尴尬，也要走出"自说自话、自娱自乐"的误区，真正实现产销对路、入脑入心。

第十四章
新闻评论实践与思考

　　新闻评论的一个重要功能就是针对社会突发的，或有影响的，或引人关注的，或令人费解的事实、现象和问题，发表有思想、有理论、有逻辑的论述和解读。在今天信息资源日益增多，数据变化异常迅猛的形势下，把握好事实的真相，适宜地解读和评述当下的世界，是新闻评论者一项神圣的职责。本章结合笔者多年来从事新闻评论操作实践及体会，谈谈在做好新闻评论方面的感悟和反思，供同学们在评论实践中学习借鉴。

一、新闻发现是新闻评论的基础

　　新闻评论在新闻传播中发挥着重要作用。在这里，新闻评论必须依赖于事实，不论这个事实是现在、新近或将要发生的事实。事实是第一性的，评论是第二性的，后者是对前者的一种思想反映。缤纷多彩、变化万端的新闻事实构成了我们生活的丰富世界。注意发现、观察、收集人们司空见惯但却有评论价值的新闻事实，是做好新闻评论的第一步。

　　2014 年 5 月 8 日，新华社发出通稿：武汉市政府发文倡导"时间文明"。报道中说，开展以"时间文明"为主题的相关活动，有助于城市的发展以及提升城市形象，也体现了武汉市"敢为人先，追求卓越"的城市精神。"记者了解到，倡导'时间文明'活动源于赵振宇教授在 2014 年武汉市两会中的提议。当时，他通过多张照片，提出武汉市公共场合存在时钟不准，以及部分单位存在不能守时、惜时等问题。"

　　通稿发表后，中央人民广播电台立即组织策划在"全球华语广播网"播出了该台记者在英国、日本和非洲等地采访与时间文明相关的报道。《北京日报》、《沈阳日报》、《杭州日报》、《新民晚报》、《今晚报》、《长沙晚报》、人民网、新华网、新浪网等全国几十家媒体予以报道和评论。笔者先后也写了一些评论，如《"时间文明"可以"马上有"》（《文汇报》2014 年 2 月 10 日）、《倡导"时间文明"新理念》（《光明日报》2014 年 3 月 13 日）、《追逐梦想需要"时间文明"》（《人民日报》2014 年 5 月 8 日）等。

　　其实，关注时钟，提出"时间文明"理念最早源自 2011 年笔者出访美国时的一些感受。

　　当时笔者到美国参加一个学术会议，有机会在美国东部的纽约、费城、华盛顿、波士顿和阿默斯特等地行走。在笔者经过的繁华都市、幽静小镇，不论是道路还是景点，都会在醒目处悬挂着不同时代、风格各异的时钟或电子计时器，而且每座时钟都与当地的标准时保持一致。时钟的悬挂，不仅给人美的享受，还在时时给人们提醒，比如到达此处的时间是多少，两地间的时差是多少，还有多少时间到达下一个目的地。总之，当人们在广袤的美国大地运动时，时间处处与其结伴而行。笔者的美国之行虽是走马观花，但对各处悬挂的准时的时钟却是记忆深刻。

但也有例外的情况发生。在一所大学的孔子学院参观时，笔者惊奇地发现明明是上午11时，墙上的时钟却停摆在8点10分！会后笔者与中方副院长交谈，她说"没电池了"，笔者说"所有时钟的停摆都是这个理由"，她表示会马上更换新电池。

时钟问题，是大家生活中常见的现象。但是，通过走出国门的深刻对比，却可以发现问题。评论依赖于事实，而时钟准不准的事实是大家都能感知和认同的，于是将其作为选题也就有了广泛性和代表性。新闻评论作为一种社会舆论，力求对社会的发展和进步起到一定的积极作用。这种作用越大，评论的价值就越大。评论虽然发表了，也引起了城市管理部门的某种注意，但是，仅此还是不够的。作为一个评论者，要进行持续不断的跟进与关注。

发现新闻的敏锐性，是评论者应该培养和不断提升的基本素质。2014年1月，笔者列席了武汉市政协会议。1月5日，参加小组会议时，笔者发现会议驻地酒店的钟快了10分钟；6日，乘坐会务组车辆时又发现车上的钟慢了10分钟；到了主会场武汉剧院，发现当时已经10时多，但剧院三楼的钟仍然停留在8时14分；7日早上，再去武汉剧院开会，又特意去看了三楼的钟，发现钟仍然停在8时14分，笔者请人对照自己的手表拍下了照片。当天下午笔者参加了与市长的对话会，将上午拍摄的照片和以前在美国拍摄的照片在会场上展示，提出了城市时钟不准的问题。

前一天就发现时钟慢了，为何笔者要等到第二天才去拍照呢？这里有一个选择事实的时机问题。新闻人常爱说"抢"新闻，这是很对的。所谓"抢"新闻，一是"抢"对事实的传播，二是"抢"对事实背后观点的发表，"抢"是新闻人的常态。有的新闻除了"抢"，有时还需要"养"，即选择传播的合适时机和最佳选题。

推动社会进步、时代发展，远不是发表一篇报道和评论就能实现的，它需要新闻人的共同努力，需要全社会人群的配合，特别是管理部门的科学管理、工作部门的有效工作，而且要持续不断地坚持下去，方能达到目的。笔者在地方机关和学校的讲座中，也结合自己看到的时钟问题提出了改进意见并写出了受人点赞的评论。

在信息骤增、碎片无限的时代，谁有比别人更多可用的知识，谁提出比他人更深邃独到的见解，谁的言说就更可能令人耳目一新。天下事瞬息万变，对于一个评论者来说不可能事事处处都在第一时间发表具有真知灼见的独到观点。此刻，想好了的可以先写，没想好的或事实还不明了或其他不宜发表的，不妨采用延时的方法，将评论的由头或思想"养"起来，换一个地方或换一个时间再予以发表，这就是"新闻评论要养"的原因。前面介绍的有关"时间文明"理念的形成和多篇评论的撰写过程就是一个不断积累、升华和发挥的"滋养"过程。

时至今日，有关"时间文明"的话题，笔者一直在关注，新华社、《长江日报》、极目新闻等媒体还有相关报道和笔者新发表的评论。

二、在新闻评论中讲好故事

时下，新闻人都在研究新闻报道如何讲好故事，为什么呢？这是因为典型、新奇、有感染力的故事才能吸引人、打动人、引导人，提高新闻报道的传播作用。其实，新闻评论也要讲好故事。所谓讲好故事，就是把评论赖以存在的事实讲清楚讲明白，让它起到"事实胜于雄辩"的作用。

所谓故事，是对过去发生的事实或事件的回忆与讲述。在新闻评论中，选择和运用故事除了作为事实论据论证主题，有时也借以抒发作者的情感，为整篇文章的立论和论述起到铺垫和渲染的作用。社会上好多人都会讲故事，不同学科、不同专业、不同职业的人都会讲自己熟悉的故事。但是，评论者讲故事有自己特殊的要求——所有的讲述都是为论证服务的，也就是说，我们所选择和讲述的故事都要发挥事实论据的作用，要成为支撑观点的有力助手。

评论中要把故事讲好，但不是说故事讲得越多越好。如果故事选取或讲述不当，不仅不会使文章添色，反而会影响文章的说服力，让读者一头雾水，不知所云。

在论证中，故事与故事之间也是有联系的，先讲什么故事，后讲什么故事，也是有讲究的。不分时间的先后，不讲故事之间的逻辑联系而随意列举，只能表现出作者思维的混乱，于评论的论证也是没有好处的。

故事中反映的事实是新闻评论之"本"，如何选择和讲好故事关乎评论的深度和广度，可考虑以下几点：

(1)选择真实的故事。在新闻评论的故事选择中，一定要审慎。其一，它是否符合事物发展的一般规律。现代科学技术的发展使我们眼花缭乱、目不暇接。但是，当我们在写评论、选择故事时，一定要有清醒的头脑，运用马克思主义的基本原理去辨别一下，看它是否符合事物运动的基本规律。如果相悖而行，就一定要果断地舍弃掉，哪怕它再生动再感人。其二，要认真核查故事的出处。当下新媒体的竞争使不少的虚假新闻蜂拥而至，网络媒体的发展更使发布新闻的渠道大大地拓宽。在这种情况下，评论者在选用故事时，一定要核查该故事的出处，对于那些似是而非、出处不明、把握不准的故事，不要轻易相信。宁可放弃或搁一段时间，也不要急忙采用。

(2)选择经典的故事。经典的故事经过历史的沉淀和流传为人们所熟知，故事中的道理也为人们所接受。选择经典故事，将经典故事编织成绚烂多彩的花环，这样可以真正达到"事实胜于雄辩"的效果。新闻评论中的经典故事选择可考虑以下几点：一是它的独特性，即该事例是其他场合所没有或很少见到的；二是它的针对性，即该事实的运用既能反映该类事物的现状，又能促进该类事物的改变和促进它的发展；三是它的时代性，即该事例的运用反映了当今时代的特征和特点，能激起人们的共鸣。

(3)选择自己经历的故事。自己经历的事情，感受真切，论述起来也就深刻许多。当然，自己经历的事情有时会受到个人喜好、认识的限制。所以，要注意从整体上把握故事的真实性和客观性，防止以偏概全，更不能以私情谋私利、泄私愤。在评论中选择自己经历的故事，一般用在生活随笔、思想漫谈一类的小评论，而在本报评论员和社论一类的评论中，所选择的事例则要求有时代的厚重感和人群的整体性，这样才能更好地说明问题。

下面讲几个笔者经历的故事和就此写的评论。

2022年元宵节（2月15日）前夜，笔者突然收到朋友托快递员送来的礼盒。第二天笔者以特约评论员的身份为《楚天都市报》"极目视频"录制了一段短视频——《深夜送货的快递小哥辛苦啦！》。

> 昨天（14日）晚上十时许，我和家人准备入睡了，突然房门铃声响起——快递员上门送货，朋友送的礼盒中有洪山菜薹、蔡甸莲藕和武昌鳊鱼，正好为今天的元宵节增添喜气！
>
> 随着时代的发展，快递业务骤增，每天有五六万名的快递小哥奔驰在武汉三镇的大街小巷，他们中有抗疫的模范，也有火中救人的英雄。即使在家人团聚欢度新春佳节之际，他们还有人留守江城，在这夜深人静的时刻为我们送来朋友的问候和亲人的祝福。在此，我要道一声：快递小哥辛苦啦，元宵节快乐！

日前，笔者在小区的微信群里读到这样一条短信："家人们，这是那些磨好的刀，赶快到共享厨房这里来领取哦，一会儿就要收摊了。"原来，小区物业为了解决住户磨刀难的问题，特地到市里请了一位"磨剪子戗菜刀"的老师傅为大家服务，由专人负责登记看管，费用由物业支付。一天的工夫，老师傅磨刀200多把，快到下班时间了，还有不少人没来取磨好的刀，所以管家发了那条提醒短信。我回复了一条"'家人们'一句叫得好！"的短信，对方回复说："我们到了小区就是一家人！"

据此，笔者写了一篇《为小区物业的一句"家人们"叫好！》的评论：

> 磨刀事不大，却解决了家家户户做饭人需要解决的难题；一句"家人们"拉近了服务者与被服务者的距离，一句"家人们"体现了人与人的亲密关系，一句"家人们"更体现了社区和社会的进步！人们走向社会，都在一定的时间、空间里学习、工作和生活。一份称呼，体现了大家在社会中的身份和位置，同时也有了一份责任。在家庭、社区和社会生活中，一句"家人们"总比那些称被服务对象为"上帝""老板"要好。习近平总书记曾强调，"社区虽小，但连着千家万户，做好社区工作十分重要"。"与邻为善、以邻为伴"的邻里精神是中华优秀传统文化的重要组成部分。
>
> 随着时代的进步，我们有更多的人步入社会，他们是社会公民；进入单位，他们是各种不同的职业者；随着社会的发展，我们会有更多的人应声"家人们"的呼唤回归社区，与友人相邻，与家人相聚。在这里他们可以得到更好的休养调适，为走向社会补充更多的物质和精神养分！我们的社区和社会，需要紧紧抓住人民最关心最直接最现实的利益问题，采取更多惠民生、暖民心举措，着力解决好人民群众急难愁盼问题。让大家在实际生活中，不仅能感受小家庭的舒适和谐，更能感受到国家大家庭的

富裕温情!①

讲好中国故事是十八大以来以习近平同志为核心的党中央提出的重要任务。习近平总书记不仅是讲好中国故事的倡导者，更是讲好中国故事的实践者。在他的带动下，越来越多的热心者加入到讲中国故事的队伍中，越来越多的中国故事被挖掘出来，也有越来越多的听众、观众、读者和受众喜欢上了中国故事。党的二十大报告中再次提出要在新时代新征程中"讲好中国故事、传播好中国声音，展现可信、可爱、可敬的中国形象"。习近平总书记在党的新闻舆论工作座谈会上指出，讲故事就是讲事实、讲形象、讲情感、讲道理。这个讲话对新闻评论工作者来说也是十分重要的。在评论写作中，我们需要把握以下两点：

其一，用真实情感讲述客观发生的故事。在这里，要用大家听得懂、感受得到的故事情节、事例、数据和词语，讲述客观存在的真实故事，注意书面语言和口头语言表达的不同。在当今大数据时代，一定要把握准确、优质、全面、真实表现的事实，避免错误、劣质、局部、虚假伪装的信息。要注意选择社会广泛关注或应该关注而尚未关注的信息，核实信息的真假，以建立网络时代极其需要的公信力。在故事中我们要讲成绩，榜样的力量是无穷的；同时，我们也要说问题，只有克服这些不足我们才能更好地进步。为了更好地贯彻落实党的二十大精神，在辞旧迎新的关键时刻，中央政治局召开民主生活会，习近平总书记再次提出，鼓励基层干部群众讲真话、讲实话、讲心里话。对发现的问题，要分析原因、找准症结，有针对性地研究解决。所谓讲真话、讲实话、讲心里话，就是讲自己对客观现实的真实反应(意见和建议)。在现实生活中，"真实"常常与"虚假""伪装"相对应，"虚假"说的是与现实不符，而"伪装"则是凭借外部力量有意掩饰真相。讲真话、讲实话、讲心里话就是"实事求是"的态度，"实事"就是客观存在的一切事物；"是"就是客观事物的内部联系，即规律性；"求"就是我们去研究。因此，讲真话、讲实话、讲心里话，其实际上就是一种"实事求是"作风的真实体现，它镌刻在中共中央党校的大门题词石上，足见其重要性。只有众人都参与商量，才能真正反映民意，把众人的事情办好。议论纷纷，有利择善而从，畅所欲言，方能把握实情。只有这样，我们才能形成有集中又有民主，有纪律又有自由，有统一意志又有个人心情舒畅、生动活泼的政治局面。

其二，在新闻评论中讲故事，要以科学理论为指导，揭示故事中蕴藏的深刻道理。"去粗取精，去伪存真，由此及彼，由表及里"，运用判断、推理和论证让大众明白故事里的科学道理。"讲好"故事，不仅要用真情表白打动人，更需要用故事中蕴藏的观点、理论、思想征服人。科学理论是指导我们党坚定信仰信念、把握历史主动的根本所在。在讲好中国故事的过程中，通过评论，通过说理，解读和辨析中国现状，特别是发展中出现的矛盾和问题，帮助国人和世界正确认知和信服中国。我们常常引用恩格斯的话："一个

---

① 赵振宇. 为小区物业的一句"家人们"叫好[EB/OL].[2023-08-22]. http://www.ctdsb.net/c1715_202308/1874460.html.

民族要想站在科学的最高峰，就一刻也不能没有理论思维。"①面对网络信息的骤增和混杂，谣言止于公开，抹黑需要揭露；真理的力量在于科学，科学是需要理论阐释和普及的。面对以美国为首的西方国家政要和媒体的谣言生事，抹黑"唱衰"中国，我们要记住习近平总书记的话："我们有本事做好中国的事情，还没有本事讲好中国的故事？我们应该有这个信心！"②讲事实才能说服人，讲道理才能影响人。只要讲故事的人有情感、讲科学，故事就有感染力和说服力。党的二十大报告指出：需要各级领导干部担当作为。以满腔热忱对待一切新生事物，不断拓展认识的广度和深度，敢于说前人没有说过的新话，敢于干前人没有干过的事情，以新的理论指导新的实践。我们要将这一精神落实到讲好中国故事的评论之中。③

三、在新闻报道中发掘新观点

新闻报道给大众讲述了事实发生的经过，交代了时间、地点、人物、原因和结果。读者接收这些信息后，会依据自己的人生经历、知识积累以及个人偏好对这则消息作出自己的判断。一般来说，这是不错的。但是，有的新闻报道内容很多，评论者应该将其中重要的观点提炼出来阐述清楚，并告知大家，更好地帮助人们阅读报道，加深认识。这是评论者的一份重要职责。

新冠疫情期间，武汉采取了严格的防疫措施。2020年2月6日，湖北省潜江市委书记吴祖云在接受中央电视台白岩松电视连线时说，在钟南山还没有到武汉时，他们"从武汉得到消息后，觉得这个事情太大了，所以先下手。哪怕冒一点点不是太合规的风险"。1月17日他们就集中收治了32位确诊的发热病人，在湖北省内第一时间做出相关反应，"把病毒围困在最小的单元范围内"，给科研人员以研究药物的时间，再去迎接硬仗、苦仗，"一定能挺过这一关。"正是因为他们在"不确定信息"面前不是等、靠、要，而是从本地实际情况出发，审时度势，顺势而为，做出符合本地实际的正确决策，使潜江市在全省疫情统计中排名倒数第二（神农架林区倒数第一）。他说，只要是真正为老百姓着想，老百姓们是能够理解和配合的。前几年笔者在武汉"电视问政"的现场与吴祖云接触过，也感受到了他的不俗表现。

据此，笔者以"特约评论员"的身份在2020年2月13日新华社"半月谈评论"上写了一篇评论《面对"不确定信息"，领导干部要敢于担责！》。

　　领导者的一个重要职责就是在重大问题面前要果断决策，决策的前提是要对意见作出正确判断。我们常说要"集思广益"，为什么，就是在纷纷议论中有多种意见，

① 马克思恩格斯选集（第三卷）[M]. 北京：人民出版社，2012：875.
② 中共中央党史和文献研究院. 习近平关于总体国家安全观论述摘编[M]. 北京：中央文献出版社，2018：115.
③ 赵振宇. 融合情感与理性 讲好中国故事[N]. 湖北日报，2023-03-17.

有好的、差的、不同意见、反对意见，有多数人赞同而真理又可能在少数人一边的意见，有当时看似正确或错误后来又被证明是错误或正确的意见……如何面对和判断这些意见，需要有完善的表达机制和接受程序。

"择善而从"更对领导干部的考验和检验。邓小平同志说："我们领导同志的责任，就是要把中央的指示、上级的指示同本单位的实际情况结合起来，分析问题，解决问题，不能当传达室，照抄照搬!"大自然和人类社会的发展变化多端，好多事情是我们事先无法全面准确预料的，举措自然会相对滞后和软弱。面对"不确定信息"，对领导干部来说仍是一个考验。潜江"冒了一点点不是太合规的风险"，意味着可能判断失误造成一定程度的损失，可能违反有关规定犯错误甚至更严重，但是，在人命关天的突发事件面前，领导干部应该承担这样的责任，作出相应的决策。

不久前中央印发《关于进一步激励广大干部新时代新担当新作为的意见》，其中就有"建立健全容错纠错机制，宽容干部在改革创新中的失误错误。"我以为，按照习近平讲话精神，在这疫情"大考"中，应提倡和激励更多的领导干部和办事人员，面对"不确定信息"敢于担责，提高自己管理决断能力，为抗击疫情夺取最后胜利再建新功!

2022年11月17日下午，国务院联防联控机制举行新闻发布会，针对疫情防控相关热点问题进行了权威解答。为了坚持"人民至上、生命至上"，落实"外防输入、内防反弹"总策略和"动态清零"总方针，必须坚决反对"一封了之"和"一放了之"两种倾向。2022年11月18日《楚天都市报》报道，自11月11日二十条优化措施颁布后，截至17日12时，整治层层加码问题专班已累计转各地群众投诉问题线索13万条，办结率为99%。

这是一条中央有关部门制定二十条优化措施颁布后，各地迅速贯彻落实，细化执行方案，取得积极效果的报道。但是，在报道中我却发现"群众投诉问题线索13万条，办结率为99%"，说明还有1%即1300条线索没有解决!

当天，笔者以"极目新闻特约评论员"身份写了一篇《整治层层加码，为啥还有1300条投诉问题不能办结?》的评论：

在整治层层加码问题上，各地迅速成立有关整治专班，在一周时间内已累计转各地群众投诉问题线索十多万条，办结率近百分之百。团结才能胜利，奋斗才会成功。这个成绩取得，充分显示在这场关乎人民生命健康的抗疫防疫大战中，为了不折不扣、科学精准落实疫情防控优化措施，人民群众敢于反映、揭露问题，有关部门认真负责地听取意见、改进工作。

但是，在整治层层加码的工作中，还有百分之一的投诉线索不能和没有办结。按此比例推算，就有1300多条投诉存在的问题或原因不明、或职责不清、或处罚不力。这样，隐患就仍然存在、问题就没有解决。随着时间的推移，就可能出现会酿成更大的问题，造成更严重的危害!"人民至上、生命至上"，它不是挂墙上的一时口号，它更是我们一切工作特别是在疫情防控中需要持之以恒的行动指南。经过近三年的抗

疫大战，我们取得了令世界瞩目的成绩。在成绩面前，我们还需看到存在的问题和不
足，将一切有可能影响和危害大局的不良因素查出来、消灭掉，以保证我们取得这场
旷日持久战役的最后胜利！

新闻报道中有大事，也有我们身边的小事。多年来，笔者注意到城市环卫工的工作服一
直是橙黄色，有人的衣服都褪色了还在穿，笔者觉得应该随着时代的发展而有些改变才是。
后来又读到武汉公交驾驶员更换新制服报道，便写了一篇《能否为"城市美容师"环卫工设计
一套时尚工作服》，在 2023 年 10 月 16 日"九派时评"上发表：

> 时代在发展，职工的工服也在变化。据媒体报道，近日武汉公交驾驶员更换了新
> 制服，不同工作年限的司机还佩戴了以深蓝为底色，缀有武汉公交 logo 和金色竖杠
> 的肩章。此举不仅提升职工出行的责任感，提高服务质量，还为城市文明窗口增光
> 添彩。

......

武汉数以万计的环卫工，多少年来都是身穿同一套工服在武汉三镇的大街小巷工
作。2013 年 1 月 2 日，《武汉晚报》曾在头版以一篇《千万富婆扫大街，余友珍两种身
份一种本色》的报道，拉开了新年报道的序幕。……当时报纸上配发的照片，就是我
们熟悉的橘黄色的工服。

2013 年 1 月 2 日，环卫工余师傅在清扫马路（武汉晚报记者 何晓刚 摄）

评论最后写道：

　　武汉的干净整洁的美化环境，离不开数以万环卫工人的辛苦劳作。时代在发展变化，遍布武汉各个城区街道的环卫工人的工服，也应顺时而变化，既能反映环卫工人的职业特征，也要保障工人们在武汉夏热冬寒的气候环境下从事户外作业。有关管理部门和设计人员，能否为他们，为武汉的优美环境，设计一套冬夏适宜，科学时尚的环卫工服？

四、学习领会和阐释文件精神

　　现实问题是一切研究的源头；关注社会，参与实践，与时俱进是一切研究者的职责。一个有良知、有社会责任感的新闻人，应该是知识和文凭、关注和投入、批评与建设三者的完整统一。

　　新闻报道要从大量的社会事件、事实、现象和问题中发现有新闻价值的东西，采写出来，传播出去。新闻评论则是要在此基础上，探究这些新闻事实背后的原因、源头和发展趋势，揭露其本质的东西，反映其规律性。那么，在我们国家的政治生活中，许多会议、文件、法规和领导讲话中，有很多重要精神是需要学习、领会和阐释的，于是这也就成为新闻评论选题的一项重要内容了。

（一）关注新提法，促进新发展

　　2002 年，党的十六大报告中首次提出，"要着重加强制度建设，实现社会主义民主政治的制度化、规范化和程序化"。从"程序化"首次提出至今的 20 多年，我们党在"程序化"的提法上有了新的变化。关注这些变化和发展，可以帮助我们更加深刻地理解中央文件精神。

　　2007 年 10 月，党的十七大报告中提出："坚持社会主义政治制度的特点和优势，推进社会主义民主政治制度化、规范化、程序化，为党和国家长治久安提供政治和法律制度保障。"

2012 年 11 月，党的十八大报告中在谈到全面建成小康社会时特别强调，"加快推进社会主义民主政治制度化、规范化、程序化，从各层次各领域推进公民有序政治参与，实现国家各项工作法治化。"

2017 年 10 月，党的十九大报告提出："推进社会主义民主政治制度化、规范化、法治化、程序化，保证人民依法通过各种途径和形式管理国家事务，管理经济文化事业，管理社会事务，巩固和发展生动活泼、安定团结的政治局面。"

2022 年 10 月，党的二十大报告强调坚持走中国特色社会主义政治发展道路，提出："全面发展全过程人民民主，社会主义民主政治制度化、规范化、程序化全面推进。"

近 20 年来，我们党在每一届代表大会报告中都提出了"程序化"的内容，在修饰"程序化"一词时，十七大报告用的是"坚持"，十八大报告是"加快推进"，十九大报告虽然用的是"推进"，但在"程序化"后面加了一段话："保证人民依法通过各种途径和形式管理国家事务，管理经济文化事业，管理社会事务，巩固和发展生动活泼、安定团结的政治局面。"二十大报告则在"程序化"后面加了"全面推进"。

笔者从 20 世纪 90 年代中期开始关注和研究程序理论。1998 年 10 月 23 日笔者在《科技日报》发表《也要重视程序科学化》一文，被评为全国报纸理论宣传优秀短论奖。笔者还发表了大量的论文和评论，还主持了一项与之相关的国家社会科学基金课题。所谓程序，是指事物运动的某种次序或过程或环节。在大千世界里，不论是自然的运动，社会的运动，还是人类的思维运动，无处不存在着程序。可以这么说，人们的一切努力和奋斗都在寻求一种程序，一种适应自然、社会和人的思维运动的程序；一切成功者的表现都在于不断地克服来自自身和外部的干扰或破坏，调适各种程序，使系统运动趋于一种整体上的和谐完美。程序化大体包括程序的科学性、程序的公开性和程序的合法性等方面的内容。

党的十八届四中全会强调："制度化、规范化、程序化是社会主义民主政治的根本保障。"只有程序规范方能保证民主政治过程科学，才能保证我党的"依法治国"战略举措得以实现。

在民主政治建设过程中，包括民主的政治制度、运行机制、监督机制、决策机制、参与方式、实现方式、决策方式、决策程序等建设，任何一个环节都离不开民主和科学的运行程序，只有这样，才能实现民主政治建设的廉洁高效。

社会主义民主政治的制度化、规范化、程序化相互依存、相互作用，它要求党和政府的每一项工作都应该在合理、科学、有序的政治程序运行"轨道"上，按照法律办事，按照规范执行。

程序化的实现是一项长期的系统工程，需要在经济建设、政治建设、文化建设、社会建设、生态文明建设"五位一体"的总体布局中不断提高组织管理者的素质和水平。同时，为了保证社会组织运动的程序化，还必须保证和加强对程序设置的监督，这种监督可根据不同的对象和不同的需要采用党纪检查、法律监督、行政监察、审计监督、群众监督和舆论监督等多种形式。

根据"程序化"在党中央 20 多年文件中的变化，学习和关注我们党对程序化建设的重视和发展，有利于提高我们的认识，有利于促进此项工作的深入开展并取得成效。举一反三，我们在学习中央文件时，都应有这样的学习研究精神。只有这样，写出来的新闻评论才能出新意，见深度，有实效。

(二)确保中央精神落到实处

根据党的群众路线教育实践活动的部署，各地党委常委会领导班子专题民主生活会都在有条不紊地进行。媒体对民主生活会主要内容"原汁原味"的报道，"大家直奔主题，辣味十足，红了脸、出了汗、触及了思想灵魂"，让广大民众看到了党中央整改的决心。但是，在这个群众路线教育的重要环节却少了群众的参与。

怎样开好民主生活会，中央有着严格的要求。习近平总书记在全国党的群众路线教育实践活动开始时就强调，要以整风精神开展批评与自我批评，开好民主生活会，坚持开门搞活动。一开始就扎下去听取群众意见和建议，每个环节都组织群众有序参与，让群众监督和评议，切忌"自说自话、自弹自唱"，不搞闭门修炼、体内循环(新华社，2013 年 6 月18 日电)。在党的群众路线教育实践活动第二批部署会议上习近平总书记再次强调，要更加注重发挥群众积极性，必须坚持开门搞活动，确保每个环节、每项工作都让群众参与、受群众监督、请群众评判(新华社，2014 年 1 月 20 日电)。

让群众参加党的领导干部民主生活会，理论上是对的，但在实践中却很难实施。2015年，根据中央部署，各地开展新一轮"三严三实"专题教育的民主生活会。如何改进民主生活会的形式和提高其质量，特别要让群众参与，这是个大问题。于是，笔者在 2015 年12 月 25 日的《人民日报》评论版上发表了一篇评论《开好群众点赞的民主生活会》。

> 民主生活会大体包括两方面内容，一是批评与自我批评，找出存在的问题及分析存在的原因；二是针对这些已经发现和找出的问题，提出整改举措。不论是检查过去，还是面向未来，民主生活会的整个过程都应按照中央的要求邀请群众参与其间，真正发挥群众参与监督、鞭策和集思广益的促进作用。
>
> 民主生活会不仅在于反思过去，更要前瞻未来，提出整改举措，将以后的工作做得更扎实，更有效。在这一环节上也是少不了群众代表参加的。
>
> 民主生活会邀请群众代表参加，他们会更深切地感受国家利益与自己前途的关系，同时也会对领导们的整改举措得当与否，作出有力的判断并提出可供选择的积极意见和建议。这是开好民主生活会的重要标志，不可小视。
>
> 民主生活会是"三严三实"专题教育活动一个关键环节，为保证群众代表参加活动不是做样子，走形式，必须公开会议议程、检查材料、整改发展规划、保障措施等，让群众有充足的研究和讨论时间，对群众的意见和建议有记载、有反馈、有落实。只有设置科学的会议程序，才能保障会议效果，经得起历史的检验。"群众是真正的英雄"是毛泽东同志在延安时期就说过的名言，经过 70 多年的历史包括前不久开展群众路线教育实践活动的检验，是颠灭不破的至理名言。今天我们做到了，做好了，群众就会认同，就会点赞!

(三) 运用新知识，解读新话语

学习中央文件和领导人的讲话，除了涉及国家的改革开放和对外发展，以及国家的长远规划和整体布局，我们可以找出自己学习领悟、熟悉表达的内容、段落和字句写评论。有时候，也可根据领导人的视察、出访和慰问讲话中的精彩段落、话语写评论，以小见大，起到鼓舞人心的作用。

2023 年是全面贯彻落实党的二十大精神的开局之年，要把宏伟蓝图变成美好现实，需要各级领导愿担当、敢担当、善担当，带领全国人民心往一处想、劲往一处使，同舟共进、众志成城，这样就没有干不成的事、迈不过的坎。2023 年 1 月 18 日，习近平总书记在北京通过视频连线看望慰问基层干部群众，向全国各族人民致以新春的美好祝福。习近平总书记强调，过去的一年很不平凡也很不容易，我们一起努力，战胜了各种困难和挑战，各条战线都取得了新的成绩。大家都作出了贡献，每个人都了不起。新的一年，是全面贯彻落实党的二十大精神的开局之年。希望大家坚定信心、抖擞精神，齐心协力加油干，在新的一年里有更大作为、更大收获![1]

正是这些了不起的人们，他们在各自的岗位上作出了自己的付出，我们要为他们鼓掌，向他们致敬；同时，我们也是了不起人们中的一员。为此，2023 年 2 月 10 日笔者在"光明时评"上发表了一篇评论《嗨，向了不起的我们鼓一鼓掌!》：

> "团结就是力量，团结才能胜利!"在新时代夺取新胜利的进程中，要学会采用积极有效的奖励方法促成实现这种团结。所谓奖励是社会对人们良好行为或成果的积极肯定的信息反馈，它促使人们将这种行为保持和增强，加快人的自我发展，为社会创造更大的效益。奖励在调动人的积极性过程中，与需要、情感、意识、创造力、竞争力、道德素养都是紧密相关的。在社会生活中，对人们的理解、信任、尊重，对工作的肯定、支持、帮助，对创造发明的重视、宣传、运用，以及同志之间、上下级之间、邻里之间、社会和家庭成员之间赞许的语言、鼓励的目光、友好的微笑、善意的手势等等，只要是能给人们带来欣喜，巩固和激发其积极行为的反馈信息，都可称为奖励。特别需要指出的是，奖励，不仅是对待他人的，同时也是对待我们自己。鼓掌者在为他人鼓掌的同时，也需要和可以为自己的良知和贡献鼓掌!

笔者从 20 世纪 80 年代开始研究奖励学和激励理论，提出"建立中国版本的奖励学"，出版了《奖励的科学与艺术》《神奇的杠杆——激励理论与方法》等五部著作。于是，笔者在评论中运用这些知识对习近平总书记重要讲话精神予以解读：

---

①　习近平春节前夕视频连线看望慰问基层干部群众 向全国各族人民致以新春的美好祝福 祝各族人民幸福安康 祝愿伟大祖国繁荣昌盛[EB/OL].［2023-01-19］. http://china.cnr.cn/news/s2/20230119/t20230119_526131038.shtml.

自我奖励是一种自我内化的过程，它是人们接受社会影响，并把外部现实或客观现实转变为内部现实或主观现实的过程。在这一过程中，不仅使人类的许多知识和经验被吸收、转化为个体的知识和经验，而且使一定的社会规范与价值体系被吸收、转化为个体的信念、价值和态度，决定着个体的理想的自我形成和提高。所以，实行自我奖励对发掘个体潜能，纠正某种不正确或不妥当行为，调动其积极性，促使自我发展完善是十分重要的。自我奖励，是个体在某项活动中达到自定的标准而给自己的一种精神或物质激励，包括满意的评价、精神的享受等。这种奖励不受奖励时间、奖励场所和奖励方式的限制，对于满足和提升人们的精神需求也是十分重要的。

心理学家运用科学数据进行了不同人群的对比研究发现，自我奖励同外部奖励具有效果相同的积极成效。自我奖励也是人们获得满足感、幸福感和安全感的一种有效方式。它对人们思想的跃迁、行为的突进、力量的爆起都会产生神奇的作用。古人曰："知人者智，自知者明。胜人者有力，自胜者强"。奖励好别人是不容易的，奖励好自己就更难了，而自我奖励正是认识自己、征服自己的一种积极表现。

在迈向新时代的历史进程中，我们已经走过艰难曲折的昨天，正在经历任重道远的今天，翘首展望波澜壮阔的明天。气可鼓不可泄，力须聚不可散。捧出我们的真情，向作出贡献的了不起人们鼓掌！向了不起人们中的我们每一个人鼓一鼓掌！

运用新闻评论来阐释文件精神，首先，要深刻学习和领会文件和讲话精神。"以其昏昏，使人昭昭"是不行的。只有自己把中央的精神学习领会了，才可能写出好评论。真理有时是在"再坚持一下的努力之中"实现的。只要自己真正弄懂了，吃透了中央文件精神，就应坚信：自己的观点总有一天能够被媒体所接受并公开发表。

其次，从上级文件和领导人讲话中选题，要结合自己了解的情况，并找出自己特别有体会和认识的话题做文章。上级的文件、讲话往往很长，也有很多重要的内容，我们不可能面面俱到，也不可能写很长很长的系列评论。从个人写作而言，找出要点，突出重点，单篇突破，选择其中一句话、一个观点、一个提法，只要有新意，都可以写出好评论。对于媒体而言，并非每次大会或讲话都要写系列评论。少而精的长篇评论，只要写得好，受众也是欢迎的；多而长、杂而滥的系列评论，看起来有气势，并非能达到好效果。

最后，结合文件写评论，一定要紧密结合现实生活的实际，找出与文件精神联系密切的突出问题写评论，这样才能做到有的放矢，收有成效。

(四)评论要经得起历史的检验

人的思想是一个渐进发展的过程，它既与所处的时代有关，也与自身的思想运动有关。真实地记录这一切，于己于人于时代都是有好处的。尤其是当我们的思想随着时代的发展而变化时，以语言和文字的形式将我们的思想历程勾勒出来、保存下去就更有价值了。新闻评论是对新闻事实、事件、现象、问题的一种有形意见表达，它对帮助人们明辨是非、针砭时弊、弘扬社会正能量是大有好处的。同时，它也要与事实一起接受历史的检验。

　　随着科学技术的发展，人们对于大自然的认识越来越全面和准确，与大自然相处也越来越亲密与和谐。但是，"天有不测风云"。在人与大自然的接触和交流中，还有许许多多不解之谜等待人们去破疑去解惑。新闻人既要在天灾人祸或自然现象出现时，及时报道和评论，同时也要给变幻莫测的自然之谜留下探索和想象的时空。

　　提倡独立发表意见讲真话，是评论者的基本品格和素质要求。但真话并不完全等同真理。经过实践检验发现评论之语不清晰、不周全、不深刻以至于有疏漏、有差错甚至整体错误的事也是时有发生的。因此，评论者时时回头看看自己的作品观点是否新颖、论据是否精当、论证是否缜密，是很有必要的。面对"不测风云"的大自然和变幻莫测的社会实践，评论者要在众多事实和信息中甄别真伪、衡量轻重、辨别优劣，说出他人未曾言、不敢言、言不好的评论，这是一个称职评论员应时时记于心的行动准则。对评论作品的检验，不仅在于当下，更着眼于长远。

　　首先要用科学的态度、科学的方法去搜寻、确认客观材料。新闻评论除了用作评论由头或评论对象的事实材料，还常常用到作为论据的事实材料、统计数据、科学原理。在搜集、引用事实材料、统计数据、科学原理的过程中，如果没有科学的态度、科学的方法，就会出现各种讹误，导致评论作品失真、失实。在评论写作中，时常会碰到新闻记者报道有错在先的情况，但这不应该成为评论者为自己免责的理由。尤其是在事关重大比如国家发布大政方针、高层人物任免、突发重大事件的情况下，评论者更应以科学的态度、科学的方法来确认事实。在引用统计数据、科学原理时，应尽可能援引权威、可靠的资料，并做到多方比对，反复求证，精心推理，本着对受众负责，对自己作品负责，对历史负责的态度，掌握严谨、可靠、完备的相关信息。个体的认识难免受到个体的经历、背景和思维方式、思想观念等的局限，有时候容易脱离客观实际。鉴于事实判断和价值判断的风险，因此，很有必要让判断接受实践的检验。

　　其次是以平等的姿态参与讨论，包括对自己思想、观点的质疑。在网络新兴媒体方兴未艾的现代社会，不可能靠钳制他人之口来达到"一言独荣，万口齐喑"。而从追求真理这一点来说，评论者理应允许他人质疑自己的思想、观点。作者的观点创新就意味着对既有观点的突破，同理，评论者应该允许他人对自己观点的突破。即使别人的观点不正确，那也只有在争论中才能弄清。现在很多媒体的评论版面、节目编辑，都比较注重正反方观点的平衡。我们经常引用伏尔泰说过的话："我可以不同意你的观点，但我誓死捍卫你说话的权利！"当我们不断吟诵这句话的时候，一方面回味其言语的精辟和意境的深邃，另一方面也需要从自己做起，让自己和他人的评论一起接受历史的检验。

　　最后是勇于自我否定，承认错误。新闻评论者在与他人的争论中，在发展着的事实面前，一旦发现自己以往的判断出现错误，就应该勇于承认。评论者勇于自我否定，首先要发现自己的错误。其中，有两个途径有助于发现自己的错误。其一是自我检视。评论者在自身的学习、思考中，思想、观点不断趋于成熟。在这种情况下，常能发现过去的浅陋或谬误。其二是接受他人对评论者观点的批判与质疑。评论者可以此为契机，反思自身观点，从而纠正错误，正本清源。新闻评论者和新闻记者一样，不是执法者，不能自己动手去铲除社会丑恶现象，使社会朝着良好方向发展，因此，他只能寄望于评论作品对人的错误思想的纠正来推动实践。如果新闻评论者自身都不能对自己思想、观点、论断中的错误有清醒的认识，并以谦逊的姿态来承认、改正错误，那他当然也就没有资格要求他人从其作品中受到思想触动、进行观点校正。从这种对比中来认识新闻评论者必须具备勇于否定自我、承认错误的品质，道理是显而易见的。

马克思主义哲学认为，理性认识只有回到实践中，才能得到检验、修正、丰富和发展，才能指导实践、服务于实践，实现改造客观世界的目的。新闻评论的论说一是要符合历史唯物主义和辩证唯物主义的观点，在论述时遵守论说的一般规律；二是要有理论根据，这种理论应是经过历史的检验，是科学的。实践是检验真理的唯一标准，而检验真理的实践则是一个长时间的历史过程。新闻报道的是正在发生的历史，历史记载的是已经过去的新闻。新闻人作为历史的记录者和评述人，所做的一切应经得起历史的检验。

附录

答朋友之问和习作点评

一、在"评论互动场"回答朋友提问

应《新闻与写作》杂志邀请，笔者从 2014 年第 9 期开始，在该刊开辟主持"评论互动场"专栏，在杂志上与读者交流。2014 年 12 月在华中科技大学举办"评论互动场"（武汉专场），2015 年 4 月在广西钦州学院举办"钦州专场"，与喜爱新闻评论的朋友们面对面互动，回答他们的问题。

（一）如何做强新闻评论

郴州电视台记者：我是专程赶来参加会议的郴州电视台记者，作为一个地级市的媒体，我觉得没有做新闻评论的可能。我的问题就是：像我们这样的电视台时政新闻记者该如何做新闻评论？

赵振宇：第一，我要说明一下，以后介绍媒体时不要用"地级市"一词，可以叫湖南的中等城市或南部城市，按城市的大小或地域或特色的不同来分，不要用行政级别来分，这个意见我跟有些"地市报"老总说过，他们接受了。郴州电视台作为湖南"南大门"的城市台，如何把评论做起来是有难度的，这正是我们新闻评论工作者该努力的方向。前几年我做了一个调查，中央电视台已经有了"本台评论记者报道"这种形式，这就说明全国的电视台也可以这样办。像你们郴州电视台，至少可试行"本台评论"这样的形式。

第二，你若有兴趣，如果对某条新闻有些想法，可以在发布新闻的同时，发表新闻评论。你可以请台长在你的名字前面加上"本台评论记者报道"字样，这样一来，中央台的模式就在你们台出现了。如果郴州成功，湖南就可以推广，全国也就可以学习了。星星之火，可以燎原嘛！届时我们可以总结你们的好经验。

某高校学生：在新媒体环境下，消息和评论都特别多，每个人每天都会浏览很多消息，但不一定看新闻评论，这种情况下评论如何扩大影响，获得更多受众？

赵振宇：等你到媒体工作后就会慢慢知道，当你热爱一个东西的时候你就拼命地把它做大，但是你在做大的过程中不要影响别人，给别人留一个发展的空间。另外，对于一家媒体来说，是消息做得更强，还是评论做得更好，这是总编辑要考虑的问题。最关键的是，你的评论能不能有那么大的吸引力。

微博网友：移动互联网的兴盛给新闻评论带来了什么样的变化？

赵振宇：互联网以它的速度、海量、自由、开放等，给我们带来了诸多便利，但同时也带来了问题。因为信息多，所以真假难辨。多了并不见得好，需要自己判断是对还是错。这就考验我们选择、判断和解读的能力。挑选什么样的新闻报道，就要看其是好还是坏，探究其背后的故事和原因是什么。互联网时代，我们的主流媒体承担着更多的责任。

(二) 评论是教不出来的吗

某高校老师：我教新闻评论十来年，有一个疑惑就是很多老师、同学认为评论是教不会的。我们经常说对一个事件要有自己独到的看法，但这个看法从何而来呢？大家就觉得这个问题是在课堂上无法解决的。

赵振宇：你刚才说的一句话也可以这样套用，评论家不是教出来的，文学家也不是教出来的，哲学家也不是教出来的，什么都是需要他自己认真学习后研究出来的。华中科技大学办评论班的时候就有人说，评论员不是培训班能教出来的。我说对。文学家也不是中文系教出来的，哲学家也不是教室里教出来的。但是有了评论班，它就创造出一种培养评论员的模式和机制。所以，我认为这里存在理论和实践如何结合的问题，如何讲好本学科的"因为……所以"和"例如……"的问题。现在社会上经常出现一些重大新闻，电视台请的很多评论专家都不是新闻学教授，以后如果能请新闻学院的老师来发表意见，这个时候新闻学科的地位就真正树立起来了。这个事情需要大家共同努力来实现。

(三) 如何平衡新闻评论中的主、客观因素

某高校学生：赵老师您好，我有两个问题：第一个，有一句话说：在新闻报道中，我们总是离事实很近，但是离真相很远，这个事实中肯定就包括了真相和假象，那么在报道中如何尽快地用最有效的手段剔除假象，报道真相呢？第二个，报道要尽可能客观和全面，评论的时候不可避免有自身的观点，或者说肯定有自身价值观的取向，那如何平衡？

赵振宇：你的两个问题很好，可以合为一个问题，就是怎么处理点和面、个别和一般的问题。我们经常说报道是客观的，评论是主观的，但实际上，选择什么去报道，同样是主观的。同理，评论就都是主观不是客观的吗？显然也不是。评论的基础就是客观事实。大家一定要注重事实中的细节，细节在什么时候有用呢？在讲故事中是有用的。比如两片树叶，同样是树叶，但是如果其中一片叶子是经名人之手转赠来的树叶，那么，这片树叶本身就有故事了。如舒乙先生从老托尔斯泰明亮的庄园摘下几朵小野花做成书签送给巴金，就很有价值了。因为，巴金对老托尔斯泰很崇拜，要学习他晚年的言行一致。评论是不能离开新闻事实的，但只有新闻事实还是不够，需要用巧妙的方式把它呈现出来，所以我在《新闻与写作》"评论互动场"专栏中说过，对于评论者来说，一定要学会讲好故事。

一篇报道或评论是客观的还是主观的？大家千万不要被这个问题所困扰。你在研究这个问题的时候你本身就是主观的，到底什么是主观和客观？实际上你通过你的作品给大家一个全面的认识就可以了。当然这里面还有很多事情需要具体研究。

某高校学生：微博上有一个事件，一个男生网恋失恋了，在微博上直播自杀过程。有人认为男生直播自杀的行为会对女生造成"道德绑架"，请问关于"道德绑架"的新闻评论应该怎么写？类似的事件，如果报道，可能引起效仿，不报道，又可能造成对此现象的忽视、漠视，那主流媒体应不应该第一时间报道？

赵振宇：实际上在你的发言中就表达了你的观点，我基本赞同你的看法。从新闻的真实性、迅速性上我们应该报道，但是这又会对社会产生不好的效果。在这里面就要找到最大公约数，就是说在这个时间和空间里，是报还是不报，是报少一点、修饰一下还是赤裸裸地全部报道，这要视具体情况而定。如何做到对新闻事件有真实全面的报道，同时又不影响我们社会道德文明的发展，需要把握好社会发展规律和新闻报道规律之间的关系，还有新闻宣传和新闻报道之间的关系。新闻人要从社会担当的视角全面考虑问题。

陕西网友：从哪几方面入手才能做到源于事实又有理性的评论？

赵振宇：第一，甄别事实的真假，抓住事物的本质特征；第二，运用新闻学或其他学科知识说明所采用的具体事件；第三，在阐述时力求以小见大，论述透彻，将情感与理智融为一体。

湖南某校同学：在新闻评论写作时，如何找出评论选题，有没有什么诀窍或技巧？

赵振宇：这是一个不断学习和实践的过程，可以找一些新闻评论教材看一下。我的体会是，可以从国家方针政策中找选题，从新闻报道中找选题，从有争论的话题中找选题，从自己亲身经历中找选题，从自己能够说得明、讲得清的问题中找选题。

北京网友："新闻评论是在新闻事实上发表观点和看法"，怎样才能做到评论不简单复述事实，而是要高于事实？

赵振宇："新闻评论是在新闻事实上发表观点和看法"，这是新闻评论的属性所决定的，也就是说新闻事实是第一性，新闻评论是第二性，评论是不能离开事实的。但是，事实只是引发我们评论的前提，而不是全部。所以，在评论时，只能将报道中的事实提炼、集中，有选择性地运用，一切都要从评论的需要出发，而不是将已经报道的事实再重复一遍，那样是没有意思的。

吉林网友：批评类新闻评论怎样找切入点？

赵振宇：可以从两个方面考虑：其一是现实中反映的主要问题是什么，这个主要问题就是我们评论的切入点；其二是评论者想要批评的主要问题是什么，只要是评论者已经确定的问题就应该是评论的切入点。在实际操作中，常常是将两者结合起来的。

(四)怎样学好新闻评论

广东网友：我是一名大三的学生，我写的评论经常被老师评点为"观点不新颖"，我很苦恼，怎样才能克服这个毛病呢？

赵振宇：这是一个循序渐进的过程，要多阅读，在学习别人的作品中分辨出谁的评论写得好，新在何处；要多练习，在反复写作过程中，逐渐做到有一点新意和颇有新意。

天津网友：我对新闻评论很感兴趣，最近看了全国两会的新闻，有一些想法，但是又担心自己的评论不够"高大上"，请问对政治新闻的评论是不是要很严肃、很有高度？

赵振宇：两会的评论不都是高大上的东西。作为一名初学者，不要老盯着媒体的社论和评论员文章。很多时候、很多情况下可以写一些自己熟悉的、自己身边的事，引发人们的思考。多学习一下《人民日报》的"今日谈"是大有好处的。

武汉某校同学：我第一次听说"新闻评论要养"(《新闻与写作》2015 年第 2 期)，因为一般人们都说要快，要有时效性。我的问题是：我作为新闻专业的学生，目前还不是社会人，主要还是在学校里面学习理论知识，我们应该如何"养"自己的新闻评论？

赵振宇：你说你是学生不是社会人，不对。我们一来到这个世上，就是社会人。现在你大量时间在学校学习，更需要时常利用回家、访友、办事和参加社会实践，加强对这个社会的认识。同时，也可以从大量的广播、电视、书报和网络中接受来自社会的各种各样的事实信息和观点信息。在当今大数据时代，我们更需要留心摘录、收集一些有价值的事实和观点资料，将其"养"起来，为尔后的评论写作而用。

广西钦州学院南宏宇：赵老师您好，刚刚您讲到对新闻评论的不同观点需要宽容，我就想到了亨德里克·房龙写的《宽容》，和您的观点不谋而合！您在报告中讲到了对和谐的理解，讲到了公民和老百姓的不同，讲到了"代"与"届"的差别，可以看到，就像那个屡战屡败和屡败屡战的例子，语言的信息结构对新闻评论的受众产生了信息接收的潜意识引导，那么现在我们在对新闻进行评论的时候，是不是可以对评论的语言再进行评论呢？谢谢！

赵振宇：新闻评论是一个信息密度较高、语言"凝练"的文本，这与它的论证性相关，也与语言的抽象度较高相关，还与它追求的表达效率相关。但是，凝练到什么程度？是不是密度越大越好？这就不仅要考虑到表达的一方，还要考虑到接受的一方。传播学中的"信息冗余"理论，对于我们认识这个问题有所启发。如，《人民日报》在评论中采用"给力"两字所产生的效应。

钦州学院蒙汝荣：赵教授，您好！我想问您，当我们写评论的时候，遇到想表达的内容与现实矛盾的时候，该怎么办？另外，我们大学生在写这种校园评论的时候应该注意点什么？请您给点建议，谢谢！

赵振宇：我们在写评论的时候，首先要弄清事实，这样才能更好地表达。我们想要表达的东西是正确的时候，就要敢于表达出来，但是，要注意方式，这就需要我们多了解国家的实际情况。另外，我很支持你们写校园评论，在写校园评论的时候要立足学校，平时要多关注校园热点。新闻评论要讲好故事，就是要把评论赖以存在的事实讲清楚讲明白，让它起到"事实胜于雄辩"的作用，我们的校园评论也是如此。

新闻本科 2013 级林力：您刚才提到"评论是一种思维方式"，作为新闻学专业的学生，应该如何培养这种思维方式？

赵振宇：要做到感性与理性相结合，新闻采写和新闻评论虽然分开写，但是我们在练习、实践的时候应该把消息和评论杂糅在一起。平时也要细心观察身边的人和事，认真阅读新闻评论。

钦州日报社副总编田时胜：赵教授，您好！听了您的报告，我受到很大启发，现有两个问题向您请教：一是本地报纸评论如何做出本土特色？二是事实真相尚未完全得到披露时，如何发声？

赵振宇：首先回答第一个问题：挖掘地方文化特色，勇于发声，敢于发声。面对本地重大新闻一定做好做透，"吃干榨净"，不留余地。充分利用本地特有的报道素材。自然风光、历史人物、人情世故、风物特产、人文古迹之类，都是得天独厚的资源，是这个地方独有的，在读者身边的，与读者有着千丝万缕的联系。

对于第二个问题，要尊重事实，根据官方已经发布的权威信息进行评论。要克制冲动，事实不清时不要仓促作出判断。有时保持沉默也是一种理性，要有等待事实的耐心。当然，从常识的角度做出推理，对事件本身相关疑点进行剖析与解读也是一种较为稳妥的做法。作为本地媒体应该发声，如果事实不是非常清楚，面对外界传闻，你也可多几种"假如"，最后看看你能猜中几个。

某文传院新闻教研室主任：媒体需求大量的新闻评论人才，关于这一点，高校也有同样的共识。作为新闻评论人才输出地之一，像我们这种地方高校，如何进行新闻评论人才的培养？

赵振宇：一方面要加强实践性教学环节，在教育安排和课程设置上，既注重理论讲授，又注重与实践相结合。另一方面要加强和媒体的合作，聘请实践经验丰富的媒体人员不定期地进校授课，现身说法，补充和扩大课堂教学的信息量，形成新闻传播院校和业界人士的良性互动。

网友1：赵教授您好，我是一名大二的学生。我们都知道，在新闻报道领域防范杜绝虚假新闻、不实报道可谓知易行难，时事评论就更是难上加难了。在如今这样一个信息高度膨胀的时代，时评应如何远离虚假与不实的泥淖呢？

赵振宇：你提的这个问题我已经在上面的论述中讲到了。我再强调一句，作为一名评论作者，不仅要学会评论，更要把自己当作一名新闻人，培养自己的新闻敏感性，能够在众多纷纭复杂的事实中分辨真伪，找出该事实反映的主要和本质问题，这样才可能写好评论。

网友2：我平时看到的评论很多是在讲大道理，但有的书本中和老师的课堂上又要求我们从细节入手，那么我们在写评论的时候，应该怎么做？

赵振宇：评论是讲道理或大道理的。但是，这个道理不是凭空而来的，必须针对社会生活中有价值的具体事实而展开。这就要求我们关注生活中的某些细节，从中发现并揭示其蕴含的本质的、带有规律性的东西来。这是一个不断实践的过程，需要练习，需要思考。

网友3：现在媒体上的评论良莠不齐，我们受众应该怎么选择？有时候，对于一件事却有两种相反的评论，让我读后陷入迷茫，我该怎么做？

赵振宇：这是一个现实，并不奇怪。同时也对评论者提出了更高的要求：当多种评论出现时，我们不可随声附和、随波逐流，而要对多种观点和声音进行"去粗取精、去伪存真、由此及彼、由表及里"的梳理和甄别，通过概念、判断、推理产生自己的观点。在多次比较和辨别中提高自己的理论和思辨能力。

网友4：我写新闻评论的时候，感觉有好多想法想说，写出来自己却感觉到很杂乱，我该怎么克服这个毛病呢？

赵振宇：这还是一个实践问题。碰到问题有很多想法，这很好。但要写一篇小评论，只能将这些众多想法捋一下，看哪些是最重要的，哪些是自己感受最深、说理最好、论述最深刻的。其他的想法都可抛弃或留着再写一篇或下一次再写。

（五）具体问题

2021年5月24日，我应华中科技大学出版社和武汉心传教育有限公司 BookCom 书店邀请，与读者朋友交流。因疫情影响，本次活动采用线上线下结合方式回答朋友们的提问。

赵振宇教授《讲好真话》新书发布

问题一：怎么样拓宽自己发现问题和思考问题的广度和深度？

回答：我们写评论有两个维度，一个是视野，另一个是层次。物质是在一定的时空中运行的，所以选题一要考虑时间，回顾过去；二要考虑空间，从一个区、一个市、一个省到全国、全世界、全宇宙。这里讲的是视野，说的是横向的问题；而纵向说的是评论的论述深浅、理论素养问题。深度方面，要多学习，更要读懂文章的"字里行间"。在学习的课堂中，除了听讲外，还要积极地提问题，"学问、学问"，首先要学会"问"。学会提问的过程，也是一个不断学习提高进步的过程。

问题二：赵老师在讲座中说到"事与势"，如何理解？

回答："事与势"是揭示事物运动、发展、变化过程中个别与整体、当下与长远、具体与抽象、偶然与必然的运动系统。"事"说的是人类生活中一切活动和所遇到的一切社会现象。"势"说的是一切事物力量表现出来的整体特性和趋向。形势是事物发展的当下状况，趋势则是事物发展的未来动向和走势。它们的性质由该系统诸事物背后的规律和本质决定。

在新闻报道和评论中，我们不能简单地"就事论事"，更需要就"势"论事，即根据现在的形势和发展的趋势认识我们所干之事；据"势"行事，即遵循形势的要求做好每一件具体事情；以事成"势"，即发挥聪明才智，创新方法和手段，使我们所干之事能积聚成势，从而坚持正确舆论导向，提高新闻舆论传播力和引导力。

问题三：我以前没有接触过评论，该读一些什么书？开始写评论后，一周要写几篇？

回答：欢迎你能参加今天的"评论互动会"。首先要搞清楚，为什么要学习和写作评论？是要考研、考公务员，还是对评论有兴趣？不论是哪一种，先看几本相关的书籍都是有好处的。我撰写的《现代新闻评论》（第四版）一书，是"普通高等教育国家级规划教材"。还有我的新著《讲好真话》等，都可以读一下。开始学习写评论，有了一定的理论基础，就可以慢慢学习写作了。不要规定一周写几篇，要看自己对所评论的事实认识有多深刻或评论是否有新意，写作是否顺利。在写作中，还要争取听一下朋友们特别是媒体编辑的意见，逐步提高自己的写作水平。祝你成功！

问题四：如何为评论积累新闻素材？

回答：事实、素材是我们写作评论的基础。以新闻的敏锐和智慧发现故事，是从事评论写作的基本前提。作为一个成熟的评论者，头脑里是会经常装着一些素材和选题的。这要靠平时的积累，要关注国家的大政方针、社会的发展进步、人们的喜怒哀乐，这里面都有可以写作的评论素材。除了一般的学习把握外，最好能结合自己的工作、学习和生活，收集一些自己感兴趣、有想法、能评论的素材。"韩信点兵，多多益善"。有了感兴趣的丰富的素材，再结合当时自己的感受和理解，挑选自己最有把握的话题做文章，在写作时就更方便一些、更好一些。成功了的话，对自己也是一种鼓励！

问题五：怎样才能更深刻地看待问题，写出好评论？

回答：深刻不深刻，这也是一个比较的问题。加强理论学习，不断提高自己的理论素养和思维能力，就会慢慢有所提高，这是基本前提。另外，在学习写作的过程中，可以对照别人的评论作品，找出自己的短处和不足。如果还能做到分析自己当时产生这一想法的原因，找到与别人的差距，并能在原来的基础上重新构思，重新打磨，在某一点上有可能超越别人，那样就会有更大更快的进步。所以，在写作的过程中，除了自己多练习，还要注意多看看多读读别人的作品。

问题六：有人说，现在的评论都是"模式化"的文章，我想有自己的特点，怎么办？

回答：你提的这个问题很好。如果我们打开报纸、广播、电视和互联网，听到的看到的评论都是一个模式，自然不是好事，刊发这样的评论的媒体也一定不会得到受众的接纳和喜爱。我们强调要说自己的话，要创新，就是要突破现有模式，形成不同媒体、不同作者的特点和风格。这样的评论才有生命力和吸引力。但是，对于初学者来说，不妨先从"模式化"的东西学起，从评论的一般规范、要求做起。看多了，写多了，自己的风格也就展现出来了。这时候，我们才有底气说自己的评论有特点了。

问题七：读到别人的评论，发现与自己的想法不一样，怎么办？

回答：其实，读别人的评论，也是一个学习、反思的过程。第一，看别人评论的事情，自己是否知道。这里检验的是自己的新闻敏锐性和发现力，离开了事实，再会"雄辩"的人也写不出评论来。第二，反思这样的事实，自己怎么没有想到写评论。这里说的是评论意识问题，找出自己的不足。第三，如果我来写，我会怎样写这篇评论，反映的是自己的评论水平问题。第四，如有兴趣，还可以找一找对方评论的不足或短处。经过多次的学习与反思，自己的新闻发现和新闻评论素质就会有提高。

问题八：怎样保证新闻评论不偏题，符合主旋律的要求？

回答：这是一个理论与实践相结合的话题。我们在评论写作前，对所要评论的事实作一个基本正确的判断：这个事实是否真实、准确；这个事实的影响面有多大，是否值得去做，是否值得现在就做；对评论发表后的影响要有一个基本判断等。当这些问题搞清楚了，准备写作时，我们就要考虑：在这些基本事实中，评论要选择哪个素材，从什么角度去评论，评论需要运用哪些理论和知识，其中就包括与本篇评论相关的党和国家的政策、文件等。如果我们在写作评论前，对这些问题都认真思考并准备好了，一般来说，评论发表后是不会偏题，也不会与主旋律相悖的。

在新闻评论中要讲真话，而讲好真话又很难，正因为难才需要我们大家努力去实践，要有新闻的敏锐性和理论的深刻性，能在发现问题或问题显端倪时快说真话；要在人们越趄不前、喏喏而言时敢说真话；要在人们能说真话时说好真话；要将真话时常挂在嘴边，常说真话（谣言说了十次都成了真话，真话不常讲也可能会成为假话）；要在讲了真话且被实践证明是不正确或错误后认账改错。实践是检验真理的唯一标准，而时间则会最终评判人们认知与实践的是非功过、真伪优劣。

问题九：马克思说过："发表意见的自由是一切自由中最神圣的，因为它是一切的基础。"今天，我们在学习和写作新闻评论时该如何理解和践行它？

回答：马克思说的这句话收录于《马克思恩格斯全集》（第 11 卷），人民出版社 2008年版，第 573 页。今天，我们进入了一个寻梦、追梦、圆梦的新时代。人们不仅对物质文化生活提出了更高要求，而且在民主、法治、公平、正义等方面的要求日益增长。人民对美好生活的向往就是我们的目标，人民有信仰，国家有力量，民族有希望。满足了人们的这些要求，就能更好地推动人的全面发展、社会进步。为此，党的十九大报告指出，"众人的事情由众人商量，是人民民主的真谛"，要"加强协商民主制度建设，形成完整的制度程序和参与实践，保证人民在日常政治生活中有广泛持续深入参与的权利"。在这种时代背景下，经过了近十年的努力探索，我出版了《讲好真话》一书，该书为中共湖北省委宣传部与华中科技大学、中南财经政法大学新闻传播学科共建项目，湖北省社会公益出版专项基金奖励项目。书里面讲了一些这方面的道理，供朋友们参阅。今天，我们有必要在全体民众中提倡和奖励讲真话，学习讲好真话，提高讲真话的表达艺术和技巧；反对讲假话，批评和惩罚讲假话，努力建立一种良好政治生态的舆论环境和管理体制。

作为一名评论者，当今时代，在知识信息骤增的大背景下，在传播速度越来越快捷且媒体形式越来越多元化的形势下，受众更加理智，除了需要知道新闻报道的事实外，更有深入了解事实成因及后果的欲求。简单化报道和发表意见已难以激发人们的阅读欲，而视角独特、见解独到、说理透彻、思维方式新颖、富有张力的言论，才会受到读者的青睐。今天，我们在学习和写作新闻评论时，不能一味鼓励"想到就说"，而要力求做到"想好了再说"，提倡在新闻评论中"讲好真话"。自然，这也是一个循序渐进，不断实践和提高的过程。愿我们一起努力，争取做得更好。

二、新闻评论习作点评①

新闻评论是一门实践性很强的学科，它的理论要能科学有效地指导我们的运用。下面所举实例均系教学中学生们所做，它真实地反映了学生们对评论选题、立意、论证和标题上的认识和运用。这些作业中有做得好的、成功的，也有做得不好的、失败的，还有一些是可以探讨商榷的。对新闻评论的点评，也是仁者见仁，智者见智，会有不同的意见或相反的意见，这些都可以在探索中研究和提高。

(一)不同选题作业点评

选题一：领导住房价格只有商品房价格的一半

在某市东岸，有一片专为市委、市政府、市人大、市政协领导建的住宅小区，名为河东苑。这里既临江又靠近新建的行政办公大楼，不远处是建设中的一处公园，地价居全市最高之列。小区环境幽雅，共有26幢楼房，每幢住两户，每户车库和花园俱全。其中正厅级6套，每套建筑面积340平方米，售价74万元；副厅级46套，每套建筑面积320平方米，售价71万元。平均每平方米售价2100多元，相当于周边商品房价格的一半。

点评：

这是一篇涉及领导干部的形象问题的报道。这篇报道反映的问题较多，有损干群关系、不利于党在人民群众心中形象的树立问题；有对74万元的购房巨款表示怀疑的问题；有340平方米的住房面积违规的问题，等等。选择这类主题作评论，不宜铺得太开、面面俱到，而应细读报道，选择其中之一或自己特别熟悉的内容进行评论，这样才能做深做细，从而收到好效果。

选题二：某地一月内发生三起楼房坍塌

某地一个月内发生三起楼房坍塌事故：一起楼房坍塌事件致16人死亡；一起居民楼垮塌，居民预警及时，迅速撤离到安全区域，没有造成人员伤亡；一起9层居民楼发生局部垮塌，造成4人死亡，3人受伤。

点评：

俗话说"事不过三"，某地在不到一个月的时间，连续发生三起类似的事故，当地的应急除险机制，显然没有发挥应有的作用。某地频繁发生楼房坍塌事故，不仅是地质上有问题，更表明，相关方面的预警、除险机制上出现了问题。楼房"三连塌"已经发生，在第一时间抢险抢救之外，尤其要真正唤醒相关部门，别再在险境面前有半点拖沓，尽早排查清地质隐患，尽早做好预警除险工作。

---

① 这些习作文字基本保持原状，引用时省去了作者姓名。点评主要针对文字存在的问题，以引起初学者的注意，并没有严格按照中学作文逐字逐句批改的方式。

选题三：学校筹备校庆，学生也得送礼

近日，某师范学院正在为筹办 50 周年校庆发愁。学校发愁是因为资金不足。为了保障校庆的顺利进行，学校决定动员师生捐款，但这样一来，又担心师生心存不满。据称，此次募集的资金主要是用于建设一个校园标志性建筑。同时，按照学校党委副书记的说法，凡出资捐助校园标志性建筑的学生老师的姓名都将刻在该建筑物上。

点评：

目前国家一再加大对高校的生活补贴，但是当地却要学生为校庆募捐，而且通过变相强制的方式执行，这种事情自然会引起社会的广泛关注。作为当代大学生，联系身边的事情发表意见，就会有更多的话讲，讲的话也会有学生特点。

选题四：某县发通知摊派下属买土鸡

近日，某县老师张华(化名)告诉记者，最近几天，他们突然接到上级部门的通知，县里有企业的土鸡滞销，要求学校的老师买土鸡，大家一片哗然。张华介绍，按照上级部门的要求，他需要购买 20 只鸡，每只鸡的价格是 60 元。他们被要求买的并不是活鸡，而是存放在冻库里面的死鸡。"对于这件事情，大家都是怨声载道，并不愿意购买。"张华介绍，因为是县里面下达的任务，所以大家不得不购买。

点评：

企业有难关，政府扶一把，应是分内之事，但若把政府帮扶等同于公职人员倾囊相助，怕是理解出了偏差。硬性摊派指标，往小处说是不闻职工心声，罔顾职工利益，往大了说是企业缺乏应对。当地政府无能为力，以不变应万变，风险应对、预案防控不过是一纸空文，效果更没有直接索捐来得实在、直接。根据《公务员法》的相关规定，任何机关不得扣减或者拖欠公务员的工资，当地以直接扣除工资的方式摊派土鸡，侵犯了机关和事业单位职工的合法权益，属于典型的公权侵害私权。

选题五：学校超市不再收冰冻费

学校网站新闻频道近日发布一则消息，讲学校后勤集团商贸总公司下属的学生服务中心今后将不再收取两毛钱的冰冻费。看起来这真是有利于师生的一件事，因为消息中称"这是从昨晚座谈会上传来的好消息"，"同学们对此报以热烈的掌声"。

点评：

这是发生在大学校园的一件事：学生服务中心今后将不再收取两毛钱的冰冻费了。对于学生们来说，当然是件好事情。但是，这类问题所涉及的意义有限，很难写出有深度有新意的评论。而且，这样的文章很难在社会上的公开报刊上发表，因为社会上的读者对大学这一类的事件不了解，自然也引不起他们的关注。同学们关心和评论身边发生的事情，这是很好的。但是，我们需要培养的是从细节中发掘有价值的可供社会大众关注和思考的事件，而不是一般的生活琐事。对于这样的事情，如果要写评论，可以鼓励一下，希望学校的后勤工作做得更好，也可以在校内网站和报刊上发表。

(二) 不同立意作业点评

下面介绍一组针对同一报道而写出的立意不同的评论。

评论背景：据报道，某县公安局通过竞争考试，原有的 150 名股级干部被淘汰了 91 人，充实到基层民警队伍中。

据了解，该县公安局原有干警 521 人，其中股级干部 150 人，副科级以干部 110 人，官兵比例竟达到 1∶1 的状况，有的单位四五个干部领导一个兵，甚至一个单位"全警皆官"。官多兵少导致警察队伍中说话的人多，做事的人少，工作效率低下，攀比成风，违法乱纪现象时有发生。

为此，县公安局对原有的 150 个股级干部进行评审，经过 26 天竞争考试和严格审核，59 名优胜者继续留任，其余 91 人则被免除原有股级干部职务，充实到民警队伍中。

立意一："减员"不该单拿股级干部开刀

据报载，某县公安局为改变官兵 1∶1 的不合理比例，改变"做事人少，指挥者多"，工作效率低下等不良现象，从股级干部中考试竞争淘汰 91 人，副科级以上干部 110 人并未列入考核减免之列。

如此的减免方式倒让笔者愕然。不单问官兵比例 1∶1 是如何形成的，反看公安局在裁减干部时做法就知不公平决然存在。既然是机构臃肿，确切而言是干部所占比重过大，那么，减少干部比重就不能单拿股级干部开刀！副科级以上干部 110 人比之于裁减所剩 59 名股级干部，仍有头重脚轻之感。从局部来看，虽行了裁减之举，但多位副科级以上干部领导少数股级干部这一现象依旧未走出先前困境。整合完善领导层机构设置，使其更合理化就应根据各级干部实际应占比重进行裁剪罢免，破除职位高低的差异，按客观有效的规律办事才是题中应有之义，否则不公正的"减员"一方面会引来怨声载道，另一方面"减员"达不到时机有利效果，减了等于白减。

点评：

这篇评论注意到了报道中的一个细节，即在公安局的干部减员中，只动了股级干部，而更高层次的副科级干部却没有动。副科级以上干部有 110 人之多，不动他们，干部队伍仍有头重脚轻之感。而且，这么多的副科级干部来领导 59 位股级干部也是一件麻烦事。不公正的"减员"一方面会引来怨声载道，另一方面"减员"达不到实际有利效果，减了等于白减。所以，作者提出，整合完善领导层机构设置，按客观有效的规律办事才是题中应有之义。在评论的立意中，有时候从中发现别人不曾发现的问题，进行论述就是一个好角度，论述得好，也就成了一篇好评论。这种思维方式是需要在平时训练的。

立意二：该"淘汰"的应该是现行的选官制度

据报载，某县公安局通过竞争考试将原有的 150 名股级干部淘汰了 91 人充实到基层民警队伍。

某县此次淘汰干部是对公安系统长期以来存在"官多兵少""说话的人多办事的人少"痼疾的一个整治。但我们不禁会问,这些"冗官"当初是怎么产生的,是门槛太低,还是存在腐败问题?如果官僚体系内存在着不合理的干部选拔制度,那么诸如此类的"裁官风暴"恐怕年年都得刮上一次。要想让行政机构真正透明有效运行,首先应淘汰的应该是目前各地方存在的不合理的官员选拔制度。

完善干部选拔制度不仅能从源头上解决行政机关内部工作效率低下、攀比成风的难题,同时也能防止为晋升干部而带来的权钱交易、权色交易等一系列的腐败问题,是纯洁干部队伍的一项很重要的措施。

所以说,不合理的官员选拔制度犹如一个巨大的官员复制工厂,是一切问题之源,也是解决一切问题首选的突破口。

点评:

这篇评论没有对机构改革中的具体情况进行分析,而是直指目前存在的制度弊端。这样立意可以使文章着眼宏观,站得高,说得深刻。但是,也要防止另一种倾向,不管下面出了什么问题,都是制度造成的,都要将上面的制度狠狠地批一通,这样也不妥当。在现实生活中,如果遇到的实例情节很生动,则可从细节入手进行分析评论,最后论述到制度层面并予以总结;如果情况一般化,则可直接从制度层面论述,但一定要借用新的理论和知识,这样才能给受众以新奇的感觉,从而增强说服力。

立意三:我想知道那是场怎样的考试

某县将 91 名股级干部"下放"至基层是一件好事。但在报道中只读到了"通过 26 天竞争考试和严格选拔",没有发现关于考核细节的只言片语,想必该局领导对考核的选拔功能胸有成竹,我不免替那些被淘汰者担心,这种考核科学吗?适合公安队伍的优胜劣汰吗?如果评审只是为了尽可能地淘汰只说话不做事的官员,那就可能导致淘汰扩大化,把一些本可继续当官的人贬到了基层,侥幸留任的官却自鸣得意。这些表现都不利于队伍建设的可持续发展。

点评:

这又是一个评论角度,它关注的是裁减股级干部的"考试"问题。报道中只说了一句"通过 26 天竞争考试和严格选拔",那么这 26 天的考试选拔有哪些内容呢?这又是机构改革的一个关键。如果考试和选拔的过程不科学,不仅不能把差者弱者淘汰,有可能还是某些官僚者打击报复下属的一个好机会。公开过程,完善干部考核、选拔、淘汰机制,也是机构改革中的一件大事。我们的评论,不仅要关注结果,也要关注过程,过程的不科学、不完善,结果必定是不好的;要想有一个好结果,必须从过程的科学化、程序化做起。举一反三,在其他类似的问题上,也该如此。

立意四:淘汰股级干部标准何在?

在淘汰 91 名股级干部后,某县公安局的官兵比例由 1:1 降为 1:2,淘汰近六成股级干部对县公安局来说应该是一个"大动作",而淘汰的标准是否合理,选拔是否公正值得思考。

　　一句"经过 26 天的竞争考试和严格审核"，把此举中最受关注的环节一笔带过。考试题目由谁拟定？内容涉及哪些方面？主考官由谁担任？结果是如何统计出来的？这些都是我们所关注的问题。降低官兵比例本为公安局的理所应当之举，官比兵多只能说明单位的风气不正，工作效率令人怀疑，倘若想扳回颜面，仅仅宣布部分干部被淘汰是远远不够的。公开选拔标准，每一环节的结果进行公示评议，避免主考官和参与者之间的裙带关系……让淘汰的过程透明化，这才是公安局需要花大力气去做的工作，才能让被淘汰的人心服口服地从事基层民警工作。才能让民众信服。仅用人数比例上的变化来糊弄群众的眼睛，无疑是"亡羊补牢，为时已晚"。

　　点评：

　　前一篇评论说的是淘汰过程，而这一篇关注的是淘汰过程中干部考核选拔的标准，使问题又进了一步。26 天是一个过程，在这个过程中公安局的领导要做许多事情，但作者注意到干部选拔的标准这一重要环节。因为，如果标准不对头，不科学，那么，虽然经过26 天的过程，也会出现任用错误和淘汰错误的问题。官员的数量虽然少了，但由于选拔的标准不对，也会产生负面作用，这是我们改革中需要注意的。

立意五：希望该县公安局改革渐进向前

　　某县公安局通过严格考试，原有的 150 名股级干部淘汰了 91 人，充实到基层民警队伍中，笔者认为，这种解决冗官冗员的好方法应该不断推进、推广，渐进向前。

　　该县原有的 521 名干警中，股级以上干部 260 人，比例为 1：1，91 名股级干部到基层后，干部数量为 169，民警数量为 352，官兵比例仍高达 1：2。而且，此次被淘汰的只有股级干部，110 名副科级以上干部没有变，警察队伍中仍是说话的人多，办事的人少。

　　当然，所有改革都不是一蹴而就的，我们能够想象该县公安局在淘汰 91 名股级干部中遇到的阻力，我们也相信他们改革的勇气和决心，希望这样的改革能不断深化，以更好地优化干部和警察的比例，优化干部内部不同级别干部的比例，更好地为民众服务。也希望他们的经验能为其他地方所用，推广开来，惠及更多的民众。

　　点评：

　　这篇评论的立意很好。我们的改革不能是一蹴而就的短期行为，而是一个关系到单位、地区以及国家的长远大事，不积极不行，草率从事大起大落也不行。作者对这次机构改革的具体情况进行了分析，发现尽管淘汰了 91 人，还有干部 169 人，110 名副科级以上干部没有变，民警 352 人，官兵比例仍高达 1：2。要将这一现状做根本改革还需要长期的循序渐进的努力。新闻评论作为一种意见的表达，其目的就是要有利于或促进社会的发展，写作者要有这样的立场；改革的路是崎岖的路，曲折的路，并不都是一马平川，评论者要有这样的行动和思想准备。在此基础上，我们的评论就会是一种积极、乐观、审慎、稳健的意见表达。这是初学者需要时时提醒自己的。

立意六：机构改革应该成为一种常态

据报道，某县公安局为解决官兵比例过高的问题，组织了长达 26 天的竞争考试和严格审核，150 个股级干部仅有 59 人留任，淘汰率近 69%。

这次淘汰考试是一项有效解决人浮于事的举措，但是要注意到，在这个仅有干警 521 人的公安局中尚有副科级以上干部 110 人。他们有没有经过考核，为什么得以留任，是否存在工作效率低下的问题，有没有竞争选拔和审核的机制，这些都没有在新闻中得到反映。

竞争选拔应该是一个公正、公开、透明的过程，公务员的招录、去留机制应该得到全方位的立体完善，"退出"机制的建立有助于提高工作效率，这是不争的事实。

考核、审查制度应该全面地铺向整个干部群体，并成为一种常态，以固定的制度形式得以确定，才能长期有效地达到"减员增效"的效果，而不是一阵"清减"风吹过，"人浮于事"的现象又重生。工作效率才能切实地提高起来。

点评：

这也是一篇谈机构改革的文章。但是，它与上一篇不同，上一篇讲的是改革的进程要循序渐进，而这一篇是讲这种改革的做法要成为常态，要经常进行。只有改革成为一种常态，以固定的制度形式得以确定，才能长期有效地达到"减员增效"的效果，而不是一阵"清减"风吹过，"人浮于事"的现象又重生。只有改革成为常态，才能保证这次改革有效，巩固改革成果，也才能将本次未尽事宜进行到底。

上面的这些评论都是根据某县公安局淘汰 91 名股级干部这一事实，但论述的角度却各有不同。有的角度一般，但论述深刻，是好评论；有的评论选择新角度，能引起人们的关注；有的评论选择了新的知识，自然会引发人们的兴趣；还有的评论从产生的原因和发展的趋势来讨论，当然也是好角度。立意不仅有视野的不同，也有层次的不同，在写作时注意把握这两个方面，或将两者有效地结合，就可能产生好评论来。

三、论证作业点评

论证一：刹不住的吃喝风

暑假实习一个月左右的时间，稿子没发多少，跟着老师饭倒是吃了几次。每次出去采访，如果是大一点的活动，总会遇上饭局，其实吃得都不怎么愉快。

第一次是做《×××报》的社区行活动，低保咨询，与民政局联合办好。民政局的工作人员回答群众提出的对低保政策的疑惑，我们坐在旁边记录。开总结会议的时候，民政局的领导还像模像样叫每个咨询人员把他负责解答的问题过了一遍，回答了记者的提问，然后就去吃饭。吃饭的时候，那人说他们已经把通稿拟好了，我们到时候直接发就行了。我当时听着就想，那我们来这一趟就是光做做样子，吃个饭吗？有点作秀的意思。后来也就整理了一下当天的咨询内容而已，稿子做得不深。

第二次是我个人去的，二七路二七大罢工总指挥部原址。据那里工作人员反映他们已经停水一个多月了，拆迁人员把附近的水管挖破，水白流了几千块钱，自来水公司干脆停水。去了之后，他们打电话给老师叫我们第二天去吃饭，推辞不掉，老师便带着我去了。原来是纪念馆的老职工聚会，我就奇怪了，他们聚会叫我们来做什么呀，完全不相关嘛，老师在回去的路上告诉我，今天他们请我们去好给他们找个由头吃饭，我恍然大悟。

后来，在采访的时候也遇到过很多次请吃饭的现象，大家都觉得这是习以为常的，理所当然的，我以为这样的饭局还是少点好，一来耽误时间，二来影响心情，人家低保户一个月才400元钱，200元钱，你一顿公款消费一桌几百上千。人家纪念馆一个月都没水用，你这边上级单位心安理得地公款消费开聚会。人还是要有点良知嘛，我吃着那些饭局时都有点不安心啊。但老师更多的是无奈，我记得我的老师通常吃一点就离开，到别处等着我们再一起回报社。

官场上这样形形色色的吃喝更是屡见不鲜，也许暗藏更多的心机和利益在里面。但是我们如何能解决这些问题呢？看记者们都无法有力行使舆论监督的权力。

点评：

学生到新闻单位实习，遇到这样的饭局不是吃完就算了，而是有自己的想法，认为这种借机大吃大喝的现象不好，这是不错的。但是，这不是一篇评论文章。文章基本上是对自己参加两次吃饭活动的回顾和描述，虽然在文章结尾处也写道："官场上这样形形色色的吃喝更是屡见不鲜，也许暗藏更多的心机和利益在里面。"但没有深入研究这些"饭局"背后存在的问题。对这种现象的存在还流露出一种无可奈何的情绪。

同学们到新闻单位和社会上实习，会亲身碰到或看到许许多多在学校经历不到的怪事。对这些事情，不能只停留在描述和表达气愤上，更重要的是要对这些现象进行研究，找出它们背后存在的原因和提出可参考的改进意见。这样的文章才是评论，这也正是评论的力量所在。

论证二：谁该为堵塞交通的后果"埋单"

11月1日，武汉警方对不听劝阻，堵塞长江大桥交通的×某给予了刑事拘留，对××予以行政拘留7天，对其他参与者予以训诫。

×某等人的行为严重影响了大桥的正常交通秩序，这固然极不理智，但我想问的是：为什么他们会因拆迁问题而这样做？谁该为这样的后果埋单？

如果有关部门及时解决拆迁问题，会有这样的事发生吗？"群众利益无小事"，政府对民意负责，关心群众利益是政府的重要职责，而在这个过程中，可以聚集起强大的信任资源，它虽无形，但却能整合并调动强大的社会力量，使社会和谐稳定地发展。而相反，不关心群众利益只会造成民众对政府的不信任，他们的利益受不到保护，不理智的做法便会滋生，大桥交通堵塞为不关心群众利益做法的后果找到了最好的阐述。

不将群众记在心里，就会有更多的堵塞交通者冒出来！

点评：

这篇评论的观点是错误的。城市交通顺畅是社会稳定发展的重要保证，不能因为某些人的利益没有解决或不能满足就去堵塞交通，特别是关系到武汉这座特大城市交通的长江大桥，这是法律不允许的，也是与广大人民利益相悖的。

我们的社会还存在许多问题，其中就包括发展中的问题，也包括由于官僚主义、形式主义和贪污腐败造成的问题。写评论，当然要站在人民的立场上，为人民鼓与呼，对一切有损人民利益的反动或消极人物、事件进行抨击。这是新闻评论者的社会良知和职责，不容置疑。问题是，社会中发生的事情是十分复杂的，人们的利益需求也不都是正确的、合法的。有些事情是需要在深入了解后才能下结论，才能作判断，而解决问题可能又需要一个较长的时间。不能一有人闹事，就是领导的错，一有人误诊，就是医生的错，一有人被罚，就是警察的错，一有学生退学，就是老师的错。虽然，事情发生后，作为领导、医生、警察和老师需要认真总结，检查和改进自己的工作，但是，不能一出问题，就将板子打在这些人的身上。这是一种不正确的思想方法和思维方法，是需要引起初学者特别注意的。

论证三：浅论现代大学教育

"×××，圆你一个大学梦"经常我们会看到类似于此的广告语，何谓大学，曾经一位老师说过，有大师的地方才能称得上真正的大学，大师，蔡元培先生算是其中的姣姣(佼佼)者。

不知何时，大学如雨后春笋般地在中华大地上崛起，各式各样，令人眼花缭乱，感触最深的莫过于那些望女成凤、望子成龙的考生家长(家长们有什么感触呢，作者并没有交代)，如果说有大师的地方才是真正的大学，那么是否可以套用一句没有大师的"大学"充其量只是高考后迈进的另一所学校，如同初中升高中一样，中国教育界当然不乏大师级的教者，可惜的是并不是每个莘莘学子都可以领略到他的风采。大学生逃课是一种很普遍的现象，社会大多数人都把矛头指向学生，认为他们沉迷于电脑、恋爱或其他，的确，学生自己应负主要责任，但有些教者恐怕也是难辞其咎的，上课呆板，不生动，照本宣科，完全没有自己的意见或主张，这样的讲者是不可能吸引学生的，因为在他们看来，这种课上不上无所谓，反正老师讲的课本上都有，加上老师一般不会为难学生，只要临考前磨磨枪，不快也会光。

长辈们经常会说，过去的大学生一看就觉得一副饱读诗书的模样，不过那时的大学生少。现在，大学生倒是一抓一大把，可多半是吊儿郎当的模样，懂的顶多是自己学的东西，不禁想起蔡元培先生时的北京大学，各式各样的大师"各霸一方"宣扬自己的思想，不受拘束，门下弟子多也是慕名而来，他们很幸运，在同一校园可以接受不同的思想。不能说是中国的教者现在已没有了那种气魄，也不能说是中国的学生现在已没有了那种激情，是中国的教育本身走上了封闭，有待于进一步开放。我相信，中国教育，尤其是大学教育必然会有一场巨大的变革。

点评：

一般来说，"浅论""再论"不是一篇新闻评论文章所能论述清楚的。这类课题是理论文章或学术论文所要研究和解决的选题，而不是新闻评论的任务。而且，这篇评论既没有新闻事实也没有新闻现象，文章所要议论的问题是什么时候都可以进行的。关于中国大学教育问题，涉及中国的政治、经济和文化传统等多方面，对此做深入研究还要有教育学、管理学等方面的知识，作为一个大学生很难有这样的社会阅历和知识体系。所以，不提倡学生选择这样的选题作评论。再看看这篇文章，讲的是大学里老师教学和学生学习的关系问题，上课与听课的问题，即便如此，文章也没有论述清楚。要议论这类问题，一般要有一个倾向性的意见，同时也要关注另一方面的问题，不至于偏颇。

论证四：自我完善学说

我认为人应该以自我为中心，以自我完善为最终目标，无论做什么事，尽自己所能，满足自己。

其实在较多的时候，我们在为自己争取的同时就是尽了自己最大的能力，为别人贡献，一个只要无时无刻不忘完善自己，就会真正做到把别人的事当自己的事，才会用心去做一件事。当一个人自我完善到一定程度的时候，在他眼里，做好自己的工作最是应该的，帮助别人是应该的，尽量使别人幸福，自己就会幸福，这些看似只为自己的举动实际上就是无形中养成人生最伟大价值的实现习惯。

一个老是喊着为别人服务，舍己原则的国家，我们看到，由于人生来的自私性与人不可避免的利己性，使这个民族的人民反而对帮助别人奉献自己显得漠不关心甚至产生抵触。

我们何不反过来试想，提倡全民族的自我意识以"自我"开头，对社会贡献我会快乐，所以我贡献帮助别人我会快乐。

中国叫喊着为人民服务，为祖国的贡献为全人类的事业而奋斗，为什么呢？每个人都明白，都知道，都清楚，为了自己的最终利益为了自己的那种心态，如果说为人民服务你不会觉得满足而只有痛苦，还会去做吗？如果说为祖国做贡献后，祖国富强了，你都一无所有，有用吗？你还会继续为祖国贡献吗？全人类的伟大事业最终还是包括人在内的一切人都实现了自己的目的。

点评：

这是一篇论及人生观和人的价值的文章。其中有些文字单独来看是对的，如人应该加强"自我完善"，"无论做什么事，尽自己所能"，"真正做到把别人的事当自己的事"等。但是，从整篇文章来看，其中心观点却是错误的。本篇文章从"自我为中心"出发，来论及周围的一切：自我完善是为了"满足自己"；"帮助别人是应该的，尽量使别人幸福"，是为使自己幸福；我之所以要帮助别人，是因为"我会快乐"；"全人类的伟大事业"，最终还是为了实现自己的目的，等等。

世界上人是最为宝贵的，我们所做的一切都是为了人的生存和发展。在人类社会的发展进程中，要十分关注作为个体的"我"的存在，因为人群都是由无数个个体的"我"组成的，没有了"我"，世界上的一切对"我"来说都是无意义的。很长一个时期特别是"文化大革命"时期，个人权利和利益没得到尊重和保护。改革开放以来，个人的权利开始得到了重视，全国人大第十届二次会议，审议了中华人民共和国宪法修正案，特别将"国家尊重和保障人权"写入了宪法，这也是新一届中央领导集体"以人为本"执政理念的重要体现。

但是，这所有的一切，并不是提倡我们所做的全部都仅仅是为了"我"，我们在社会上一切活动的起点和终点都只是为了"我"——极端的个人主义是我们的社会不提倡的，也是有害于我们的社会的。在集体中发展自己，在与人与自然与社会的和谐互动中追求人的自我完善，这才是作为人的真谛。

写新闻评论一定要注意观点的正确。传播正确的观点有利于人们的思考，给人以积极向上的促进，有利于社会的发展。对自己还未明了的事理不宜做文章，"以其昏昏"是不可能"使人昭昭"的；对于已经被证明是错误的东西，不能为了哗众取宠和标新立异仍然坚持写作，那样，于己于人都是没有好处的。

四、标题习作点评

标题一：宽容，是一种大学之道，大国之道

3月底的武汉大学，是一片樱花的海洋，同时也是一片赏花人的海洋。今年的武大却因为一对穿和服的母女在樱花树前合影留念引来众人的围攻和指责，变得那么不和谐。

这对穿和服的母女的新闻报道一经发表，就引来了网友的广泛讨论，声讨声有之，声援者亦有之，沸沸扬扬，一时间炒得满城风雨，把原本两件衣服的小事提升到了中日两国民族仇恨的高度，而这些指责者，实在是有些不宽容了。

……

点评：

三月的武汉大学，因有人在樱花下穿和服照相引发了一场该不该穿和服照相和中日两国间的人民该如何相处的讨论。因为围观和指责母女的多是大学生和当地市民，他们正好是被评论的对象。而这个标题，从大学谈到大国宽容，正好符合这件事情的实质。评论标题不是不能涉及大学和国家，而是所举事件具有这样的性质，樱花事件恰恰符合这一要求。

标题二：广场上的那些"狼"

去年寒假实习碰到这样一件事情：一对返乡的民工夫妇被执法人员追打，所有人仅仅是围观，直到我的实习老师制止，这对夫妇才免遭毒打。事情的起因是这样的，这对夫妇刚下火车，在广场上吐了一口痰，结果被这几个青年逮住了，夫妇认罚，但要求竖警示牌，几个青年嫌他们啰唆，便大打出手，出现那一幕追打的场面。据调查，这几个青年是区市容监察大队聘请的几位协管员，说是协管员其实就是大队聘请的几个无业青年。他们闲得无聊，戴上市容监察大队的袖章，俨然一副执法人员的模样在广场上盯着那些回乡的农民工。

……

点评：

在生活中碰到这样的事，确实很气愤，这件事也是评论的好选题。我们的评论应该从城市的管理体制，监管人员的职责，监管人员的素质和市民的道德修养多方面论述，标题自然也可以从上述方面产生。对于执法中的违法或野蛮行为，我们应该批评，应该指责。但是，不宜用如猫啊、狗啊、豺狼虎豹一类的动物去打比喻，尽管在使用时打了引号，但是一提到"狼"，还是会让人们想起那个凶猛吓人的动物。将人与动物相比总是不太文明，这是我们做评论标题时需要注意的。

标题三：对我国报业集团的小认识

现代社会实施的是市场经济，我认为市场竞争的结果必然出现兼并，出现集团。现在我国的报业集团除主要日报外，还拥有多种出版物，同时开展多种经营活动，这样才能产生更大的经济效益和社会效益，形成一个信息产业集团。这越来越成为各大报业生存发展的一个趋势，但是我认为，建立报业集团不是仅仅去搞"强强联合"、"构建现代企业联合体"、"事业和企业两大系列、多元发展"，等等，组建报业集团还要注意解决各种问题。
……

点评：

这篇评论是关于组建报业集团中的问题，是我国文化体制改革中遇到的新问题。这类问题不是一篇评论所能解决的，它涉及企业化管理中的各种问题，是一个理论与实践相结合的系统课题。这个标题起得不妥当：一是对于这类问题不宜做新闻评论，除非是碰到很有新闻性的事件；二是不能用"小认识"做标题。一篇评论不是让你来谈认识、谈体会的，而是要表明你的观点、你的态度或你的建议。

标题四：把脉中国电影，巨星云集背后的空虚与羸弱

岁末的中国电影，以几部大阵容大制作、高成本的电影粉墨登场。在热热闹闹的前期炒作后，带给观众的是质疑和失望：这样的大制作、高成本的电影让观众看到的除了片中的一些所谓的大腕明星，偶尔有一些精美的画面之外，还有什么呢？复仇？乱伦？或血腥？
……

点评：

这是一篇电影评论。同学们学习评论可以选择自己熟悉的话题，如电影、电视、体育、音乐等做文章。但是，此篇评论的标题太大，不像一篇小评论，是对中国电影诞生以来及至现代的形势进行把脉，予以诊断；同时探讨巨星云集背后体现的空虚和羸弱问题，这两个问题放在一篇小评论里是无法完成论证的。"羸弱"是一个很少用的书面文字，是瘦弱的意思，将它放到标题里会让许多人看不懂。而且，这个标题太大，太长。不妨就事论事，针对正在放映的影片中自己认为存在的某一个问题发表意见或与别人商榷，更简单明了。

标题五：名人委员不可少，发挥专长是关键——驳"无参政议政能力的名人不能当委员"

在两会上，有人指出："无参政议政能力的名人不能当委员。"而随后"名人委员提案只有小学水平"的讨论在网络上炒得沸沸扬扬。名人是否有能力参政议政，是否能代表人

民坐在议会席上讨论国家大事。笔者认为：两会上不能少了名人的身影，名人更应该发挥自身的专长。

......

点评：

这是一篇驳论的文章。所谓驳论，就是批驳别人的意见或发表与别人意见相左的观点，一般来说，这样的评论受到读者喜欢。从本篇评论的开头一段文字来看，作者强调了两方面的问题，一是两会上不能少了名人，二是名人要发挥自己的专长。应该说这两方面的问题都是重要的。但是，网上议论的并不是要不要名人当代表、委员的问题，而是说名人、委员的素质太差的问题，他们该如何发表意见的问题。那么，本篇要就其中一点，即名人该如何发挥作用做文章，标题可以只用后半部分"发挥专长是关键"，这样的标题大家一看就清楚，也不用再起一个副标题了。驳论是可以用副标题的，但是报纸上的驳论，都是针对当时发生的引起人们关注的话题，一般来说可以不用，当然也有例外，这要视具体情况而定。

标题六：西方哲学东引的忧虑——浅谈存在主义与反"台独"斗争

两次世界大战的灾难与罪恶深深浸入人类思想的深邃，由此，在人们重新定位人生的目的和意义时，西方的存在主义思潮便蜂拥而至，席卷全球，给人类思想重新注入了一股定心剂。然而，它并不能解决人类面对的异质化，对中国人民反"台独"意识的淡化也避免不了嫌疑。

首先，存在主义学说无疑是人们对待事物无为主义的重塑，类似先秦时期孔圣人的无为而治的思想。......

其次，存在主义学说强调人的罪恶，把人性丑陋的一面展现得淋漓尽致。

......

点评：

作者关心反"台独"的斗争，这是一件好事。但是，用什么理论说明"台独"不得人心，用什么道理去说明世界上只有和只允许有一个中国，却是需要研究的。作者在这里从两次世界大战后的存在主义谈起，显然离主题太远。而且，这个标题不像一个评论标题，而像一个学术研究的标题。在作评论标题时有这样的情况发生：有的同学读了几本学术方面的著作，接触到几个新的理论和观点，就拿来做论据和做标题，给人很有学问的样子，这是新闻评论写作中不提倡的。即便是运用的新理论很对，也要用评论的语言和形式反映出来，不然，就会将新闻评论与理论文章和学术论文混为一谈。这是需要注意的。

后　记

时光过得真快，本书的第四版就要与广大读者见面了。

2005 年，本书由武汉大学出版社首次出版，2008 年入选《普通高等教育"十一五"国家级规划教材》。2009 年第二版问世。2017 年出版社推出了第三版，近 20 年时间三次再版累计开印 15 次。在不断加印的过程中，出版社也提出了再次修订出版的新任务。经过近两年时间的积极努力，现在终于推出了本书的第四版。

"新闻评论是什么，它有什么作用"，是我们新闻评论实践和教学须臾不可忘却的一个基本前提。通过在媒体和高校长期的工作实践和理论研究，我深深地认识到：新闻评论是一项需要普及和提高的公民素质。从新闻学视野解读新闻评论——新闻评论传播的是一种观点信息；从社会发展视野研究新闻评论——新闻评论在民主进程中发挥着积极作用；从认识论视野阐释新闻评论——在感性认识的基础上提升为理性认识。① 正是基于这种认识，我从 1982 年大学毕业分配到中共武汉市委机关报长江日报社、2001 年调入华中科技大学新闻与信息传播学院至今，已经走过 40 多年的新闻之路。其间，新闻评论一直是我学习、实践和研究的领域。进入大学后，我从 2001 年开始实施新闻评论特色教育的探索：当年与学校党委宣传部联合成立华中科技大学新闻评论团，2005 年开办首届新闻评论方向班，2006 年成立华中科技大学新闻评论研究中心，这些举措在全国高校均为首创。20 多年来，"新闻评论"从一个大学生活动团体到一个新闻评论特色班，从一门课一位老师讲授到开设一组评论系列课程邀请新闻与信息传播学院、文学院、哲学系等多学科老师加盟的教学团队。多年来，我们与媒体和高校一起举办了十多届新闻评论高层论坛和新闻评论教学改革开放论坛，受到学界和业界的广泛好评。我们培养的学生中有多位获得"范敬宜新闻教育奖"，在多家主流媒体担任评论员，一些在读学生参加网络媒体评论大赛夺冠并被保送到一流高校读研。由我领衔主持的《新闻评论人才培养创新体系的构建与实施》获教育部颁发的"国家级教学成果二等奖"，我校因新闻评论特色教育被媒体朋友誉为"新闻评论的黄埔军校"。

新闻评论教材出版的一项重要任务，就是为新闻评论的教学服务。那么，新闻评论怎么教，新闻传播学科该如何办，就是我们不得不深思的问题了。2005 年《新华每日电讯》曾发表报道《新闻学博士不会写消息，算合格吗?》：

---

① 赵振宇. 一项需要普及和提高的公民素质——关于新闻评论的三点理性思考[J]. 新闻大学，2007(4).

　　华中科技大学博士生导师赵振宇教授说："新闻学博士连最常见最简短的消息、通讯、言论都不会写，我认为是不合格的毕业生，至少我会在论文答辩时提出质疑。"赵振宇是近日在华中科技大学新闻学院2005级博士研究生"新闻学研究"的课堂上说这番话的。据其透露，该校部分新闻学硕士生和博士生毕业前，竟没有在校内外刊物上发表过一篇新闻作品。

　　这篇报道先后被国内几十家媒体转发和引起讨论。今天，当新闻学科以"支撑学科"的地位与哲学、历史学、经济学、政治学等学科一起来打造具有中国特色和普遍意义的学科体系时，当填报大学专业还会受到某某网红"偏颇言论"引起广议时，新闻学院和新闻媒体的工作者该如何认识，如何发挥自己所在学科的特殊地位，这是我们应该时刻牢记、不可忘却的学科要求和职业使命！

　　2001年12月，上海市委宣传部与复旦大学开国内风气之先，签署合作协议共建复旦大学新闻学院，成为中国新闻传播教育史上的重要事件。20多年过去，新闻学院与新闻媒体的融合关系，能否走出实质性的一步，即在某些院系或专业或课堂实施"双证上岗"的培养机制，即新闻学院应该拥有一批既有教师证又有记者证的授课老师和授课教材、教学方法及考核体系。此举，不仅有利于新闻学院的学科建设和教学发展，也有利于促进媒体人士不断加强新闻理论知识学习，提高自己的职业素养。现在有一批媒体老总和资深记者步入高校，已经展示了他们的职业特性，给新闻学院教学改革和发展带来了生机活力！①

　　《现代新闻评论》的修订再版正是按照这样的思路进行的，希望它的问世能够促进"双证上岗"模式尽快在新闻学院试行推广。

　　为了不断提高新闻评论特色教育水平，多年来我们广泛向国内外学界和业界专家朋友咨询教学方略，听取他们的宝贵意见。本书再版中多处吸收和引用了他们的最新研究成果、案例和实践经验，对此，我要表示衷心的感谢！

　　学校和学院一直鼓励我们开创和建设新闻评论特色教育，很快开办了评论特色班，一周内向全校发出成立"评论中心"的批复、任命，刻好公章，举办多届新闻评论高层论坛，持续不断地支持新闻评论特色教育向前发展。特别是在我退出教学岗位后，学院还派出三位研究生参与本书有关案例的更换和编辑工作。对此，我要表示深深的感谢！

　　研究生姚远同学参与第一章、第二章、第三章和第四章的工作，吴仲抒同学参与第五章、第六章、第七章和第八章的工作。戚晨同学参与第九章、第十章、第十一章和第十二章的工作。在此基础上，我又邀请了毕业多年已经出版评论专著的新闻学博士魏猛老师和杨娟老师分别对《广播电视评论》《网络新媒体评论》进行了进一步的修订编辑，使其更加科学、完善。在此，我要向代表时代潮流的青年学子们表示谢意！

　　学习评论，讲好真话，是培养新闻学院学生具有"新闻人味道"的重要内容。实践是

---

　　①　赵振宇. 不忘初心　勇于担当　善于传播——高校与主流媒体联手培养合格新闻人才的实践与思考[J]. 新闻战线，2024(5，上).

检验真理的唯一标准，而时间则最终评判着人们认知和实践的是非功过、真伪优劣。为了讲好真话，新闻人在参与国家和社会事务管理，表达自己意愿时，须在民主意识、科学精神、独立品格和宽容胸怀的准则下予以进行。①

　　培养"新闻人味道"的学生，是新闻学院和新闻媒体联手共担的一项历史重任，本书再版能参与其间，十分荣幸。我愿在新时代新理论指导下的创新实践中，贡献自己的一份微薄之力！

赵振宇

2024 年 6 月于武汉

---

　　①　赵振宇. 讲好真话[M]. 武汉：华中科技大学出版社，2019.